康乐哲学文存

心的秩序
——伦理现象学研究

倪梁康 ◎ 著

中山大学出版社
·广州·

版权所有　翻印必究

图书在版编目（CIP）数据

心的秩序：伦理现象学研究/倪梁康著．—广州：中山大学出版社，2020.10

（康乐哲学文存）

ISBN 978-7-306-06979-5

Ⅰ. ①心… Ⅱ. ①倪… Ⅲ. ①伦理学—研究 Ⅳ. ①B82

中国版本图书馆 CIP 数据核字（2020）第 186614 号

| 出 版 人：王天琪 |
| 策划编辑：嵇春霞 |
| 责任编辑：周明恩　罗梓鸿 |
| 封面设计：曾　斌 |
| 责任校对：苏深梅 |
| 责任技编：何雅涛 |
| 出版发行：中山大学出版社 |
| 电　　话：编辑部 020-84110771，84110283，84111997，84110771 |
| 　　　　　发行部 020-84111998，84111981，84111160 |
| 地　　址：广州市新港西路 135 号 |
| 邮　　编：510275　传　真：020-84036565 |
| 网　　址：http://www.zsup.com.cn　E-mail：zdcbs@mail.sysu.edu.cn |
| 印 刷 者：佛山家联印刷有限公司 |
| 规　　格：787mm×1092mm　1/16　20 印张　338 千字 |
| 版次印次：2020 年 10 月第 1 版　2020 年 10 月第 1 次印刷 |
| 定　　价：74.00 元 |

如发现本书因印装质量影响阅读，请与出版社发行部联系调换

康乐哲学文存

主　编　张　伟
编　委（按姓氏笔画排序）
　　　　马天俊　方向红　冯达文　朱　刚　吴重庆
　　　　陈少明　陈立胜　周春健　赵希顺　徐长福
　　　　黄　敏　龚　隽　鞠实儿

康乐哲学文存

总　序

中山大学哲学系创办于1924年，是中山大学创建之初最早培植的学系之一。1952年逢全国高校院系调整而撤销建制，1960年复办至今。先后由黄希声、冯友兰、傅斯年、朱谦之、杨荣国、刘嵘、李锦全、胡景钊、林铭钧、章海山、黎红雷、鞠实儿、张伟等担任系主任。

早期的中山大学哲学系名家云集，奠立了极为深厚的学术根基。其中，冯友兰先生的中国哲学研究、吴康先生的西方哲学研究、朱谦之先生的比较哲学研究、李达先生与何思敬先生的马克思主义哲学研究、陈荣捷先生的朱子学研究、马采先生的美学研究等，均在学界产生了重要影响，也奠定了中山大学哲学系在全国的领先地位。

日月其迈，逝者如斯。迄于今岁，中山大学哲学系复办恰满一甲子。60年来，哲学系同仁勠力同心、继往开来，各项事业蓬勃发展，取得了长足进步。目前，我系是教育部确定的全国哲学研究与人才培养基地之一，具有一级学科博士学位授予权，拥有国家重点学科2个、全国高校人文社会科学重点研究基地2个。2002年教育部实行学科评估以来，稳居全国高校前列。2017年，中山大学哲学学科成功入选国家"双一流"建设名单，我系迎来了跨越式发展的重要机遇。

近年来，中山大学哲学学科的人才队伍不断壮大，且越来越呈现出年轻化、国际化的特色。哲学系各位同仁研精覃思、深造自得，在各自的研究领域均取得了丰硕的成果，不少著述产生了国际性影响，中山大学哲学系已逐渐发展成为全国哲学研究的重镇之一。

为庆祝中山大学哲学系复办60周年，我系隆重推出"康乐哲学文存"系列图书。本系列共计八种，主要收录正在或曾在中山大学哲学系执教的、60岁以上学者的自选文集。这些学者皆造诣深厚，在学界产生了较大影响，也为哲学系的发展做出了重要贡献。

位于珠江之畔的中山大学，树木扶疏，环境优雅。南北朝著名山水诗人谢灵运（世称谢康乐）曾居于此，校园因称"康乐园"。本系列定名为"康乐哲学文存"，亦藉以表达对各位学者的敬意，并冀望永续康乐哲缘。

"康乐哲学文存"的出版，得到中山大学出版社、华夏出版社和生活·读书·新知三联书店的鼎力支持，在此谨致以诚挚谢意！

中山大学哲学系
2020年6月20日

绪　　言

此项研究所提供的是一个现象学的伦理学的探索尝试。我们在这里将它称作"伦理现象学"。它意味着用现象学的方法来研究人心中的道德律。我们同样也可以将它称作"现象学的心学"或"道德意识现象学"。

在特定的意义上，埃德蒙德·胡塞尔的意识现象学本身就是心学。当然，这是佛学赋予的意义。在佛学中，"心""意""识"基本上是同义词。但是，胡塞尔的现象学所谋求的是对纯粹意识的把握，因此，他所使用的"意识"一词，并不等于人心，但包含了人心：人的意识是绝对意识的一个案例。

胡塞尔现象学的意向分析，为我们了解意识活动的结构与规律提供了极为厚实的基础。它在很大程度上印证了两千多年来佛教唯识学的思考成果。不过，胡塞尔的意识现象学主要以对客体化的意识行为（即唯识学所说的"心王"）的描述分析和结构把握见长。对于非客体化的意识行为（即唯识学所说的"心所"），胡塞尔始终认为，他的思考不够成熟，因此，在他身前虽有零星文章发表，却并无系统的著述出版。

在此方面有所弥补的是另一位现象学家马克斯·舍勒的工作。虽然他与胡塞尔现象学的出发点或立足点不同，因为他否认客体化行为、非客体化行为之间的奠基关系，但他对价值感受行为与价值的描述分析和本质把握，仍然是以现象学的方式进行的，符合现象学的基本意义。他对感受活动（非客体化行为、心所）的思考和探讨，恰恰可以与胡塞尔的表象活动（客体化行为、心王）分析一起，共同构成意识现象学的两个重要组成部分。

从比较研究的角度来看，如果说胡塞尔的研究应和了唯识学的分析结论，那么舍勒的研究可以说是在与儒家心学相同的方向上进行的。

本书就是在这样一个背景下进行的尝试：主要是在胡塞尔的意识现象学和舍勒的感受现象学的背景下，也是在佛教唯识学和儒家心学的背景下。

"心的秩序"是借用了帕斯卡尔的一个说法和信念。在这里，"心"

主要指道德意识，"秩序"意味着道德意识发生和发展所具有的规律。

对心的秩序的研究是以现象学的方式进行的。我们可以根据侧重点的不同而将这种研究分别定义为"道德意识现象学"（或"伦理现象学"）与"现象学伦理学"的研究。它们不是近代以来占主导地位的规范伦理学或应然伦理学，而是特定意义上的描述伦理学或道德意识发生学。

易言之，道德意识现象学的主要任务是对道德意识来源的区分以及描述和分析。它并不研究"什么是善"以及"我们应当如何"的问题，而研究"我们为何以及如何意识到善"的问题，即研究道德意识的起源和发生问题。这个意义上的现象学带有很浓的方法色彩。可以说，道德意识现象学或伦理现象学代表了方法意义上的现象学。

另外，如果研究者侧重于对主体内心良知的研究和弘扬，即侧重于研究与弘扬此项研究所确定的三个道德意识来源之一的内在自然美德，而不是另外两个道德意识的来源——外在的社会公德和超越的宗教道德，他就在很大程度上属于现象学伦理学的倡导者。这门伦理学所体现的是在伦理学领域中的内容现象学或质料现象学的方向。

因此，所谓现象学的伦理研究，既可以在方法上，也可以在内容上趋向于现象学。从这里的研究结果来看，现象学能够并应当在方法的伦理现象学与内容的现象学伦理学的双重意义上面对伦理学的问题，并且可以在伦理学领域提供自己特有的问题视角与问题解释。

这是此项研究的一个主要创新之处。它试图开辟一个新的领域，并借此在两个领域中搭起一座桥梁：一方面，目前国内外关于现象学伦理学或道德意识现象学的研究，为数较少，且大都仍然局限于对一些伦理现象学家的分析和论述。除了胡塞尔、舍勒之外，极少见到一种将现象学运用于具体道德现象分析，据此建立起一门道德意识现象学的意图（瑞士的耿宁是一个例外，另一个例外可能是德国的爱德华·封·哈特曼）；另一方面，在另一些能够进行具体道德分析而非构造伦理规范体系的伦理学家（如法国的于连、美国的麦金太尔、德国的图根特哈特）那里，虽然可以看到许多道德意识现象学的取向和努力，但基本上是在不自觉的情况下发生的，缺少明确的现象学方法论意识。

这项研究首先对德国现象学在伦理问题上的已有思考进行系统的研究。内容涉及德国现象学家胡塞尔、舍勒的伦理思想和现象学方法，尤其是舍勒的代表作《伦理学中的形式主义与质料的价值伦理学：为一种伦学人格主义奠基的新尝试》。这里论述的内容同时也涉及带有现象学倾向的伦理学家的思想，如亚里士多德的德性伦理学、卢梭的本性伦理学、康德的义务伦理学、孟子的良知四端说、亚当·斯密的《道德情感》、爱德华·封·哈特曼的《情感道德》、柏格森的《道德与宗教的两个来源》、于连的《道德奠基：孟子与启蒙哲人的对话》、尼布尔的《道德的人与不道德的社会》等。研究它们的目的在于，从这些富于启示的思想出发，系统地探讨一门现象学伦理学的可能性。

这里的研究撇开了海德格尔、列维纳斯、梅洛-庞蒂、萨特等现象学家的伦理学思想。原因在于，其中一些现象学家所提出的伦理学设想偏离开笔者所理解的现象学意义上的伦理学，如列维纳斯；而其中的另一些现象学家甚至偏离了通常意义上的伦理学，如海德格尔。这些确定并不带有价值判断的含义。笔者对他们的伦理学思想的搁置，乃是因为此项研究主要是借助于胡塞尔和舍勒的现象学伦理学思想资源所做的展开思考与研究，并非对与现象学有关的所有伦理思想的历史综述。这个情况也适用于汉斯·约纳斯的责任伦理学。他虽然深受胡塞尔和海德格尔的现象学的影响，但他的伦理学已经不再以人与人之间的关系为课题，而是开辟了一个人与自然关系的伦理学研究之处女地，因而完全应当受到专门的讨论。

笔者在这里提出自己的道德意识现象学构想：我们的道德意识不外乎来源于三个方面，即产生于个体自身的内心禀赋、产生于主体间的约定与传承，以及产生于对宗教的道德规范的信念。我们可以将它们称作道德意识的三个起源：内心的起源、外在的起源和超越的起源。第一个起源是心理学的伦理学的研究课题，它的直接相关项是个体伦理。第二个起源是社会学的伦理学的研究课题，它的直接相关项是社会伦理。第三个起源是广义上的神学的伦理学的研究课题，它的直接相关项是宽泛意义上的宗教伦理。如果我们必须给伦理学做一个学科范围的界定，那么我们首先会说，伦理学是哲学中的一门学科，属于道德哲学。就其在人类精神活动领域中的位置来说，它与三门学科有极为密切的内在联系：第一是海德格尔意义上的"形而上学"，它包括各种神学（广义上的神学，例如也包括佛学），也包括存在论；第二是政治学/社会学/法学（这几门学科实际上是一体的）；第三则是心理学、现象学、意识哲学、心智哲学、精神哲学（它们的界限也是流动不定的）。

这三门学科之所以与伦理学有内在的联系，乃是因为——如前所述——它们分别涉及我们的伦理道德准则的三个来源：与主体内心良知有关的道德意识、与普遍政治法则相关的社会伦理意识、与外在神性有关的绝对义务意识。也就是说，要想论证自己的行为是善的或正当的，我们最终都不得不诉诸这三门学科所讨论的问题以及它们所提供的根据。

在基本确定了这三个来源之后，此项研究主要集中于三个方面的道德意识现象问题思考：其一，道德意识三个来源之间的关系是怎样的？其二，道德本能在什么意义上是自然本能？其三，作为道德本能的良知是由哪几个基本因素构成的？

在第一章至第三章对现象学及其意识分析内容与方式的引论性研究之后，此项研究从第四章至第十一章的内容都在试图回答这三个问题。其中，第四章至第七章主要探讨第一个问题。通过对道德意识三个来源的对比分析，笔者试图表明，与其调和或混淆道德哲学中的不同意识来源，不如主张一种道德三元论，即区分道德意识的不同来源：良知、正义、信念。后面的第八章至第十一章，主要立足于孟子的良知学说，从现象学的角度来考察和验证孟子的洞见，展开对良知理论的具体分析。与社会美德相比，自然美德的资源极为稀有。孟子指出的"四端"，有可能是其中最为根本的四种道德禀赋。

对第二个问题的尝试回答则贯穿在整个研究之中。这里要加以特别的说明，虽然早已知道答案，但如何通过恰当的概念来表达这个答案，还是近期通过对耿宁的相关论文的阅读才意识到的。"道德本能"一词是对孟子"良知"一词的现代翻译，即不学而知、与生俱来的能力。孟子认为这种能力至少可以分为四种：恻隐之心、羞恶之心、恭敬之心、是非之心。它们构成仁、义、礼、智的四端。"端"在这里，是良知、良能的基本含义。它们本身还不能算是德性，却是德性的萌芽，或者也可以说，是德性的种子。耿宁也用德文的"Anlagen"来翻译它。这个词来源于德文动词"anlegen"，有放置、安放的意思，后来转义使用，指称"资质""禀赋"等，即被安放在人心中的能力。它们含有"天生的""本性的"的意思，与后天"习得的""灌输的"相对立。如用英文来翻译这个词，也许"disposition"和"gift"都是不错的选择，后者可能更为适当。

对第三个问题的讨论，这里提供的只是一个出发点。目前的大多数伦理法则或命令都是社会的、外在的、习得的、人为的。作为自然禀赋的良知，在整个道德系统中所占比例极小。孟子列举的不学而知、不习而能的道德禀赋，只有四种。卢梭也只列出四种自然美德。历史上其他思想家所提供的这方面启示，也极为有限，且并不重合，甚至有相互争执之处。此项研究只是以孟子的思考为起始点（Ansatz），小心谨慎地对待这些现有的思想资源。在构成良知的基本因素中，是否还包括责任、友谊、宽容、正直等，这些还要留待日后的研究来回答。

这里发表的文字是对一个思考过程的记录，因而其中的一些想法和结论具有"在途中"的性质。前面提到的用"道德禀赋"来替代"道德本能"之表述的想法是一个例子。另一个同样明显的例子是，关于舍勒的"伦常明察"的文字，差不多是最早撰写的，现在却被放到了后面。这主要因为，在差不多已经完成此项研究时，笔者才发现，舍勒意义上的"伦常明察"，实际上是对孟子"是非之心"最好的说明。换成现在来写，文章肯定会是另一番景象。不过，思想总是"在途中"，因此，笔者也就放弃了对各篇文字做总体修改的意图，将之如此地端出，只是把顺序重新排列了一下。这个顺序不再去照顾各篇文字写作的时间顺序，而是尽可能遵循这些文字所表达的思想排列的逻辑顺序。

目 录

第一编 现象学与伦理学

第一章 导论：现象学运动的基本意涵 ... 3
- 第一节 "现象学"的基本含义 ... 5
- 第二节 现象学的直接直观与本质明察 ... 7
- 第三节 现象学操作的具体步骤 ... 9
- 第四节 现象学：在逻辑学与心理学之间 ... 11
- 第五节 现象学：在实证主义与形而上学之间 ... 12
- 第六节 现象学：在思辨哲学与诗化哲学之间 ... 14
- 第七节 现象学：在现象主义与本体主义之间 ... 16
- 第八节 现象学对中国学术的可能意义 ... 17

第二章 现象学伦理学的基本问题 ... 22
- 第一节 伦理学在胡塞尔现象学哲学中的位置 ... 24
- 第二节 胡塞尔的现象学伦理学奠基工作 ... 26
- 第三节 爱德华·封·哈特曼的道德意识现象学 ... 29
- 第四节 耿宁的王阳明研究与良知现象学 ... 34
- 第五节 理性道德与情感道德作为道德分别意识的两个最重要来源 ... 37

第三章 道德意识的三个来源 ... 41
- 第一节 三个来源的划分与伦理学的定位 ... 42
- 第二节 根据三个来源的划分来考察伦理思想史 ... 44
- 第三节 三个来源的道德意识之基本内涵 ... 46
- 第四节 划分道德意识三个来源的实际意义 ... 52
- 第五节 尾声 ... 54

第四章　道德本能与道德判断 ·············· 58
　第一节　概念的描述定义 ·············· 58
　第二节　道德本能 ·············· 59
　第三节　自然主义伦理学的基础 ·············· 62
　第四节　道德和语言的平行性 ·············· 65
　第五节　道德生活的双重依据 ·············· 66
　第六节　道德奠基关系 ·············· 68

第二编　道德冲突

第五章　从伪善现象看个体伦理与社会伦理的分离 ·············· 73
　第一节　对"伪善"的一种理解 ·············· 73
　第二节　对"伪善"的另一种理解 ·············· 74
　第三节　历史上的"伪善"现象 ·············· 75
　第四节　"伪善"的一般定义 ·············· 76
　第五节　个体内在伦理与社会外在伦理 ·············· 77
　第六节　伪善产生的基本前提 ·············· 78
　第七节　人为之善的根本 ·············· 79
　第八节　总结 ·············· 81

第六章　良知：在"自知"与"共知"之间
　　　——欧洲哲学中"良知"概念的结构内涵与历史发展 ·············· 83
　第一节　引子：苏格拉底的"δαιμονιον" ·············· 83
　第二节　良知作为善意 ·············· 85
　第三节　良知作为知识或意识 ·············· 87
　第四节　良知作为共知 ·············· 91
　第五节　良知作为自知 ·············· 96
　第六节　良知：在共知与自知之间 ·············· 99
　第七节　尾声：真理与多数的问题 ·············· 104

第七章　聆听"灵异"，还是聆听"上帝"
　　　——以苏格拉底与亚伯拉罕的案例为文本的经典解释 ·············· 108
　第一节　引子 ·············· 108
　第二节　"灵异"作为内心的神旨 ·············· 111

第三节　"上帝"作为外在的主宰 ································· 115
　　第四节　结语 ··· 119

第三编　良知四端

第八章　"全球伦理"的基础
　　　　——同情之心的现象学分析 ································· 123
　　第一节　作为全球伦理共识的"金规则" ······················· 124
　　第二节　儒家视野中作为"金规则"前提的同情心 ············ 126
　　第三节　西方视野中作为原本道德意识的同情心 ············· 129
　　第四节　个体道德和社会道德的区分 ···························· 131
　　第五节　从个体良知到全球伦理的转变 ························ 133

第九章　道德能力的先天与后天
　　　　——羞恶之心的现象学分析 ································· 136
　　第一节　引论：羞感作为道德问题 ······························· 136
　　第二节　对羞感的两种划分方式 ·································· 137
　　第三节　羞感的先天性 ··· 138
　　第四节　羞感的后天性 ··· 140
　　第五节　先天形式与后天质料 ····································· 141
　　第六节　羞感的个体性和社会性 ·································· 142
　　第七节　生理羞感与心灵羞感 ····································· 144
　　第八节　几种羞感划分之间的关系 ······························· 145
　　第九节　羞感作为良知 ··· 146
　　第十节　小结：三个结论 ·· 147

第十章　崇敬与虔敬
　　　　——恭敬之心的现象学分析 ································· 149
　　第一节　语言学的解释 ··· 149
　　第二节　思想史的回顾 ··· 152
　　第三节　现象学的分析 ··· 155
　　第四节　关于良知与知识之关系的思考 ························ 159

第十一章 "伦常明察"作为现象学的方法支持
——是非之心的现象学分析 …… 162
- 第一节 "伦常明察"与"明智" …… 163
- 第二节 "伦常明察"与"义务意识" …… 169
- 第三节 "伦常明察"与"良知" …… 175
- 第四节 总结 …… 182

第四编 伦理现象研究

第十二章 道德谱系学与道德意识现象学
——尼采与爱德华·封·哈特曼的伦理学思想 …… 187
- 第一节 尼采的道德哲学思想 …… 187
- 第二节 舍勒的现象学伦理学 …… 190
- 第三节 爱德华·封·哈特曼的道德意识现象学 …… 194
- 第四节 道德谱系与道德意识来源 …… 196
- 第五节 道德意识分析的案例 …… 198
- 第六节 结尾的说明：道德意识现象学工作的基本特质 …… 201

第十三章 胡塞尔的伦理学讲座与实践哲学和精神科学的观念 …… 203
- 第一节 胡塞尔的伦理学思考 …… 203
- 第二节 胡塞尔伦理学思想的来源 …… 205
- 第三节 胡塞尔的战前伦理学讲座 …… 207
- 第四节 胡塞尔的战后伦理学讲座 …… 210
- 第五节 结语 …… 212

第十四章 胡塞尔的"改造文"与"改造伦理学" …… 213
- 第一节 引论："改造文"的缘起 …… 213
- 第二节 胡塞尔与两次世界大战之间的东亚 …… 214
- 第三节 民族伦理与超民族伦理 …… 219
- 第四节 伦理学与文化反思 …… 221
- 第五节 五篇"改造文"的基本内涵 …… 223
- 第六节 结尾的说明：改造的意愿与哲学的地位 …… 225

第十五章　现象学伦理学的基本问题再论
　　——尼古拉·哈特曼与伦常价值质料的现象学 ………… 228
　　第一节　引论 ……………………………………………… 228
　　第二节　现象学伦理学的方法 …………………………… 230
　　第三节　现象学伦理学的对象 …………………………… 234
　　第四节　现象学的价值伦理学的基本要素 ……………… 237
　　第五节　价值回应的现象学 ……………………………… 242
　　第六节　现象学家对哈特曼及其现象学伦理学的评价 … 246
　　第七节　结尾的说明 ……………………………………… 250

第十六章　价值感知与伦常行动
　　——胡塞尔与希尔德勃兰特的思想关联 ………………… 252
　　第一节　引论 ……………………………………………… 252
　　第二节　希尔德勃兰特的伦理思想 ……………………… 254
　　第三节　希尔德勃兰特受到的两方面现象学影响 ……… 257
　　第四节　希尔德勃兰特反纳粹的伦理行动 ……………… 258
　　第五节　现象学的价值伦理学 …………………………… 260
　　第六节　价值认定、价值感知与价值感受 ……………… 263
　　第七节　价值本体论与价值现象学 ……………………… 267

第十七章　卡尔·雅斯贝尔斯的灵异学思想
　　——从方法的现象学到神学的生存哲学 ………………… 270
　　第一节　雅斯贝尔斯的"灵异"概念与灵异学思想 …… 271
　　第二节　雅斯贝尔斯的现象学的生存分析 ……………… 274
　　第三节　"灵异"作为观点和世界图像 ………………… 276
　　第四节　"灵异"作为哲学的和非哲学的论题 ………… 279
　　第五节　结尾的问题：走入内在，还是跃向超越 ……… 281

参考文献 ……………………………………………………… 283

后　记 ………………………………………………………… 301

第一编

现象学与伦理学

第一编 现象学与伦理学

第一章

导论：现象学运动的基本意涵[①]

现象学从它的"受洗"[②]至今，已经有一百多年的历史。它的创始人埃德蒙德·胡塞尔在1900—1901年发表两卷本的《逻辑研究》，第一次公开而坚定地提出以"现象学"命名的哲学理论与方法。在此之后的三十年里，伴随《纯粹现象学和现象学哲学的观念》第一卷（胡塞尔）、《内时间意识现象学》（胡塞尔）、《笛卡尔式的沉思》（胡塞尔）、《欧洲科学的危机与超越论的现象学》（胡塞尔）、《伦理学中的形式主义与质料的价值伦理学：为一种伦理学人格主义奠基的新尝试》（舍勒）、《存在与时间》（海德格尔）、《对文学的艺术作品的认识》（英加尔登）等一系列现象学经典著作的发表，现象学的影响日趋扩大，普遍地作用于精神生活的各个领域。一大批现象学哲学家，如普凡德尔、莱纳赫、舍勒、盖格尔、海德格尔、英加尔登、帕托契卡、芬克等出现，他们使德国哲学20世纪前三十年的历史深深地打上了现象学的烙印。海德格尔曾在回忆录中回顾说："现象学……在各种不同的领域中——主要是以潜移默化的方式——决定着这个时代的精神。"[③] 更有人甚至认为，在这三十年的德国精神生活中，没有一个创造性的成就不与现象学有或多或少的关系。

[①] 关于现象学的一般性引论，20世纪的哲学文献早已提供了极为充分的资料：从现象学运动的创始人胡塞尔本人，到现象学运动的重要成员如普凡德尔、莱纳赫、施泰因、舍勒、盖格尔、海德格尔、梅洛-庞蒂、萨特、列维纳斯、利科，乃至此后受到现象学影响的重要思想家如伽达默尔、哈贝马斯、德里达、勒维特等，几乎20世纪的所有哲学代表人物都对现象学做过或宽泛或专深的阐述。这里的引论参考了其中的一些阐述，并试图把握其中为这些现象学家与非现象学家所共同认可的东西。

[②] 这是瓦尔登费尔茨的一个有意思的说法（参见 B. Waldenfels, *Einführung in die Phänomenologie*, München: Wihelm Fink, 1992, S.9）。它之所以恰当，乃是因为确切地说，现象学在此之前已经孕育并诞生于布伦塔诺和施通普夫等人的思想之中。

[③] [德] 马丁·海德格尔：《面向思的事情》，陈小文、孙周兴译，商务印书馆1996年版，第84页。

当然，这个状况没有延续到 1938 年胡塞尔逝世便被政治局势的变化中断。希特勒在 1933 年的上台迫使犹太血统的胡塞尔隐居家中，断绝了与外界的交往。以后的事态发展使一大批思想家流亡国外。加之第二次世界大战的爆发，现象学运动在欧洲基本处于沉寂状态。

直到 20 世纪四五十年代，由于梅洛－庞蒂和萨特的基本著作的问世，现象学精神才再次得到弘扬。《知觉现象学》《想象物——现象力的现象学心理学》《存在与虚无——关于一门现象学的本体论的论述》等，所有这些标题都标志着现象学运动在法国的复兴。"没有一门哲学能像现象学那样强烈地作用于四五十年代（20 世纪，引者按）的法国思维。"① 与这两位现象学家同行的还有诸如列维纳斯、利科、亨利、阿隆等人。他们以自己的方式对胡塞尔和海德格尔的思想加以展开，并且一同构成了法国现象学的特殊风景线，以至于人们有理由说，"法国找到了它的胡塞尔和海德格尔"②。

20 世纪 60 年代以后，虽然人们已经纷纷开始撰写现象学运动的历史③，但这些历史似乎只对上半世纪以德、法为中心的现象学思潮有效，它们始终无法跟上广义现象学运动的发展。最宽泛意义上的现象学和现象学方法至今还在发挥效应。撇开对现象学运动的专门理论研究和历史发掘不论，当代世界哲学的著名代表人物如德国的哈贝马斯、施密茨，法国的福柯、德里达、拉康、利奥塔等，他们都处在与现象学对话的领域。现象学现实效应的最明显的例子就是，今天的思想界已经将"认识论中心主义"看作以往哲学的狭隘偏见；然而，如伽达默尔所说，"'认识任务的

---

① B. Waldenfels, *Phänomenologie in Frankreich*, Frankfurt a. M.: Suhrkamp Verlag, 1987, S. 15.

② B. Waldenfels, *Phänomenologie in Frankreich*, Frankfurt a. M.: Suhrkamp Verlag, 1987, S. 15.

③ 参见［德］伽达默尔《现象学运动》，见《哲学解释学》，夏镇平、宋建平译，上海译文出版社 1994 年版，第 129－179 页；［美］赫伯特·施皮格伯格《现象学运动》，王炳文、张金言译，商务印书馆 1995 年版。此外，在 1996 年于香港召开的国际现象学研讨会上，美国现象学家 L. 恩布瑞也曾表露过总结现象学运动至此的历史的企图。他将整个运动划分为三大发展阶段：德国本土现象学阶段、法国现象学阶段和美国－国际现象学阶段。但这个划分本身由于建立在一种大而统之的分类的基础上而被瑞士现象学家 R. 贝耐特看作"非现象学的"。还需要指出的是，胡塞尔本人对"现象学运动"的态度有所变化。他早期曾在积极的意义上谈及作为"哲学运动"的"现象学"和"现象学学派"，但后期则对这个运动抱以否定和怀疑的态度。

转变'是通过现象学而取得的"①。除此之外，另一个明显的例子是，与逻辑学或心理学一样，现象学如今已作为一门独立的学科被纳入哲学训练的基本教程之中。

今天当人们在谈到最初的现象学运动时，许多当年为人所熟知的名字已经被忘却。"现象学"一词所引起的联想主要是胡塞尔和海德格尔的哲学思考。但他们所代表的那个精神视域曾经是并且仍然是十分广阔的。现象学研究的前辈 H. 罗姆巴赫在 1998 年的文章《现象学之道》的一开始便说："胡塞尔不是第一个现象学家，海德格尔不是最后一个现象学家。现象学是哲学的基本思想，它有一个长长的前史，并且还会有一个长长的后史。"②

第一节 "现象学"的基本含义

日久月深，在一百多年后的今天（尤其是在胡塞尔诞生一百六十一周年之际）来纪念这个运动并且回顾它的内在意义应当是一个较为成熟的时机。然而我们或许首先要弄清一个问题：我们是否确切地了解"现象学运动"这个概念所指的究竟是什么？虽然我们一再地讨论"现象学"或使用"现象学"这个概念，但往往是在一种相当含糊的意义上进行。梅洛-庞蒂在 1945 年的《知觉现象学》前言中便曾说道："什么是现象学？在胡塞尔最初著作半世纪之后，还提出这个问题，可能显得很奇怪。可是这问题离解决还远呢。"③ 伽达默尔也曾说："几乎每一个可以划到现象学运动中去的学者都提出过'现象学是什么？'这个问题，并且对问题的回答都各不相同。"④ 如今又是半个多世纪过去，而问题看起来仍然没有能够获

---

① ［德］伽达默尔：《现象学运动》，见《哲学解释学》，夏镇平、宋建平译，上海译文出版社 1994 年版，第 159 页。

② H. Rombach, "Das Tao der Phänomenologie", in *Philosophisches Jahrbuch*, 1998, Nr. 1, S. 1.

③ 参见［法］梅洛-庞蒂《〈知觉现象学〉前言》，见倪梁康主编《面对实事本身——现象学经典文选》，东方出版社 2000 年版，第 710 页。

④ ［德］伽达默尔：《现象学运动》，见《哲学解释学》，夏镇平、宋建平译，上海译文出版社 2004 年版，第 132 页。

得完全解决的迹象。在这里，所谓"哲学什么也证明不了"的"耻辱"①似乎重又成为现象学的"耻辱"。

的确，另一位法国现象学哲学家列维纳斯已经指出，由胡塞尔所倡导的现象学并没有完全达到自己的目的，因为"哲学并没有成为由一批研究者所从事的、带有最终结论的严格科学。哲学很有可能就排斥这种精神生活形式"。但他同时认为，"胡塞尔的某些希望已经得到了实现。现象学将一些哲学家联合在一起，但并不是以康德主义联合康德学派、斯宾诺莎主义联合斯宾诺莎追随者的方式。现象学家并不去从事胡塞尔所明确表述的那些命题，他们并不仅仅献身于对他著述的解释或他著述的历史。他们的活动的方式有相近之处。这种一致性与其在于对一批确定的陈述的赞同，不如说是在于接近问题的方式"②。在这个意义上，我们首先可以说，现象学意味着一种共同的接近问题的方式。接下来，我们或许还可以借用施皮格伯格的话来更为确定地说，所谓现象学方法，它的根本统一就在于，"非常执拗地努力查看现象，并且在思考现象之前始终忠实于现象"③。今天的现象学家仍然坚持，正是这种特殊的查看方式才赋予了现象学以一种启蒙哲学的特征、一种特殊的光学的特征，它探讨那些不为人所注意的偏见、貌似的生活自明性；正是通过现象学的观察方式，许多不言而喻的东西成为可疑的。④

但是，除此之外，我们是否还能够把握住更为具体的现象学内涵呢？按照现象学史家施皮格伯格的说法，现象学有四个由宽及窄的不同范围界定。笔者认为，这四个现象学概念虽然有其合理之处，但仍需要进行一定程度的修改和说明。它们在略做改造之后便可以大致地被理解为：第一，最广义的现象学概念。它包括所有那些符合现象学的公认标准，但主观上

---

① 但海德格尔对这个"耻辱"做了倒转的解释："'哲学的耻辱'不在于至今尚未完成这个证明，而在于人们还一而再再而三地期待着、尝试着这样的证明。"（参见［德］马丁·海德格尔《存在与时间》，陈嘉映、王庆节译，生活·读书·新知三联书店1987年版，第247页）。

② E. Levinas, *Die Spur des Anderen. Untersuchungen zur Phänomenologie und Sozialphilosophie*, Freiburg/München: Alber Verlag, 1983, S. 81.

③ ［美］赫伯特·施皮格伯格：《现象学运动》，王炳文、张金言译，商务印书馆1995年版，第964页。

④ 参见［德］M. 索默尔《陌生经验与时间意识——交互主体性的现象学》，倪梁康译，见吴友根、邓晓芒、郭齐勇主编《场与有——中外哲学的比较与融通（四）》，武汉大学出版社1997年版，第385页。

没有参加现象学运动的人。具体地说，它将诸如胡塞尔的老师布伦塔诺、施通普夫等也包括进来。他们在一定程度上也可以被看作现象学运动的成员。第二，广义的现象学概念。它也就是胡塞尔在1913年期间所设想和表述的方法意义上的现象学。赞同这个现象学纲领并将它自觉地加以实施的思想家，诸如一定历史阶段上的尼古拉·哈特曼、萨特、海德格尔等，甚至包括以后的伽达默尔乃至新现象学的创始人施密茨以及某个时期的德里达，都可以看作这个意义上的现象学运动成员。第三，严格意义上的现象学概念。研究内容上的特殊性使这种现象学有别于广义的现象学：它较多关注意识现象，尤为关注各种事物的主观显现方式。早期的现象学家如哥廷根学派、慕尼黑学派，当然也包括舍勒，以及稍后的梅洛－庞蒂、古尔维奇等，都可以纳入这个范围之中。第四，最严格意义上的现象学概念。它是指胡塞尔本人所逐渐发展起来的现象学。我们今天常常将这个意义上的现象学特别称作"胡塞尔现象学"。

第二节　现象学的直接直观与本质明察

对这个最严格意义上的现象学，胡塞尔本人在1913年期间曾做过两个内涵基本相似的规定。首先是在《哲学与现象学研究年鉴》创刊号的前言中说道："将各个编者联合在一起并且甚至在所有未来的合作者那里都应当成为前设的东西，不应是一个学院系统，而毋宁说是一个共同的信念：只有通过向直观的原本源泉以及在此源泉中汲取的本质洞察的回复，哲学的伟大传统才能根据概念和问题而得到运用，只有通过这一途径，概念才能得到直观的澄清，问题才能在直观的基础上得到新的提出，尔后也才能得到原则上的解决。"①

此外，胡塞尔在同年《逻辑研究》第二版前言中还做过一段与此相关的表述："这些研究如果能使对现象学感兴趣的人感到有所帮助，那是因为

---

① Edmund Husserl, *Gesammelte Werke*, Band ⅩⅩⅤ, Aufsätze and Vorträge (1911—1921): Martinus Nijhoff, 1987, S. 63f. 以下凡引《胡塞尔全集》(*Hua*) 只在正文中标明"*Hua* + 卷数 + 页码"，如 *Hua* Ⅳ, 222，即《胡塞尔全集》第 4 卷，第 222 页。

它不仅仅提供一个纲领（更不是那种高高在上的纲领，哲学总是被视为这样一种纲领），而是提供了现实进行着的、对直接直观到和把握到的实事的基础研究尝试；这种研究是批判地进行的，它自己并没有在对立场的阐释中丧失自身，而是保留了对实事本身和对关于实事的研究的最后发言权。"①

在这两段论述中包含着胡塞尔对方法意义上的现象学的两个最基本的理解：其一，现象学排斥中介的因素，把直接的把握或这个意义上的直观看作一切知识的来源和检验一切知识的最终标准；其二，现象学在经验的事实的基础上要求通过直观来获取本质洞察，即获得对本质因素以及在它们之间的本质关系的把握。在现象学运动的初期，这也是为大多数成员所明确或不明确地承认并且有意或无意地恪守的两个基本原则。② 胡塞尔这一时期的种种说法表明，他本人首先将现象学理解为一种方法。例如，他在1907年的一个讲座中说："现象学：它标志着一门科学，一种诸科学学科之间的联系；但现象学同时并且首先标志着一种方法和态度：特殊的哲学思维态度和特殊的哲学方法。"③ 在近三十年之后，他还在书信中阐述了他运用这个方法所要达到的目的："这是一种方法，我想要用这种方法来反对神秘主义与非理性主义，以建立一种超理性主义（Überrationalismus），这种超理性主义胜过已不适合的旧理性主义，却又维护它最内在的目的。"④

据此，"现象学"一词所标识的应当是一种建立在直接直观和本质认识基础上的严格的哲学方法。胡塞尔本人虽然用其毕生的精力从事意识现象学的具体分析，但在这个方向上与其同行的现象学家寥寥无几。而对现象学的这种方法层面的理解是首先为现象学运动其他成员所认同的东西。海德格尔在1925年的"现象学基本问题"讲座中便指出了这个意义上的现象学并确信，"现象学发现的伟大之处并不在于那些实际获得的、可估

---

① ［德］埃德蒙德·胡塞尔：《逻辑研究》第1卷，倪梁康译，商务印书馆2017年版，B X。值得一提的是，这里出现的"实事本身"或"实事自身"（Sache an sich）的概念在康德那里便出现过（参见 Immanuel Kant, *Kritik der reinen Vernunft*, Hamburg: Felx Meiner Verlag, 1998, B 67）。康德用它来区分一个事物本身的真实状态，它有别于这个事物的单纯显现。

② 随着现象学运动的进一步展开，这两个原则或多或少地被一些成员所放弃，或被指责为"直观主义"和"本质主义"。

③ ［德］埃德蒙德·胡塞尔：《现象学的观念》，倪梁康译，商务印书馆2016年版，第25页。

④ 胡塞尔1935年3月11日致列维-布留尔信；转引自［美］赫伯特·施皮格伯格《现象学运动》，王炳文、张金言译，商务印书馆1995年版，第132页。

价和可批判的结果,而是在于它就是对哲学中的研究可能性的发现"①。更确切地说,方法上的共同理解是使现象学运动得以成为可能的东西。法国现象学家利科就认为:"现象学的很大一部分是由胡塞尔-异端的历史所组成的。大师的作品所指明的建构方式所带来的一个结果就是使胡塞尔-正统派无法形成。"② 就此而论,是胡塞尔自己选定了他的与马丁·路德相同的命运。

第三节 现象学操作的具体步骤

如果人们仍然不满足于现象学方法的这两个最基本的原则,还想更进一步地了解现象学的具体内涵,那么施皮格伯格所做的一个更为细致的划分或许值得参考。他试图把握现象学方法的要点并将这个方法划分为七个步骤,并且同时说明,其中稍后的步骤是以较前的步骤为前提的,但并不是必然由较前步骤所引起的。

这七个步骤中的第一个步骤是,研究特殊现象。施皮格伯格将它看作现象学方法所具有的最一般特征。他认为,这种研究由三种操作方式组成:现象学的直观③、现象学的分析和现象学的描述。

接下来的其余步骤是:

    2. 研究一般本质;
    3. 理解诸本质间的本质关系;
    4. 观察显现的方式;
    5. 观察现象在意识中的构成;

---

① M. Heidegger, *Grundprobleme der Phänomenologie* (*Sommersemester 1927*), Frankfurt a. M.: Vittorio Klostermann, 1975, S. 184.

② P. Ricoeur, *La métaphore vive*, Paris: Seuil, 1975— Dt. von R. Rochlitz, *Die lebendige Metapher*, München: Wilhelm Fink Verlag, 1986, S. 156.

③ 这里应当区分作为现象学具体操作步骤的直观与作为现象学普遍原则的直观:前者可以概括在维特根斯坦所说的"不要想,而要看"中,后者则主要是指胡塞尔和海德格尔所说的"面对实事本身";前者排斥抽象的概念、空泛的语词,后者排斥传统的成见、固守的教条。

6. 将对于现象存在的信念搁置起来；
7. 解释现象的意义。①

然而，施皮格伯格本人已经意识到，"这种方法不可能构成一个所有现象学家都同意的首尾一贯的体系"②。事实上，我们今天已经可以看出，这些论述并没有得到现象学运动成员和日后的解释者们的一致认可，而且它们看起来也没有能够为今人理解现象学提供多少有益的帮助。恰恰相反，它似乎更多地印证了盖格尔的一个说法："在任何一个科学领域之中，谈论方法——也就是说，提倡一种方法却无法表明它怎样导致具体的结论，无法证明它并不是一种从理论推衍出来的幻想——都是很危险的。"③

实际上，在笔者看来，感受和领会现象学方法的最佳途径就是去切近地感受和领会各个现象学家——尤其是胡塞尔，因为几乎所有现象学运动的成员都或多或少地受到过他的影响——的观看方式、思维方式和表述方式，并且尝试将它们在各种问题领域中加以活的运用。这可能就是康德主张人不能学习哲学（Philosophie），而只能学习哲学活动（Philosophieren）的主要理由。④

人们常常将胡塞尔的思维方式与普鲁斯特的小说叙述方式以及塞尚的绘画方式相比较，无论这个比较是否成立，有一点可以确定，既然对普鲁斯特和塞尚的了解必须通过阅读和观看，那么，对胡塞尔等现象学家的理解也只能通过与他们共思。

---

① 参见[美]赫伯特·施皮格伯格《现象学运动》，王炳文、张金言译，商务印书馆1995年版，第921—961页。
② [美]赫伯特·施皮格伯格：《现象学运动》，王炳文、张金言译，商务印书馆1995年版，第918页。
③ [德]盖格尔：《现象学美学》，见倪梁康主编《面对实事本身——现象学经典文选》，东方出版社2000年版，第238页。
④ 参见 Immanuel Kant, *Kritik der reinen Vernunft*, Hamburg: Felix Meiner Verlag, 1998, B 865.

第四节　现象学：在逻辑学与心理学之间

当然，另一方面，无论是胡塞尔还是他的后继者都没有将现象学仅仅看作一种方法。如列维纳斯所说，一种方法是无法取代哲学的。胡塞尔的《逻辑研究》之所以是划时代的，不仅是因为它的方法意义，还因为它的课题意义。胡塞尔不仅首次为哲学提供了一种新的研究方式，而且也提供了新的研究对象。这种特殊的研究方式和特殊的研究对象如此有机地结合在胡塞尔的哲学劳作之中，以至于我们可以说：胡塞尔开辟了一门全新的学科，一门既非仅仅与经验主体有关，也非仅仅与经验客体有关的学科；一门既非仅仅包含在心理学领域，也非仅仅包容在逻辑学领域的学科。现象学涉及这些学科，但本身又不是这些学科中的任何一门；它包容这些作为主体和客体的对象，但不只是讨论它们，而主要是描述和分析它们之间的构成与被构成关系。

因此，胡塞尔这样来描述现象学的研究领域："纯粹现象学展示了一个中立性（neutral）研究的领域，在这个领域中有着各门科学的根。一方面，纯粹现象学服务于作为经验科学的心理学。它纯粹直观地——特别是作为思维和认识的现象学——在本质普遍性中分析和描述表象的、判断的和认识的体验，心理学将这些体验经验地理解为动物自然现实关系中的各种偶然实体事件，因而只对它们做经验科学的研究。另一方面，现象学打开了'涌现出'纯粹逻辑学的基本概念和观念规律的'泉源'，只有在把握住这些基本概念和观念规律的来历的情况下，我们才能赋予它们以'明晰性'，这是认识批判地理解纯粹逻辑学的前提。纯粹逻辑学在认识论或现象学方面的基础工作中包含着许多极为困难但却无比重要的研究。"[①]

胡塞尔在这个方向上的努力被他的学生芬克概括为："他以思想上惊人的努力对意向性联系进行分解，直至其最精微的分支；用敏锐的细心观察对各种意向性活动和意向性对象作出了区别；他用周密的锐利的反思的眼光揭

[①] ［德］埃德蒙德·胡塞尔：《逻辑研究》第 2 卷第 1 部分，倪梁康译，商务印书馆 2017 年版，A 4/$B_1$3。

示了被动综合同自发性的对立、行为结构同习惯性众环节的对立。他开创了一种在规模和严格性上都是空前的意识研究。"① 可以说，即使不去考虑其他现象学运动成员的贡献，在胡塞尔那里，一门以现象学为名的新型学科已经展示出来，它在很大程度上将自己定位于心理学与逻辑学之间。

第五节 现象学：在实证主义与形而上学之间

如果我们从研究的对象的角度用逻辑学和心理学来界定现象学，那么另一个可以用来对现象学进行划界的角度则主要涉及研究的方法。从这个角度来看，现象学被视为一种处在实证主义与形而上学之间的学科。列维纳斯曾把现象学比作一个对健康的人类理智来说具有镇静作用的"精神植物园"，他认为，"由于放弃了描述的方法、类别的构成和概念的持守，传统的思辨方法跳越过了许多研究领域。现象学的无可争议的贡献在于要求，在'回到实事本身'的过程中进行系统而耐心的，当然只是暂时的描述。因此，现象学既有利于实证主义者，也有利于形而上学家，它是任何一种唯心论和实在论的必然出发点，它对各种精神来说都意味着思维的坐标"②。

实际的情况的确如此，现象学的总体研究风格常常会令人联想到实证主义的要求。就此而论，胡塞尔虽然对实证主义的许多观点不满，但他应当会同意孔德将一门科学的成熟期定义为"实证科学"时期的做法。现象学不满足于那些"产生于遥远、含糊和非本真直观中的含义"，希望回到"实事本身"上去，希望"在充分发挥了的直观中获得明证性"，因为现象学的所有成就"都产生于那种真正切近实事本身、纯粹朝向其直观自身被给予性的研究之中，尤其是产生于那种朝向纯粹意识的本质现象学之观

---

① [德] 芬克：《对胡塞尔现象学还原的反思》，见倪梁康主编《面对实事本身——现象学经典文选》，东方出版社 2000 年版，第 584 页。

② E. Levinas, *Die Spur des Anderen. Untersuchungen zur Phänomenologie und Sozialphilosophie*, Freiburg/München: Alber Verlag, 1983, S. 53.

第一编 现象学与伦理学

点的研究之中,而唯有这种研究才能为一门理性理论带来成效"①。胡塞尔在其毕生的现象学的探讨中力求证实:间接认识所需依赖的最终原则是一种直接的明察,即绝对真理的自身被给予。这种直接的明察就是一种真正的"经验",它突破了经验主义对经验的狭隘理解。他甚至认为,经验主义只能通过这种本质直观意义上的、普全的和最彻底的"经验主义"来克服。② 这个意义上的"经验主义"也被他称为"超越论的经验主义"。

而现象学的研究同样为作为实证主义对立面的形而上学提供了新的观察角度。姑且不论海德格尔的关于存在本身的形而上学思考是否还属于现象学的范畴,即使像胡塞尔这样贴近地面工作的"超越论的实证主义"现象学家也认为,"现象学只是将任何一门幼稚的、从事着悖谬物自体的形而上学排斥出去,但它并不排斥形而上学一般,现象学例如并不去强制那些以错误的提问和错误的方法从内部推动着古老传统的问题动机,并且它绝不会说,它会在'最高的和最终的问题'面前停步"③。当然,胡塞尔本人所理解和建构的形而上学已经不再是传统意义上的形而上学,而是一门新的、积极意义上的"形而上学",即一门以超越论的交互主体性、以共同体化着的单子大全为探讨课题的学说。在这些课题中也包括偶然事实性的问题、死亡问题、命运问题、"真正的"人类生活的可能性问题、历史的意义问题等。④ 这样一种"形而上学"已经与康德所设想的一门"非独断论的形而上学"相当接近,即一门作为"人类理性的所有文化之完善"、作为"所有科学之王"的形而上学。⑤

---

① [德]埃德蒙德·胡塞尔:《逻辑研究》第 2 卷第 2 部分,倪梁康译,商务印书馆 2017 年版,B_2 Ⅵ。

② 参见 Edmund Husserl, *Phänomenologische Psychologie*, Hua Ⅸ, Den Haag: Martinus Nijhoff, 1962, S. 300。

③ Edmund Husserl, *Cartesianische Meditationen*, Hua Ⅰ, Den Haag: Martinus Nijhoff, 1963, S. 182.

④ 参见 Edmund Husserl, *Cartesianische Meditationen*, Hua Ⅰ, Den Haag: Martinus Nijhoff, 1963, S. 182。

⑤ 参见 Immanuel Kant, *Kritik der reinen Vernunft*, Hamburg: Felix Meiner Verlag, 1998, B 878, A Ⅱ。

第六节　现象学：在思辨哲学与诗化哲学之间

如果我们在前面已经确定现象学的位置是在逻辑学和心理学之间、实证主义与形而上学之间，那么在这里我们最后还可以尝试一下用思辨哲学与诗化哲学来限定现象学哲学的范围。这里所说的"思辨哲学"和"诗化哲学"，并非指在哲学史上被史学家们所确定下来的哲学流派，而是意味着两种总体的思维风格。

所谓思辨哲学，通常也被理解为德国古典哲学：从康德到费希特、谢林和黑格尔。它的直接作用表现在费尔巴哈和马克思－恩格斯的思想中，这条线索事实上意味着迄今为止对中国现代自五四以来之历史变革过程中的最大影响所在，它通过李大钊、毛泽东等人而在很大程度上决定了20世纪中国现代历史的基本走向。关于这个思想发展线索，思想史和学术史方面的论述众多，这里不再赘言。需要特别指出的是在思辨方法与现象学方法之间的基本差异：前者的哲学思考方式是揣摩的、解释的、构建的；后者的哲学思考方式则是描述的、写实的、分析的。事实上，把握了黑格尔思维风格与胡塞尔思维风格的区别，也就可以领会思辨哲学和现象学哲学的基本风格差异。

而自费希特以后逐渐展开的德国诗化哲学传统则显示了另一种思想作用力。这里的"诗化哲学"不仅在一定程度上包含许多浪漫派代表人物，如施勒格尔兄弟、荷尔德林、诺瓦利斯等，他们的思维努力的共同点主要表现在明确的课题上——自我意识与灵魂的深层结构等。而且，诗化哲学的代表也包含，甚至更多是指那些几乎与思辨哲学家同时代的席勒、歌德、叔本华、尼采等。以后的狄尔泰、西美尔，直至本雅明、阿多诺、布洛赫、后期海德格尔等都可以在诗化哲学的标题中找到自己的位置。他们的努力具有一个共同的风格特征：不是将哲学与艺术、文学进行有序的排列，而是加以有机的结合。

因此，这里所谓诗化哲学的说法，虽然是借了刘小枫的相关论题的名称而用之①，但上述意义上的诗化哲学即使与德国浪漫学派有着密切的联系，却已不再是指特定意义上的德国浪漫派美学传统了。② 毋宁说，它意味着那种在海德格尔后期著述中得到明确表露的思维趋向，即通过（甚至唯有通过）诗的语言和形式来（才能）表述最本源的哲学思考，或者说，思想的本质就在语言的本质之中。海德格尔所主张的"思与诗的对话"或"诗与思的近邻关系"③便是对这种思维态度的基本概括。实际上，海德格尔之所以成为思想大家，很重要的一个原因在于，他的思维风格既带有诗化哲学的创作、想象的成分，也带有现象学的分析、描述特征。因此，只要区分开海德格尔早期与后期的思维风格，那么，现象学思维方式与诗化哲学的思维方式便在一定程度上得到界定。严格意义上的诗化哲学应当不包括费希特、谢林、黑格尔等所谓浪漫派哲学家，却包括叔本华、尼采、歌德、席勒以及本雅明、阿多诺、布伯、布洛赫等诗人思想家。毫无疑问，这种意义上的"诗化哲学"也曾对中国近现代思想产生过至关重要的影响。鲁迅、王国维等人便是这个方向上的典型案例。

思辨哲学与诗化哲学在 20 世纪之前便由德语哲学所提供，并从此成为世界思想宝库的宝贵遗产。④ 当然，它们如今仍然具有各自的代表人物并且在思维领域中发挥着重要影响。而另一个在各方面毫不逊色的德语思维风格之象征是 20 世纪的现象学哲学，它既不属于思辨哲学，也不属于诗化哲学，因此，现象学哲学家既有别于思辨哲学家，也有别于文学哲学家。但从这一百年的发展已经可以看出，现象学在思想史上的有形或无形之影响绝不会弱于前两者。胡塞尔、舍勒、海德格尔等，连同法国的梅洛－庞蒂、萨特等，这些名字足以清楚地指明一个业已得到相当程度发掘和展示的博大精神视域。

---

① 参见刘小枫《诗化哲学——德国浪漫美学传统》，山东文艺出版社 1986 年版。
② 刘小枫将"诗化哲学"仅仅归结为一种"浪漫美学"的做法，主要是受他当时所学专业主题（美学）的限制，也在客观上应和了当时流行的"哲学美学化"思潮。他自己现在也不认为诗化哲学仅仅是一个美学传统。
③ ［德］马丁·海德格尔：《林中路》，孙周兴译，上海译文出版社 1997 年版，第 278 页；［德］马丁·海德格尔：《在通向语言的途中》，孙周兴译，商务印书馆 1997 年版，第 167 页。
④ 如果我们再加上例如马克思的社会－历史哲学、弗洛伊德的无意识哲学等，德语哲学中各个因素对人类思维宝库所做的贡献几乎是无可比拟的。也正因此，德语文化被看作一种带有浓烈哲学特征的文化。

第七节　现象学：在现象主义与本体主义之间

如今常常为人所倡导的"不可显现者的现象学"，是以后的法国现象学家们借了海德格尔的一个说法而刻意造出的一个概念，但实际上，这是一个语词矛盾——除非我们在"显现"和"现象"的概念中加入解释者自己的内容。

实际上，这个问题在胡塞尔、舍勒、海德格尔那里都是已经解决了的。无论是胡塞尔的现象学，还是海德格尔的存在论，抑或舍勒的价值论，都是一种处在现象主义与本体主义之间的基本立场。他们既不完全地拘泥于最狭隘意义上的显现者——否则将会是现象主义，也不对某种不以任何方式显现的本体（无论是形而上还是心而上的本体）做丝毫的预设——否则将会是本体主义。海德格尔在《存在与时间》中就此而定义说，"存在论只有作为现象学才是可能的"，"现象学是存在者的存在的科学，即存在论"，"哲学是普遍的现象学的存在论"，如此等等。①

因此，所谓现象主义（Phänomenologismus），是指这样一种观点：唯有现象存在，不显现就意味着不存在。它的最终归宿是纯粹的主观主义、感觉主义。胡塞尔说："各种现象主义理论的基本缺陷就在于，它们不能区分作为意向体验的显现和显现的对象（宾语谓语的主语），并且因此而将被体验的感觉复合体等同于对象特征的复合。"②

而所谓本体主义（Ontologismus），是指这样一种观点：存在着一种完全不以任何方式显现出来的本体。它的最终归宿是纯粹的客观主义、确切词义上的形而上学。舍勒曾明确地说："我们同样也排斥绝对的本体主义，即那种认为有可能存在按其本质不可被任何意识把握的对象的学说。任何一个对某个对象种类之实存的主张都根据这个本质联系也都要求给出一个

---

① ［德］马丁·海德格尔：《存在与时间》，陈嘉映、王庆节译，生活·读书·新知三联书店1987年版，第42、44、45页。
② ［德］埃德蒙德·胡塞尔：《逻辑研究》第2卷第1部分，倪梁康译，商务印书馆2017年版，A 338。

这个对象种类在其中被给予的经验种类。"①

一旦认清和说明这一点，于本身就处在本体主义与现象主义之间的现象学之侧再加入所谓"不可显现者的现象学"，就没有很大的意义了，至多也只能视作一种论辩的技巧。

问题起源于海德格尔的一些说法："在现象学的现象'背后'，本质上就没有什么别的东西，但应得成为现象的东西仍可能藏而不露。恰恰因为现象首先并且通常是未给予的，所以才需要现象学。遮蔽状态是'现象'的对立概念。"② 尽管海德格尔本人仍然把遮蔽看作现象学研究的对象，因而没有提出作为"显现学"之对立概念的类似"遮蔽学"的说法，但他的上述论点为法国现象学后来主张的"不可显现者的现象学"提供了一定的依据。

第八节 现象学对中国学术的可能意义

关于胡塞尔现象学与整个现象学运动的具体发展情况，欲知详情的读者可以参阅赫伯特·施皮格伯格的现象学历史论著《现象学运动》，而欲知梗概的读者则可以参阅汉斯-格奥尔格·伽达默尔的论文《现象学运动》。除此之外，笔者曾尝试在《中国现象学与哲学评论》第一辑中就"什么是现象学精神"的问题做过简短的论述，有兴趣的读者可以参阅，这里不再赘言。笔者在那里主要想说明，现象学首先并不在于传布某些具体的教义，而在于树立一种对具体哲学问题进行严格分析的风气。③

这里已经一再地涉及现象学的研究方法和研究风格对中国学术研究的意义问题。相对于"现象学是什么"的问题而言，"现象学有什么用"的问题虽然是一个第二性的问题，却是每一个现象学研究者所需面对的问

---

① [德]马克斯·舍勒：《伦理学中的形式主义与质料的价值伦理学：为一种伦理学人格主义奠基的新尝试》，倪梁康译，商务印书馆2019年版，第392-393页。

② [德]马丁·海德格尔：《存在与时间》，陈嘉映、王庆节译，生活·读书·新知三联书店1987年版，第42页。

③ 参见倪梁康《代序：何谓现象学精神？》，见《中国现象学与哲学评论（第1辑）》，上海译文出版社1995年版，第1-6页。

题。无论是布伦塔诺和胡塞尔的研究,还是现象学运动其他成员,包括海德格尔等其他后继者们的思考,其特征都在于放弃建构系统的意向,而致力于扎实的基础工作。因此,现象学给人的总体印象不是体系哲学,而是工作哲学;现象学家给人的总体印象不是建筑设计师,而是考古工作者。①

胡塞尔对现象学的这个特征曾有过如下说明:"我们希望,我们已经揭示出认识批判的最底层的,而且从其本性来看也是第一性的基础。即使在认识批判中也要做到谦虚知足,这正是所有严格的科学研究的本质所在。如果认识批判的目的在于现实地和彻底地解决实事问题,如果它不会再佯装自己能够通过对传统哲学教义的单纯批判以及通过或然的理智思考来解决重大的认识问题;如果认识批判终于意识到了这一点,即:只有通过具体切实的工作,实事才能够得到推动并且得以展开,那么,认识批判便不会在一开始就去接触我们最感兴趣的认识问题之较高形态和最高形态,而是首先去把握它所能达及的认识问题的相对而言最简单的形式,把握它们的最低级的构造层次。"他认为:"即使是这样一项谦虚知足的认识论工作也还需要克服大量的困难,甚至需要付出所有可能的努力。"② 与此相应,另一位现象学家海德格尔也曾一再强调过"思的任务"的"微小"以及"思的态度"的"谦逊"。③

在这个意义上,现象学的研究是工作哲学的研究。它通常是"贴近地面的",而非"大气磅礴的";是"大题小做"或"微言大义",而非"大而化之"或"笼而统之",更不是动辄"上下五千年、往来中西印"。这里的主宰者不是激情,而是明察;不是虚无缥缈的思辨和构想,而是脚踏实地的分析与描述;不是高高在上的纲领,而是细致入微的分析研究;"不是泛泛地进行论证,而是去接近实事本身"④。可见,胡塞尔之所以要

---

① 康德本人曾一再地把自己的哲学称为"纯粹理性的建造术"(Architektonik)(《纯粹理性批判》,A502/B860),而胡塞尔则常常将自己的哲学称为"考古学"(Archäologie)[Ms. C 16 Ⅵ, Bl. 1, *Erste Philosophie* (1923/4),*Hua* Ⅷ, Den Haag: Martinus Nijhoff, 1959, S. 29 f.]。这两个称号可以看作对思辨哲学与现象学哲学之间根本风格差异的标识。

② [德]埃德蒙德·胡塞尔:《逻辑研究》第 2 卷第 2 部分,倪梁康译,商务印书馆 2017 年版,A 479/B$_2$7。

③ 参见[德]马丁·海德格尔《面向思的事情》,陈小文、孙周兴译,商务印书馆 1996 年版,第 62 页。

④ [德]埃德蒙德·胡塞尔:《逻辑研究》第 1 卷,倪梁康译,商务印书馆 2017 年版,A 155/B 155。

求哲学需要"严格"(streng),海德格尔之所以强调思想需要"审慎"(sorgsamkeit)和"小心"(vorsichtig)①,意义均在于此。这种"严格""审慎"的态度要求我们不是作为真理的缔造者或拥有者去发布纲领、构建体系,而是面对具体问题进行含有实事的描述分析,理解各种人生、社会、世界的现象和本质内涵以及它们之间的奠基关系。例如感知、想象、图像意识、符号意识、判断、同情、联想、爱、恨、恐惧、良心、正义、道德、欲望、情感、兴趣等。用伽达默尔的话来说,"现象学想要谈论的是现象,即它试图避免任何一种没有充分根据的理论建构,并试图对以往哲学理论所具有的无可怀疑的统治地位进行批判性的检查"②。

这样一种学术风气在 20 世纪初的中国南方也曾得到过倡导和实施,尽管是在不同的口号下。这一时期,以杨文会、欧阳渐、吕澂为代表的一批佛教知识分子,起而批判当时中国佛学的种种弊端,尤其反对佛学思想方法上的笼统颟顸,力主回到唐代的唯识论,倡导洞明义理,认为只有在研究中做到有义可依、有理可思,方可在实践中做到依法而不依人。他们所提出的这些原则一方面在思想风格上开中国近代佛学研究之先,另一方面也在内容上将唯识学这门理论重新发掘、整理、弘扬。因而这个时期在两方面都可以说是中国近代佛教的复兴时代。曾属欧阳渐门下的熊十力虽然以后独辟蹊径,最终与其老师分道扬镳,然而,他在学风倡导上依然承继师门,主张"名相为经,众义为纬,纯本哲学之观点,力避空想之浮辞"③。

但唯识学的复兴与胡塞尔意识现象学以及整个现象学运动在方法取向上并不完全一致。唯识学复兴在很大程度上是对当时禅学泛滥的矫枉过正。众所周知,禅要求与语言文字无涉。禅只可意会,用语言文字解释就着于色相。但这也为许多欺世盗名之徒留下机会。因此,这里值得注意的

---

① 参见[德]埃德蒙德·胡塞尔《哲学作为严格的科学》,倪梁康译,商务印书馆1999年版,第65页;[德]马丁·海德格尔《面向思的事情》,陈小文、孙周兴译,商务印书馆1996年版,第4—5页。

② [德]伽达默尔:《现象学运动》,见《哲学解释学》,夏镇平、宋建平译,上海译文出版社2014年版,第132页,引文根据德文版有所改动,原译文为:"现象学使现象得到显示,即,它试图避免任何一种没有根据的理论构筑,并对以往哲学理论所具有的无可怀疑的统治地位进行了批判性的检查。"

③ 熊十力:《佛家名相通释》,中国大百科全书出版社1985年版,第3页。熊十力的基本为学风格可以用该书中他自己的话概括:"根柢无易其故,裁断必出于己。"(同上书,第3页)

是，虽然现象学与唯识论在研究方向上相互一致，但它们在研究风格上几乎是相互对立的。在一定程度上可以说，胡塞尔和海德格尔等人所倡导的"面对实事本身！"之口号与其说是与唯识论相通，不如说是与禅学相通，因为现象学和禅学（还包括新教神学）都在总体趋向上要求摆脱各种形式的中介而去直接诉诸实事本身。因此，我们在一定程度上可以说，现象学运动所反对的是对文献的过分依赖和将传授的知识等同于现有的真理，而唯识学复兴运动所反对的则是对文献的完全不依赖和将一时的感悟混同于对真理的明察。但是，这并不妨碍这两个运动的创始者在这样一点上的共识：严格的治学态度、求实的研究风格。唯识学复兴运动和现象学运动在这一点上都做到了某种意义上的"但开风气不为师"。

如果我们所要探讨的是同一个课题，即意识，那么面对实事与研读文本或许恰恰可以为我们提供两种不同的切入问题之角度，使我们这两方面的考察能够得到互补性的动力。一方面，当唯识学文献所展示的说法繁杂变换，使人无所适从时（这是唯识论探究者们常处的境地），现象学所倡导的自身思义（Selbstbesinnung）便有可能提供一种具有原创力的直接直观的审视。另一方面，如果现象学的苦思冥想无法在意识分析的复杂进程中完成突破（这也是对许多现象学研究者来说并不陌生的经历），那么唯识学的厚重传统常常可以起到指点迷津的作用。现象学与唯识学在一定程度上体现着"思"与"学"的两个基本方向。①

以上对现象学运动及其基本意义所做的说明，并不是想再一次徒劳地尝试对"现象学是什么"这个问题做出确定的回答，因为海德格尔已经说过："现象学并不是一个学派，它是不时地进行自我改变并因此而持存着的思的可能性，即能够符合有待于思的东西的召唤。"② 因此，一劳永逸的规定永远无法跟上现象学发展变化的步伐。本章只想提供一个对此提问

---

① 正因此，一些学者日益关注现象学与唯识论之间的关系分析。例如，耿宁希望能够通过现象学来"补充"唯识学中的"时间"分析 [参见 [瑞士] 耿宁《从现象学的角度看唯识三世（现在、过去、未来）》，见《中国现象学与哲学评论（第1辑）》，上海译文出版社 1995 年版，第 351-363 页］，陈荣灼则试图以现象学来"仲裁"唯识论中"有我"和"无我"之争（参见陈荣灼《唯识宗与现象学中之"自我问题"》，载《鹅湖学志》1995 年第 15 期，第 48-70 页），等等。当然，从总体上看，这方面的研究还没有充分展开。

② [德] 马丁·海德格尔：《面向思的事情》，陈小文、孙周兴译，商务印书馆 1996 年版，第 77 页。

及其解答的总结性回顾。这个做法同样师之于海德格尔：在讨论"哲学是什么"的问题时，海德格尔便曾尝试通过对哲学历史的回顾来使自己踏上一条道路——一条哲学之路。① 或者，用胡塞尔的一句话来结束上面的论述不失为一个上佳的选择：

> 显然这一切都还只是泛泛而谈。要想阐释与那些特属于每个对象种类的视域相关的可能性结构并且随之而说明各个存在的意义，就必须进行最为广泛的和最为复杂的意向分析。②

---

① 参见 M. Heidegger, *Was ist das-die Philosophie?*, Pfullingen: Verlag Günter Neske, 1988。
② Edmund Husserl, *Cartesianische Meditationen*, Hua Ⅰ, Den Haag: Martinus Nijhoff, 1963, S. 24.

第二章

现象学伦理学的基本问题

笔者在十年前曾出版过《心的秩序：一种现象学心学研究的可能性》（江苏人民出版社2010年版）。这里的问题是对那里的讨论与思考的继续，即如何进一步理解"现象学伦理学"。或者也可以说，如何进一步理解"伦理现象学"或"道德意识现象学"。

到目前为止，还没有一个得到广泛认可的"现象学伦理学"。布伦塔诺的前现象学的认知伦理学、胡塞尔的早期和后期的伦理学思想、舍勒和尼古拉·哈特曼的价值伦理学、莱纳和希尔德勃兰特的价值伦理学、萨特和列维纳斯的他人伦理学，如此等等，所有这些都已被纳入思想史和伦理学史，但都不是作为"现象学伦理学"或"伦理现象学"，而更多是作为某个现象学家或准现象学家的伦理学思想。

舍勒曾在自己的《伦理学中的形式主义与质料的价值伦理学：为一种伦理学人格主义奠基的新尝试》的手稿中写道："伦理学最终是一个'该死的血腥实事'，而如果它不能给我以指示，即指示'我'现在'应当'如何在这个社会的和历史的联系中存在和生活——那么它又是什么呢？"①可见这里的问题不仅在于现象学难以定义，而且也在于，甚至更在于伦理学难以定义。事实上，对于逻辑学、哲学等而言，情况都是如此。

但与这些学科一样，现象学伦理学也还是有一个基本的轮廓可以把捉。它应当是怎样的一种伦理学？笔者在《心的秩序：一种现象学心学研究的可能性》中已经谈到了它的可能性。六年之后，在有了更多的资料积累和更多的研究进展之后，笔者想在这里做一个系统的补充说明。

"现象学伦理学"有许多种可能性，但我们首先要回溯到现象学的源头，即限制在"现象学的"这个界定的最严格的意义上。这意味着，如果

---

① 参见［德］马克斯·舍勒《伦理学中的形式主义与质料的价值伦理学：为一种伦理学人格主义奠基的新尝试》，倪梁康译，商务印书馆2019年版，第852页。

一门伦理学可以在最严格意义上被称作现象学的,那么它应当是胡塞尔意义上的"现象学伦理学"。而这进一步意味着,在这里,在讨论伦理学基本问题时,应当与胡塞尔在讨论其他问题(如认识论的、逻辑学的、审美学的、社会学的基本问题)时始终采纳的现象学进路相符合:回到原初的意识体验,在这里是回返到道德意识或伦理意识的体验上,在内在反思中直接观察和把握这些意识体验,并通过本质直观获得其本质要素以及这些要素之间的本质结构奠基关系和发生奠基关系。易言之,如果胡塞尔提出的"现象学"代表了一种人类哲学思考的基本方式,那么胡塞尔意义上的"现象学伦理学"就应当是指通过这种思维方式对伦理现象所做的观察以及对其本质结构和本质发生的把握,并在此基础上进一步提出并论证各种伦理要求,说明和制定各种伦理规则。

就此而论,严格意义上的"现象学伦理学"是一种反思的和描述的伦理学,也可以被称作直观的伦理学,即它首先由对"我如何以及为何意识到好/善"的直接描述分析所组成;而后它才是规范的伦理学,即它最终会在直观的基础上提出"我应当……"和"你应当……"的基本准则。

现象学的反思-描述伦理学与近代以来的规范伦理学的区别,非常类似于数学-逻辑学中的直觉主义与形式主义的差异。与后面两种数学理论一样,前面两种伦理学说也不能被理解为是非此即彼、相互排斥的。只是对它们之间的奠基关系的不同理解,会导向在伦理学思考中的两种不同立场:反思-描述伦理学的和规范伦理学的。在人类至此为止的道德实践中,这两种伦理立场始终是并存的,我们还可以发现它们之间存在一种单向的奠基关系:规范伦理学必须建立在反思-描述伦理学的基础上。在经过适当修正之后(mutatis mutandis),也可以说,一门道德形而上学必须建立在道德意识现象学的基础上。

后面的论述还会表明:一门立足于自身的规范伦理学必定会导致伦理学中的构建主义或实证主义,而一门完全自成一体的反思-描述伦理学有可能会导致自然主义或发生主义。因此,这两种伦理学需要彼此互补才能最终构成完整的人类道德系统。

第一节　伦理学在胡塞尔现象学哲学中的位置

上述意义上的"现象学伦理学"可以说是胡塞尔式的现象学伦理学，但并不是胡塞尔本人提出的伦理学主张。因此，它可以被称作现象学的伦理学，但并不能被称作胡塞尔的伦理学。胡塞尔的伦理学思想主要体现在他的"一战"之前与之后的两个伦理学讲座中。① 这两个讲座的文稿后来在《胡塞尔全集》第二十八卷《关于伦理学与价值论的讲座（1908—1914）》与第三十七卷《伦理学引论（1920年和1924年夏季学期讲座）》中出版。它们都是胡塞尔生前未发表的讲座稿。这两卷伦理学讲座稿的编者都多次使用了"现象学伦理学"的概念来标示胡塞尔的伦理学说，但胡塞尔自己从未使用这样的概念，而是更多使用了"哲学的伦理学"的概念。除此之外，在2013年出版的《胡塞尔全集》第四十二卷《现象学的临界问题》中包含了胡塞尔后期的伦理现象学思考的大量手稿。② 全书分四个部分，包含无意识分析、本能分析、形而上学和后期伦理学。第四部分的伦理学反思构成全书一半以上的篇幅，共计262页。这些研究稿的发表，使我们能够比较系统地了解胡塞尔在1916—1935年这二十年间除伦理学讲座之外的伦理学反思的成果记录。

撇开胡塞尔在"一战"期间为弗莱堡大学参战者的课程班所做的三次关于"费希特的人类理想"的战时讲演以及在"一战"后为日本《改造》杂志刊发的三篇"改造文"不论③，胡塞尔基本上没有将自己的伦理学讲座稿和研究稿付诸公开发表。这主要是因为他并未将自己的伦理学说视为

---

① 参见倪梁康《胡塞尔的伦理学讲座与实践哲学和精神科学的观念》，载《江海学刊》2014年第1期。

② Edmund Husserl, *Grenzprobleme der Phänomenologie. Analysen des Unbewusstseins und der Instinkte. Metaphysik. Späte Ethik. Texte aus dem Nachlass* (1908 - 1937), Hua XLII, Dordrecht: Springer, 2013.

③ 参见倪梁康《胡塞尔于"一战"期间的政治践行与理论反思》，见《中国现象学与哲学评论》第15辑，上海译文出版社2014年版，第3-18页；倪梁康《胡塞尔的"改造文"与"改造伦理学"》，载《世界哲学》2015年第2期。

成熟的或完善的。胡塞尔在《逻辑研究》之后始终致力于对"纯粹现象学"的介绍,即对纯粹现象学的领域和方法的刻画,而在"现象学哲学"方面,他基本上无暇顾及。因此,他的《纯粹现象学和现象学哲学的观念》的系统论述计划,在完成讨论"纯粹现象学"的第一卷之后便被束之高阁;论述"现象学哲学"的第二卷和第三卷的文稿在经埃迪·施泰因整理出来之后只是交给近旁的人如海德格尔等传阅,直至胡塞尔1938年去世也没有发表。

现象学伦理学应当是现象学哲学的一个部分。但在早期(哥廷根时期)的现象学哲学构想中(即在《纯粹现象学和现象学哲学的观念》第二卷中),胡塞尔设想的现象学哲学仅仅包含三种本体论,它们分别涉及在意识中被构造起来的三个世界:物质自然、动物自然和精神世界。在精神世界的本体论中,精神生活的基本规律是动机引发(Motivation)的规律。只是在这里,胡塞尔才顺带谈到"最宽泛意义上的伦理学",即以理性的主体行为作为思考对象的伦理学。(*Hua* Ⅳ,222)而在胡塞尔后期(即弗莱堡时期)一再构想的"现象学哲学体系"的巨著计划中,关于伦理学或道德哲学则根本只字未提。①

这与胡塞尔对伦理学在其整个哲学体系中的定位是一致的:首先是纯粹现象学,而后是现象学的哲学,在其中本体论是第一要务,而后才是伦理学。这个意义上的伦理学,是关于应然的学说和关于规范的学说,它需要建立在关于实然的学说和关于本体的学说的基础上,即建立在对自然、心灵、精神在意识之中的构成分析的基础上。由于胡塞尔一直不满意对纯粹现象学和现象学本体论哲学的首要论证,对现象学伦理学的次要论证也就迟迟无法启动。"一战"后在日本《改造》杂志上发表的三篇文字,实际上是他在德国战后困境中为生计所迫而勉强为之的写作和发表,他自己并不满意。但那些文字所表达的确实是他对伦理学的基本理解,即伦理学是规范性的学科。后人合理地将他这个语境中的伦理学思想称作"改造伦理学",原因不仅仅在于这些文章发在《改造》杂志上,而且更多在于胡塞尔将"一战"前后的人类精神状况设置为普遍人性的堕落与危机,希望通过某种伦理关怀来完成人性改造,实施人类升华和人类拯救。用他的话

---

① 参见倪梁康《胡塞尔弗莱堡时期的"现象学哲学体系"巨著计划》,载《哲学分析》2016年第1期。

来说:"改造是在我们这个苦难当下之中,而且是在欧洲文化的整个领域之中的普遍呼唤。"① "改造伦理学"因而是一种"对一种普全伦理的人类文化的伦理回转(Umkehr)与塑造"(Hua Ⅲ/3,45)的伦理主张和规范要求。

当然,这种主张和要求按照胡塞尔自己的现象学的发展进程应当是在完成了对自然、心灵和精神在意识中的普遍构造分析之后才可以被提出来的。但为什么胡塞尔在"一战"之前和之后都仍然做了关于伦理学的讲座呢?

第二节 胡塞尔的现象学伦理学奠基工作

胡塞尔在 1920 年和 1924 年夏季学期的讲座"伦理学引论"中曾经给出了他的伦理学讲座的基本意图和实现此意图的基本步骤:"一门真正的和最终有效的科学的原则论,而后是一门哲学的伦理学以及一门作为其基础的科学的价值论,它们要求一门与其相关的意识的先天现象学,在这里就是一门感受的、欲求的、意愿的意识的现象学,而这些意识始终处在杂多的、但始终先天地被预示的变化之中。我们的分析将会向你们示范性地说明,这里的'现象学'意味着什么,而所有此后的分析将会进一步拓展和确定这些说明。这里涉及一门关于可能意识构造以及在它们之中包含的意义给予之总体的先天科学。"(Hua XXXVII,77)易言之,胡塞尔在其伦理学讲座中所要进行的首先是现象学的意识分析,尤其是与道德意识相关的情感意识、欲望意识、意愿意识的现象学分析。

在这个意义上,胡塞尔的伦理学讲座在很大程度上是真正的"现象学伦理学"的准备工作(Vorarbeit)。即使是伦理学,它也是描述的伦理学或描述心理学的伦理学。只有在情感现象学、欲望现象学、意愿现象学的基础上才能建立起一门真正的规范伦理学。描述的伦理学和规范的伦理学共同组成一门完整的现象学伦理学。因此,胡塞尔的"现象学伦理学"是

---

① [德]埃德蒙德·胡塞尔:《文章与讲演(1911—1921年)》,倪梁康译,人民出版社 2009 年版,第 3 页。

未完成的。他的伦理学讲座只是现象学的伦理学的准备工作。

这个意义上的伦理学"准备工作"在胡塞尔看来是与经验主义的伦理学的工作相一致的。胡塞尔也将它称作"情感道德"（Gefühlsmoral）的流派。它与理智主义者或理性主义者的"理智道德"或"理性道德"构成对立。胡塞尔在其伦理学讲座中十分看重情感伦理学。他将经验论道德的兴趣指向与研究方向视作现象学方面的准备工作。（Hua XXXVII, 154）尤其是休谟的思考，唤起了"一门真正仔细的、直达最深刻的现象学源泉的伦理学"（Hua XXXVII, 155）。但胡塞尔在总体上也批评休谟，认为他没有看到情感并不能成为伦理学的原则，而只构成其前提条件。（Hua XXVIII, 384ff.）

在17世纪的伦理学争论中，唯理论倡导的理智道德构成经验论的情感道德的对立面，前者的发展一直延续到康德。胡塞尔认为，康德本人原本是情感道德主义者，由于看到情感不能作为伦理学的原则，而后转为理智道德主义者（Hua XXXVII, 47）。但胡塞尔认为康德的道德理智道德论仍然缺乏原则基础。他批评康德的绝然律令是虚构的，既不是直接明见的认识，也无法从中导出伦理的戒命。（Hua XXVIII, 402ff.）

据此而论，胡塞尔对情感道德和理智道德的历史形态都是不甚满意的。认识论中的经验论与唯理论的各执一端与固执己见同样也表现在伦理学的领域："理智道德论者是原则坚定的哲学家和神学化的形而上学家，并且将目光更多朝向彼岸，朝向超越的－形而上学的东西，朝向作为理念之场所的上帝，而情感道德论者则更多以这个世俗世界为家园。"（Hua XXXVII, 154）在这里，理智道德论的问题无法避免形而上学预设，而情感道德论则无法避免相对主义的怀疑论。与在认识论－逻辑学方面的立场相似，胡塞尔在伦理学中也处在情感道德论与理智道德论之间的位置上，或者更确切地说，处在一个包容了这两者的高阶位置上。

这样一个胡塞尔式的立场在笔者看来是与胡塞尔的维也纳背景相衔接的。马赫、布伦塔诺、马尔梯、迈农、胡塞尔、石里克、卡尔纳普、维特根斯坦、波普、舒茨等人都或多或少带有这种思想传统，主要是以注重经验和直观，抵制形而上学思辨为特色，并据此而在普鲁士的观念论和英格兰的经验论之间搭建起一个独特的思想舞台。这个传统也被拜瑞·史密斯称作"奥地利思想家"的特征，或者更严格地说，是"奥匈帝国思想家"的特征。上至鲍尔查诺，经布伦塔诺、胡塞尔，包括维特根斯坦和马塞里克,下至帕托契卡,地域上分属维也纳、布拉格,还可以延伸到奥地利的格拉茨和匈牙利的布达佩斯等。这些思想家的特征在拜瑞·史密斯看来都是致力于"自下而上"的具体"小哲学",而非费希特、黑格尔式的"自上而下"的系统"大哲学"。①

这个独特的思想风格也在胡塞尔现象学伦理学的构想中得到体现。梅勒曾指出:"胡塞尔对休谟和康德的辨析与批评是根据布伦塔诺的提问来进行的,即情感如何可能参与伦理学的奠基,同时又不必坠入伦理学的相对论和怀疑论。"② 从布伦塔诺的角度来看,也从上述维也纳传统出发来看,"善的概念必定是从内直观或感知中抽象出来的"③。这也是布伦塔诺的伦理认识起源分析的一个基本出发点。他在此意义上也是现象学伦理学的真正鼻祖。但他同时也认为,道德情感只是伦理认识的出发点,它最终导向的伦理学原则必须是由伦理认识和判断构成的。这样,道德情感参与了伦理认识的构建,但它并不构成全部的伦理认识。

与在数的概念的起源分析和时间概念的起源分析中回溯到计数行为和内时间意识上的做法完全一致,胡塞尔在伦理概念的起源分析上也立足于布伦塔诺的立场,首先回溯到道德意识的最初开端上,于此把握道德概念的产生方式以及在此基础上的道德认识和道德原则的确立方式。早在1897年夏季学期讲座"伦理学与法哲学"的引论部分中,胡塞尔已经清楚地看到现象学伦理学所要面对的这些问题:"因此,道德原则或道德认识的原则不是情感,而是认识,即我们要将道德归功于认识权能、理智或理性,这根本不是问题。相反,问题倒是极有可能在于——而且这些问题在理智道德与情感道德的争论中始终一同起作用——种类的道德概念,如'善'与'恶',德行与恶习,究竟是通过对情感的反思而形成的,还是不是。

---

① 参见 Barry Smith, "Von T. G. Masaryk bis Jan Patočka: Eine philosophische Skizze", in J. Zumr, T. Binder (eds.), *T. G. Masaryk und die Brentano-Schule*, Graz/Prague: Czech Academy of Sciences, 1993, S. 94–110。

② Ullrich Melle, "Einleitung des Herausgebers", in E. Husserl, *Vorlesungen über Ethik und Wertlehre* (1908–1914), Hua XXVIII, Dortrecht u. a.: Kluwer Academic Publishers, 1988, S. XVII。胡塞尔在其一生中提到尼采的次数极少。在早期关于"伦理学与法哲学"的1897年夏季学期讲座引论部分中,胡塞尔将尼采视作伦理学中的怀疑论者:"尼采的著名著作标题《善与恶的彼岸》已经意味深长!怀疑论已经渗透到伦理学的最深根基处。"(*Hua* XXVIII, S. 382)

③ 参见 Franz Brentano, *Grundlegung und Aufbau der Ethik*, Hamburg: Felix Meiner Verlag, 1978, S. 136。

还可以提出这样的问题：道德认识，更进一步说，道德法则究竟是通过经验和归纳而后天形成的，还是先天形成的，即在一种令人难以忍受的多重意义上说，是通过单纯的理性而非以经验的方式形成的。这两个问题相互交切。"（Hua XXVIII, 393）胡塞尔在其战前伦理学讲座中对客体化行为与评价行为（wertende）的关系、感知行为（wahrnehmende）与价值感知（wertnehmende）行为的关系的讨论，以及在其战后伦理学讲座中对伦理现象的起源分析（Hua XXXVII, 152）或现象学的本质分析（Hua XXXVII, 233），都是循着这个思路进行的。胡塞尔在这个方向上对认识能力（Vermögen）（或判断能力、理智能力、理性能力）、感受能力、欲求能力三重起源的思考（Hua XXVIII, 254, 333; XXXVII, 153f.），既在具体分析中与亚里士多德的德性伦理学十分接近，也在总体路径上与康德的理性批判相一致。胡塞尔眼中的真正意义上的伦理学，即规范伦理学，是建立在道德意识分析、实践理性批判的基础上，建立在价值学、人格学、心灵哲学、精神哲学的基础上。① 而他从未自诩过的"现象学伦理学"，实际上是规范伦理学的前期工作或奠基工作，或者说，是真正伦理学的引论。用康德著作来比喻，可以说，胡塞尔实施了《道德形而上学的奠基》乃至《实践理性批判》，但尚未开始《道德形而上学原理》本身的工作。

第三节　爱德华·封·哈特曼的道德意识现象学

但是，也许胡塞尔和布伦塔诺都没有考虑到，伦理学可以是规范性的，但并不必然是规范性的。规范伦理学或应然伦理学是伦理学的一种可

---

① 这里可以注意到胡塞尔一再强调的在理论理性和实践理性、认识论原则和伦理学原则之间的平行关系或相似关系："如果我们用纯粹伦理学、纯粹审美学、纯粹价值论一般——这些学科的概念也必须像纯粹逻辑学那样得到严格的和有别于所有经验的和质料的道德等的定义——来取代纯粹逻辑学，那么与认识论或理论理性批判相应的就是实践理性、审美理性、评价理性一般的批判，连同与认识论相类似的问题与困难。"（Hua XXIV, S. 381）

能，甚至自近代以来（或在沃尔夫之后）被视作第一可能①，但并非唯一的可能。事实上，无论是伦理学还是道德哲学的原初含义都不是提出行为规范或准则的学说。描述伦理学可能更接近它的原本含义一些：关于习惯和风俗的思考与讨论。就此而论，他们所认为的伦理学准备工作，实际上就是伦理学本身，甚至是其更为根本的部分。

而这个意义上的现象学伦理学工作已经在布伦塔诺-胡塞尔之前便得到很大程度的展开。爱德华·封·哈特曼在其1879年出版的鸿篇巨制《道德意识现象学》之中完成了对现象学伦理学的"情感道德、理性道德、品味道德"三位一体勾画。该书的第一版还带有一个副标题——"任何一门未来伦理学导引"②。

从副标题上也可以看出，哈特曼与胡塞尔在这一点上极为相近，即他们都不把自己的研究视作伦理学，而更多视作伦理学的引论。哈特曼自己也明确表示，他的著作"不想成为伦理学的一个体系，而只想成为这样一个体系的首要引论部分，不想成为一门存在应然（Seinsollen）的科学，而只想成为一门道德意识的现象学"。而这门道德意识现象学之所以还不是伦理学，而只是伦理学的引论，乃是因为"在向一个伦理学体系的演绎进行过渡之前，首先要弄清道德的原则基础"。因此，他对"道德意识现象学"的理解是，"既不是对道德欲求、情感与表象的心理学发生的阐述，也不是作为科学的伦理学历史"，而是"尽可能完整地记录道德意识的经验被给予领域，批判地阐明这些内素材以及它们的相互关系，以及思辨地

---

① 这里还可以参见另一位现象学的伦理学家尼古拉·哈特曼的观点，他在其代表作《伦理学》中开篇便标明"近代思想家的传统"，即将哲学的基本问题分为三块：我们能够知道什么？我们应当做什么？我们可以希望什么？第二个问题被视作伦理学的基本问题，而且它赋予伦理学以实践哲学的特征。（参见 Nicolai Hartmann, *Ethik*, Berlin: Walter de Gruyter, 1962, S. 1）此外，他在该书的第一部分就讨论"伦理现象的结构（道德现象学）"。（同上书，S. 18ff.）

② E von Hartmann, *Phänomenologie des sittlichen Bewusstseins-Prolegomena zu jeder künftigen Ethik*, Berlin: Carl Duncker's Verlag, 1879. 严格说来，哈特曼的这个标题应当译作"伦常意识现象学"，因为他既未使用源自拉丁文的"道德"（moral），也未使用源自希腊文的"伦理"（ethisch），而是使用了源自德文的"伦常"（sittlich）。但这个意义上的"伦常"是广义的，相当于"道德"或"伦理"。而狭义的"伦常"在他那里有别于"道德"和"伦理"。这个狭义的"伦常"主要出现在该书第二编A部分第二篇的第十章之中。他在那里谈及"伦常过程"时将"伦常性"（Sittlichkeit）、"道德性"（Moralität）与"伦理"（Ethisches）划分为"义务感"的三个阶段。

阐述那些对它们做出概括的原则"。①

这个意义上的道德意识现象学实际上是由《道德意识现象学》第二编"真正的道德意识"的 A 部分"道德性的本欲动力（或主观道德原则）"构成的。撇开在第一编中对"伪道德意识"的批判性阐释不论，第二编中除了 A 部分之外，B 部分"道德性的目标（或客观的道德原则）"和 C 部分"道德性的原基础（或绝对的道德原则）"都已经越出了道德意识现象学的范围。B 部分可以被视作"主观伦理学"的相关项，即由道德意识外化而形成的"客观伦理学"。而 C 部分则构成"绝对伦理学"，亦即超越主客体关系的"形而上学伦理学"。

无论是在这里，还是在 A 部分本身之中，都可以看到类似黑格尔"正题—反题—合题"的三段式发展的痕迹。哈特曼并不完全否认黑格尔的影响，他虽然强调他的思想发展"有别于黑格尔的辩证法，在外部是通过对黑格尔的强制性三分法的拒绝，在内部是通过经验归纳的特征以及对矛盾以及据说在它之中包含的更高理性真理的鄙弃"；但他同时也认为没有理由拒绝这样的观点，即"在我的阐述中仍然含有构成黑格尔辩证法之恒久的和积极的核心的东西，而且还是在摆脱了在黑格尔那里还附有的那些曲解的情况下"②。哈特曼在这里所理解的黑格尔辩证法的"核心"，应当就是从主观伦理学到客观伦理学，再到绝对伦理学的正反合三段式发展的基本阶段。

然而，这样的发展如前所述，已经超出严格意义上的"道德意识现象学"的范围。它或许可以在黑格尔"精神现象学"的意义上被称作"伦理现象学"或"道德原则现象学"。但确切意义上的"道德意识现象学"实际上只能由这一编的 A 部分构成，它应当是"真正的道德意识的现象学"或"主观道德原则的现象学"。

而在哈特曼那里，这个确切意义上的"道德意识现象学"更多是在康德哲学的背景中展开的。哈特曼将自己的道德理性研究与康德的认知理性研究做了比附："康德将认识能力本身作为自己的基本研究的对象，以此

---

① E. von Hartmann, *Phänomenologie des sittlichen Bewusstseins-Prolegomena zu jeder künftigen Ethik*, Berlin: Carl Duncker's Verlag, 1879, S. Ⅴf, Ⅸ.

② E. von Hartmann, *Phänomenologie des sittlichen Bewusstseins-Prolegomena zu jeder künftigen Ethik*, Berlin: Carl Duncker's Verlag, 1879, S. Ⅻ.

而引入了对理论哲学的改革,与此相同,对实践哲学的根本改革只能通过这样一种方式才能达到,即使道德意识本身成为研究的对象。"① 从已有的道德原则返回到原初的道德意识的思想路线,在康德与胡塞尔那里都会被称作"超越论的"。虽然哈特曼本人并未使用这个概念来标示自己的哲学思想,但无论他的早先的无意识哲学还是后来的道德意识现象学,都或多或少含有这个意义上的超越论的趋向。他很明确地说:"如果'道德的与不道德的'是意识附加给人的行动与志向的谓词,那么所有在伦理领域中提出的问题就都取决于那个分派'道德的与不道德的'之谓词的道德分别意识的种类和属性。"②

哈特曼将道德意识的可能形态分为三类:品味道德、情感道德和理性道德。这里同样可以发现康德的影响痕迹,具体说来是康德的三个批判的影响痕迹。而在哈特曼这里,它们被统括在道德意识批判的范畴下。他理解的"道德品味"或"品味道德"是指"那种尚未自身意识到其根据的伦理判断";而"道德理性"或"理性道德"则主要是由有意识的反思构成,可以用来"支配和矫正情感道德"。前者应当属于道德无意识,后者则更应当属于有意识的道德判断。而哈特曼最为看重的是情感道德。因为,用他的话来说,无论"和谐肤浅的圆滑品味道德",还是"趋于迂腐的抽象理性道德",都无法与充满"英雄气概的情感道德"同日而语。"情感是意识直接可达及的最终心灵深度;如果伦常性应当建立在最深的心理基础上,那么就必须证明情感是它的源泉。"③ 在这点上,哈特曼更多地站到了苏格兰学派和叔本华的道德哲学的立场上。

"道德情感"意味着"具有或大或小伦常影响与价值的特殊情感",它们"在其趋向上或多或少地符合伦常任务"或"以或高或低的程度违背伦常任务"。所有的"情感道德"都可以分为两类:"向内的与向外的。"而后,它们还可以按其特性而更进一步地区分为"自身的道德情

---

① E. von Hartmann, *Phänomenologie des sittlichen Bewusstseins-Prolegomena zu jeder künftigen Ethik*, Berlin: Carl Duncker's Verlag, 1879, S. Ⅶ.

② E. von Hartmann, *Phänomenologie des sittlichen Bewusstseins-Prolegomena zu jeder künftigen Ethik*, Berlin: Carl Duncker's Verlag, 1879, S. Ⅶ. 我们在后面还会回到这里所说的"道德分别意识"上来。

③ E. von Hartmann, *Phänomenologie des sittlichen Bewusstseins-Prolegomena zu jeder künftigen Ethik*, Berlin: Carl Duncker's Verlag, 1879, S. 163 ff.

第一编　现象学与伦理学

感""追复的道德情感""逆向的道德情感""结群欲""同情""虔敬""忠诚""爱""义务感"。它们同时也代表着从个体伦理学向群体伦理学的不同发展阶段。

接下来，道德的自身情感还可以再分为骄傲、荣誉感、高傲、羞愧；道德的追复情感主要是指后悔的情感；道德的逆向情感包括报复、感谢、宽恕等。对这些情感的区分、描述和分析构成《道德意识现象学》的全部内容。以"爱"的道德原则为例，哈特曼讨论爱与怜悯的区别、爱与友谊的区别，以及爱本身的各种显现形式：母爱、性爱、子女之爱、父母之爱、兄弟姊妹之爱。再以"义务感"的道德原则为例，哈特曼逐一描述了义务感的三个阶段以及它们各自不同的特点与联系：义务敬重、义务忠诚和义务之爱。诸如此类，极富启示意义。

事实上，在哈特曼的这些工作中既包含道德意识的结构现象学分析，也蕴藏道德意识的发生现象学分析，后者主要包含在《道德意识现象学》第十章中。他将所谓伦常过程区分为作为出发点的无意识"伦常性"（Sittlichkeit）或"无辜"（Unschuld）、在途中的有意识"道德性"（Moralität），以及作为目的地的无意识"伦理"（Ethisches）或"德性"（Tugend）三个阶段。①

在全部道德意识中，这些情感道德意识至少构成三分之一的组成部分。而它是哈特曼在其道德意识现象学论述中用力最多的部分。笔者在前面已经提到，这里不仅可以发现德国观念论者康德的超越论和黑格尔的发生论对哈特曼的影响痕迹，而且可以看到苏格兰学派和叔本华的情感论道德哲学对他的强烈作用；而现在无法视而不见的还有在这里处处表露出来的亚里士多德式的分类描述的操作方式，事实上，哈特曼所列举的各种情感和感受能力已经与亚里士多德理解的德性离得很近了，甚至可以纳入德性的某一个类别之中。

无论如何，哈特曼已经将道德意识的研究或道德意识现象学看作伦理学的一个重要组成部分。他认为："对道德意识的各种可能形式的研究也就会同时成为对道德原则在人类意识中可以采纳的各种可能形态的研究，

---

① 关于爱德华·封·哈特曼的"情感道德意识现象学"的基本问题，可以参见笔者翻译的哈特曼《道德意识现象学》的《情感道德篇》选本以及笔者的"译后记"（商务印书馆2012年版）。而哈特曼的《道德意识现象学》全书，笔者计划于2018年之后着手翻译。

· 33 ·

而道德意识现象学同时也就自身展现为伦理学的原则学。"① 在这一点上，哈特曼实际上已经通过他的"道德意识现象学"而开始构建"现象学伦理学"了。在现象学的伦理学的许多方面，哈特曼都走在布伦塔诺和胡塞尔的前面。

第四节 耿宁的王阳明研究与良知现象学

如果胡塞尔之前的现象学伦理学是由爱德华·封·哈特曼的《道德意识现象学》所开启和倡导的，那么胡塞尔之后对现象学伦理学的推进则主要体现在耿宁于2010年出版的《人生第一等事：王阳明及其后学论"致良知"》② 一书中。尽管哈特曼和耿宁的这两种尝试都可以被称作"现象学伦理学"的工作，而且彼此之间有相当大的一个领域是相互交切的，但它们所涉及的其他一些彼此没有直接关联的领域则更大，并且也正因此，它们的彼此互补才成为可能。撇开哈特曼和耿宁在哲学史思考方面的进路差异不论——前者的工作属于归纳性的列举和收集，而后者的研究更多是分析性的发掘和汲取——就总体而言，哈特曼对道德意识的各种形式的分类描述和说明属于结构现象学的工作方式，而在耿宁对王阳明良知思想与实践的探讨和阐述中可以找到一条道德意识发生分析的现象学路径。

耿宁对王阳明的"良知"概念做了三重区分：① "心理—素质的概念"；② "道德—批判（判别）的概念"；③ "宗教—神性的概念"。

第一个良知概念与哈特曼的情感道德意识基本相符。在耿宁看来，它实际上就是在孟子那里已经得到确立的良知概念，它在王阳明的良知说中将其直接继承下来。③ 孟子曾列出四种作为人的自然本性的道德禀赋——

---

① E. von Hartmann, *Phänomenologie des sittlichen Bewusstseins-Prolegomena zu jeder künftigen Ethik*, Berlin: Carl Duncker's Verlag, 1879, S. Ⅷ.

② Iso Kern, *Das Wichtigste im Leben. Wang Yangming*（1472 – 1529）*und seine Nachfolger über die "Verwirklichung des ursprünglichen Wissens"*, Basel: Schwabe Verlag, 2010（中译本见［瑞士］耿宁《人生第一等事：王阳明及其后学论"致良知"》，倪梁康译，商务印书馆2014年版）。

③ 参见［瑞士］耿宁《人生第一等事：王阳明及其后学论"致良知"》第一部分第一章，倪梁康译，商务印书馆2014年版。

恻隐、羞恶、恭敬、是非,并认为这是人之为人无须学习和训练就天生具有的情感或倾向(意向)。耿宁将它定义为"向善的秉性",亦即天生的向善之能力。孟子之所以将它们称作"四端",是因为它们本身作为生而有之的情感还不是德性本身——这是就儒家的本体论而言;只有通过在工夫论上对它们的保存和养护,并且"扩而充之",最终才能成为仁、义、礼、智的四德——这是就儒家的工夫论而言。从这个角度看,孟子虽然是情感道德的重要倡导者,但他像胡塞尔一样,从一开始就在有意地避免道德哲学中的情感主义的片面性和局限性。在他这里与在胡塞尔那里一样,情感本身并不是伦理学的原则,但构成其前提条件。这也就是孟子提出的"仁义礼智根于心"(《孟子·尽心上》,13.21)的儒家心学之总命题。

前面在第二节的结尾处我们曾用康德的著作系统来比较胡塞尔的现象学伦理学;而在这里,我们用儒家伦理学来比喻也可以说,胡塞尔至少实施了孟子的作为心学的良知伦理学的基本方案,只是尚未开启孔子的作为礼学的礼教伦理学的进程。

孟子以及后来继承他的良知观念的王阳明对道德情感的分类和阐述远不及哈特曼的详细周密,但他们在另一个方面所做的工作则是哈特曼没有做的或没有明确意识到的:在强调情感道德意识是天生的自然本性的同时,他们也指出了对这些德性之萌芽做后天维护、培育和扩充的必要性。在孟子哲学思考中充塞的"存心""养心""尽心""操心""诚心""戒心""恒心""求放心"等说法,都是对本性与习性之间关系的表达。而王阳明及其后学在"未发"与"已发"① 以及它们之间关系问题上的讨论,实际上是对本性和习性及其相互关系问题的具体展开。对这两者关系的本质直观的把握,实际上构成了发生现象学的主要任务。在现象学的伦理学意义上,它们开启了"本性—习性"现象学、"未发—已发"现象学的两重维度。

这个两重的维度可以表现在孟子列出的四种道德情感的每一种情感中。例如,同情、羞愧、憎恶、恭敬等能力是本性,生而有之。但它们的对象或内容则是后天的,即同情、羞愧、憎恶、恭敬所指向的人或物,是后天经验的产物,在总体上属于习得的范畴。这样的先天能指和后天所指

---

① 参见《中庸》第一章。耿宁解释并翻译为"情感的尚未产生状态"与"情感的已经产生状态"。

的结构存在于所有情感,尤其是道德情感的基本组成之中。这与我们的语言能力是与生俱来的,而我们的语言内容是后天习得的一样。这种能力,无论是语言的还是道德的,都被康德和胡塞尔称作"Vermögen",它意味着一种主观的可能性"Möglichkeit/Vermöglichkeit",但它是对所有主体都有效的可能性,因此,在康德和胡塞尔的意义上同时也是客观的可能性。但在对这个问题做进一步讨论之前,我们先要摆出耿宁在王阳明那里把握到的第二个良知概念。

第二个"良知"概念也是人们通常所说的"良心",即一种能够分别善恶意向的道德意识。耿宁认为这个良知概念很可能是王阳明借用了唯识学的四分说(参见《成唯识论》中的"见分、相分、自证分、证自证分"),因而将它界定为一种道德的"自证分"。即是说,这个意义上的"良知"不再是指一种情感或倾向(意向),而是一种直接的、或多或少清晰有别的对自己意向的伦理价值意识。耿宁将它称作"对本己意向中的伦理价值的直接意识"。①

这是一种具有道德分别功能的意识,并不是对象性的意识,也不是反思性的意识。易言之,它仍然不属于道德判断。但它是否属于道德本能或道德情感?答案恐怕也必须是否定的。按照佛教唯识学的定义,"自证分"本身还不是一个意向行为,而只构成一个完整的意向行为中的一个不可或缺的要素。它是对本己意向中的伦理价值的直接意识,或者说,是对本己行为的直接道德分别意识,但它本身不是对象性的意识。

简言之,此前的佛教唯识学家们仅仅认为,意识活动在进行过程总是伴随着对自身活动的意识,但这种自身意识在唯识学中并未得到进一步的区分。而耿宁认为,王阳明的第二个良知概念意味着,自证分意义上的自身意识可以同时是对这个意识活动的伦理价值的自身意识,即道德的自证分。

初看起来,自证分是一个结构现象学的而非发生现象学的论题,因为这个意识因素贯穿在意识发生的所有阶段的稳定结构中,即贯穿在唯识学所说的心(阿赖耶)、意(末那)、识(前六识)的"三能变"之始终。但更进一步的考察会表明,如果耿宁的道德自证分的说法确实成立,那么

---

① 参见[瑞士]耿宁《人生第一等事:王阳明及其后学论"致良知"》第一部分第二章,倪梁康译,商务印书馆2014年版。

这个自证分也必定有本性和习性的分别,因而也必定可以成为发生现象学的课题。具体说来,道德情感意识作为意识体验中的一个不可或缺的要素包含在所有意识的先天结构中,属于意识的本性方面;而每一次意识活动对自身的道德分别意识则是在具体经验发生中进行的,并且随着每一次的发生而有所积淀,随之而有可能影响到后面的发生,因而属于意识的习得以及由此形成的习性方面,即与意识的经验发生与积淀相关。

如果我们现在将王阳明的两个良知概念放在一起考察,那么可以看出,对象性的道德情感意识和非对象性的道德分别意识构成阳明心学的两个基本内核。在它们那里都可以找到发生的线索:道德情感能力的发生和道德分别能力的发生。

此外,与孟子在良知概念里加入了存心、养心的工夫论要求一样,在阳明学的良知概念这里也包含着道德努力或道德修习的可能性。王龙溪所说的"一念之良""一念之微"以及与此相关的"知几""庶几""审几"等①,很可能就是指学儒者在道德自证分上需要做的工夫。它们类似于康德所说的"良知"(Gewissen),即对内心法官声音的仔细(gewissenhaft)倾听。②

第五节　理性道德与情感道德作为道德分别意识的两个最重要来源

笔者曾在《道德本能与道德判断》(2007)一文中提出:"我们的所有道德意识,以及所有基于此上的道德表述与道德行为,要么是依据于我们的道德本能,要么是依据于我们的道德判断。"③这个观点至此为止仍然是有效的。但为了清晰和连贯,笔者在这里还需要补充两点:

---

① 参见〔明〕王畿《与顾海隅》《闻讲书院会语》《致知议略》等,见《王畿集》,凤凰出版社2007年版。
② 参见 Immanuel Kant, *Metaphysik der Sitten*, Teil Ⅱ, *Metaphysische Anfangsgründe der Tugendlehre*, Hamburg: Felix Meiner Verlag, 1990, S. 289.
③ 参见笔者《道德本能与道德判断》,载《哲学研究》2007年第12期,第72页。

首先，在唯识学和现象学中，意识是人性中最为基础的东西，是语言和行为立足于其上的东西，因此，按照行为（身）、语言（语）、意识（意）的奠基顺序，道德意识决定着道德语言和道德行为，或前者构成后者的基础。由此可以解释我们前面已经引述过的哈特曼的说法，它基本上是在论述同一个道理："如果'道德的与不道德的'是意识附加给人的行动与志向的谓词，那么所有在伦理领域中提出的问题就都取决于那个分派'道德的与不道德的'之谓词的道德分别意识的种类和属性。"① 因此，笔者在《道德本能与道德判断》一文中所说的"道德意识"，更为确切地说就是哈特曼意义上的"道德分别意识"：我们首先有对自己意识行为的道德分别的意识，即在意识活动的同时自身也意识到这个意识活动是道德的还是不道德的。在此基础上，我们也有对自己的语言表达和行为处事的道德分别的意识，即在进行语言活动和行为活动的同时自身也意识到我们这些活动是道德的还是不道德的。

其次，笔者在《道德本能与道德判断》一文中所说的"道德意识"暨"道德分别意识"对道德情感和道德判断的依赖性也需要得到进一步说明：从所有迹象看，一方面，道德分别意识与道德情感的关系就是孟子所说四端中第四端"是非之心"与前三端的关系。而在佛教唯识学中，它们的关系类似于"（道德）自证分"与"（道德）心所"的关系。而另一方面，道德分别意识与道德判断的关系则相当于道德自身意识与理性道德的关系，因为道德判断是基于理性或理智而完成的道德评判。这个意义上的理性道德也构成近代欧洲自康德以来的伦理思想的核心。

理性道德的特点与情感道德的关系可以表述为，理性道德基本上是由通过反思而从情感道德中抽象出来的概念或观念构成的。前者可以被理解为康德意义上的道德"建筑术"，后者可以被理解为胡塞尔意义上的道德"考古学"。这与前引布伦塔诺的说法大体上是一致的："善的概念必定是从内直观或感知中抽象出来的。"② 同情、恭敬、回报、感激、责任，乃至良知等便属于此。它们是一门规范伦理学的基石。这里的情况与从内时

---

① E. von Hartmann, *Phänomenologie des sittlichen Bewusstseins-Prolegomena zu jeder künftigen Ethik*, Berlin: Carl Duncker's Verlag, 1879, S. Ⅶ.

② 参见 Franz Brentano, *Grundlegung und Aufbau der Ethik*, Hamburg: Felix Meiner Verlag, 1978, S. 136。

间意识到内在时间,再到客观时间的观念抽象过程是相似的。但理性道德并不始终具有情感道德的基础。它们中间有许多是出于社会实用的需要而约定俗成的,它们具有一时一地的有效性,但缺乏自然情感道德的稳定性。例如公正与不公、真理与谎言、自由与束缚,乃至正义等,它们虽然可以在相应的情感中找到对应项,例如正义感、义务感等,但它们不是从相应的自然情感中抽象出来的,而是反过来唤起了相应的情感。正因此,这些被唤起的情感不是生而有之,而必须通过培育和教化的方式来加以传承。

在笔者看来,理性道德与情感道德构成道德分别意识的两个最重要来源。① 这里仅举两个道德行为为例来说明上述三者之间的关系:

其一,一个人给贫困者以施舍并自己意识到做了一件善事。他做此事的动机有可能是来自他自己的怜悯和不忍的道德情感,也有可能是出于帮助他人的自我道德主张和要求。在前一种情况中,我们看到道德分别的自身意识与道德情感之间的联系;在后一种情况中,我们看到道德分别的自身意识与道德理性之间的联系。

其二,乾隆是历史上著名的尊奉儒家孝亲思想的帝王。据史书记载,他对祖父康熙、父亲雍正都很孝顺,父皇去世时他悲痛不已。而在登基后也对母亲钮祜禄氏施行孝道。乾隆的孝或者是出于对父辈的孝悌之亲情,即出于情感伦理,或者是尊奉了儒家的孝亲伦理主张,即出于规范伦理或理性伦理。

需要特别留意一点:在一些情况下,情感道德与理性道德是一致的;但在另一些情况下,这两者是不一致的,甚至是冲突的。后一种情况是导致"伪善"现象产生的原因:不是出于真实的同情心或孝敬心,而是纯粹出于伦理义务而施行的善举,是人为之善意义上的伪善②。

---

① 笔者在《道德意识来源论纲》(载于黄克剑主编《问道》第1辑,福建教育出版社2007年版)中指出道德分别意识的三个来源——内在的和先天的情感道德、外在的和习得的理性道德、超越的宗教道德,但同时也说明,最后一个也可以归约到前两项之中,即可以归入内在超越和外在超越的两类中的一类。参见本书第三章"道德意识的三个来源"。

② 这是"伪"的第一含义,即"人为的",而非自然的。它的第二含义是"虚假的",而非真实的。"虚假之善"意义上的"伪善"是指在外部道德语言和行为与内心道德意识的不一致。对此可参见笔者的文章《论伪善:一个语言哲学的和现象学的分析》,载《哲学研究》2006年第7期。

在结束前,笔者还是要强调这里所说的"现象学伦理学"的引论性质以及未完成和待展开的性质,同时还想用胡塞尔在其"伦理学引论"讲座结尾处所说的话来做这里的引论的结尾:

> 我们以这些纯粹伦理学的终极问题来结束我们的伦理学引论,如你们所见,所有伦理学的特殊问题都必须围绕这些终极问题来编组。这个引论向你们提供一个内容丰富的想象,即想象一个真正科学的并且实际上不受任何怀疑主义威胁的伦理学是如何可能的,以及根据何种方法是可能的,而且它只有作为一门在现象学上得到论证的价值理性与实践理性的科学。(*Hua* XXXVII, 256f.)

以上是通过胡塞尔、哈特曼、耿宁的案例而给出的现象学伦理学的三种可能性,它们的共同特点是在现象学反思中进行的对道德意识的有意无意的本质直观。在此意义上,它们都属于胡塞尔所说的"在现象学上得到论证的纯粹伦理学"方向上的工作,而这门现象学伦理学与其说是一种价值伦理学,不如说是一种道德心理学,或道德意识现象学。

第一编　现象学与伦理学

第三章

道德意识的三个来源

我们暂且搁置对客体化行为（知识行为）与非客体化行为（感受活动）之间奠基关系的讨论①，而转向对特定的感受活动的分析，即转向对道德感受、道德意识的分析。随之，我们从感受现象学直接进入道德意识现象学或伦理现象学的问题领域。

伦理学是关于人的行为的学说，而且是关于人的正确行为或人的道德行为的学说。② 但这里的"行为"一词，应当是广义的，相当于佛教所说的"业"。它不仅包括人的道德行动，而且包括人的道德意识和道德言语，亦即佛教所说的"意业""语业""身业"。易言之，不仅是人的所作所为，而且他的所思与所说，都有道德的和不道德的分别。

我们在这里讨论的首先是道德意识，因为我们的道德言语和道德行为的形成，都是以我们的道德意识的存在为前提的。因此，问题首先在于，我们为什么会有道德意识，它们的依据是什么，或者说，是什么引发了我们的道德意识。

这样一种追问道德意识起源的做法，从现象学的角度来看是理所当然

---

① 笔者将会在涉及现象学与唯识学关系的研究中专门处理这个问题。扼要地说，佛教唯识学将处在发生的思想脉络上的三能变说和处在结构的思想脉络上的四分说－心王心所说前后一致地统一在自己内部，表明对客体化行为与非客体化行为之间奠基关系的不同理解，并不必然意味着意识哲学内部的某种意向分析之对立，相反，它更多地指示着这两种理解在意向发生与结构这两个视角上的互补可能性。

② 参见 A. Pieper, *Einführung in die Ethik*, Tübingen and Basel: Wihelm Fink Verlag, A Franck Verlag, 2000, S. 24 - 27, M. Kloecker, U. Tworuschka, *Ethik der Weltreligionen*, Darmstadt: Wissenschaftliche Buchgesellschaft, 2005, S. 1, 以及 P. Antes u. a., *Ethik in nichtchristlichen Kulturen*, Stuttgart: W. Kohlhammer Verlag, 1984, S. 11; 稍早的伦理学概念会宽泛些。例如梯利将其"大致地定义为有关善恶、义务的科学，道德原则、道德评价和道德行为的科学"（参见［美］弗兰克·梯利《伦理学导论》，何意译，广西师范大学出版社 2002 年版，第 3 页）。但我们在此还是偏好将伦理学限定在对道德行为的探讨上。

的事情。甚至更早的佛教唯识学也将它视为首要的任务。① 除此之外，卢梭、尼采、柏格森等诸多思想家也曾对道德意识的起源做过角度不同、方法和结论各异的解释。我们在后面的讨论中会涉及其中的一些。

第一节 三个来源的划分与伦理学的定位

毫无疑问，生活在共同体与社会中的人，都或多或少地具有道德意识。即在自己做出一个行为时，或在评判他人的行为时，我们都会以某种方式意识到它是好是坏，是正当还是不当；我们都具有一定的善恶标准，尽管这种意识以及善恶的标准并不一定是经过合理论证的，或者并不一定与通行的道德观点相符。

道德意识虽然是主体的，并且大都随个体的差异而有所偏差，但它显然也受制于一些非个体主体的东西，甚至超越交互主体的东西。这乃是因为，使我们的道德意识得以产生的动因并不完全内在地起源于我们的意识本身。因此可以说，即使道德意识是主观的，但它的起源法则和受制法则却可以是在个体主体之外的，超越个体主体的。

如果我们有心询问我们的道德意识究竟从何而来，那么稍加思索便可以归纳出这样一个结果：它们不外乎来源于三个方面，即产生于个体自身的内心本能、产生于主体间的约定与传承、产生于对宗教的道德规范的信念。

我们可以将它们称作道德意识的三个起源：内心的起源、外在的起源和超越的起源。

---

① 例如，《解深密经·分别瑜伽品》曾把了解"心"的缘起发生看作修行的第一任务："慈氏菩萨复白佛言：'世尊！云何修行引发菩萨广大威德？''善男子！若诸菩萨善知六处，便能引发菩萨所有广大威德：一者善知心生，二者善知心住，三者善知心出，四者善知心增，五者善知心减，六者善知方便。'"在这个问题上，与唯识论和现象学距离最近的是柏格森的相关思考。他曾在《道德与宗教的两个来源》中批评一种"广泛的混淆"，即"弄不清什么是可由父母传给子女的天生倾向，什么是经常被嫁接在此倾向上的习得的习惯"。他设想，"假如你把持续的教育所积淀在现代人身上的东西清除掉，他就会变得几乎和我们最原初的祖宗一样"。因此，"我们所需要做的只是回溯到那最初的状态中"。（参见［法］亨利·柏格森《道德与宗教的两个来源》，王作虹、成穷译，贵州人民出版社2000年版，第238－239、240页）

第一个起源是心理学的伦理学的研究课题,它的直接相关项是个体伦理;第二个起源是社会学的伦理学的研究课题,它的直接相关项是社会伦理;第三个起源是广义上的神学的伦理学的研究课题,它的直接相关项是宽泛意义上的宗教伦理。

如果我们必须给伦理学做一个学科范围的界定,那么我们首先会说,伦理学是哲学中的一门学科,属于道德哲学。就其在人类精神活动领域中的位置来说,它与三门学科有极为密切的内在联系:第一是海德格尔意义上的"形而上学",它包括各种神学(广义上的神学,例如也包括佛学),也包括存在论;第二是政治学/社会学/法学(这几门学科实际上是一体的);第三则是心理学、现象学、意识哲学、心智哲学、精神哲学(它们的界限也是流动不定的)。

这三门学科之所以与伦理学有内在联系,乃是因为——如前所述——它们分别涉及我们的伦理道德准则的三个来源:与主体内心良知有关的道德意识、与普遍政治法则相关的社会伦理意识、与外在神性有关的绝对义务意识。也就是说,要想论证自己的行为是善的或正当的,我们最终都不得不诉诸这三门学科所讨论的问题以及它们所提供的根据。

除此之外,上面的论述已经表明,伦理学研究还可以与现象学有关。对道德意识来源的区分以及描述和分析,是一门道德意识现象学的主要任务。如果海德格尔可以说,"现象学……不是从关乎实事的方面来描述哲学对象的'什么',而描述哲学研究的'如何'"①,那么我们也就可以说,道德意识的现象学不研究"什么是善"的问题,而研究"我们为何以及如何意识到善"的问题。

而对主体内心良知的研究和弘扬,则属于现象学的伦理学的主要任务。现象学的伦理学所体现的是在伦理学领域中的内容现象学或质料现象学的方向,正如伦理现象学或道德意识现象学代表方法现象学的方向一样。

据此,现象学能够并应当在方法的伦理现象学与内容的现象学伦理学的双重意义上面对伦理学的问题,并且可以在伦理学领域提供自己特有的问题视角与问题解释。

---

① [德] 马丁·海德格尔:《存在与时间》,陈嘉映、王庆节译,生活·读书·新知三联书店1987年版,第32页。

第二节　根据三个来源的划分来考察伦理思想史

我们可以借历史上出现的各种伦理现象和伦理学说来检验、说明和论证这个三来源说的历史合法性。

先以现象学伦理学为例。狭义的现象学伦理学即胡塞尔的现象学伦理学，主要是属于心理学的伦理学一路的。它主要涉及与心理学有内在关联的伦理学。如果我们能够建立一门现象学伦理学，那么它的方向应当与一门心理学伦理学相近。

心理学伦理学尤其注重对内在道德意识的反思和分析。中国哲学中的孟子、王阳明，西方哲学中的苏格拉底、康德等都极为注重对良知的分析和弘扬，甚至把它视为道德意识最基本和第一性的来源。卢梭、罗素、柏格森等人也在很大程度上认可这个道德意识的来源。

当然，广义上的现象学伦理学可以与广义上的现象学一样广义。除了可以是心理学伦理学之外，它也可以是一种与形而上学有内在关联的伦理学，或者也可以是一种与社会学有关的伦理学。从这个角度来看，胡塞尔、海德格尔、舍勒、列维纳斯等现象学家的伦理学思考和探讨可以说是各具特色：海德格尔将伦理学与存在论内在地联结在一起，舍勒将伦理学与神学内在地联结在一起，他们所提出的伦理学，可以被称作"形而上学的伦理学""超越的伦理学"；胡塞尔则更多将伦理学与心理学内在地联结在一起，他的伦理学可以被称作"内在的伦理学""现象学伦理学"；法国的现象学哲学家如列维纳斯则属于社会学的伦理学的路向，我们常常把它称作"他人伦理学"。

如果扩展开去，我们还可以说，犹太教的伦理学是神学的伦理学，是超越的伦理学，这从亚伯拉罕与上帝的契约中已经可以看出。基督教的伦理学、伊斯兰教的伦理学等也与此类似。但我们还不能简单地归纳说，所有宗教伦理学都是如此，佛学的伦理学就是一个反例。

目前世界上已知的宗教中，除了佛教（可能还有道教）以外，都是把信念寄托于外在的神祇上，寄托于来世和彼岸。信众的希望在于他们的虔诚和善行会得到报偿，他们的恶习和贪欲会得到宽恕。他们能够获准进入天堂。但佛教的基本教义在于诉诸内心。在早期佛典《三明经》中就有这样的记载：佛陀在批评婆罗门教的偶像崇拜时说，即使用梯子架入云端，你也不会找到神祇。因此，在释迦牟尼看来，人们要想脱离人生的苦海，只能依靠自己的努力。这与布洛菲尔德在藏传佛教中所确定的情况一致："一名佛教徒则懂得严酷无情的法官、狱卒和刽子手不是别人而恰恰是他本人。该法官的判决书是不可改变的，他清楚地知道恶与德是永远不会彼此抵消的，他将收获和消耗每个人的果实。此外，从佛教观点来看，恶并不是罪，而是愚（因为没有任何人能预见一种劣行的所有羯磨后果，都不可能完全自愿地决定堕入迷途）。这就是为什么药是能坚持减少自我和消磨羯磨力（业）的智慧。"①

当然，我们在这里只是笼统地概括各个宗教的基本特征。一旦进行更为细致而深入的考察，我们很快就会发现，在各个宗教中都存在一些不同的情况。例如，在佛教的净土宗里也有对外在的东西的信念，而基督教中的反省内观和忏悔等也属于注重内心道德意识之发掘的一系。还有，经常地反观自己心中的意念是善是恶，在儒学中叫作"自省"（"吾日三省吾身"），在佛教那里叫作"观心法门"，在禅宗叫作"参禅"。道教的情况又有所不同，它要求"清静"，要求"少思寡欲"。在这点上，道教与佛教都有诉诸自身的倾向。同样的例子还可以继续列举下去：在注重内心良知、注重义务的康德那里，作为社会道德法则的绝对命令也占有重要的地位，甚至是至高无上的位置。

但就总体而论，历史上的所有伦理学说都会把这三种道德意识起源中的某一个视作其各自学说的最重要的依据。例如，即使在一些宗教伦理学中，良心反省是一个重要组成部分，信念仍然居于并且必须居于第一性的位置，否则我们就不能称之为宗教伦理学，而更应称之为内省伦理学。而在内省的伦理学中，即便它需要社会伦理学或宗教伦理学的补充与支持，通过内省获得的良知和道德意识仍然是奠基性的和起源性的。社会伦理学会把正义看作社会制度的首要价值，尽管它也几乎总是需要借助于直觉主义伦理学（即在我们的意义上的内省伦理学）的修正与限定。因此，我们在伦理学的研究中遭遇到一个三重的阿基米德点，甚至是三重对立的阿基

---

① ［英］约翰·布洛菲尔德：《西藏佛教密宗》，耿昇译，中国藏学出版社2005年版，第37页。当然，佛教净土宗的情况有些不一样。

米德点。① 其至在一个伦理思想体系内部，这种三重的对立与冲突也会以学派的方式显现出来。例如，儒学中对"仁义礼智"的不同理解和解释，是孟子心学与荀子礼学之分歧的由来，说到底也是基于两个对立的阿基米德点之上。②

正因此，历史上的伦理学的思想体系始终无法自恰，始终充满了纷争与冲突。这也是伦理学滞后于自然科学，并且导致科学主义盛行的主要原因。

我们无须再将这些差异与矛盾继续罗列下去，因为这里所引出的更重要的问题无疑在于，道德意识的这三个来源，或者说，出自这些来源的三种道德意识，它们各自究竟具有哪些基本特点。正是这些特点使它们各自成为自己，并有别于其他的两者。

第三节 三个来源的道德意识之基本内涵

我们之所以将道德意识的来源一分为三，是因为这三个来源各有特点，不可还原为另一个。内心的一方面与外部的相对立，另一方面也与超越的相对立；外部的也同时与内心的和超越的相对立；最后，超越的可以理解为心而上的（内心超越的）和形而上的（外部超越的），③ 并因而在

---

① 参见［美］约翰·罗尔斯《正义论》，何怀宏等译，中国社会科学出版社1997年版，"序言"第2页，正文第1页。

② 详见本书第八章"'全球伦理'的基础——同情之心的现象学分析"。

③ 这样一种理解也涉及对宗教的基本定义。宗教可以产生于对内心世界、道德动机的反省，如尼布尔所认为的那样（参见［美］莱茵霍尔德·尼布尔《道德的人与不道德的社会》，蒋庆、王守昌、阮炜等译，贵州人民出版社1998年版，第203页），也可以产生于对外部事物、宇宙起源的敬畏，如伊利亚德在所有传统宗教那里都发现了的那样（参见［美］米尔恰·伊利亚德《宗教思想史》，晏可佳、吴晓群、姚蓓琴译，上海社会科学院出版社2004年版，第77页）。最后，更为全面的说法是，宗教形成既是通过前一种方式，也是通过后一种方式。我们在古希腊的宗教发生中尤其可以观察到这个事实（参见［英］狄金森《希腊的生活观》，彭基相译，华东师范大学出版社2006年版，第2－10页，以及［法］库朗热《古代城邦——古希腊罗马祭祀、权利和政制研究》，谭立铸等译，华东师范大学出版社2005年版，第112页）。此外，宗教形成的这两种方式并不等同于W. 詹姆斯所提到的对个人宗教和制度宗教的区分（参见詹姆士《宗教经验之种种》，唐钺译，商务印书馆2005年版，第26页），也不同于柏格森对静态宗教和动态宗教的划分（参见［法］亨利·柏格森《道德与宗教的两个来源》，王作虹、成穷译，贵州人民出版社2000年版，第二、三章）。

本质上有别于前两种道德意识的来源。

一、源自内心的道德意识

（1）这种道德意识的特点在于，它是与生俱来的，是人的本性所固有的。这个观点在儒家传统中有其根基。孟子对四端和良知的定义，基本上适用于所有源自内心的道德意识。他认为人有天生的善性，并在《尽心上》中定义说："人之所不学而能者，其良能也；所不虑而知者，其良知也。"在《告子上》中，他列出四端说，也是强调四端的"固有"的特征："乃若其情，则可以为善矣，乃所谓善也。若夫为不善，非才之罪也。恻隐之心，人皆有之；羞恶之心，人皆有之；恭敬之心，人皆有之；是非之心，人皆有之。恻隐之心，仁也；羞恶之心，义也；恭敬之心，礼也；是非之心，智也。仁义礼智，非由外铄我也，我固有之也，弗思耳矣。故曰：'求则得之，舍则失之。'或相倍蓰而无算者，不能尽其才者也。"

在孟子看来，天生的善性包含四种。实际上这个问题可以讨论。我们可以将恻隐之心和羞恶之心当作良知接受下来（尽管在基督教中，羞恶之心是亚当犯了原罪的结果），但恭敬之心和是非之心是天生的吗？这是孟子性善说引起质疑的地方。如果说，这种道德意识是固有的、与生俱来的，那么它就是本能性的。也正因为它是本能性的，所以它在开端上是无所谓善恶的。但我们说它是善的或恶的时，已经不是在谈它本身，而是在谈它的功用了。事实上，证明人性的善与证明人性的恶都是轻而易举的，也就是说，都是可以证伪的。今天我们能够看到人的善恶本性的问题从一开始就提错了，因为人的本性既非善亦非恶，或者说，既善亦恶。对于这一点，现代的伦理学家基本上达成了共识。

（2）也正因为这种道德意识是与生俱来的，所以它是普遍的，即每个人之为人所共有的，无论民族、时代和文化的差异。我们可以发现，在每个民族和文化中都有这方面的道德意识因素，它们或者是以同情的名义，或者是以母爱的名义出现。这是它有别于社会伦理的一个重要特征。即便是在爱的意义上，也有本能的爱和传习的爱之分：自爱、母爱、情爱、友爱等属于前者，爱国、爱党、博爱等属于后者。这种道德意识的个体性特征十分明显，当然还有它的其他特性。它们通过苏格拉底的例子而得到明确的表露。

（3）正因为它是先天的本能，所以只能激发，而不能传授。所有关于德性是否可教的讨论，在确定德性的基本特性之后便可以结束。这里所说的基本特性，就是指德性所属的道德意识来源类型。如果我们可以确定，某些德性是一种像眼睛看、耳朵听等一样无须学习就有的本能，另一些德性是一种像说话、走路那样不学习就没有的潜能，那么可教还是不可教的问题便得到了回答：自然的德性不可以教化和传授，人为的德性则可以教化和传授。

（4）内心的道德意识大多是无确定对象的、非对象的意识，严格地说，它是"良心"而非"良知"。例如，苏格拉底一再提到的"灵异"（daimonion）的声音、康德所说的内心的法官的判决、海德格尔所说的良知的呼唤，都是含糊不明的，都以非对象的方式显露出来，但它们又是亲熟的、内在的，并且生动得足以使它们的内存在被意识到。

（5）它属于休谟意义上的"自然德性"（natural virtue）[①]，因而也无法避免自然主义的问题。内心起源的道德意识本身含有一个问题：它很难给出自身的合法性证明。因此，对于坚持内在起源道德意识的伦理学家，人们会附以"自然主义"的称号。这是因为，如果我们最终诉诸的是人的本性，那么我们就不得不把人类伦理法则看作建基在地球进化过程中偶然形成的某个物种及其基因之上。柏格森在谈及他所确定的两种道德，即所谓义务（obligation）、抱负（aspiration）时，认为它们在本质上都是生物学的，其原因也在于此。[②]

此外，对于人类社会来说，它是不充分的。即仅凭自然德性，不足以构建一个在非自然社会环境中的完满伦理系统。卢梭虽曾对自然状态中的人类社会做过美好的想象和描述，并主张人的本性为善。但如康德在《形而上学讲义》中所说，假设如此，就无法解释人类日后的发展为何会有恶的取向出现。康德以卢梭本人的童年以及一般人的酒醉状态为例，说明人

---

① 休谟在《人性论》中区分"自然德性"和"人为德性"。这里所说的"自然德性"中的"自然"，乃是"人类心灵的自然"（natural to the mind of man）（参见［英］休谟《人性论》，关文运译，商务印书馆1980年版，第519、537页）。关于"人为德性"，后面在论述社会道德意识时还会涉及。

② 参见［法］亨利·柏格森《道德与宗教的两个来源》，王作虹、成穷译，贵州人民出版社2000年版，第90页。

性中有恶的成分。① 而本性的善不可能克服本性的恶，因为它们都是本然的。在这个意义上，自然美德不可能担当人类的全部道德任务。

二、源自社会的道德意识

（1）源自社会的道德意识有一个最重要的特征，就是它的有用性。休谟曾说："正义是对社会有用的，因而至少其价值的这个部分必定起源于这种考虑，要证明这一命题将是一件多余的事情。公共的效用是正义的唯一起源，对这一德性的有益后果的反思是其价值的唯一基础。"②

可以说，所有社会伦理都是为了社会的目的而制作出来的。它们基本上都是反思的、广义上的合理的结果，而不是与生俱来的；它们是后天的约定，而不是先天的本能。现今的时代精神，或是以"全球伦理"的面貌出现，或是以"他人伦理"的名义登场，包括在"正义伦理"名义下进行的讨论，实际上都只是关系到某种形态的社会伦理，它们往往是从本性的道德意识中派生出来的，大都是社会约定的结果，而且有的甚至有可能是基于我们人性中的"恶"（如自爱、自我保存、种族保存）的因素之上。

（2）它是约定的，因而是后天的，不是与生俱来的，而是休谟所说的"人为德性"（artificial vurtue）。从宽泛的意义上说，社会道德意识是一种人与人之间的约定。接下来，超越的道德意识是人与神之间的约定。最后，内心的道德意识是一种个人与自己的约定。休谟说："正义与非义的感觉不是由自然得来的，而是人为地（虽然是必然地）由教育和人类的协议发生的。"③ 但休谟在这里把正义的形成看作"必然的"约定，理由并不充分。社会的道德意识并不是普遍的。正因为它们是约定的，故而可以

---

① 参见 Immanuel Kant, *Vorlesungen über die Metaphysik*（Pölitz）. *Von der Ursache und Wirkung*（Kap. -Nr.：3698），S. XXⅧ：574 f. 以及 *Reflexionen zur Metaphysik*，［*Nachlaβ*］*Phase psi*（Kap. -Nr.：3438），S. XⅧ：295。引自 *Kant im Kontext* Ⅱ，*Komplettausgabe*，Berlin：Karsten Worm，InfoSoftware，2003。
② ［英］休谟：《道德原则研究》，曾晓平译，商务印书馆2001年版，第35页。
③ ［英］休谟：《人性论》，关文运译，商务印书馆1980年版，第523页。

随民族、文化和时代的不同而变化,例如正义①、孝悌、贞洁等,并非每个民族、每个时代都有的普遍范畴。

(3) 正因此,它们只具有相对的有效性,即只具有相对于一个特定时代、特定共同体、特定文化而言的有效性。我们在考察人类道德状况的历史时会发现,普世有效和持续有效的道德律法极为罕见。这是因为人类的主要伦理法则都是由后天的社会道德所组成的,会随时代、民族、信仰的变化而变化。

(4) 与内心道德意识相反,社会道德意识是能够传授的,但它最终只是补救性的措施。休谟在论及这一点时说得非常明确,它是"由于应付人类的环境和需要所采用的人为措施或设计"。"因此,补救的方法不是由自然得来,而是由人为措施得来的;或者,更恰当地说,自然拿判断和知性作为一种补救来抵消感情中的不规则的和不利的条件。"②

(5) 在以上种种意义上,它们是理性的,或者也可以说,是合理的。换言之,它不是黑格尔意义上的合乎客观的理念,而是哈贝马斯意义上的合乎交互主体的理由。

(6) 它们是反思(或反省)的结果,因此,与自然德性相比是第二性的、派生的,但同时也意味着更高层次的。原意识与后反思的关系不仅表现在认知意识的活动方面,也极为明显地显露在道德意识的活动方面。③

三、源自超越的道德意识

所有超出当下和此世、超出社会政治的实际层面而起作用,从而使一种道德意识得以产生的因素,我们都可以称之为超越的因素。源自超越的道德意识的最著名的例子是《圣经·创世记》中亚伯拉罕与上帝的订约。

---

① 如果把"正义"理解为公平,"各人的东西归各人",符合大多数人的利益,那么正义伦理当然就是一种社会伦理。这种伦理并不普遍地存在于各种文化和各个时代中。但如果把"正义"理解为合乎道理或合乎法和权利,那么就要另当别论,因为在古代中国的"义"中,更多地包含着合乎道或理的意思。例如,按照杨伯峻(《孟子译注》,杨伯峻译注,中华书局1960年版,第448页)的统计,"义"在《孟子》中出现108次,其中绝大部分是指合乎某种道或理(98次),甚至就是道理、正理本身(10次)。如果是在后者的意义上,"义"就不再可以被看作社会伦理的范畴,而是属于个人伦理的范畴了。

② [英]休谟:《人性论》,关文运译,商务印书馆1980年版,第517、529页。

③ 关于现象学所理解的原意识与后反思在认知意识中的关系,可以参见笔者的论文《胡塞尔哲学中的"原意识"与"后反思"》,载《哲学研究》1998年第1期。

第一编 现象学与伦理学

（1）超越的道德意识的最主要特征在于它的超越性。以作为佛道之根本的慈悲①为例，初看起来，它似乎与儒家的恻隐（同感、同情、怜悯）有相通之处。《大智度论》第二十七卷说："大慈与一切众生乐，大悲拔一切众生苦。"慈悲有同感他人苦乐的意思。但它与儒家排在四端之首的恻隐之心之间存在着一个超越与共在、超越与自然的本质区别：佛教的慈悲，是超出包括自然美德的同情在内的一般伦理关系之上的。同情只是凡夫的慈悲（生缘慈悲），真正的慈悲是法缘慈悲或无缘慈悲。②

再以基督教的道德原则为例。上帝的十诫是公理，从一开始就是应然的（命令或请求），而非实然的（事实描述）。从它们之中可以再推出其他的定理和命题。康德的绝然律令也是如此。笔者在本书第八章"'全球伦理'的基础——同情之心的现象学分析"中曾经说明，孔子"己所不欲，勿施于人"的绝对社会伦理律令实际上建立在孟子"恻隐之心，人皆有之"的本然个体良知认识的基础上。

（2）这种道德意识必须以某种信仰为前提。以《圣经·旧约》的记载为例：无论是从时间发生上，还是从逻辑秩序上，信念与启示都是先行于普遍伦理法则的。从时间发生上看，首先是上帝与亚伯拉罕的立约，然后才是亚伯拉罕杀子祭献的行为，接下来才是上帝颁布的包括"不可杀人"的戒条在内的十诫；③ 而从逻辑秩序上看，对上帝的敬畏和忠诚是遵

---

① 按照《佛学大辞典》的解释："慈爱众生并给与快乐（与乐），称为慈；同感其苦，怜悯众生，并拔除其苦（拔苦），称为悲；二者合称为慈悲。佛陀之悲乃是以众生苦为己苦之同心同感状态，故称同体大悲。又其悲心广大无尽，故称无盖大悲（无有更广、更大、更上于此悲者）。"（参见丁福保编《佛学大辞典》，上海书店出版社1991年版）

② 据《大智度论》卷四十、北本《大般涅槃经》卷十五等载，慈悲有三种：第一，生缘慈悲，又作有情缘慈、众生缘慈。即观一切众生犹如赤子，而与乐拔苦，此乃凡夫之慈悲。然三乘（声闻、缘觉、菩萨）最初之慈悲亦属此种，故亦称小悲。第二，法缘慈悲，指开悟诸法乃无我之真理所起之慈悲。系无学（阿罗汉）之二乘及初地以上菩萨之慈悲，又称中悲。第三，无缘慈悲，为远离差别之见解，无分别心而起的平等绝对之慈悲。此系佛独具之大悲，非凡夫、二乘等所能起，故特称为大慈大悲（梵文为 maha-maitri-maha-karuna）、大悲。这里可引胡兰成的领会："释迦的慈悲不是自居于超人，而是见这人世无常，众生苦恼，联想到自己身上不免怵目惊心，他不像基督的望着耶路撒冷恸哭，却连哀恸之情亦平实化了，只是一份切切之意，是从这样端正的感情里，所以他有理性清明。"（胡兰成：《山河岁月》，广西人民出版社2006年版，第52页。但这句中对释迦牟尼与耶稣的比照不尽合适。）而张爱玲对胡兰成所说的"因为懂得，所以慈悲"，便只能属于凡夫的慈悲。

③ 摩西十诫的前三诫都与对上帝的信仰和敬畏有关，尤其是第一诫："我是耶和华——你的上帝，曾将你从埃及地为奴之家领出来，除了我之外，你不可有别的神。"

守伦常法则的前提。即便是在上帝颁布十诫的发言中，第一句话仍然是"我是上主，你的上帝"，"我以外，你不可敬拜别的神明"，接下来才是对关于十诫的训示。因此，当克尔凯郭尔认为亚伯拉罕是"杀人犯"的时候，当康德把这种杀自己的爱子"像杀一只羊"的行动看作"无良知的"时候，他们显然已经是在根据另一个价值坐标系统来进行评判了。①

（3）这种道德意识已经偏离伦理的领域，即不再主要涉及人与人的关系，而是涉及人与神的关系。它常常是人与神之间的契约。如果我们按照传统的词义把伦理理解为人与人之间行为处事的道德规范，那么源自超越的道德意识在一定的意义上就是超伦理的（überethisch）或超道德的（übermoral）。原因在于，在所有超越的或形而上的伦理学中，人与人的关系不再处于中心，而是被其他的东西所取代，或者是以神祇的名义，或者是以自然的名义。因此，许多研究者更多地将它纳入宗教学的研究领域，而非伦理学的研究领域。即使把它看作伦理学，也应当是一种神主的而非自主的伦理学。

第四节　划分道德意识三个来源的实际意义

划分三个道德意识的来源，并用不同的评判标准来衡量道德行为，这是一门现象学伦理学的基本任务。因为，如果道德意识的不同来源得不到清晰的指明，那么我们不仅无法回答道德法则和道德信念是如何可能的，而且也无法回答判断一个道德行为的标准的问题，更无法回答善是什么以及德性是否可以传授的问题。

我们认为，在道德意识起源的问题上，尤其是在道德教育的过程中，指出这样上述三元论比调和一元论要更为明智些，因为调和与混淆不仅会损害这三者各自的有效性，而且还会造成伦理学的混乱。

在伦理学发展的历史上，这一类的例子常常出现。自苏格拉底提出"灵异"（Daimonion）说之后，良知究竟是神祇的声音还是内心的呼声，

---

① 详见本书第七章"聆听'灵异'，还是聆听'上帝'？——以苏格拉底与亚伯拉罕案例为文本的经典解释"。

就成为一个问题。奥古斯丁曾经把"良知"看作上帝的声音。马丁·路德也曾接受过经院哲学中的这种"良心"概念，而后便将它看作有悖《圣经》的而予以放弃。当代的基督教伦理学家R. 尼布尔的思考也属于这个方向：他仅仅区分个体道德和社会道德，并且认为前者是由宗教学说教化而成的。①

这里的问题在于，孟子用四端说来论证性善论，在很多地方行不通，因为我们也可以用其他的本能，如情、欲等来论证性恶论。事实上，如果仅仅讨论个体的人性，那么我们很难用善恶来评判。善恶是在引入了人与人之间关系的情况下出现的问题。一个人因为悔恨或懊恼而捶打自己，这是无恶无善的，也就是佛教称作"无记"的；但如果他为此而将情绪发泄在别人身上，就成为恶的。

如果我们需要给出不杀人的理由，那么从内心道德意识起源来考察，理由是：内心不忍。如果从社会道德意识来考察，则是：杀人是恶的，要受谴责和惩罚；不可以随便杀人，否则别人也会来杀你。如果从超越的道德意识来考察，则是：神说，不要杀人。

那么自杀呢？自杀可以做什么样的道德解释呢？对于内心的道德意识来说，自杀所造成的最大的恶在于它的成功会给自己的亲人带来痛苦，因此，有恻隐之心的人会有所不忍。对于超越的道德意识来说，自杀或是违背神的不要杀人的意旨，毁灭神赋予的生命，或是无法得到最终解脱，仍需在六道中轮回，或是通过自杀来成就更高的德性，如此等等。而对于社会的道德意识而言，自杀是个人的行为，是自由意志的非正常、非理性的选择，因此，只要不危害他人，不逐渐正常化，成为被人效法的流行社会活动，原则上从纯粹社会道德意识的角度是无法做出指责的。

可以如此来考察古今中外所有的道德范畴。例如：

正义。①与内心道德意识（如同情）有一定关联；②与社会道德意识密切相关；③在一些情况下与超越的道德意识也有一定关联。

不说谎。①基本上没有内心道德意识根据；②有很强的社会道德意识

---

① "宗教产生于内心深处的反省，并且很自然地将善的动机作为善行的标准。宗教……强调的是行为的内在动因。"而且尼布尔认为，个体道德和社会道德最终导致了伦理与政治之间的紧张。（参见［美］莱茵霍尔德·尼布尔《道德的人与不道德的社会》，蒋庆、王守昌、阮炜等译，贵州人民出版社1998年版，第203页）

根据；③有一定的超越的道德意识根据。

贞洁。①基本上没有内心道德意识根据；②有很强的社会道德意识根据；③有较强的超越的道德意识根据。

同性恋。①主要出自内心道德意识；②与社会的道德意识相背，但由于社会道德意识是约定的，因而也是可变的，所以也可以与社会的道德意识相合；③没有超越的道德意识根据。

克隆人。①有一定的内心道德意识根据（自身保存）；②没有社会道德意识根据；③没有超越的道德意识根据。

安乐死。①从内心道德意识根据出发是可行的；②从社会道德意识出发是模棱两可的；③从超越的道德意识根据出发是绝对不可行的。

除此之外，伪善是内心道德根据与社会道德意识的冲突的一个典型分析案例。笔者对此将另文论述，这里不做深论。

我们还可以从这种道德意识三元论的角度来分析和解释各种伦理学说，例如儒家伦理、佛教伦理等，从中发现它们的伦理要求的不同因素和层面。

第五节　尾声

总结一下，我们所有的道德意识的起源，都可以归结为三个方面：内心的自然美德、外部的社会公德和超越的道德准则。它们是伦理生活中的最小公分母，无法得到进一步的还原。我们的正常社会生活，看起来也不可能缺少其中之一。

这意味着，即便我们日后有可能建立起一个类似自然科学的道德哲学的体系，它也必定会不同于前者。它将不意味着由一个或几个彼此相容的原理及其充分展开组成的伦理系统，而很有可能是由三个不同的，甚至相互矛盾的子系统所组成。道德意识的三个来源规定着这三个子系统的基本性质。① 在许多情况下,来源于这三个方面的道德意识的相互补充,构成了我们行为的基本参照系,并为人际关系提供一个较为稳定的基础。

但与此同时,还有更多的情况表现为,来源于这三个层面的道德意识之间会产生冲突。如前所述,在社会生活中之所以有伪善的案例出现,就是因为内心道德意识与社会伦理要求之间的矛盾。在弗洛伊德揭示的无意识结构中,本我与自我的冲突也无一不是道德意识来源之间的冲突。因此,个体在遭遇道德意识之间的矛盾与冲突时,常常面临应当如何做出选择的问题。

这里需要补充的是,虽然来源于三个方面的三种道德意识并不能相互还原,但在三个起源之间仍然存在一种奠基关系。从描述现象学的角度看,这个奠基关系不是我们评判的结果,而只是我们描述的对象。但从发生现象学的角度看,在这个奠基次序与道德谱系的展开之间有内在的联系。

绝大多数学者,无论是道德谱系的研究者,还是人类进化的研究者,都确定在人类发展史上有一个从自然状态到共同体状态或社会状态的变化。如果我们承认自然美德的存在,那么,由于自然美德是先天的,它的产生便先于社会美德。休谟所列举的在"仁爱"(benevolence)名义下的各种道德情感,都要先于他在"正义"(justice)标题下所意指的社会美德。甚至可以说,自然美德与我们的意向活动相关,社会美德或人为美德则与意向活动所构建出来的意向相关项有关。

黑格尔对道德与伦理的区别也在一定程度上表明了内在与外在的伦理道德的奠基次序。道德是主体自己建立的对善、正义、公正等的规定,它们构成道德学的研究对象。而当主体由自己建立起这些规定,也就把"由自己建立"这一规定扬弃了。这时,主体的东西变成客体的东西,成为永恒的、自在自为的存在。这时,伦理学便有了自己的对象,它研究作为客体的伦理。② 基本上可以说,在黑格尔那里,道德学是研究伦理道德主观

---

① 海德格尔曾指出,古希腊的"体系"(σύστημ)一词,含有"内在结构"和"外在堆积"等几层含义(参见[德]马丁·海德格《谢林论人类自由的本质》,薛华译,辽宁教育出版社1999年版,第41-42页)。伦理学体系应当是在内在结构意义上的体系。

② 参见[德]黑格尔《哲学史讲演录》第2卷,贺麟、王太庆译,商务印书馆1981年版,第42-43页。

发生性的学问，伦理学是研究伦理道德客观有效性的学问。① 前者相当于在休谟那里自然美德的产生过程，后者相当于人为美德的形成过程。

归根结底，在道德意识方面应当区分一个奠基的秩序，舍勒曾讨论过爱的秩序。笔者愿意用"善的等级秩序"来表述道德意识的等级秩序。这样，当我们在讨论孝与忠（萨特的例子）、爱父母和爱祖国、善意的谎言和一般的谎言时，便不会无所适从，落入两难和尴尬的境地。这只是通过区分各种道德意识来源而能够在伦理学分析上所可能取得的积极结果之一。

除此之外，这里还要特别强调一点，即舍勒和胡塞尔都主张的一种可能性：对道德法则的直接直观。前面的论述已经导致一个问题的产生：道德法则是不是盲目的？我们是否只是出自各自的目的——正如契约论者所说——而约定一个适用于所有人的行为准则、一个社会契约，同时并不认为它们具有任何背后的、隐含的、超越的理性根据？因此，道德公理究竟是为我们所约定的，还是被我们直观到的，是问题的关键所在。

笔者在另一处文字中已经对第三个要素，即社会伦理的基础地位提出过质疑②，这里便不再重复。只是还想补充一点：如果我们既不想把道德的基础归给上帝，也不想拿道德的社会功用来做开脱，那么另一个，或许也是最后一个可能的选择就在于，在我们自己的道德意识中寻找一个立足点，即在其中寻找到道德之所以能够存在的合理性，从而在一个被尼采宣告上帝死了的时代里自己承担起自己应当承担的责任：在自身负责意义上的"绝对责任"。③ 在这个意义上，笔者把法国哲学家弗朗索瓦·于连和

---

① 这里遗存的问题很多。客观有效性是由主观发生性构建的，因此，后者构成前者的基础。这是目前通行的伦理观。但黑格尔同时又认为，这种主观的构建本身受绝对精神支配，故而伦理道德在他那里并未回落到人类主义和相对主义的巢穴中。这里无法对此再做深究。
② 参见本书第八章"'全球伦理'的基础——同情之心的现象学分析"。
③ 参见［德］埃德蒙德·胡塞尔《欧洲科学的危机与超越论的现象学》第7节、第73节，王炳文译，商务印书馆2001年版。

德国哲学家恩斯特·图根特哈特视为同道，认同他们的努力方向。①

最后想以笔者在几年前曾提出的一个主张来结尾："身处一个伦理危机的时代，追溯人类道德意识的自然源头，追溯它的基础与本然，就成为伦理学的首要任务。寻找最基本的道德共识固然也是须做的工作之一，但在个体道德意识中含有的自然共性才是这种共识的最终根据所在。更重要的是，如果把社会的基本共识看作所谓伦理学的底线，就不仅会犯舍本事末的错误，还会导致基础道德教育方面的决策失误。"② 而一旦我们分清了道德意识的不同来源，指明了哪些道德意识是可以或不可以培育的，哪些道德意识是可以或不可以被激发的，如此等等，我们就可以避免在基础教育方面的弯路和歧途。因此，对道德意识起源问题的澄清，最终应当促进或带来在伦理教育以及伦理教育学方面的改善和进步。

---

① 于连的主张十分明确，他的道德奠基尝试主要集中在道德意识的第一个来源上："为道德奠基，并非要制定一些道德原则，而是要确立道德之所以能够存在的合理性，也就是要说出道德凭什么可以成立，却又要既不将之推给上帝，也不拿其社会功用来做开脱。"（［法］弗朗索瓦·于连：《道德奠基：孟子与启蒙哲人的对话》，宋刚译，北京大学出版社2002年版，"前言"第5页）图根特哈特则在两个来源上都做尝试："在传统论的道德连同其更高的真理中含有一些无法论证的前提，因而所有道德的可坚持的核心都必须还原到规范的自然的或合理的根据组成（Grundbestand）上。"（E. Tugendhat, Zum Begriff und zur Begründung der Moral, in ders., *Philosophische Aufsätze*, Frankfurt a. M.: Suchrkanp, 1992, S. 315 – 333）

② 参见本书第八章"'全球伦理'的基础——同情之心的现象学分析"。

第四章

道德本能与道德判断

第一节 概念的描述定义

我们的所有道德意识,以及所有基于此上的道德表述与道德行为,要么是依据于我们的道德本能,要么是依据于我们的道德判断。①

这个命题本身应当是无可置疑的。可能的问题仅仅在于:①这里所说的道德本能与道德判断究竟是指什么?②它们之间的关系如何?

虽然有可能造成先入为主的概念误导,笔者还是愿意冒险在一开始就对这两个概念做一个概念化的描述定义。首先要说明,这里的"道德"是个形容词。它的对立面不是"不道德",而是"非道德"。因此,"道德本能"不是指道德自身所具有的本性(the nature of morality),而是指在道德方面的、与道德相关的本性(the moral nature or instinct)。它是自然的、天生的、非对象性的、非述谓性的、感性的、直向的、不可论证的,如此等等;它也可以被称作"道德本性"或"道德的良知良能",即孟子所说的不学而知之道德意识,不习而能之道德能力,或者也可以用亚当·斯密的"道德情感"(moral sentiments)②或爱德华·封·哈特曼的"情感道德"(Gefühlsmoral)③来称呼它。而"道德判断"也不是指对道德的判断,而是指与道德相关的、在道德方面的判断(the moral judgment),它是文化的、历史的、社会的、对象性的、述谓性的、知性-理性的、反思的、可论证的,如此等等。

---

① 如笔者在本书绪言中所说,"道德本能"一词,也可以用"道德禀赋"的概念来替代。这里之所以继续沿用前者,是因为它较好地强调了那种作为不假思索的道德反应的道德生活形式。详见本章后面的论述。
② 参见 Adam Smith, *The theory of moral sentiments*, Oxford: Oxford University Press, 1759。
③ 参见 Eduard von Hartmann, *Die Gefühlsmoral*, Hamburg: Felix Merner Verlag, 2006。

第一编 现象学与伦理学

在许多方面，道德判断与道德本能是相互对立的。

在上一章中，笔者将道德意识的来源分为三类——内心的起源、外在的起源和超越的起源，并认为，"我们之所以将道德意识的来源一分为三，是因为这三个来源各有特点，不可还原为另一个。内心的一方面与外部的相对立，另一方面也与超越的相对立；外部的也同时与内心的和超越的相对立；最后，超越的可以理解为心而上的（内心超越的）和形而上的（外部超越的），并因而在本质上有别于前两种道德意识的来源"①。

这里所说的"道德本能"与上文中的道德意识的内心来源密切相关，而这里所说的"道德判断"则与上文中的道德意识的外部来源密切相关。

道德意识的超越来源问题在这里要被搁置②，也就是说，这里关注的仅仅是对道德本能和道德判断的区分和界定。

第二节　道德本能

在开始阶段，我们可以借鉴 M. 奥克肖特对人类道德生活两种形式的出色描述。他把道德生活形式分为两类：习俗的和理想的。首先是他对习俗的道德形式的描述非常适合于对道德本能的规定。例如，他写道："道德生活形式首先是一种情感和行为；它不是一种反省思考的习惯，而是一种情感和行为的习惯。正常生活状况的满足不是通过我们自己去有意识地适应一种行为规则，也不是通过行为来表达我们对于道德理想的接受，而是通过某种行为习惯而达成的。这种形式的道德生活不是源于对行为方式进行选择的意识，也不是源于选择时起决定作用的观念、规则或理想；道

---

① G. Harman 曾有同名著作来引介伦理学（*The nature of morality – An introduction to ethics*, New York: Oxford University Press, 1977）。实际上，这个虽然不是对道德本能的定义，却是本章所要讨论的全部内容。

② 关于道德意识的超越来源，可以参见笔者在本书第三章"道德意识的三个来源"中的相关说明。简言之，这里的关键在于究竟是把宗教情感或道德信念的产生的根源归结为对内心世界、道德动机的反省，还是归结为对外部事物、宇宙起源的敬畏。对此的不同回答会得出将超越的道德意识划分为内在－超越的道德意识和外在－超越的道德意识的做法。因此，存在着将超越的道德意识纳入道德本能与道德判断的关系中进行研究的可能性。

德行为非常接近于无意识。因此大部分生活现实并不表现为要求判断或者要求解答问题。"① 这里的关键在于这一类的道德生活形式表现为一种不假思索的道德反应。

其次,奥克肖特对第二种道德形式的描述也基本适用于对我们所说的道德判断的规定:"在这第二种道德形式中,活动不是由行为习惯决定的,而是由对道德标准的思想诉求决定的。它表现在两个普遍的变化上:作为对道德理想的自觉追求和作为对道德规范的思考性遵守。这种道德生活形式把特定的价值归因于个人或者社会的自我意识;不仅规则与理想是反省思考的结果,而且对这种规则或理想的运用也是一种思考性活动。通常这种规则或理想是先在地、抽象地被决定的;也就是说,这种道德生活形式建构行为艺术的首要任务就是,以一种生活规律的话语或以一种抽象理想体系的话语,来表达自己的道德志向。"② 这里的关键在于,这一类的道德生活形式表现为一种有根有据的思考。

但是,笔者与奥克肖特在此问题上的一致性是有限的。几乎在对第一种道德形式的下一步规定上,分歧就已经产生出来。例如,当奥克肖特申言"每一种道德生活的形式都依赖于教育(因为道德是通过艺术所决定的情感和行为)"③,笔者就不得不与他分道扬镳了。一旦奥克肖特把道德生活形式看作教育的结果,他便在某种意义上站到了他所批评的道德学说中的理性主义或历史主义或文化主义或社会主义的一边。因为他所说的这两种道德生活形式,在这个意义上都属于笔者所理解的社会道德,属于外部的(后天从外部传授的、习得的)道德意识来源,无论是经验主义的还是理性主义的。

按照奥克肖特的看法,习俗的道德生活形式既不是"一种存在着道德感或道德直觉的道德生活形式",也不包含"一种有关权威来源的具体理论",也不是"一种纯粹原初形态的道德,即很少反思性思想的社会道

---

① [英] M. 奥克肖特:《巴比塔——论人类道德生活的形式》,张铭译,载《世界哲学》2003 年第 4 期。原文参见 M. Oakeshott, *Rationalism in politics and other essays*, Indianapolis: Liberty Press, 1991, pp. 465 – 487。

② [英] M. 奥克肖特:《巴比塔——论人类道德生活的形式》,张铭译,载《世界哲学》2003 年第 4 期。

③ [英] M. 奥克肖特:《巴比塔——论人类道德生活的形式》,张铭译,载《世界哲学》2003 年第 4 期。

德"。他所说的这种习俗的道德形式,是指"它的道德行为体现为,应对生活中那些没有时间和机会进行反思的急事"。① 即虽然这是一种不假思索地做出的道德反应,但它并不是天生的,而是习得的。

倘若道德教育真的能够把某种习俗性的道德变为人类无意识的、非反省的直接道德反应,亦即道德本能,那么,应当说这种教育必须是非常有力的,例如与语言教育一样有力,因为即使在全部记忆都丧失的情况下,语言能力也不会丧失。它成为一种特定意义上的本能,即习得性的本能。②

但是很明显,许多本能性的道德,例如同情、羞耻感、敬畏感、母爱等,都全然不是或不完全是教育的结果。它们与习得性本能显然相距甚远。看见别人补牙自己会牙酸、母亲对子女的爱、不可控制的脸红,还包括无法遏制的悲伤与痛苦之流泪,这些都不可能是学会的,而是与生俱来的。

因此,事实上,笔者与奥克肖特的最大分歧就在于,或者说,笔者认为奥克肖特的最大错误就在于,他没有看到第一种道德生活的形式主要不是教育的结果,而是一种天赋的能力。尽管奥克肖特有理由批评理性主义的理想道德生活形式,但他自己没有放弃经验主义的传统偏见也是一个基本的事实。在这点上,他甚至落后于他的经验主义前辈休谟。因为在休谟那里,自然德性(natural virtue)和人为德性(artificial vurtue)的区分是十分明确的。③

笔者认为,在道德理论中具有实质意义的对立不是经验主义和理性主义,而是自然主义与扩展了的意义上的理性主义。这种理性主义包含了道德契约论的各种形式,如历史主义、文化主义、社会主义,如此等等。

---

① [英] M. 奥克肖特:《巴比塔——论人类道德生活的形式》,张铭译,载《世界哲学》2003年第4期。
② 而且这种习得性的本能也必须有本性方面的基础。我们在后面还会回到这个问题上来。
③ 休谟在《人性论》中区分"自然德性"和"人为德性"。这里所说的"自然德性"中的"自然",乃是"人类心灵的自然"(natural to the mind of man)(参见[英]休谟《人性论》,关文运译,商务印书馆1980年版,第519、537页)。

第三节　自然主义伦理学的基础

主张人类道德生活主要建基于自然德性的思想家，常常有可能落入自然主义的窠臼。康德在其遗稿《反思》中曾对自然主义进行过批评①，胡塞尔也曾在《哲学作为严格的科学》和其他文字中激烈地反对过自然主义的论据。② 这里的关节点在于，承认自然主义，也就差不多意味着同时接受一种放弃一切绝对的观念性和有效客观性的怀疑论。尤其是在道德哲学领域中的自然主义，最终会导致把所有道德的规范和规则归结为大自然的某个时段的偶然进化结果，把人类的道德法则最终还原为进化论伦理学的命题。这与理性主义、历史主义、文化主义所导致的结论是基本类似的。因为后者将道德法则最终视为人类群体的一种约定，或是某个时期的人类传统习俗约定——历史主义，或是某个文化内部的约定——文化主义，或是整个人类社会的约定——社会主义，或是所有理性人之间的约定——理性主义。因此，自然主义与历史主义等说到底都无法脱出怀疑论和相对论的怀抱。

这的确也是目前整个道德理论研究所面临的现状。但即使如此，在发现或给定绝对的道德法则与伦理命令之前，我们毕竟还有这样两种可能来描述和解释目前人类道德生活的运行轨迹：其一是它在自然本能中有其根源，其二是它通过理性而进行合理的必要道德约定。这是人类道德生活的两条腿，也就是本章标题所指示的道德本能和道德判断。

因此，看起来在道德生活中的二元论和相对论是我们当代人的宿命。不过且慢，即便是这个情况也尚未得到充分的论证呢！这里的首要问题是，我们是道德的动物吗？即我们生而具有道德能力吗？奥克肖特便会否

---

① 参见 Immanuel Kant, *Vorlesungen über die Metaphysik（Pölitz）. Von der Ursache und Wirkung*（Kap. -Nr.：3698），S. XXVIII：574 f. 以及 *Reflexionen zur Metaphysik*，[Nachlaβ] Phase psi（Kap. -Nr.：3438），S. XVIII：295。引自 *Kant im Kontext* II. Komplettausgabe. Berlin：Karsten Worm, InfoSoftware.

② 参见［德］埃德蒙德·胡塞尔《哲学作为严格的科学》，倪梁康译，商务印书馆1999年版，尤其是第8页及以后各页。

认这一点。蒙田也会否认。他曾提到,有人认为"存在固定、永久和不可更改的法律,他们称为自然法律,这是人的本质条件确定的,深深铭刻在人心中",他还说:"要说到有什么自然法律,唯一令人信服的凭证是要得到普遍的同意。"蒙田在这里提出他的质疑:"让他们给我举例,哪一项法律具备这样的特征。"① 可是很有意思的是,蒙田本人在另一处却已经自己反驳了自己,即如在《论良心》中。他在这里把"良心"的存在比喻为像斑蝥身上分泌一种自身毒液的解毒素那样的"自然界矛盾对立规律":"即使人在作恶时感到乐趣,良心上却会适得其反,产生出一种憎恶感,引起许多痛苦和联想,不论睡时醒时都折磨着自己。"②

这种被统称为"良心"或"良知"的道德感,恰恰是自然主义道德学说的基本依据,恰如正义构成伦理学中理性主义、历史主义、文化主义、社会主义理论的核心一样。

无论古今中外,均有思想家在诉诸"良知"名义下的各种道德本能。例如亚里士多德弘扬的友爱之德行、休谟偏好的仁爱和同情,还有卢梭、亚当·斯密、胡塞尔、舍勒、别尔嘉耶夫等人主张的同情。可以说,同情心是道德行为的最原始动机。

尤其要注意的是孟子对不学而知的良知、不习而能的良能的强调,他将其归纳为四端——恻隐之心、羞恶之心、恭敬(辞让)之心、是非之心,并认为这是人所普遍具有的天生的道德能力。

证明这些能力不是后天培育的结果,而是与生俱来的禀赋的最简单办法,就是考察它们是否能够受到理智的控制。因为本能的特点就在于,它在任何思考和反省之前就已经开始活跃。例如,几乎没有一个正常人能够刻意地控制自己的脸红,这表明羞耻心是一种道德本能。③ 另一种证明是由自然科学的研究提供的,例如神经科学的最新研究发现镜像神经元具有表征与个体自身行为相似的动作图式的功能。这些研究为解释同感和同情的形成提供了生理学方面的依据。④ 笔者相信,用各种方式证

---

① [法]蒙田:《蒙田随笔全集》中卷,潘丽珍等译,译林出版社1996年版,第268页。
② [法]蒙田:《蒙田随笔全集》中卷,潘丽珍等译,译林出版社1996年版,第40页。
③ 详见本书第九章"道德能力的先天与后天——羞恶之心的现象学分析"。
④ 对此问题的详细阐释可以参见 Dieter Lohmar, "Mirror neurons and the phenomenology of intersubjectivity", in *Phenomenology and the Cognitive Sciences*, 2006, 5 (1): 5–16, 中译文:[德]洛马尔《镜像神经元与主体间性现象学》,陈巍译,丁峻校,载《世界哲学》2007年第6期。

明良知的其他因素（如恭敬之心等）的先天机制之存在，只是一个时间问题。

这意味着，在人的本性中的确包含天生的道德能力。这便构成自然主义伦理学的初步基础。至此，我们应该可以回答上面的问题：人是一种道德的动物。至于"人为什么会如此"这类问题，可以转化为"先天的道德能力是否又是通过长期习得而形成的积淀之结果"的问题——这个问题暂且需要搁置，也许留给生物学家去探讨更合适。①

在道德哲学中首先需要留意的有两点。其一，"人是道德的动物"这个命题中包含着人天生具有行善本能的含义，也包含着人天生具有作恶本能的含义。这里不对后一个含义再做展开。② 其二，人的道德本能并非始终保持不变，而是有可能受到后天环境的影响而被遮蔽，因此，孟子虽强调人人都有良知，但并不认为人人的良知都在起作用。以后的王阳明也有类似的观点。而他的弟子王龙溪则更明确地说："良知在人，本无污坏。虽昏蔽之极，苟能一念自反，即得本心。譬之日月之明，偶为云雾之翳，谓之晦耳。云雾一开，明体即见，原未尝有所伤也。"③ 这个见解可以说是回答了前面曾提到的蒙田对自然法律（法则）普遍性之质疑。类似孟子、王阳明、王龙溪的观点最早还可以在亚里士多德那里找到："凡属于自然的东西，我们就不要在天性已经败坏的人身上去寻找，而应当在行事合乎自然的人的身上去寻找。"④

---

① 对此可以参考［美］罗伯特·赖特《道德的动物——我们为什么如此》，陈蓉霞、曾凡林译，上海科学技术出版社 2002 年版，尤其是第十五章，第 315 页及以后各页。

② 如果不进入道德判断的层面，而是仅就道德本能自身做评价，那么这个层次上的标准不应当在于善恶，而在于道德敏感和道德迟钝。

③ ［明］王畿：《王畿集》卷六，凤凰出版社 2007 年版，第 134 页。

④ 这是卢梭在其《论人与人之间不平等的起因和基础》的扉页上所引的亚里士多德语录（参见［法］卢梭《论人与人之间不平等的起因和基础》，李平沤译，商务印书馆 1982 年版，第 17 页），原句出自亚里士多德《政治学》，1254 b。

第四节 道德和语言的平行性

问题讨论到这里,我们还要回到奥克肖特这里来,因为他还给我们提供了另一个启示,即指出了在道德生活形式与语言之间的平行性。他的原话如下:"首先,道德生活形式和语言一样,没有什么绝对固定的东西,某些结构在语法上虽然可能不是很好,但语言表达的范围是可调整的;言说者使用语言,但不能随心所欲。在道德生活的形式中,我们的教育越彻底,我们的审美就越确定,我们的行为保留在传统中的范围就越大。习惯总是可调整的,它对现实的细微差别总是很敏感。"①

但是,奥克肖特在这段话中不仅仍然坚持道德生活形式都是后天教育结果的偏见,还流露出在语言学方面的偏见,即把语言完全看作一种后天习得的能力。当然,这个成见还是可以理解的,因为奥克肖特的文章写于1948年,他当时不可能读到N.乔姆斯基写于1959年的革命性著作《句法结构》,也不了解在随后几十年的语言学界逐渐占据了主导地位的"心理语法"以及这个语法中所含有的"普遍语法"等概念。乔姆斯基对天生的语言结构的强调,使得今天的语言学家不会再把语言看作理智生物纯然后天习得的能力。

因此,虽然奥克肖特和乔姆斯基都在使用"巴别塔"的隐喻,却是出于不同的目的:前者想说明政治中的理性主义就像人类试图建造巴别塔的想法一样不自量力,后者则想指出巴别塔之前的共同人类语言并非天方夜谭。

当然,乔姆斯基本人显然并不只想局限在语言学研究的领域,而是愿意将这个先天本性(nature)与后天习得(nurture)之间的相互依存和相互作用的关系运用到人格发展、行为形态以及认知结构上。他说:"我们一般都认为在这些范畴里,社会环境是最主要的影响因素。心智结构的长期性发展被认为是武断的、意外的,一般是把所发展的看成是历史的产

---

① [英] M. 奥克肖特:《巴比塔——论人类道德生活的形式》,张铭译,载《世界哲学》2003年第4期。

物,而不认为有'人的本性'存在……但是假如我们好好去研究认知系统,我们会发现它不比有机体结构的发展更逊色。那么,我们为什么不像去研究身体复杂的器官那样去研究认知结构的习得(好比说语言)呢?"①

事实上,如果涉及人性一般,问题就不会仅仅限制在语言能力或认知结构上,而是会扩展到人格发展、行为形态上,当然也会扩展到这里所讨论的道德生活形式上。也正是在这点上,笔者认为语言能力与道德能力之间存在着结构上的可比性:道德本能与道德判断之间的关系,类似于在语言能力与认知结构中可以发现的关系,即一种在本性与习得之间的关系,一种在天赋的结构形式与不断习得的经验内容之间的关系。②

到这里,本章开始时提出的两个问题便算是得到了一个初步的回答。

第五节 道德生活的双重依据

但在这里还需要补充一点:自然主义道德学说的特点在于强调作为 nature 的道德本能,它的极端立场的倡导者甚至会把道德本能视作道德生活的唯一依据;而理性主义、历史主义、文化主义、社会主义的道德理论则更看重作为 nurture 的道德判断,它的极端立场的倡导者也会甚而否认任何其他可能的道德生活依据。然而,这两极之间还存在一些温和的立场与主张。例如,即使是平克与罗蒂之间、乔姆斯基与福柯之间的争论,也仍然维持在对自己信念的褒扬以及对对方观念的贬低而非全盘诋毁上。

例如,尽管罗蒂把平克批评得几乎一无是处,但他仍然承认,遗传基因在很大程度上影响着我们的行为。他列举了由基因决定的某些先天心理素质,包括道德能力,如自我中心主义、同性恋、音高辨别力、速算能力等。③ 这差不多就已经认可了自然主义的道德生活形式。

---

① 转引自[美]史蒂芬·平克《语言本能——探索人类语言进化的奥秘》,洪兰译,汕头大学出版社2004年版,第28-29页。

② 当然,虽然我们可以说,在语言能力与道德能力之间存在着平行性或相似性,但这两种结构之间是否存在相互作用,仍是一个暂时还无法回答的问题。

③ 参见[美]理查德·罗蒂《哲学嫉妒》,罗跃军译,中译文载于《求是学刊》2005年第4期。原文载于 *Daedelus*, Fall 2004, pp. 18-24。

而在乔姆斯基与福柯的辩论中，这种趋向更是明显，至少从乔姆斯基这方面来看是如此。乔姆斯基曾回顾这个辩论说："我发现我们的看法至少有一部分是一致的，比如在'人性'（human nature）的问题上……一方面是心智的内在属性，另一方面是社会和知识环境的组合。［两个方面都是必要的，］并无所谓二者取一的问题……但就个人而言，我对第一个方面更有兴趣，而福柯则强调第二个方面。"①

这样一种温和的态度应当也可以适用于在道德生活形式的选择上。这种选择通常并不是一个非此即彼的选择。就奥克肖特提出的两种道德生活形式而言，他自己就显然站在第一类道德生活形式的一边，并对单纯坚持理想道德生活形式的道德与政治中的理性主义提出批评。但他仍然清醒地保持一种怀疑，即怀疑这两种道德生活形式能否离开对方而单独存在，也就是说，人类是否能够离开两种道德形式中的任何一种而继续维持自己的道德生活。②

即便如此，奠基的问题，即哪一种道德生活方式更为根本的问题，依然存在并且逼迫我们回答。对此问题的回答往往显现为一种主观的偏好。看起来它似乎关系到这样一个选择或决定：如果这两种道德生活形式发生冲突，如果我们在思考和行动中、在教育与传授中必须做出二者择一的决定（例如在看护祖母与保卫祖国之间做出选择），我们应当偏向于它们之中的哪一种。

但这是一个误区，因为，当我们思考做何选择时，我们已经处在进行道德判断的层面上，也就是说，已经离开道德本能的层面了。

---

① N. Chomsky, *Language and responsibility*, New York: Pantheon Books 1979, S. 74 – 75. 转引自姚小平《笛卡尔，乔姆斯基，福柯——〈普遍唯理语法〉校后》，见［法］安托尼·阿尔诺、克洛德·朗斯洛《普遍唯理语法》，张学斌译，湖南教育出版社 2001 年版，第 15 页。

② 参见［英］M. 奥克肖特《巴比塔——论人类道德生活的形式》，张铭译，载《世界哲学》2003 年第 4 期。

第六节　道德奠基关系

所谓在道德本能与道德判断之间的奠基关系问题，在笔者看来，是与语言学中的普遍语法与生成转换后的各种语言类型的关系问题相类似的，或者说，是与卢梭所说的"言语"（parole）和"语言"（langage）以及洪堡所说的唯一的语言（die Sprache）与多数的语言（Sprachen）的关系问题相类似的。

这个意义上的道德奠基问题，与 R. 诺齐克所要研究的"道德结构理论"以及与此内在相关的"道德权重测量"的课题相类似。并非偶然，他在这个问题上也联想到 N. 乔姆斯基的"句法结构"。[①]

我们应当可以说，道德生活与语言活动一样，也有深层的和表层的形式。可以将它们称为深层的和表层的道德生活形式。前者不会随时代、文化、民族、个体的变化而变化，即使有变化也是极为缓慢的；后者则随时处在这种变化的可能性中。在这个意义上，代表深层道德生活形式的道德本能，是作为表层道德生活形式的道德判断的基础。

在许多方面，这里所确定的，也包括奥克肖特在另一种意义上所倡导的观点，可以看作卢梭自然主义伦理学思想的延续和展开。卢梭曾把"自爱心"与"怜悯心"看作"两个先于理性的原动力"，是"纯粹天性的运动，是先于思维的运动"，同时也把作为社会性动力的正义或公正看作派生的，因为"即使没有社会性这一动力，我觉得，自然法的一切规则也能从其中［即从自爱与怜悯这两个原动力中］产生出来"。

可以将卢梭的一段话视为对道德本能（其核心词是"良知"）与道德判断（其核心词是"正义"）之间奠基关系的表述："怜悯心是一种自然的感情，它能缓和每一个人只知道顾自己的自爱心，从而有助于整个人类的互相保存。……它能使每一个身强力壮的野蛮人宁可到别处去寻找到食物，也不去抢夺身体柔弱的孩子或老人费了许多辛苦才获得的东西。在训

---

① 参见［美］罗伯特·诺齐克《苏格拉底的困惑》，郭建玲、程郁华译，新星出版社 2006 年版，第 233–295 页，还可以参见第 5 页。

导人们方面,它摈弃了'你们愿意人怎样待你们,你们也要怎样待人'这样一句富于理性和符合公正原则的精辟格言,而采用'在谋求你自己的利益时,要尽可能不损害他人'这样一句出自善良天性的格言。尽管这句格言没有前一句格言完善,但也许更有用处。总而言之一句话,我们不应当在高深的理论中而应当在这种自然的情感中去寻找人即使没有受过教育的熏陶也不愿意做恶事的原因。"①

卢梭在前一句事关"正义"或"公正"的格言中所表达的,是笔者这里所说的道德判断的基本内涵;而在后一句事关"怜悯"的格言中所表达的,则是笔者这里所说的道德本能的基本内涵。

所有这些都表明,卢梭的自然主义道德哲学是一个比康德的理性主义道德哲学更值得引起当代人注意的思想资源。② 前者远非后者的一种补充。实际的情况应当恰恰相反。

M. 舍勒曾说,"没有人通过伦理学而成为'善的'"③。细想起来,的确如此。或许这是现代规范伦理学不成功的原因。虽然舍勒说这句话的目的在于强调他的伦常明察及其与伦常价值的意向关联,但笔者也可以用它来说明这里提出的论点:建立在后天习得基础上的道德判断,只能是先天道德本能的补充。若非在本性中一开始就蕴含着善的能力,人是不可能完全通过约定俗成来构建一种道德机制的。可以在这个意义上理解别尔嘉耶夫所说的"没有同情,伦理学是不可能的"④。

尽管伦理学从来无法教会人如何成为善的,但它可以揭示道德意识的来源,从而在道德的教育与培养方面提供学理上的助益。这可能就是伦理学与修身书、道德哲学与道德法典的根本区别所在,也是伦理学与伦理的根本区别所在。

---

① [法]卢梭:《论人与人之间不平等的起因和基础》,李平沤译,商务印书馆2007年版,第75页。

② 奥克肖特似乎对卢梭很少留意,只是在论及霍布士的对立面时才提及卢梭。实际上,卢梭完全可以看作反对政治中的理性主义的先驱。当今许多抵制现代道德哲学的思想者,在一定程度上都是卢梭的本性伦理学或亚里士多德的德性伦理学的支持者。

③ [德]马克斯·舍勒:《伦理学中的形式主义与质料的价值伦理学:为一种伦理学人格主义奠基的新尝试》,倪梁康译,商务印书馆2017年版,第120页。

④ [俄]别尔嘉耶夫:《论人的使命——悖论伦理学体验》,张百春译,学林出版社2000年版,第255页。

第二编

道德冲突

第五章

从伪善现象看个体伦理与社会伦理的分离

第一节 对"伪善"的一种理解

"伪善"二字,"善"暂且搁置,先说"伪"。

"伪"有三义:一作"假冒、虚假",二作"人工、人为",三作"非法"。第三个含义与这里的讨论无关。我们只需留意前两个含义。

当代汉语中的"伪善"一词,大都取"伪"的第一义,因而"伪善"被解释为假冒之善,"伪"是伪装的意思。这个词被用来标识一些本来不是善的,却显现为或被打扮为善的行为、言语和思想。但这并非"伪善"原初的和唯一的含义。

在古代中国哲学中,首先是通过荀子的论述,"伪"与"性"成为相对的概念。前者指"人为"("伪"的古字通"为"),后者指"本然"(与生俱来的天然自性)。荀子说:"不可学、不可事而在人者,谓之性;可学而能、可事而成之在人者,谓之伪,是性、伪之分也。"(《荀子·性恶》)

荀子认为,人性本恶,所有恶的因素,都先天存在于人的本性之中,不学而得。而所有道德礼义都是后天人为教化的结果,因此,在这个意义上都是"伪的"。从这个逻辑推下去,所有的善都应该是"伪善"(人为之善)才对,而恶则成了真的、本性的。所以荀子在《性恶》开篇立意说:"人之性恶,其善者伪也。"

在荀子的意义上,"善"本身并没有真伪之分,因为所有的善都是伪的(人为的)。我们似乎一下子就掉进了道德相对主义的陷阱。这倒是与我们目前面临的社会伦理大趋势有些吻合。在此意义上并且仅在此意义上,"伪善"不再是一个贬义词:既然"善"都是伪的,都是人为的社会约定的结果,我们当然也就没有必要,也没有资格去批评别人"伪善"了。我们也没有必要去寻找,也没有可能找到永恒不变的善。

第二节 对"伪善"的另一种理解

但这只是对"伪善"的一种理解。在进一步展开这个论题之前,我们必须先把这里的命题清理一下,排除其中隐含的不当前提。例如,荀子所提出的性恶论已经被证明为是不可取的,正如孟子的性善论也被看作不可取的一样,因为在人之初(也包括在有可能完全独自生活的人那里),性本来亦善亦恶、无善无恶、非善非恶;例如食色之欲望,本质上是既非善亦非恶的,用西方哲学的术语来说属于"道德中性",用佛教的概念来说属于"无计"。只有当人的自然本性在与他人的社会关系中起作用时,善—恶问题才产生出来。人性中含有的本来是道德中性的因素开始染上各自的道德色彩,从而变得开始有善、恶起来。

从今天的角度来看,我们已经可以说,人的本性是亦善亦恶的。证明人本性中的善恶,都是不难做到的事情。荀子已经说过,生而好利、生而疾恶、生而有欲,这都是恶的萌芽,"争夺生而辞让亡","残贼生而忠信亡","淫乱生而礼义文理亡"。(《荀子·性恶》)孟子对人性中善的成分的确定则更早:恻隐之心、羞恶之心、辞让之心、是非之心都是生而有之,不习而能,因而仁义礼智这四德在人的先天本能中都已然可以找到。(《孟子·公孙丑上》)

如果我们在这里做一个总结,那么至此为止我们至少可以说,善与恶、性与伪并不是两对同义的范畴,而是两对相互交切的概念。"善""恶"既可以用来标示"性",即自然本性,包括行为、言语、思想,也可以用来标示"伪",在行为、言语、思想层面上的人为的、后天的道德约定。

第三节 历史上的"伪善"现象

如今我们常用的"伪善"概念,更接近西方思想史上的"伪善"概念。可以笼统地说,如果古代中国的"伪善"被用来特指这样一些"善"的行为、思想、语言,它们不是出于自然本性,而是源自人为教化;那么古代西方的"伪善",就是指这样一些"善"的行为、思想、语言,它们不是发自内心,而是流于外表。

这里也需要对西方的"伪善"之词源做一个追溯。严格地说,"伪善"不是一个哲学概念,至少不是西方古典哲学的概念,即不是一个古希腊哲学的概念。就笔者的知识范围所及,古希腊哲学家没有对它做过专门的论述。如今常用来表达"虚伪""两面性"的"hypocritical"或"hypocrisy",实际上更应是一个艺术概念,它源于古希腊文的"hupokrisis",意指"戏剧表演""拟制""模仿"等。按理说,这是一个中性的概念,并不带有贬义。而且在一定情况下还带有褒义,例如,如果一个演员不善于"伪",那么他甚至都不算是一个好演员。

只是在希伯来的传统中,"伪善"的说法才开始出现,并负载了宗教和伦理的意义,并带有强烈的贬义。但即使在这时,"伪善"仍然还不是一个概念。《圣经》中被耶稣叱责过的"法利赛派"(Pharisaism),以后成为"伪善"的代名词:凡对宗教教义或道德规范的假装遵守而心里却不以为然的现象,都可以称作"法利赛式的",即"伪善的"。①

历史上的"法利赛派"是公元前2世纪形成的犹太教的一个派别。按照《圣经》的记载,在基督教历史初期,法利赛派曾从拘守律法的角度来指责耶稣及其门徒。耶稣驳斥法利赛派为"伪善"。

"法利赛式的伪善"在《圣经》的记载中具体表现为三个方面:其一,只说不做,对人布道,自己却做不到;其二,内心想的与外部表露的不一致;其三,自以为义,喜欢论断别人,评判别人。这是"法利赛式的伪善"所带有的三个基本特点。

---

① 以后德文中的"伪善"或"虚伪"(Heuchelei),也首先是宗教概念,由马丁·路德引入,意指在上帝面前的"虚饰""伪装""献媚"等伪冒虔诚,它与真正的宗教情感正相对立。

第四节 "伪善"的一般定义

在这些思考和分析的基础上，我们来展开对一般"伪善"的讨论。

我们并不想对"法利赛式的伪善"① 做个案分析，而只是想以此为出发点把握"伪善"现象的本质结构。这里的问题是：伪善的本质结构是什么？换言之，需要哪几个要素才能使伪善的指控得以成立？

最一般地说，任何一种伪善得以成立的最基本前提是本性之善的缺失和人为之善的存在。

所谓"本性之善"，除了孟子所说的恻隐之心、羞恶之心、辞让之心、是非之心以外，还可以加上苏格拉底的良知、亚里士多德的友爱、休谟的仁爱（benevolence）与责任、斯密的同情，以及卢梭的四种内在品质（基于自爱的自我保存、同情、趋向完善的能力和自由行动的能力）等，它们属于与主体内心良知有关的道德意识的起源。

所谓"人为之善"，则如休谟所说是后天的，是教育和人类的协议的结果。它们属于与普遍政治法则相关的社会伦理意识。大多数的伦理法则，如正义、平等、忠诚、孝悌、贞洁等都属于人为之善。

这两种善之间存在着诸多区别，甚至诸多对立：前者是先天的、普遍的、本能的、不可传授的、非对象的、自然的，后者是后天的、约定的、有效用的、可传授的、合理的（理性的）、文化的，如此等等。我们这里无法对此做详细考察②，而仅仅满足于一个基本的提示：本性之善也可以称作自然美德和个体道德，人为之善也可以称为社会美德和社会公德。

而伪善现象和伪善概念的存在，最典型地说明了个体的内在伦理与社

---

① 值得一提的是，李敖曾撰文评判过"三毛式的伪善"和"金庸式的伪善"。但所有这些模式的"伪善"，包括《圣经》中的"法利赛式的伪善"模式，无论确切与否，都还只是经验类型的例证。它们中间有些成分并不本质地属于"伪善"，例如"法利赛式的伪善"的第三特征"自以为义，喜欢论断别人，评判别人"就很难算作"伪善"的一般特征。若以李敖本人为例来说，他在这篇文章中的表露固然还不应被划入一般的"伪善"类型，但因其具有第三特征而可以受到"法利赛式的伪善"的指控。

② 笔者已经在本书第三章"道德意识的三个来源"中展开了这方面的论述。

会的外在伦理之间的差异与冲突。就此而论，这篇文字与其说是要分析伪善现象，不如说是要借助于伪善现象分析来说明道德意识的两个来源之间的本质关系。

第五节　个体内在伦理与社会外在伦理

关于个体内在伦理与社会外在伦理的分离，许多思想家都做过论述。例如卢梭认为，"人类的一切进步都是在不断使人离开他的原始状态"。因此，他要求"分辨人的天性中，哪些是原有的东西，哪些是人为的东西"。① 持比较极端立场的还有柏格森，他将前者视作人的道德，也是出于爱的道德；后者是社会道德，即出于社会的压力的道德。② 除此之外还可以留意例如现代的思想家 R. 尼布尔。他认为，虽然人类的本性已被赋予了自私与非自私两种冲动，但个体的道德仍然在原则上要高于社会群体的道德，③ 如此等等。

如果我们暂且在这个意义上理解我们所说的个体自然的道德和社会约定的道德，那么就可以说，若一个善行的实施并非出于自然本性，而是完全为了应对社会道德的要求，这个行为就可以被看作伪善的。

但显然，这样一个定义十分极端。可以说，"伪善"在这里已被定义为人为之善。这与"伪"的一个定义相符，但是，由于"伪"字还带有其他含义，如"虚假"，因此，这个定义往往会让人把所有"人为之善"

---

① ［法］卢梭：《论人与人之间不平等的起因和基础》，李平沤译，商务印书馆2007年版，第34页。
② 在道德意识的起源问题上，思想史上曾有各种考虑。罗素说："在有记载的历史上，伦理信念有两种截然不同的来源，一个是政治的，另一个则与人格的宗教及道德信仰有关。"（［英］伯特兰·罗素：《伦理学和政治学中的人类社会》，肖巍译，河北教育出版社2003年版，第15页）柏格森在认识论和方法论问题上都在很大程度上被看作罗素的对立面，但在道德意识的理解方面几乎是完全一致的。他把道德分为开发的和封闭的，前者出于社会的压力，后者出于爱；前者是社会的道德，后者是人的道德。（参见［法］亨利·柏格森《道德与宗教的两个来源》，王作虹、成穷译，贵州人民出版社2000年版，第25－36页）
③ ［美］莱茵霍尔德·尼布尔：《道德的人与不道德的社会》，蒋庆、王守昌、阮炜等译，贵州人民出版社1998年版，第203页。

（非自然的善）都等同于"虚假之善"（非本真的善）。它会把许多不被看作伪善的行为、语言和思想都算作伪善。然而，这个定义至少为我们提供了一个可以讨论的平台。

上面这个定义遗留下来的问题是：如果一个善行虽然不是出于自然本性，但也不是为了应对社会道德的压力，那么这个善行是真善还是伪善？或者说，是否存在着如卢梭所说的一种虽然不是主动地源于自然本性，但也不是被动地出于社会道德压力而产生的道德意识呢？例如，"二战"时期主动投身于反纳粹战争的战士有可能是出于同情心，也有可能是出于正义感。在后一种情况中，他们追随了某种社会道德意识，他们的行为显然不是伪善的，即便这些行为与本能的自然德性无关。

因此，问题的关键在于伪善的两个含义之间的本质差异：人为之善与虚假之善。

第六节 伪善产生的基本前提

或许我们可以对伪善产生的条件做进一步的限定：只有"自身是善的"与"在他人眼中显得善的"之间产生分离的时候，伪善才会产生。或者说，伪善存在和出现的前提是一种"道德本体论"与"道德现象学"之间的根本冲突。

在这个命题中，"自身是善"与"在他人眼中显得善"成为一个明显的对立。它并不等同于自然的善和人为的善之间的对立。

所谓"自身是善"，并不仅仅是指那些天生的、本能的、自然的德性，即"自然之善"，而且包括后天的、传习的、社会的德性，即"人为之善"。一般说来，我们可以将所有的道德能力（即亚里士多德意义上的伦理德性①）分为三类：先天的道德实能、先天的道德潜能、后天的道德能力。

---

① 但亚里士多德只是笼统地说："伦理德性是由风俗习惯沿袭而来，因此把'习惯'（ethos）一词的拼写方法略加改动，就有了'伦理'（ethike）这个名称。"（Ⅱ，1103a，14）。他并未严格区分"沿袭而来"的具体含义。

先天的道德实能是指不习而能的一些道德能力，它们像看、听的能力一样，无须传授和培育就可以起作用，这类道德能力的典范是同情。先天的道德潜能则不同，它们虽然生而有之，但没有后天的培育就不能实现，类似于人走路、说话的能力，这类道德能力的典范是慈孝。后天的道德能力完全依赖于传授和培训，类似于木匠的手艺、战士的胆识等，这类道德能力的典范是正义。

所谓"在他人眼中显得善"，主要是指那些不是出于本能，而是纯粹为了满足社会的道德要求才实施的善行。这是"法利赛式的伪善"的前两个基本特征：思想与言语的不一，言语与行为的不一。《新约》中耶稣对法利赛人的指责便是如此："你们这假冒为善的文士和法利赛人有祸了！因为你们好像粉饰的坟墓，外面好看，里面却装满了死人的骨头，和一切的污秽。"（《马太福音》，23：27）舍勒曾就"法利赛式的伪善"定义说："如果一个人不愿赐福于邻人——即他并不想实现这个福——而只是利用机会来在这个行为中使自己'为善'或'行善'，那么他就不是'善'的并且也没有真正行'善'，而实际上是一种法利赛人的游戏方式，他只想在自己面前显得是'善'。"[①]

产生这种不一致的根源在于自然德性和人为德性之间存在的本质分离和本质差异。但如前所述，并非所有人为德性都是虚假道德。我们只能说，伪善总是包含在人为道德中。易言之，并非所有人为之善都是虚假之善，但所有虚假之善都是人为之善。

第七节 人为之善的根本

这个命题涉及人为之善的根本。人为之善虽然要比虚假之善的外延大得多，但虚假之善全都包含在人为之善中，这是一个基本事实。

自然之善与伪善无关，而且正相反。因为它既然不是人为之善，当然也就不是虚假之善。也因此，建基于自然之善上的伦理学说不会遭遇伪善

---

① ［德］马克斯·舍勒：《伦理学中的形式主义与质料的价值伦理学：为一种伦理学人格主义奠基的新尝试》，倪梁康译，商务印书馆2019年版，第61–62页。

的难题。例如我们可以说，一门立足于个体主义、自然主义的伦理学说从一开始就排斥了伪善的可能；而社群主义、功利主义的伦理理论则从根本上无法避免伪善的出现。

这里可以举一个临界的例子来说明以上的论点：齐宣王看见被用来祭钟的牛走过，生不忍之心，命人以羊换之。百姓认为齐宣王吝啬，孟子不赞成。但齐宣王自己也无法论证自己的行为，因为既然牛羊都无罪，为什么要杀羊而不杀牛呢？倘若齐宣王不愿意杀生，为何又不干脆放弃祭祀这样一种社会习俗（可以看作"礼"，即人为的、约定的社会伦理的外在化和制度化）呢？这里若提出对齐宣王的伪善的质疑是合理的。但从我们以上给出的定义来看，齐宣王可以摆脱伪善的指控。因为他的整个行为是以对牛的直接同情为出发点的；羊没有见到，也就没有同情产生，所以孟子有理由解释说："无伤也，是乃仁术也，见牛未见羊也。君子之于禽兽也，见其生，不忍见其死；闻其声，不忍食其肉。是以君子远庖厨也。"（《孟子·梁惠王上》）孟子在这里所依据的，无非是这样一个明见的道理：一个真善的行为，必须是出于自然本能，而非出于功利的算计或外在的压力。

人为之善之所以与虚假之善有不解之缘，是由人为之善的基本特征决定的。除了后天的、可传授的以外，它还含有约定的、有用的、合理的因素。它们是伪善得以产生的前提。对此需要一一说明。这里还可以借助于舍勒的一些分析结论：

其一，由于人为的、社群有效的道德是约定的，一个善行的动力便有可能只是来自约定的群体的压力，而完全与出自个体的意愿无关。这样的善举带有"不得不做的"性质。例如，如果对一个人来说，孝敬父母仅仅是一个不得不完成的一种义务，那么他的孝敬就含有伪善的因素。在这个意义上，康德倡导的义务论也无法避免伪善的现象。因此，舍勒对康德的批评有它的道理：如果一个人不是出于本意，而只是为了尽自己的义务才来做善事，那么他就坠入了伪善之中。

其二，由于人为的、社群有效的道德是有用的，一个善举便有可能带有功利的目的。在这种情况下，一个善人或一个善行就不得不依赖于某种兴趣或利益。如果这种兴趣或利益是超越个体的，那么个体利益和社群利益的冲突便会引发伪善现象的产生。这是功利主义伦理学的最大问题。[①]例如，如果一个母亲对自己子女的关心是出于母爱，那么这里不会出现伪善的问题；但如果一个母亲对自己子女的关心完全是出于养儿防老的算计，那么这种关心就有含有伪善的因素。

其三，由于人为的、社群有效的道德是反思的，在这里出现原本的道德愿欲与后补的道德判断的分离。一个遵从人为美德做出的善行常常是道德思考的结果，而不是本能的道德愿欲或道德反应。前者是理性的、反省的、评判的，后者是本能的、直向的、同感的。这里尤其要关注在道德感受与道德评价之间的差异。一旦将它们混同为一，就会出现前面提到的"法利赛式的伪善"中的第三个特征：自以为义，评判他人。我们还可以更进一步，即使我们评判的不是他人，而是自己，即以为自己应当如此生活、行动、存在，才可以是善的，这个评判也已经蕴含了伪善的可能。例如，看见有人落水，如果完全没有恻隐之心，而是首先考虑：自己去救人是否是一件善事，或是否会被看作善事，那么在这种情况下实施的救人行为就含有伪善的因素。

第八节　总　结

伪善现象能够存在和出现的首要前提是两种道德的分离：自然的、个体有效的道德与人为的、社群有效的道德。它们是人类道德意识的两个不同来源，并且常常发生冲突。只要这种分离存在一天——而看起来这是不可避免的——伪善就有存在和发生的基础。而在人为的、约定的、社群有效的道德产生之前的纯粹自然状态中，伪善现象是无法想象的。因此，我

[①] 更有甚者，舍勒认为功利主义伦理学会直接导致伪善现象的产生："一个行为举止的有用性和有害性本身已经足以将它标明为受到好的或坏的赞誉与责难，但在此同时明确地将单纯有用的和有害的'作为'好的和'作为'坏的来意指。只有这时，真正的'法利赛式的伪善'的事实情况才被给予。"当然，他并不把功利主义等同于"法利赛式的伪善"，因为"功利主义者本身的行为举止在最大程度上有别于法利赛人，后者说的是'好的'，指的却是'有用的'"。（[德] 马克斯·舍勒：《伦理学中的形式主义与质料的价值伦理学：为一种伦理学人格主义奠基的新尝试》，倪梁康译，商务印书馆2019年版，第270－271页）

们往往把"伪"等同于人为的、约定的和社群有效的。例如,舍勒甚至倾向于把所有仅仅是社群有效的道德都看作"本质上'法利赛式的'"道德。①

但我们在现代用语中对"伪善"的定义会狭窄一些:所有完全不是出自本能,而只是刻意地为了要使自己在别人眼中甚或在自己眼中显得善②而做出的善举(包括善行、善言和善意),都属于伪善。伪善须以人为之善的存在为前提,但它本身不等同于人为之善,而是包含在纯粹人为之善中的虚假之善。

---

① [德] 马克斯·舍勒:《伦理学中的形式主义与质料的价值伦理学:为一种伦理学人格主义奠基的新尝试》,倪梁康译,商务印书馆2019年版,第270页。
② 舍勒甚至把一个人在自己面前显得善或一个人为满足自己的道德要求所做的善行也看作伪善。(参见 [德] 马克斯·舍勒:《伦理学中的形式主义与质料的价值伦理学:为一种伦理学人格主义奠基的新尝试》,倪梁康译,商务印书馆2019年版,第62页)在舍勒看来,仅仅为了成为善人,或者说,仅仅为了善本身来行"善",就已经是伪善了。在这个意义上,成为善人的意向与成为善人的可能正好成反比:成为善人的意向越是强烈,成为善人的可能性就越小。与此相反,"最善者是那些不知道自己是最善者的人,并且是在保罗的意义上的'不敢评判自己'的人"(同上书,第276页)。

第六章

良知：在"自知"与"共知"之间
——欧洲哲学中"良知"概念的结构内涵与历史发展[①]

第一节 引子：苏格拉底的"δαιμονιον"

在公元前399年，也就是在近2400年前进行的那场著名审判中，苏格拉底被他的雅典同胞以360票对140票的结果判处死刑，罪名大致是"蛊惑青年，不信国教，崇奉新神"[②]。苏格拉底在雅典法庭作下"申辩词"，宁死而不承认自己有罪。从同时代人色诺芬和柏拉图的记载中都可以读到，苏格拉底无论是在法庭申辩中，还是在被判死刑之后，都一再提到有神灵在指引他。他谢绝来劝他逃狱的克力同，声明自己只听从神的指示，"这些语音在我心中不断回响，使我不闻其他的话"。他昂然赴死，认定"这是神所指引的路"[③]。正是这个所谓的神灵，即"δαιμονιον"，被雅典的法官认作不同于"国神"的"新神"，成为苏格拉底的一个罪名。

[①] 笔者对"良知"问题做专门论述的一个动因在于，不能赞同何怀宏在《良心论——传统良知的社会转化》（上海三联书店1994年版）中的普遍主义伦理学观点。笔者试图以欧洲哲学中"良知"概念的结构因素与历史发展为证，说明"良知"在总体趋向上与其说是"共知"，不如说是"自知"，与其说是普遍主义的，不如说是个体主义的。笔者在本章中以楷体字标出对良知之结构因素的描述，以宋体字标出对良知之历史发展的陈述。在完成拙文之后，笔者读到耿宁在中文刊物上发表的关于"欧洲哲学中的良心观念"的文章，其中论及笔者在本章中所忽略的一些问题，主要是对托马斯·阿奎那的"良知"概念的分析。有兴趣的读者可以将拙文与耿宁的大作参照阅读。参见［瑞士］耿宁《欧洲哲学中的良心观念》，孙和平译，孙周兴校，载《浙江大学学报（人文社会科学版）》，1997年第4期。

[②] ［古希腊］柏拉图：《游叙弗伦·苏格拉底的申辩·克力同》，严群译，商务印书馆1983年版，第59页。

[③] ［古希腊］柏拉图：《游叙弗伦·苏格拉底的申辩·克力同》，严群译，商务印书馆1983年版，第113页。

而苏格拉底则自辩说:"我只是说神明的声音向我显明,指示我应该做的事罢了,这怎么能说是引进新神呢?"①

从苏格拉底的案例中引出一个贯穿在欧洲哲学史之始终的重要问题:这个指引着苏格拉底的声音究竟是什么?它是内心的良知之声,抑或是外在神灵的显明?倘若我们认为一个看法是正确的,坚信一个要求是合理的,主张一个道德是有益的,那么我们从何获得我们所需依据的标准?公众的、普遍的、流行的、权威的、外在的与私人的、个体的、特有的、传习的、内心的尺度在这里形成一个明显的对立。

在《苏格拉底的申辩》(以下简称《申辩》)和《克力同》中可以看出,苏格拉底对内心声音的诉诸与他对外在评判标准的拒斥是一致的。他并不认为包括审判官、元老、议员在内的大众意见能够代表真理或智慧,而是高呼:"雅典人啊,我敬爱你们,可是我要服从神过于服从你们。"他以雅典的"牛虻"自称,批评雅典人只是专注于"积聚钱财、猎取荣誉,而不在意、不想到智慧、真理,和性灵的最高修养"。② 也就是说,苏格拉底不仅自己始终把目光集中在自身,用心听取自己的心声,而且要求他的同胞将人生的目标定于对内心安宁的追求以及对内心世界的充实。凡此种种,加上他对"认识你自己"之要求的一再弘扬,使得苏格拉底不愧为主体性哲学的第一个实际倡导者。

因此,总的看来,虽然苏格拉底并没有放弃"法律"或"神灵"这些具有普遍约束力和普全有效性的名称,但他最终依托的还是本己的、个体的、未被明确道出的"良知"。故而以后许多良知理论的研究者常常把苏格拉底事件当作良知分析的第一个案例。

---

① [古希腊]色诺芬:《回忆苏格拉底》,吴永泉译,商务印书馆1984年版,第191页。
② [古希腊]柏拉图:《游叙弗伦·苏格拉底的申辩·克力同》,严群译,商务印书馆1983年版,第66页。

第二节　良知作为善意

这里所说的"良知"概念,在东西文化中都出现得很早,拥有很长的历史。然而在它的长期发展中,我们可以注意到它的不同走向。在古希腊文中,我们所说的"良知"是指"συνειδησις"①。它在古希腊人那里是与中国传统文化中(如在孟子那里)所讨论的"良心"或"良知"相当接近的:"συνειδησις"主要意味着一种与本己行为活动有关的知识。它与"自身意识"的概念是同义的。但这种自身意识从一开始就不单纯是对自身的一般性知识,而是对自身在实践活动、伦理道德方面的知识,并且带有具体的内容。这个趋向一直延续到拉丁文的哲学文献中,并规定了拉丁文"良知"(conscientia)概念的基本内涵。当然,笛卡尔是一个例外。

从总体上说,古希腊和中世纪的"良知"概念都带有浓烈的道德色彩。虽然它们从词义上看无非是指一种自身意识,但这种自身意识并不是近代哲学中认识论意义上的自身意识,即对"我思"的自知,而更多是对"我做"的自觉。

古希腊文中的"συνειδησις"

按照文德尔班的考察,不仅在苏格拉底的行为实践中,而且在普罗提诺的理论阐释中,这种"自觉"或"自身知识"便带有伦理－宗教的色彩:"智慧(συνεσις)同时也是良知(συνειδησις),也就是说,人的知识不仅是关于他自己的状况和行动的知识,而且也是关于这些状况和行动的道德价值的知识,以及关于他所意图遵守的戒律的知识。"② 以这种解释来看,那么,苏格拉底毕生倡导的"爱智之学",无非就是一种对"良知"的追求。

---

① 参见 P. Prechtl, F. P. Burkard, *Metzler Philosophie Lexikon*, *Begriffe und Definitionen*, Stuttgart: Metzler Verlag, 1996, S. 194。

② W. Windelband, *Lehrbuch der Geschichte der Philosophie*, Tübingen: Mohr Siebeck, 1993, S. 200。

普罗提诺"自身意识"学说的伦理道德取向以后在基督教的教父学说中得到了一个展开：自身意识不仅被看作人对自己罪孽的知识，还被看作在与这种罪孽的积极斗争中的忏悔（μετανοια）。"良知"在这个意义上主要是指一种对自己实践活动及其结果的自觉。在文德尔班看来，这个展开之所以可能，根本原因在于"基督教的观点更多的是在实践功能的形式下而不是在理论功能的形式下来考察意识的活动"①。这个特征也在一定程度上决定了中世纪经院哲学的基本取向。

拉丁文中的"conscientia"

文德尔班在其哲学史研究中还提到的另一位至关重要的良知论者是中世纪"给人印象最深和最有影响的思想家"阿贝拉德。② 可能正是在他那里，拉丁文以及以后的英文和法文中的"conscientia"概念第一次获得"良知"的含义。"conscientia"原先无非是指"意识"，确切地说，是指在行为进行时或行为进行后，对行为本身道德结果的一种"一同意识到"。如叔本华所说，"conscientia"是"意识到做错了事，想到犯罪而脸变得苍白"。③ 阿贝拉德突出"良知"的重要性，把道德的本质归诸"良知"。具体地说，一个意志决定是善还是恶，并不在于通过法律而完成的外部的和客观的规定，而仅仅在于做决定的个人内心中的判断规范即看这种规范是否符合良知。一个行动符合决定者本人的信念便是善的，反之便是恶的。④ 这个意义上的良知所体现出的人与自身的关系是"自信"，它意味着对自身内部所具有的判断能力的坚定信念。⑤ 阿贝拉德将"良知"看作个人内心的判断规范的做法实际上规定了"良知"在思想史上日后发展的一个基本走向。苏格拉底的生活实践在这里第一次得到了理论的说明。此后的托马斯·阿奎那将"良知"的道德内涵与道德实践进一步加以分离，他区分

---

① W. Windelband, *Lehrbuch der Geschichte der Philosophie*, Tübingen: Mohr Siebeck, 1993, S. 200f.

② 参见 W. Windelband, *Lehrbuch der Geschichte der Philosophie*, Tübingen: Mohr Siebeck, 1993, S. 235。

③ 参见［德］叔本华《伦理学的两个基本问题》，任立、孟庆时译，商务印书馆1999年版，第192页。

④ 参见 W. Windelband, *Lehrbuch der Geschichte der Philosophie*, Tübingen: Mohr Siebeck, 1993, S. 264。

⑤ 文德尔班用的是"eigene Überzeugung"一词。

作为实践理性的"synteresis"（亦即古希腊文的"συνειδησις"）① 和作为对此理性个别运用的"conscientia"。②

第三节　良知作为知识或意识

无论是在古希腊文的"συνειδησις"中，还是在拉丁文的"conscientia"中，无论是在英、法文的"conscience"中，还是在德文的"Gewissen"中，"良知"都带有"觉晓"或"确知"的词干。因此，"良知"在欧洲哲学史上大都是与某种"知识"联系在一起的。这种"知"本身是中性的，因而无所谓"良"或"恶"。也就是说，与中国文化中的"良知"概念不同，西方语言中的"良知"一词的词义本身并不含有价值判断成分，虽然它在西方哲学传统中都与道德评价、伦理意向相关，但它语词的中性成分决定了它的价值中性的基本性质。所以，在现代的英、德、法语中都有"好良心"和"坏良心"的说法，而在汉语中的相应说法则只能是"有良心"和"没良心"。就此而论，欧洲哲学中的"良知"概念相对于中国哲学中的"良知"概念而言要更为宽泛。文德尔班甚至主张，"对于成熟的文化人来说，不仅存在着道德良知，而且也存在着逻辑良知和感性良知，他了解，就像对于他的意愿和行为一样，对他的思维和感受都有一个责任，并且，一旦他的生活的自然必然的进程损害了这个责任，他便会带着痛苦和羞愧而知道和感觉到"③。

在接下来的近代哲学的发展中，"良知"概念的内涵得到了更为丰富的充实。尤其是在笛卡尔确立了哲学思考的原初之点"我思"（cogito）

---

① 这个希腊文在拉丁化后被误写为"syneidesis"，实应作"synteresis"。参见 P. Prechtl, F. P. Burkard, *Metzler Philosophie Lexikon, Begriffe und Definitionen*, Stuttgart：Metzler Verlag, 1996, S. 194。

② 耿宁对托马斯·阿奎那的"良知"概念曾有较为详细的论述。参见［瑞士］耿宁《欧洲哲学中的良心观念》，孙和平译，孙周兴校，载《浙江大学学报（人文社会科学版）》，1997 年第 4 期。

③ 转引自 G. Schischkoff, *Philosophisches Wörterbuch*, Stuttgart：Kröner Verlag, 1978, S. 232。

后,"良知"与其他许多哲学基本范畴一样,原则上获得了一个新的展开可能。"cogito"所具有的宽泛含义,足以为主体哲学的理论理性奠基和实践理性奠基提供必需的第一立足点。但是,我们可以看到,良知概念在笛卡尔之后的实际展开是相当缓慢的,它在德国古典哲学中才最终得以实现。

笛卡尔本人在拉丁文的"conscientia"概念的使用中不再将它仅仅局限在道德意识上,而是对它加以进一步的扩展,使它成为他哲学中最宽泛意义上的"意识"概念。他在对"我思故我在"的陈述中曾提到"conscientia"一词①,它一方面可以被理解为宽泛意义上的"意识",即笛卡尔通常所说的"思维"(cogitatio)②。另一方面,就其所具有的"con-"之前缀而言,"conscientia"同时可以,甚至首先可以被理解为"一同意识到"或"共知"。这种"同知"加"思维"的含义使这个概念完全可以被看作笛卡尔哲学中关于心灵活动的最宽泛的概念:它既可以指"直接的意识",又可以指通常的"意识",还可以意味着"反思的意识"。对于最后一个含义,即作为反思意识的"conscientia",我们可以参照笛卡尔在1648年4月16日与布尔曼(Burman)的通信。他在那里将"conscientia"定义为:"思维以及对其所思的反思;……因为心灵可以同时思考许多事情,并且恰恰在此时还可以随其所愿地反思它的所思并意识到它的思维。"③

笛卡尔对"conscientia"概念的使用,表明拉丁文中的"良知"概念的原有含义已经基本丧失。在笛卡尔之后,这个概念的第一性含义是指"意识/自身意识",第二性含义才是"良知"。④ 可能正是受笛卡尔的影响,在以后英国经验主义的发展中,"良知"的一个传统意义即它的道德意识或道德确然性方面的含义仍然没有得到足够的关注,但"良知"与

---

① 例如参见 Descartes, *Principia Philosophiae*, I, 9。

② 文德尔班曾认为,笛卡尔的"思维"一词所指的比认识行为更多,因而对它的最好翻译就是"意识"(参见 W. Windelband, *Lehrbuch der Geschichte der Philosophie*, Tübingen: Mohr Siebeck, 1993, S. 335)。

③ R. Descartes, *Oeuvres*, Publiées par Ch. Adam et P. Tannery, Paris: Léopold Cerf, 1897–1913, III, 5, 145. 重点号为笔者所加。

④ 参见 E. Tugendhat, *Selbstbewuβtsein und Selbstbestimmung*, Frankfurt a. M.: Suhrkamp Verlag, 1979, S. 31。

"意识"的关系问题却得到一定程度的探讨。

近代英法哲学中的"conscience"

在洛克那里已经可以发现近代思想对"良知"意义上的"自身意识"（self-consciousness）问题的关注。他所确定的在"自身意识"与"自身负责"之间的关系是一个例证，他认为，"自身意识只要认千年前的行动是自己底行动，则我对那种行动，正如对前一刹那的行动，一样关心、一样负责"①。在洛克这里表现出的一个重要取向在于，自身认识的结果必须导致自身负责的结果。这可以还原为一个"自己为自己的行为负责"的简单道理。与在苏格拉底等人那里显示出来的"自身的道德动机在一定程度上决定着自身的认识动机"这个方向相比，洛克的看法揭示出对"自身意识"与"自身负责"之间关系的一个新的考察角度。②

但洛克对"良知"（conscience）概念本身的论述较少。这些论述即使有之，也只是被用来证明任何一种先天的道德原则的不存在。他同样否认"良知"是一种生而就有的道德规则，并且认为，"所谓良知不是别的，只是自己对于自己行为底德性或堕落所抱的一种意见或判断"③。"良知"不再是一种"知识"。它作为意见或判断不再具有确然性，而只意味着一种信念而已，因此，人们可以根据同样的良知倾向而做出性质完全不同的事情。洛克在这里并没有区分"良知"的一般形式和个别的内容。

从总体上看，洛克没有把"良知"与"自身意识"放在一起讨论。他的基本倾向恰恰与此相反，他把"良知"看作一种主观的、因人而异的意见、信念，故而有别于明确无疑的、普遍地起作用的"自身意识"。在洛克这里，我们可以说，良知与自身的确然性无关。道德确然性与认识确然性的关系在这里被断开了。

此后，莱布尼茨在对洛克的批评中没有顾及洛克的"良知"概念，但他在对洛克思想的翻译中将洛克的"意识"与"自身意识"做了不同的

---

① ［英］洛克：《人类理解论》上册，关文运译，商务印书馆1981年版，第316页，译文根据英文版有所改动，"自身意识"原译文为"自我意识"。

② 正因此，今天的人们甚至把最狭窄意义上的"良知"理解为"对自身行为的责任感"（例如参见 M. Stockhammer, *Philosophisches Wörterbuch*, Köln: Kölner Unirersitöts-Verlag, 1967, S. 140）。

③ ［英］洛克：《人类理解论》上册，关文运译，商务印书馆1981年版，第31页，译文根据英文版有所改动，"良知"原译文为"良心"。

翻译。他一方面将人格对它自己的活动的意识译作法文的"sentiment"（感觉、感情、感受）①，这个意义上的"意识"表明了洛克在"人格"与"意识"关系问题上的一个主要观点，即"同一的意识是同一的人格的构成前提"；另一方面，莱布尼茨将那种永远与当下的感觉与知觉相伴随的意识译作法文的"conscience"（意识、良知）②，这个意义上的"意识"关系到洛克的另一个"意识"定理："意识始终伴随着思想。"莱布尼茨的意图主要在于指明这样一个可能性：对自身的实在、物理的同一性的知晓可以被称为"感觉"（sentiment），而对自身的人格的或道德的同一性的知晓则应当是"良知"意义上的"意识"（conscience）。

因此，莱布尼茨所讨论的"良知"或"良心"，无非意味着对自己行为活动的同时知晓，这也完全符合"conscience"一词的基本语词结构，即"同知"或"共知"。这样，通过用"良知"概念来翻译洛克"意识"（consciousness）概念的做法，莱布尼茨为"自身意识"概念附加了道德同一性的内涵，以此也最终恢复了这个概念在笛卡尔之前曾有的含义。在洛克那里被割断的"良知"与"自身意识"的联系，到莱布尼茨这里就已经得到了恢复。

但在休谟那里，"良知"与"自身意识"之间的基本联系重又丧失。"良知"仅仅是在实践哲学领域出现的东西。休谟将它看作诸多内部印象或道德感中的一种：它虽然是相对于观念而言的印象，即奠基性的行为，但在印象的总体中，休谟把内感官印象或反思印象看作次生的，把外感官印象或感觉印象看作原始的。③ 从这个意义上说，"良知"应当属于次生的、内部的印象或感觉一类。休谟的这个做法基本上渊源于洛克"感觉第一，反思第二"的知识发展顺序。它为一种经验主义的道德学提供了理论基础。

在这个前提下，休谟还将人类的所有道德感区分为自然的和人为的：自然的美德是最原始的动机，例如责任感便是其中之一："我们的责任感

---

① 参见［德］莱布尼茨《人类理智新论》，陈修斋译，商务印书馆1982年版，第241-242页。
② 参见 Leibniz, *Nouveaux*, Ⅱ, 27, §16。而卡西尔的德文本则将"conscience"译作"Selbstbewuβtsein"，参见 E. Cassirer, *Neue Abhandlungen über den menschlichen Verstand*, Hamburg: Felix Meiner Verlag, 1996, S. 368。
③ 参见［英］休谟《人性论》，关文运译，商务印书馆1980年版，第309页。

永远遵循我们情感的普通的、自然的途径。"① 而人为的美德是反思的产物，诸如正义感和不义感："正义和非义的感觉不是由自然得来的，而是人为地（虽然是必然地）由教育和人类的协议发生的。"② 在这里值得关注的是休谟对责任感的自然地位的强调。

在休谟的良知观中体现出来的一个重要主张在于，他认为道德上的善—恶区别不是理性可以确定的。休谟的理由是，理性完全不是活动的（active），而"良知"这类道德感却是一种"活动的原则"，因此，非活动的理性永远不会成为一个活动原则的源泉，当然也就不会是"良知"形成的原因：在理性与良知之间没有必然的联系。③ 这个观点以后在康德哲学中以改变了的形态出现。

这里的结论将再次导向休谟的经验主义基本原则：如果"良知"不是原生的善恶感，也不是从理性推导出来的德行，那么它只能是经验的产物；"良知"据此应当是根据经验的积累而形成的一种伦常习俗。

第四节　良知作为共知

上面列举的西文中的"良知"概念（古希腊文"συνειδησις"，拉丁文"conscientia"，英、法文"conscience"）不仅都带有"知"的词干，还都带有"同""共"或"合"的前缀。它带有这样的含义，即人的知识是对真理的参与和共有。因此，"良知"完全可以是指一种我们共同具有的、普遍有效的东西。所谓良知，在最基本的词义上也就是"共知"。或者说，对人格统一性或道德统一性的共同知晓。而随人们对此知识内涵的不同理解，人格或道德统一性既可以被提升为神的位格，例如在奥古斯丁或斯宾诺莎那里；也可以被提升为作为万物之理的道格，例如在苏格拉底和黑格尔那里。个体主体自身的道德确然性被转变为一种客观的、对每一个个体都有效的普遍真理。

---

① ［英］休谟：《人性论》，关文运译，商务印书馆1980年版，第524页。
② ［英］休谟：《人性论》，关文运译，商务印书馆1980年版，第523页。
③ 参见［英］休谟《人性论》，关文运译，商务印书馆1980年版，第498－499页。

德国古典哲学中的"Gewissen"

我们暂且将康德搁在一边,先来考察黑格尔的良知说明。黑格尔在哲学体系建构与哲学概念分析上具有强烈的历史感,因而在他对"良知"特征的双重解释中可以看到在他之前的欧洲传统哲学对"良知"问题的不同理解。黑格尔关于"良知"的思想在哲学史上似乎并没有受到充分的重视,① 这或许是因为在他的"良知"理论中缺乏一以贯之的原则。但是,不能否认他的思想的原创性成分相当多,颇值得特别地加以书写。

黑格尔所处的西方良知论的历史传统背景,在一定程度上规定了黑格尔对"良知"在整个精神领域中所处位置的确定。他把"良知"看作一个属于道德范畴的本质因素。但是,由于黑格尔前后期对"道德"在精神发展范围内所处阶段的定位有所变化,他对作为道德自身发展的一个阶段的"良知"之基本性质的描述也有所变化。

从总体上看,在《精神现象学》中,"道德"是"精神"发展三部曲的最后阶段,它意味着主客体的统一,因此,这个阶段上的"良知"概念的内涵是丰满的。它把前两个阶段的基本因素一同包含在自身之中。在这里,"良知所获得的实事本身(Sache selbst)是充实了的实事本身,良知是通过自己才赋予实事本身以充实。良知之所以是这样的力量,乃是由于它知道意识的这些环节只是些环节,而良知作为这些环节的否定性本质统治着它们"②。而在以后的《法哲学原理》中,"道德"处在"客观精神"发展的第二阶段,即主体阶段。因此,这个阶段上的"良知"是较为单薄的。"良知"在这里仅仅是指一种主观的形式,用黑格尔自己的话来说,

---

① 海德格尔除外,他在《存在与时间》中特别提到要注意康德、黑格尔与尼采对"良知"的解释。(参见〔德〕海德格尔《存在与时间》,陈嘉映、王庆节译,生活·读书·新知三联书店1987年版,第312页)此外,我们这里对"良知"概念历史发展的考察有意撇开了尼采的良知观。他把"良知"看作一种疾病,即把攻击的欲望回转向本己自我。另一个值得在其他地方加以讨论和关注的良知解释是由弗洛伊德提供的,他认为"良知"是处在无意识中的超我所具有的一种监督、审视自我的功能。

② 〔德〕黑格尔:《精神现象学》下卷,贺麟、王玖兴译,商务印书馆1979年版,第153-154页。引文根据德文版有所改动和补充,原译文为:"良心所赢得的则是由它充实了的事情自身。良心所以是这样的力量,乃是由于它知道意识的这些环节只是些环节,而它〔良心〕作为它们〔这些环节〕的否定性本质统治着它们。"

"良知只不过是意志活动的形式方面,意志作为这种意志,并无特殊内容"①,而主观形式与客观内容的联系"只有在以后伦理观点上才会出现"②。相比较而言,由于黑格尔早期对"道德"的理解较多偏重于它的普遍性,而后期则更为突出它的个体性,换言之,黑格尔在早期较为重视普遍的伦理因素,而在后期较为重视个体的道德因素,因此,这个态度的变化也理所当然地反映在黑格尔对"良知"的理解和定位之中。

黑格尔将伦理世界看作外向的、社会的、普遍的准则,将道德世界看作内向的、个人的、个别的准则,因此,作为道德发展特定阶段而包含在道德范畴之中的"良知"也具有内向的性质。无论在早期还是在后期的讨论中,黑格尔从一开始便确定在"良知"与"自身的确然性"之间存在的基本联系,即所谓"自身确然的精神即是道德"③。无论是在《精神现象学》中,还是在《法哲学原理》中,黑格尔都前后一贯地强调,"良知"是"无限的"和"绝对的自身确然性"(die absolute Gewiβheit ihrer selbst in sich)④,"良知的真理性就在于它的自身直接确然性"⑤,如此等等。在对"良知"的内向性和自身确然性的定义上,黑格尔与他的前人的基本主张是一致的。

但是,与对道德和良知本身的理解相同,这种内向性和自身确然性既可以被视作纯主体阶段的特征,也可以被视作主客体统一阶段的特征。

在《法哲学原理》中,作为道德发展主体阶段的"良知"所具有的内向性或自身确然性就意味着"自己同自己相处的这种最深奥的内部孤独,在其中一切外在的东西和限制都消失了,它彻头彻尾地隐遁在自身之中"⑥,这个阶段上的"良知"是一种自身意识,确切地说,是没有客观

---

① [德] 黑格尔:《法哲学原理》,范扬、张企泰译,商务印书馆1982年版,第139页。译文根据德文版有所改动,"良知"原译文为"良心"。这种理解与康德的观点十分接近,只是黑格尔所具有的强烈历史感使他有可能对"良知"做出不同于康德的历史解释,即把"良知"看作客观精神自身发展的一个特定阶段。

② [德] 黑格尔:《法哲学原理》,范扬、张企泰译,商务印书馆1982年版,第139页。

③ [德] 黑格尔:《法哲学原理》,范扬、张企泰译,商务印书馆1982年版,第139页。

④ [德] 黑格尔:《法哲学原理》,范扬、张企泰译,商务印书馆1982年版,第139页。

⑤ [德] 黑格尔:《精神现象学》下卷,贺麟、王玖兴译,商务印书馆1979年版,第151页。引文根据德文版有所改动和补充,原译文为:"良心,对其自己来说,其真理性就在它的自身直接确定性那里。"

⑥ [德] 黑格尔:《法哲学原理》,范扬、张企泰译,商务印书馆1982年版,第139页。

内容的个体主体性的自身意识。它"蔑视其他一切有效的规定",完全沉浸在"意志的纯内在性"之中。①

当然,这种内在性和自身确然性并不是精神发展起始阶段的特征,在起始阶段上更为显著的毋宁是以法律或宗教为代表的外向性和世界确然性。这也就是黑格尔所说的,"过去的较感性的时代面对一种外在的东西和被给予的东西,无论它们是宗教还是法"②。黑格尔认为,即使在这种外向的阶段上也仍然可以找到内向的道德要求。如前所述,他以苏格拉底和斯多亚派为例指出,每当人们对外在的现实感到失望时,遁入内心生活便是唯一的选择。内向性和外向性在很大程度上与社会历史发展的一定规律有关。

正是由于"良知"是阶段的和过渡的,黑格尔同时也强调"良知"的有限性特征。他认为,一旦主体完全退缩到自身之中,使自己的特殊性成为超越普遍性之上的原则,那么主体的随意性便占了上风,它随时有可能转向恶。用黑格尔的话来说,"良知作为形式的主体性,简直就是处于转向作恶的待发点上的东西;道德和恶两者都在自为存在以及自为知道并决定的自身确然性中有其共同的根源"③。我们在后面可以看到,这是专门针对康德形式主义良知论所做的一个批判。

由完全的内向性导向主体的绝对随意性(Willkür),亦即主体回溯到自己的原初意志自由之点上(在这个原初的点上是无所谓善恶的),从而为恶的展开提供了可能——这个发展的走向代表了极端良知论的结果。它也表明了一个从对普遍性的肯定(宗教或法),到对它的否定和对个体性的肯定(道德、良知)的发展过程。

而对这个过程的否定之否定是在"伦理"(Sittlichkeit)阶段上得以实现的。黑格尔提出"真实的良知"的概念,用它来标识一种"希求自在自为的善的东西的心境"。④ 在这里,"良知"不仅仅是主观的形式,而且获得了客观的内容,"它具有固定的原则,而这些原则对它说来是自为的

---

① [德]黑格尔:《法哲学原理》,范扬、张企泰译,商务印书馆1982年版,第141–142页。
② [德]黑格尔:《法哲学原理》,范扬、张企泰译,商务印书馆1982年版,第139页。引文根据德文版有所改动和补充,原译文为:"在过去意识是较感性的时代,有一种外在的和现在的东西,无论是宗教或法都好……"
③ [德]黑格尔:《法哲学原理》,范扬、张企泰译,商务印书馆1982年版,第143页。
④ [德]黑格尔:《法哲学原理》,范扬、张企泰译,商务印书馆1982年版,第139页。

客观规定和义务",它"要求它所作的各种规定具有普遍性和客观性"①。

处在这个阶段上的"良知"实际上已经不是纯粹内向的自身确然性,而是个体的主观形式和普遍的客观内容的结合。黑格尔说,"善和主观意志的这一具体同一以及两者的真理就是伦理"②。主观的形式在这里并没有被抛弃,而只是被扬弃。换言之,它作为一个本质环节被包含在伦理的主客体统一之中。主体在这里仍然是自由的,但它的意志自由与善的观念是完全符合的:"伦理性的东西是主观情绪,但又是自在地存在的法的情绪。"③

这个时期的"良知",即处在向主客体统一阶段过渡中的"良知",实际上与黑格尔在《精神现象学》中所说的"良知"非常接近。他在那里,是把"道德"看作主客体的统一,因此,"良知的自身"（Selbst des Gewissens）同时便被看作这样一种"精神",它"直接确信自身就是绝对真理和存在"④,"良知的真理性就在于它的自身直接确然性"⑤。黑格尔在这里是将"良知"与"真理"加以等同,而在另一处,他还把"良知"与"上帝"联系在一起：良知"就是这样一种创造道德的天才,这种天才知道它自己的直接知识的内心声音即是上帝的神圣声音"⑥。

据此可以说,如果黑格尔在《法哲学原理》中所说的"良知"意味着康德意义上的对"内部法官的声音"的倾听,那么在《精神现象学》中出现的"良知"观念已经无异于对"上帝的声音"或"真理的声音"的倾听了。这里需要强调的是,黑格尔在这两处对"良知"概念内涵的理解实际上并没有原则性的变化,只是他在这两处对"道德"的定位不同,因而在论述"良知"时,他突出了"良知"在其历史发展阶段中的不同特征。

---

① ［德］黑格尔:《法哲学原理》,范扬、张企泰译,商务印书馆1982年版,第139、161页。
② ［德］黑格尔:《法哲学原理》,范扬、张企泰译,商务印书馆1982年版,第161页。
③ ［德］黑格尔:《法哲学原理》,范扬、张企泰译,商务印书馆1982年版,第161页。
④ ［德］黑格尔:《精神现象学》下卷,贺麟、王玖兴译,商务印书馆1979年版,第147－148页。
⑤ ［德］黑格尔:《精神现象学》下卷,贺麟、王玖兴译,商务印书馆1979年版,第151页。引文根据德文版有所改动和补充,原译文为:"良心,对其自己来说,其真理性就在它的自身直接确定性那里。"
⑥ ［德］黑格尔:《精神现象学》下卷,贺麟、王玖兴译,商务印书馆1979年版,第164页。

第五节　良知作为自知

对在本章"引子"中提到的苏格拉底的案例，两千多年后黑格尔曾有过一个较为准确的解释："苏格拉底生活在雅典民主衰退时期，他逃避了现实，而退缩到自身之中去寻找正义和善。""他想在自己内部去寻求并根据自身来认识和规定什么是善的和什么是正义的，在那个时代，在现实和习俗中被认为正义和善的东西不能满足更善良的意志。"① "良知"在这里被看作对个体自身进行更深刻认识的基本动因。也就是说，自身的道德动机在一定程度上决定着自身的认识动机。与此一脉相承的是以后奥古斯丁所提出的著名口号——"不要向外行，回到你自身；真理寓于人心之中"，以此树立起主体性哲学的一面鲜明旗帜。应当可以说，"良知"是主体性哲学的一个最后基地，其意义和蕴含之重要性便可想而知。②

就欧洲哲学传统中"良知"概念而言，它从其词源上看，的确有充分的理由被理解为"共知"。但实际上，是自知而非共知才代表了今天的人们对"良知"的日常理解。而且即使就欧洲哲学的历史来看，对良知作为"共知"的理解也从未完全取代"自知"的理解。这里的原因在于，"自知"的因素同样本质地包含在"良知"的语词结构之中。③

我们上面已经涉及的诸西文"良知"概念的前缀"συν-""con-"以及"ge-"都不仅意味着"共"或"同"，还可以指"自"或"同"。但对这

---

① [德] 黑格尔：《法哲学原理》，范扬、张企泰译，商务印书馆1982年版，第141-142页。
② 何怀宏在《良心论——传统良知的社会转化》（上海三联书店1994年版）中比较中西哲学中的良心概念，得出结论说，儒学自始至终"重视对内心道德意识的开发"，而"西方思想家则远没有把对良心的探讨置于如此重要的地位"。这个结论显然带有混淆概念的痕迹。因为，如果我们仅仅讨论"良心"概念本身，即最狭窄意义上的良知，也就是何怀宏所说的"道德义务意识、道德责任感"（第416页），那么，它在中国哲学，即使是在儒家心学中也难说是占有中心地位，它更多的是一个从属于"心"的范畴；而如果我们讨论的是对"良心"的宽泛理解，即他所说的"道德意识"（第8页），那么它在西方哲学史上当然也占有重要地位。我们固然无须否认在西方思想（主要是指近代思想）发展中的理论哲学的第一性特征与中国文化中实践哲学的第一性特征之间的基本差异，但"良心"概念在两种文化中的实际展开并不是对此差异的合适说明。
③ 何怀宏在《良心论——传统良知的社会转化》（上海三联书店1994年版）关于欧洲良知概念发展的论述中仅仅注意到了"良知"概念的"共知"方面，而忽略了它的"自知"方面。

个说法需要做进一步的说明。以"con-"的前缀为例，它既可以指准空间意义上的"聚合"或"分有"，也可以意味着准时间意义上的"同时"。前一个含义至此都被用来解释作为"共知"的良知，而后一个含义则作为"自知"的良知的产生原因。许多思想家注意到，行为者在行动的同时可以或多或少地意识到自己的行为，甚至意识到自己行为的结果。因此，"良知"在相当一部分思想家那里是与"意识"同义的，例如在阿贝拉德、莱布尼茨那里，而且这个状况也一直延续到今天的英法日常用语中。这个意义上的"意识"日后被更为准确的"自身意识"一词所取代。

在这个意义上，如果一个人因醉酒而在失去自身意识的情况下伤人，那么他虽不能逃脱法律的制裁，却无须有"良知"之累。但反过来，如果他明知自己醉酒后会不能自控，却仍然去喝酒，那么他即使伤人后免受惩罚，也应当受到"良知"的谴责。对自己行为的清楚"自知"因而成为"良知"的基本特征。"自知"被理解为一种自身的确然性。康德的形式主义良知论是这一理解的倡导者。他要求人们仔细地倾听内心法官的声音。这里的关键并不在于听内心的法官说什么，而在于仔细地倾听这个意向本身。

现在我们回过来考察康德哲学中的良知理论。他虽然没有使"良知"成为他的哲学的核心范畴，但他提出了与一种休谟经验论相反而与他自己形式伦理学一致的形式主义良知理论。①

康德的分析首先确定了"良心"的内向性质和道德判断性质。他认为，"人们应当这样来定义良心：它是一种朝向自身的道德判断力"②。正如叔本华后来特别指出的那样③，康德对"良心"概念分析的一个重要的特点就在于，他特别愿意使用拉丁文法律的术语。他把"良心"比喻为"在人之中的一个内部法庭的意识"，认为"每一个人都发现自己被一个内部的法官注视着、威胁着，并且对这个法官始终保持恭敬（与敬畏相连

---

① Immanuel Kant, *Die Religion innehalb der Grenzen der bloßen Vernunft*, Hamburg: Felix Meiner Verlag, 1978, S. 209.

② Immanuel Kant, *Die Religion innehalb der Grenzen der bloßen Vernunft*, Hamburg: Felix Meiner Verlag, 1978, S. 210.

③ 参见［德］叔本华《伦理学的两个基本问题》，任立、孟庆时译，商务印书馆1999年版，第193–195页。

的尊敬)"①。叔本华将这个意义上的"良心"称为道德的"自身审查"（Selbstprüfung）、"自身评判"（Selbstbeurteilung）等。②

康德虽然将"良心"看作"道德判断"，但严格地说，这种道德判断是指人的道德判断能力，它并不与具体的道德判断内容发生联系。因此，他认为，关于错误的"良心"的说法是悖谬的。③ 更确切地说，康德主张，"良心"所要求的是，如果一个行为是正当的（recht），那么就应当去做；如果它不正当，那么就应当放弃。但"良心"本身并不能够决定一个行为是否正当。回答一个行为是否正当的问题，这在康德看来是理智或理性的任务，而不是"良心"的任务。④ 以此方式，康德在"良"（良心）与"知"（确然）之间划定了一条基本界限，同时又立即在这两者间建立起一个本质的联系。所谓良心（Gewissen），是指人所生而具有的返回自身的道德要求；所谓确然（gewiss），则是指对一个行为之正当性的理性把握。

这样我们便可以较为贴近地理解康德对"良心"的定义："良心"只是一种朝向自身的、主观的、形式的道德判断力。这个定义意味着，"良心"是一种道德要求，即要求人们不断地返回自身，询问自身，要求以内在的东西、本己的东西为行为是非的最终评判标准。所谓没有"良心"的人，是指不去努力地诉诸自身，不去仔细地（gewissenhaft）倾听"内部法官之声音"的人。⑤

康德对"仔细性"概念的解释实际上就是对"良心"与"确然"之间关系的进一步规定：人并不因为生而具有良心就会在道德上始终一致。道德的败坏并不能完全归咎于理性判断的失误。对一个人是否有良心的进一步解释在于，他是否运用一切手段仔细地检验过：他做的事情都可以确

---

① Immanuel Kant, *Metaphysik der Sitten*, Teil Ⅱ, *Metaphysische Anfangsgründe der Tugendlehre*, Hamburg: Felix Meiner Verlag, 1990, S. 289.

② 参见［德］叔本华《伦理学的两个基本问题》，任立、孟庆时译，商务印书馆1999年版，第194页。中译本将这两个概念译作"自我反省"和"自省"。

③ Immanuel Kant, *Metaphysik der Sitten*, Teil Ⅱ, *Metaphysische Anfangsgründe der Tugendlehre*, Hamburg: Felix Meiner Verlag, 1990, S. 242.

④ 参见 Immanuel Kant, *Die Religion innehalb der Grenzen der bloßen Vernunft*, Hamburg: Felix Meiner Verlag, 1978, S. 209f。

⑤ Immanuel Kant, *Metaphysik der Sitten*, Teil Ⅱ, *Metaphysische Anfangsgründe der Tugendlehre*, Hamburg: Felix Meiner Verlag, 1990, S. 242f.

定是正当的，他已经放弃了所有可能会是不正当的事情。在经过良心严格检验的情况下，即使做了一件不正当的行为，也是理智的失误，而不是良心的事情。这个意义上的"仔细"与"责任"概念有密切的联系。他在《单纯理性界限内的宗教》一书中明确地说，"良心是一种意识，它自身自为地是责任"，具体地说，"我所要做的一个行动必须是正当的，对此的意识就是绝对的责任"。① 当然，这里的"责任"不是指洛克所说的对自身行为结果的承担责任，而是在行为之前检验行为正当与否的责任和义务。

总之，康德在这里倡导的"回到自身"只是一种单纯的形式，它并不具有任何实质性的内容。这种良心观原则上是与康德伦理学中的形式主义思想相符合的。以后的叔本华曾批评康德说："他格外小心不赋予道德神学以任何客观的有效性，而宁可把它描述为只不过是一种主观上不可避免的形式，这一事实，即使他宣称对人的意识来说有其必然性，并不能消除他用以构造这种神学的武断任意性。"② 叔本华的这个批评与我们在前面提到的黑格尔的批评是基本一致的：完全的内向性和自身确然性最终会导向主体的绝对随意性。

第六节 良知：在共知与自知之间

黑格尔从开始的《精神现象学》的良知观到后来的《法哲学原理》的良知观的思想发展与"良知"概念从开始的"共知"到后来的"自知"的词义历史变化是基本吻合的。无论是苏格拉底所说的"法律的声音"或"神灵的声音"，还是康德所说的"内部法庭的声音"，它们并不是指因人而异的个体随意幻觉，而是最终带有普遍意义的真理、正义和善的启示。无论是在《精神现象学》中，还是在《法哲学原理》中，他都试图赋予

---

① Immanuel Kant, *Die Religion innehalb der Grenzen der bloßen Vernunft*, Hamburg: Felix Meiner Verlag, 1978, S. 209.
② ［德］叔本华：《伦理学的两个基本问题》，任立、孟庆时译，商务印书馆1999年版，第196页。

"良知"以这样一种主客观统一的意义：良知的声音只能为每一个个体以个别的方式，通过各自的努力而倾听到，但这种声音具有对各个个体而言的普遍有效性。

黑格尔在《精神现象学》中已经清楚地看到了良知的这个双重的特征。他将此看作"良知"的特殊性，这个特殊性就在于，"构成着它的意识的两个因素，亦即自身（Selbst）和自在（Ansich），在它之中带有不相等的价值，并且具有这样的规定，即它的自身确然性是本质，而自在和普遍只是因素"①。也就是说，黑格尔虽然已经指出了"良知"的可能双重特征，但在总体上仍然把它的本质看作主观的形式。这也就可以解释他以后在《法哲学原理》和《哲学全书》中对"良知"问题的相关做法：主客观统一的性质只是"良知"发展的一个可能方向，但它并不意味着良知的本质构成。或许我们可以说，良知必然是对自己内心声音的倾听，但这个声音并不必然具有普遍的意义。从这个角度来看，黑格尔最终还是将"良知"纳入精神发展主观阶段的做法便可以理解。

现象学生存论中的"良知"概念

在德国哲学的当代发展中，与黑格尔的良知解释距离最近的可能是海德格尔的良知分析。虽然海德格尔对良知的考察起源于一个全新的角度，它"从一开始就避而不走那首先摆在良知解释面前的道路：把良知引向到知、情、意这些灵魂能力之一或把它解释为这些能力的混合产物"，而是要求将良知一直"追溯到其生存论基础和结构"，并提出一种先于并有别于以往哲学、心理学、生理学、神学等传统良知解释的"存在论良知分析"，②但是，在海德格尔的良知理解中仍然可以发现传统良知理论的影响，尤其是康德形式主义良知说的明显影响痕迹。

海德格尔的良知概念是其生存论学说中的一个基本因素，它与现身、领会、言谈、沉沦、畏、烦、常人、决断、罪责等概念交织在一起，构成

---

① ［德］黑格尔：《精神现象学》下卷，贺麟、王玖兴译，商务印书馆1979年版，第168页。引文根据德文版有所改动和补充，原译文为："构成着它的意识的两个环节，亦即自我与自在存在，在它这里具有两种不相等的价值，具体地说，具有这样的规定：即，它的自身确定性是本质，而自在存在或普遍物则只算得是环节。"

② ［德］马丁·海德格尔：《存在与时间》，陈嘉映、王庆节译，生活·读书·新知三联书店1987年版，第322、307–308页。

海德格尔生存论的基本框架。他在其生存论中原则上区分此在自身展开的两种可能性:"要么它向着它本身的种种可能性筹划自己,要么由于混迹于常人而听任(常人的)公共解释事情的方式来向自己提供这些可能性。"① 在涉及良知分析时,海德格尔也把这两种可能性称作两种"倾听":对自己的倾听和对常人的倾听。② 对常人的倾听在他看来就意味着:"此在迷失在常人的公论与闲谈之中,它在去听常人本身之前对本己的自我充耳不闻。"而对自己的倾听则是指通过自己而找到它自己,倾听自己,从而发现自己的本真的能在。良知在这里所起的作用就在于,通过它的呼唤,打断此在对常人的倾听,将注意力转回到此在自身。"这样一种打断的可能性在于直接被呼唤。"这里的所谓呼唤,便是海德格尔所说的良知的呼唤,它将此在对常人的听唤回到对自己的听。"以这种方式呼唤着而令人有所领会的东西即是良知。"③ 可以说,良知在这里意味着将沉沦的此在、迷失于常人的此在唤回到此在的本真的能在上去。这样我们也就同时可以理解海德格尔为什么要用"听"这个表述来描述此在的两种可能生存状态。据此,海德格尔至少在初步的意义上接受了良知就是内心的呼声的传统命题。

但这里当然还有进一步的问题需要说明。海德格尔在他的良知分析中讨论这样的问题:被呼唤的是谁?谁本身在呼唤?被召唤者与呼唤者的关系如何?必须怎样从存在论上来把捉这种作为存在关联的"关系"?此外还有:此在被唤向何处?良知向被召唤者呼唤了什么?他认为,"只有这些问题都弄清楚了,我们才能获得一种在存在论上充分的良知解释"④。

在"良知呼唤了什么"的问题上,海德格尔与康德的特殊联系得以体现出来。海德格尔没有赋予"良知的呼声"以任何确定的内容:"呼声不

---

① [德]马丁·海德格尔:《存在与时间》,陈嘉映、王庆节译,生活·读书·新知三联书店1987年版,第324页。
② 海德格尔的"常人"是指"指定着日常生活此在方式"的那种东西。常人"不是这个人,不是那个人,不是人本身,不是一些人,不是一些人的总数";它是"无此人,而一切此在在相杂共在中又总已经听任这个无此人摆布了"([德]马丁·海德格尔:《存在与时间》,陈嘉映、王庆节译,生活·读书·新知三联书店1987年版,第155–157页)。
③ [德]马丁·海德格尔:《存在与时间》,陈嘉映、王庆节译,生活·读书·新知三联书店1987年版,第324页。
④ [德]马丁·海德格尔:《存在与时间》,陈嘉映、王庆节译,生活·读书·新知三联书店1987年版,第328页。我们在这里当然无法一一探讨这些问题,这应当是另一篇专论的任务。

付诸任何音声。它简直就不付诸言词——并且始终可以说是晦暗不定的。良知只在而且总在沉默的样式中言谈。"① 他在另一处更明确地说:"良知向召唤所及者呼唤了什么?严格说来——无。呼声什么也没有说出,没有给出任何关于世间事务的讯息,没有任何东西可以讲述。""呼声不报道任何事件。"其所以如此,乃是因为"呼声不是把被召唤者唤入常人的公众闲谈中去,而是从这闲谈唤回到生存的能在的缄默之中"。② 甚至可以说,一旦听到了呼声的内容,那么这个意义上的良知就与海德格尔所说的良知相距甚远了。因为,用海德格尔的话来说,"呼唤者与平均常人本身不亲不熟——所以传来的像是一种陌生的声音"。③ 反过来。如果良知的呼唤是熟悉的声音,它就只会"将被召唤者唤入常人的公众闲谈中去",从而成为某种具有普遍束缚力的"世界良知"或"公共良知",它无非只是"常人的声音"。④ 所以,海德格尔强调,"在根基上和本质上良知向来是我的良知",而所谓的世界良知或公共良知只是此在的"可疑的发明"。⑤

从这个角度看,海德格尔的作为缄默呼唤的良知与康德的作为内部要求的良知无疑在很大程度上具有一致性。海德格尔自己在一定程度上也主张,"康德把'在我之内'和'在我之外'的区别以及联系设为前提,这实际上是对的"⑥。

但事情并不如此简单。海德格尔至此为止对良知的解释显然具有浓烈的主体性哲学趋向。这个趋向在十三年后也为海德格尔自己所承认:他指出《存在与时间》的努力有增强主体性的危险。然而,海德格尔也同时表明自己在当时便带有抵御近代思维方式的强烈意向,这种"近代思维方

---

① [德]马丁·海德格尔:《存在与时间》,陈嘉映、王庆节译,生活·读书·新知三联书店1987年版,第327页。引文根据德文版有所改动,"并且……不定的"原译文为"付诸言词却照样晦暗不明、无所规定"。

② [德]马丁·海德格尔:《存在与时间》,陈嘉映、王庆节译,生活·读书·新知三联书店1987年版,第327、331页。

③ [德]马丁·海德格尔:《存在与时间》,陈嘉映、王庆节译,生活·读书·新知三联书店1987年版,第331页。

④ 以上参见[德]马丁·海德格尔《存在与时间》,陈嘉映、王庆节译,生活·读书·新知三联书店1987年版,第332页。

⑤ [德]马丁·海德格尔:《存在与时间》,陈嘉映、王庆节译,生活·读书·新知三联书店1987年版,第319页。

⑥ [德]马丁·海德格尔:《存在与时间》,陈嘉映、王庆节译,生活·读书·新知三联书店1987年版,第236页。

式"是指,"把人思考为主体;所有对人的思义都被理解为人类学"。①

因此,我们必须看到,良知并不能简单地被归结为主体的东西,虽然"此在在良知中呼唤自己本身",但这个呼声"出于我而又逾越我"。② 所以海德格尔所说的"常人自身被召唤向自身",并不是指回到自我的孤独的、无世界的内心,"不是把它推进自己本身的某个内部,从而使之与'外部世界'隔绝开来";他所说的"自身",并不是指"那种能够变自己为判断'对象'的自身,不是那种对其'内在生活'扰扰好奇无所驻执地加以解释的自身,也不是一种以'分析方式'凝注于灵魂状态及其各种背景的自身",也就是说,"自身"不是人类学或心理学对象意义上的自我。恰恰相反,"呼声越过并摧毁所以诸如此类的东西,它恰恰要召唤那无非是作为在世之在方式的自身"。③ 这里的关键应当在于理解什么是"在世之在方式"(Weise des In-der-Welt-seins)。海德格尔在此之前已经表明,"(对)在世之在的澄清曾显示出:无世界的单纯主体并不首先'存在',也从不曾被给予"④。也就是说,主体或自我始终处在世界之中,也始终处在与他人的共在之中。

因此,在否定了"世界良知"和"公共良知"之后,海德格尔并没有陷入自我的孤独内心,而是再一次回到与"世界"和"共在"不可分割的"此在之本真存在"上来。我们在这里虽然不准备再进一步讨论海德格尔"在世之在"概念的多重含义,但有一点可以肯定:"作为在世之在方式的自身"是与"此在的本真能在"同义的,它们都指示着"最源始的真理"。良知的呼唤是要把此在召唤"向其本己的自身""向其最本己的可能性",或者也可以说,"向其本真的能在"⑤。这也是海德格尔在

---

① M. Heidegger, *Nietzsche*, Bd. Ⅱ, Pfullingen: Neske, 1961, S.194.
② [德] 马丁·海德格尔:《存在与时间》,陈嘉映、王庆节译,生活·读书·新知三联书店1987年版,第329页。
③ [德] 马丁·海德格尔:《存在与时间》,陈嘉映、王庆节译,生活·读书·新知三联书店1987年版,第326–327、313页。最后一句引文根据德文版有改动,"在世之在方式"原译文为"在世方式"。
④ [德] 马丁·海德格尔:《存在与时间》,陈嘉映、王庆节译,生活·读书·新知三联书店1987年版,第143页。引文根据德文版有所改动,"在世之在"原译文为"在世","被给予"原译文为"给定"。
⑤ [德] 马丁·海德格尔:《存在与时间》,陈嘉映、王庆节译,生活·读书·新知三联书店1987年版,第314、307页。

"关于良知"这一章的论述一开始就要寻找的东西。而在这一章结束时,他也把这种"作为在世之在方式的自身"归结为"决断"(Entschlossenheit),即所谓"对当下实际的可能性的有所开展的筹划与确定"。这个意义上的"决断",事实上是对传统"自由"概念的改写。所以海德格尔说:"出于选择了自身的能在这种'为何之故',决断的此在解放自己,自由面对其世界。"①

海德格尔在第60节的一段话具有总结性的意义:"决断这一作为本真的自身存在并不把此在从其世界解脱,并不把此在隔绝在一个自由漂游的自我之上。——决断之为本真的展开状态无非就是本真地在世,它又怎会去解脱、隔绝?决断恰恰把自身带到当下所有烦忙地寓于上手事物的存在之中,把自身推到有所烦神的与他人的共在之中。"②

因此,从这个角度来看,海德格尔的良知分析虽然没有完全脱离开传统良知理论的背景,但已经不再单单局限于内部或外部、自识或共识、人格或道格、个体主义或普遍主义的问题,而是对两种不同的在世方式的讨论:常人的生存方式和自己的生存方式,它们都在世界之中,但前者是嘈杂的迷失状态,后者是缄默的展开状态。

第七节 尾声:真理与多数的问题

我们现在可以重新回到苏格拉底的案例上去。在我看来,这个案例指明了在古希腊思想中隐含的一个两难问题。我们或者可以将它称作哲学与政治的对立,或者称作科学与民主的对立,或者称作真理与多数的对立——从普罗提诺到海德格尔的整个良知分析都与这个对立有或多或少的关系。

---

① [德]马丁·海德格尔:《存在与时间》,陈嘉映、王庆节译,生活·读书·新知三联书店1987年版,第353–355页。引文根据德文版有所改动,最后一句引文中的"决断"原译文为"决心"。

② [德]马丁·海德格尔:《存在与时间》,陈嘉映、王庆节译,生活·读书·新知三联书店1987年版,第354页。引文根据德文版有所改动,"决断"原译文为"决心","自由漂游的自我之上"原译文为"飘游无据的我中","无非"原译文为"恰"。

苏格拉底与雅典社会的冲突，在一定意义上当然可以被理解为专家统治的倡导者与权利公平的群众社团之间的冲突，或专制主义者与自由民主派、个体主义与普遍主义的冲突。① 但这后面的更深原因应当是更值得关注的问题。作为个人，我究竟应当听从苏格拉底所说的"新神"，还是应当听从雅典民众的"国神"？或者，我究竟应当倾听海德格尔所说的"自己的声音"，还是应当倾听"常人的声音"？在良知论的历史发展中，许多思想家曾希望这个抉择并不具有必然性。例如斯宾诺莎，他深信人的本质是由神的属性的某些分殊所构成的，因此，心灵中清楚明晰的观念与神的观念有同等的真实。黑格尔也曾试图把良知的真理性等同于它的自身直接确然性，并且再把这种直接确然性进一步等同于上帝的神圣声音。如果事情真的是如此，那么上面的选择纵使存在，也不会成为难题。然而，历史为我们提供的绝大多数都是相反的例子。无论是不愿为雅典掉一滴眼泪的苏格拉底，还是愿意为耶路撒冷哭泣的耶稣，他们都不得不面临这个两难的问题。苏格拉底讥笑雅典用多数票来治理城市。当他自己被多数票判处死刑时，可笑的事情不再可笑。

这个两难的问题绝不能仅仅被理解为私人信念与公众意见的冲突。海德格尔撇开自我概念而转向此在概念，意图就在于避免这种误解。在他这里，此在既不是单数，也不是复数。他没有把良心的"自知"理解为孤独自我的确然性。相反，他的此在始终是在周围世界和共同世界之中的此在。甚至可以说，海德格尔把此在的关系状况看得要高于此在本身，因为此在的本真存在就在于它在世界和共在之中的自身展开和自身逾越。海德格尔意义上的更为本原的"真理"与"自由"正是在这个展开中达到了完全的一致：源始的真理就是逾越的自由。

从海德格尔的角度来看，良知所带有的自知与共知的两极经过一定的修正可以解释为"本真存在"与"非本真存在"、"源始真理"与"非源始真理"之间的基本区别。我们可以将这个划分与休谟对"自然美德"和"人为美德"的区分结合起来考察。

这里首先涉及对人类最一般本性的把握。海德格尔只是在一个最基本的形式上给出最基本的此在特征：一个当下实际的此在的本质就在于它的

---

① 这是 I. F. 斯东提出的观点。参见〔美〕I. F. 斯东《苏格拉底的审判》，董乐山译，生活・读书・新知三联书店1998年版。

生存，或者说，它的决断、它的出于自身而又逾越自身。但他并没有为这个生存的具体内容做出像舍勒那样的描述和规定。他甚至认为，在生存的本质之中恰恰包含着生存内容的不确定性特征。① 因此，即使在海德格尔或康德那里有普遍主义的趋向，那也只是一种形式化了的普遍主义。

　　试图为人类的共同本性做出实质性规定的主要是一些较为注重经验观察的思想家。例如亚里士多德，他不仅承认人类具有共同的本性，而且在不同场合将这种本性描述为：他们都追求知识、注重感知，因而是理性的生物；他们都具有正义感，了解善恶与公正，因而都是政治的生物；他们都具有充分的智力，分辨合理与不合理，因而都是爱智的生物；如此等等。尽管他的这些描述散乱而粗糙，却为普遍主义的自由民主理论提供了最初的基础。普遍而具体的人的共同本性成为每一个自由民主制度的基本前设。

　　然而，随着人类的意识分析，尤其是伦理道德意识分析的不断深入，亚里士多德所做的这些具体的描述与其说是得到了不断的证实和充实，不如说是得到了日趋增多的质疑和否证。崇尚民主政治的亚里士多德本人也曾在亚历山大死后逃离重建民主的雅典，以免成为第二个苏格拉底。而此后亚里士多德主义在霍布斯主义那里受到的遏制，则更清楚地表明了人类对自己本性理解的根本分歧。尤其是在价值多元化趋向日盛的今天，对理智健全的正常人的定义已经是众说纷纭。普遍标准的可疑与缺失，只会越来越多地导致人们向个体自身确然性的回返。

　　但自身确然性究竟是由什么构成的？它仅仅是一个空泛的内向的形式，抑或具有最基本的内涵？康德与海德格尔未能提供答案。幸好我们还有其他的思想家。例如，休谟便承接了洛克曾提到的自身意识与自身负责的关系，把责任感看作第一性的"自然的美德"（同时，他把亚里士多德所强调的正义感合理地纳入第二性的"人为的美德"之中）；舍勒也曾在

---

① 参见［德］马丁·海德格尔《存在与时间》，陈嘉映、王庆节译，生活·读书·新知三联书店1987年版，第355页："此在的一切实际被抛的能在都具有不确定的特征，而这种不确定性必然属于决断。"（引文根据德文版有所改动，"决断"原译文为"决心状态"）在这点上，海德格尔带有康德及胡塞尔影响的明显痕迹。他在《存在与时间》中实际上持有这样的想法，即一旦涉及此在自身展开的实际内涵，生存论便不是在存在论，而是在人类学的范围内工作了。这也表现在他对另一位现象学家舍勒及其著作《伦理学中的形式主义与质料的价值伦理学：为一种伦理学人格主义奠基的新尝试》的评价上。

其质料伦理学中做过对同情与爱的现象学分析描述。所有这些基本的自身确然性都属于自然美德的范畴。它们不带有任何可能有益于社会的功利目的。

这些自然的美德是隐含在个体本身之中的源始因素。它们具有束缚力,但不是外在、被动的,而是内在、主动的束缚力。社会的、普遍的束缚力必须奠基于私人的、个体的束缚力之中。即是说,社会的伦理、规范的伦理作为"人为的美德",最终必须在源始的"自然的美德"中找到依据。①

因此,如果良知是一种律令,那么它首先不是社会对个体的道德要求,而是自发地出自个体自身的要求欲望。这种欲望本性原则上隐含在每一个个体之中,但它并不会等量地显现在每一个个体之中。这乃是因为每一个人倾听良知呼唤,反思、挖掘良知的力度各有差异。实际上,无论是休谟,还是康德,乃至海德格尔,他们都为主体的能力留下了足够的空间。休谟要求通过反思行为来发现、思考、展开自然的美德;康德主张不断地返回自身,仔细地询问自身;海德格尔将主体的努力理解为一种对自己的倾听、一种"愿有良知"②;如此等等。

从现有的分析结果来看,良知作为自知的理论仍然有坚实的基础,仍然可以得到合乎时代的弘扬,因而无须受到任何形式的转化。

---

① 何怀宏把"己所不欲,勿施于人"视作一门"底线伦理学"的最后防线(参见何怀宏《良心论——传统良知的社会转化》,上海三联书店1994年版,第416页及以后)。这个做法实质上是把伦理学的最后依据建立在一个第二性的"人为美德"的基础上,因为"己所不欲,勿施于人"无非是一个根据第一性恻隐(同情心)法则进行理性推理所得的结果。由此可见,一门普遍主义伦理学无法找到更为深入的道德基础。

② 参见[德]马丁·海德格尔《存在与时间》,陈嘉映、王庆节译,生活·读书·新知三联书店1987年版,第344页。

第七章

聆听"灵异",还是聆听"上帝"

——以苏格拉底与亚伯拉罕的案例为文本的经典解释

> 如今我们难得听见灵异开口。
>
> ——克尔凯郭尔①

第一节 引子

标题中所说的"灵异"和"上帝",在副标题中已经得到了大致的说明:它们分别是指苏格拉底在《申辩》与《斐德若》中所提到的"灵异",以及在《圣经·旧约》中亚伯拉罕与之对话的"上帝"。从历史上看,这两个文献形象都没有真正地显现过,或者也可以说,它们都不是以视像的方式,而只是以声音的方式显现出来。②

在柏拉图对话中记载的苏格拉底关于灵异的相关讲述如下:

> 经常降临的灵异的声音以往每对我警告,甚至极小的事情如不应做,都要阻止我做。你们眼见,当前发生于我的事,可以认为,任何人都认为是最凶的;可是这次,我清晨离家,到法庭来,发言将要有所诉说,灵异的朕兆全不反对。可是,在其他场合我说话时,往往中

---

① S. 克尔凯郭尔在他的《恐惧的概念》与《论讥讽的概念》中有专门的篇幅论述"灵异"和"苏格拉底的灵异"。此处引文出自《恐惧的概念》一书第四章第二节的第一句话。

② 用康德的话来说,它们都"依据历史文献,从未绝然确定"。参见 Immanuel Kant, *Die Religion innerhalb der Grenzen der bloβen Vernunft*, Hamburg: Felix Meiner Verlag, 1978, S. 211。

途截断我的话。在当前场合，我的言语、行动，概不干涉；我想这是什么原因呢？告诉你们：灵异暗示所发生于我的好事，以死为苦境的人想错了。灵异已给我强有力的证据，我将要去的若不是好境界，经常暗示于我的朕兆必会阻止我。(《苏格拉底的申辩》，40 A–C)

好人无论生前死后都不至于受亏，灵异总是关怀他。所以，我的遭遇绝非偶然，这对我明显得很，此刻死去，摆脱俗累，是较好的事。灵异没有朕兆阻止我，原因在此。(《苏格拉底的申辩》，41 D)

刚才我正要过河的时候，我又感到了那种灵异和经常降临的朕兆，它每在我想做某事时阻止我，我相信听到从那里发出的一个声音，它阻止我在洗净自己之前就到那里去，就好似我曾对神犯下罪孽一样。现在我也是一个预言家，固然不是一个很高明的，但也够我自己受用……说到预言家，我的朋友，灵魂才是真正的预言家呢。(《斐德若》，242 B)①

在《创世记》中关于亚伯拉罕与上帝的相关对话记载如下：

上帝要试验亚伯拉罕，就呼唤他说："亚伯拉罕！"他说："我在这里。"上帝说："你带着你的儿子，就是你独生的儿子，你所爱的以撒，往摩利亚地去，在我所要指示你的山上，把他献为燔祭。"亚伯拉罕清早起来，备上驴，带着两个仆人和他儿子以撒，也劈好了燔祭的柴，就起身往上帝所指示他的地方去了。到了第三日，亚伯拉罕举目远远地看见那地方。亚伯拉罕对他的仆人说："你们和驴在此等候，我与童子往那里去拜一拜，就回到你们这里来。"亚伯拉罕把燔祭的柴放在他儿子以撒身上，自己手里拿着火与刀；于是二人同行。以撒

---

① 这里的《苏格拉底的申辩》引文出自［古希腊］柏拉图《游叙弗伦·苏格拉底的申辩·克力同》，严群译，商务印书馆1983年版，第78页。引文有改动，"灵异"原译文为"神"；《斐德若》引文出自［古希腊］柏拉图《文艺对话集》，朱光潜译，人民文学出版社1997年版，第113页，引文根据德文版有所改动，原文为："刚才我正要过河的时候，我又感到那种神旨。这种神旨来临，通常都是禁止我要做的某一桩事。我仿佛听见一种声音在我耳里说，我犯了谩神罪，就不能走开。这足见我是一个天眼通，固然不是一个很高明的，也够我自己受用……谈到通天眼，最会通天眼的倒是人类心灵……"。引文改动参照德文本（Platon, *Sämtliche Werke*, 6 Bde. Hamburg: Felix Meiner Verlag, 1986），下同。

对他父亲亚伯拉罕说:"父亲哪。"亚伯拉罕说:"我儿,我在这里。"以撒说:"请看,火与柴都有了,但燔祭的羊羔在哪里呢?"亚伯拉罕说:"我儿,上帝必自己预备做燔祭的羊羔。"于是二人同行。他们到了上帝所指示的地方,亚伯拉罕在那里筑坛,把柴摆好,捆绑他的儿子以撒,放在坛的柴上。亚伯拉罕就伸手拿刀,要杀他的儿子。耶和华的使者从天上呼叫他说,亚伯拉罕,亚伯拉罕。他说,我在这里。天使说,你不可在这童子身上下手。一点不可害他。现在我知道你是敬畏上帝的了。因为你没有将你的儿子,就是你独生的儿子,留下不给我。亚伯拉罕举目观看,不料,有一只公羊,两角扣在稠密的小树中,亚伯拉罕就取了那只公羊来,献为燔祭,代替他的儿子。亚伯拉罕给那地方起名叫"耶和华以勒"(意思就是耶和华必预备)。直到今日人还说,在耶和华的山上必有预备。(《圣经·旧约·创世记》,22)①

对思想史的回顾表明,这里所列出的两种声音现象都一再地受到过各种各样的解释,直至被当作各种学说的理论基础。例如,苏格拉底所听到的"灵异"的声音,以后成为诸多良知理论的基本依据,而亚伯拉罕对上帝的呼声的回应,以后也在霍布斯、帕斯卡尔、斯宾诺莎以及当代的德里达那里得到讨论和展开,甚至被德里达视为义务学说或责任学说的一个重要历史来源。

笔者试图在此分析苏格拉底所言的"灵异"之声与亚伯拉罕所闻的"上帝"之声两者间的差异,并据此说明两种可能的伦理学说的根本不同,即特定意义上的"良知"伦理学和"义务"伦理学的不同:前者是指笔者所要强调的对个体的、内在的良知的伦理诉诸,后者是德里达近年来一再倡导的超伦理、超规范的"义务"和"责任"要求。

---

① 这里的圣经本引文参照了以下两个中译本:①《新旧约全书》,中国基督教三自爱国运动委员会 1980 年版;②《圣经》,香港圣经公会 1985 年版。

第二编 道德冲突

第二节 "灵异"作为内心的神旨

"灵异"（δαιμονιον）一词在语源上可能最初来自梵文，它在希腊语中的基本含义是"守护神"。这个守护神本身可以是中性的，就是说，它既可以是善的，也可以是恶的，因此，在汉语中既被译作"神灵"，也被译作"魔鬼"。① 按照语言学家的考察，它自荷马以来就常常为哲学家和诗人所使用。但在荷马那里它还意味着"神性的东西"。只是在荷马之后，这个词才通常被用来标识一种处在神与人之间的中间生命体，类似于天使。

就现有的文献而言，灵异概念的哲学意义首次出现在赫拉克利特那里。海德格尔以及黑尔德都曾对赫拉克利特的"灵异"命题"人的习性就是他的灵异"②（thos anthrópo daimon）做过解释。③ 在黑尔德看来，"'灵异'是对那个出现在生活的幸运与不幸之中的、无法支配的巨大力量的传统称呼"④。我们在后面还会再回到这个命题上来。

这里我们首先要关注的是自苏格拉底以来"灵异"一词所具有的新的哲学含义。从前面给出的柏拉图对话文本来看，苏格拉底通常把"灵异"说成是一种神的声音，时而出现，时而消失，并无规律，所以苏格拉底也将它与"朕兆"相提并论，他常说"灵异和经常降临的朕兆"。但这种声音同时又是来自内心的，不时给他以指引，主要是通过对不做某事的告诫

---

① 例如在贺麟、王太庆翻译的《哲学史讲演录》四卷本（商务印书馆1979年版）中，"daimon"一词或被译作"灵机"，或被译作"精灵"；在陈修斋翻译的苏格拉底对话（载于《古希腊罗马哲学》，商务印书馆1957年版）中，它也被译作"灵异"。这里或许可以用王阳明在谈及良知时所说的"灵明"一词来比附（参见〔明〕王守仁《王阳明全集》，吴光等编校，上海古籍出版社1992年版，第107页）。

② H. Diels, W. Kranz, *Die Fragmente der Vorsokratiker*, Bd. I, Zürich: Weidmansche Verlagsbuchhandlung, 1996, B 119. 也可参见北京大学哲学系、外国哲学史教研室编译《古希腊罗马哲学》，商务印书馆1961年版，第29页，书中的中译文为："人的性格就是他的守护神。"

③ 参见 M. Heidegger, *Der Satz vom Grund*, Pfullingen: Verlag Günter. Neske, 1986, S. 118, 以及〔德〕黑尔德《胡塞尔与希腊人》，倪梁康译，载《世界哲学》2002年第3期。

④ 〔德〕黑尔德：《胡塞尔与希腊人》，倪梁康译，载《世界哲学》2002年第3期。

乃至警告，而不是通过对做某事的劝说或鼓励。由于这种能够听到神旨的能力，苏格拉底被同时代人看作一个占兆者，并且他也自诩是一个预言家或占兆者。①

　　苏格拉底对"灵异"所做的这些申言与陈述带有一定的神秘性。许多人否认它的存在，并且把"灵异"一词的持续存在仅仅看作虚假概念具有坚韧生命力的一个典型范例。②但也正是由于这种神秘性，它给后人留下了很大的解释空间。事实上，对"灵异"的描述和理解在苏格拉底的学生那里便已经产生分歧。在色诺芬对苏格拉底的回忆中，"灵异"已经不同于在柏拉图记载的对话中的"灵异"，例如它被解释为"不待求问就把你应当做什么和不应当做什么预先告诉你"的先兆方式③，甚至它也被看作苏格拉底用来"劝告他的朋友做某些事情而不做另一些事情"的一种暗示方式，如此等等。他甚至还趋向于把灵异看作一种可以传授和习得的实际占卜能力。④但我们在这里并不想去考证色诺芬与柏拉图的不同描述哪一个更合理⑤，亦即不想关心他眼中的苏格拉底，而只想面对柏拉图的苏格拉底。确切地说，我们讨论的是苏格拉底-柏拉图的"灵异"。

　　这个意义上的"灵异"的首要特征是它的内在性。虽然苏格拉底不断地把灵异与神相提并论，但苏格拉底的"灵异"具有内心神旨的特征，它不同于一般的凶吉朕兆，因而色诺芬说："大多数人表面上都说，他们之所以避开或趋向某一件事情，是由于受到了异鸟或遇到它们的人们的启示，但苏格拉底则照着心中的思想说话，因为他说，灵异是他的劝告者。"⑥这里被色诺芬称作"心中的思想"的东西，也就是苏格拉底自己所说的"灵魂"。如前面的文本所示，苏格拉底把灵魂等同于"预言家"，

---

　　① 参见［古希腊］色诺芬《回忆苏格拉底》第1卷第1章4（此处的阿拉伯数字为原书中的边码），吴永泉译，商务印书馆1984年版。

　　② 例如参见 Fr. Mauthner, *Wörterbuch der Philosophie*, Leipzig: Verlag Georg Müller, 1923, Bd. 1, S. 261。

　　③ ［古希腊］色诺芬：《回忆苏格拉底》第4卷第3章12，吴永泉译，商务印书馆1984年版。

　　④ 参见［古希腊］色诺芬《回忆苏格拉底》第4卷第7章10、第1卷第1章6，以及第1卷第1章4，吴永泉译，商务印书馆1984年版。

　　⑤ 克尔凯郭尔认为柏拉图的说法更为可信，即苏格拉底的"灵异"只警告，不命令；只否定，不肯定。参见 S. Kierkegaard, *Über den Begriff der Ironie. mit ständiger Rücksicht auf Sokrates*, Düsseldorf: Eugen Diederichs Verlag, 1961, S. 165。

　　⑥ 参见［古希腊］色诺芬《回忆苏格拉底》第1卷第1章4，吴永泉译，商务印书馆1984年版，译文根据德文版有所改动，"灵异"原译文为"神明"。

第二编 道德冲突

亦即神旨的接受者。朕兆和启示并非从外部而来,而是直接发自内心。因此,黑格尔说,苏格拉底的"神谕","不是什么外在的东西,而是他的神谕"。

当然,黑格尔并不会仅仅满足于这个确定,而是想进一步说明:苏格拉底在这里看到了一个根本性的转折,即从外在的伦理(礼俗、普遍有效的法则)转向内在的道德(意识、个体有效的良知)。这在黑格尔看来也就是"世界精神"的转折:"在这里开始了意识对自身的反省,开始了意识对自己本身的认识,认识到自己是本质,——也可以说,意识到神是一种精神,也可以用一种比较粗糙、比较感性的方式说,认识到神带有人的形相。"从今天的角度来看,这种转折意味着把伦理学的基础从外在的、神性的层面转向内在的、意识的层面。所以黑格尔指出苏格拉底的要害在于提出这样一个伦理思想,"善是不能教的,而是包含在精神的本性之中的"。①

苏格拉底赋予"灵异"的这个哲学含义的确有别于前面所提及的赫拉克利特的灵异命题"人的习性就是他的灵异"。但实际上也是对这个命题的一种承继。在这里我们已经涉及苏格拉底"灵异"的第二个基本特征:私己性。

黑格尔所说的"世界精神的转折",即意识之复归于自己,实际上在赫拉克利特的命题中便已显露出端倪。黑尔德便认为,这个命题意味着:"生活的幸运与不幸取决于'习性'。这就是说,这里的关键在于自己选择态度和观点,即我在何种态度和观点中'进行'我的生活,而不在于人自己所无法负责的'灵异的'即命运的巨大力量。"柏拉图以后在《国家篇》(617 e)的神话中将这个明察表达为:不是灵异决定你们的命运,是你们自己选择命运。黑尔德从这些命题中得出的结论因而是:"人应当对他自己的生活状态负责。"②

可以说,在赫拉克利特那里还处在对立之中的人自己选择的生活与人无法控制的"灵异"(命运),到苏格拉底那里便达到某种程度的和谐:灵魂成为"灵异"的接受者与传递者。这是灵异概念的一个基本含义变

---

① 以上引文参见[德]黑格尔《哲学史讲演录》第 2 卷,贺麟、王太庆译,商务印书馆 1979 年版,第 63、66 页。
② [德]黑尔德:《胡塞尔与希腊人》,倪梁康译,载《世界哲学》2002 年第 3 期。

化。但在从赫拉克利特到苏格拉底的发展线索中，仍有一个灵异特征被贯通地维续下来，即灵魂与灵异的关系是个体的，无论是对灵异的抗拒还是接受，都必须由个体意识来完成。

这种个体性有双重的含义，它既意味着"灵异"不是面对公共大众的，而是个体私密的；也意味着接受"灵异"的灵魂并非普遍有效的，而是个别地、单独地成立的。在色诺芬的回忆录中曾记载着尤苏戴莫斯对苏格拉底所说的话："看来灵异对你比对别人更为友好，因为他们不待求问就把你应当做什么和不应当做什么预先告诉你。"① 这说明在苏格拉底的同时代人中，能够具有这种特殊能力的唯有苏格拉底而已，因而后人也说"苏格拉底的灵异"，它是苏格拉底必须独自聆听的东西。

也正因为"灵异"是个别的、单独的，它往往不会得到大众的回应，甚至与大众的意见相悖。而在作为神旨的"灵异"与公共的意见发生冲突时，苏格拉底总是选择前者，所以他会在申辩词中说："雅典人啊，我敬爱你们，可是我要服从神过于服从你们。"② 他甚至对克力同说："我们丝毫不必考虑大众怎么质问我们，只要注意那明辨是非邪正的一人和真理本身是怎么说的。所以，你开端指错了方向：引进了大众的意见，认为关于是非、善恶、荣辱的问题，要考虑大众的意见；固然可以说，大众能置人于死地。"③ 在色诺芬的回忆录中也记载着苏格拉底这样的说法："所有人的意见，和神的劝告比较起来，都是不值得重视的。"④ 正是在这个意义上，黑格尔说，苏格拉底的"灵异"是与希腊的伦常与宗教的原则相对峙的。⑤

我们在这里先满足于对"灵异"的这两个基本特征"内在性"和"私己性"的确定，转而把目光朝向亚伯拉罕的"上帝"声音。

---

① ［古希腊］色诺芬：《回忆苏格拉底》第4卷第3章12，吴永泉译，商务印书馆1984年版，译文根据德文版有所改动，"灵异"原译文为"神明"。
② ［古希腊］柏拉图：《游叙弗伦·苏格拉底的申辩·克力同》，严群译，商务印书馆1983年版，第66页。
③ ［古希腊］柏拉图：《游叙弗伦·苏格拉底的申辩·克力同》，严群译，商务印书馆1983年版，第104页。
④ ［古希腊］色诺芬：《回忆苏格拉底》第1卷第3章4，吴永泉译，商务印书馆1984年版。
⑤ 参见［德］黑格尔《哲学史讲演录》第1卷，贺麟、王太庆译，商务印书馆1981年版，第67页。不仅如此，由于个体普遍性或普遍个体性的缺失，黑格尔也拒绝将"灵异"视为"良知"（参见同上书，第85页）。当然，黑格尔的这个做法只是出于他自己的理由。对此可以参见本书第六章"良知：在'自知'与'共知'之间——欧洲哲学中'良知'概念的结构内涵与历史发展"。我们只能说，"灵异"不是黑格尔所理解的"良知"。

第三节 "上帝"作为外在的主宰

亚伯拉罕的上帝在《旧约》中从未现身,或者说,很少以视觉的形象出现。上帝在这里自始至终都是可听而不可见的。当然,上帝的声音仍然是清晰而不容置疑的。因此,上帝可以与亚伯拉罕定约,可以允诺、命令、考验、警告、惩戒以及如此进行具体活动。

在这里已经可以看到在苏格拉底的"灵异"与亚伯拉罕的"上帝"之间的一个奇特的差异:前者是含糊而神秘的,但这并不妨碍它成为一种标志,即认知的标志;① 后者是清晰而明确的,但这同样也没有妨碍它最终成为信念而非识见的对象。从这个角度来看,知识与启示的区别也可以不由它们的明白清楚程度来决定,而更多受制于主体性和神性的差异。②

当然,"灵异"与"上帝"最重要的特征差异还在于,前者是内心的,后者是外在的。外在性是首先可以把握到的"上帝"的特征。他是亚伯拉罕的直接对话者,以某种方式显现,或者在某种异象或启示中显现,或者在亚伯拉罕九十九岁时亲自显现,或者通过使者(天使)显现。③ 他具有主宰人的能力,并且也乐于显示这种能力。他自称是全能的,也表明是全能的:外在的全能。但"上帝"并没有自称是全知的,也没有表明自己是全知的——否则他不会用超越伦常的考验方式来试探亚伯拉罕的忠诚和敬畏。可以说,在亚伯拉罕的内心与"上帝"之间存在距离。至少可以

---

① 黑格尔说,"内心的认识方式采取了灵异的形式"([德]黑格尔:《哲学史讲演录》第 2 卷,贺麟、王太庆译,商务印书馆 1981 年版,第 86 页,"灵异"原译文为"灵机")。

② 将"灵异"定义为"主体性"的做法从本章第一节的论述中便可以找到根据。此外还可以参考克尔凯郭尔的说法"灵异即便在与古希腊的关系中也是对主体性的一个规定"(S. Kierkgaard, *Über den Begriff der Ironie. mit ständiger Rücksicht auf Sokrates*, Düsseldorf: Eugen Diederichs Verlag, 1961, S. 170)以及黑格尔对苏格拉底"灵异"的评论:"现在人是按照自己的识见由自己来作决定了。"([德]黑格尔《哲学史讲演录》第 2 卷,贺麟、王太庆译,商务印书馆 1981 年版,第 85 页)

③ 这里的"异象"英文为"in a vision",德文为"in einer Offenbarung";"显现"的英文为"appeared",德文为"erschien";上帝的使者时而为一人,时而为两人,时而为三人。分别参见《旧约·创世记》,15、17、19、22。

说，亚伯拉罕的"上帝"之声，与内心的声音或良知是没有关系的。上帝只能通过对亚伯拉罕行动的观察来实施他的考验，而不是通过洞察来了解亚伯拉罕的内心隐秘。① 上帝是外在于亚伯拉罕的。

这种外在性同时意味着伦常法则的约束是来自外部而非内心。从《旧约》的记载来看，无论是从时间发生上，还是从逻辑秩序上，信念与启示都是先行于普遍的伦理法则的。从时间发生上看，首先是"上帝"与亚伯拉罕的立约，然后才是亚伯拉罕杀子祭献的行为，接下来才是上帝颁布的包括"不可杀人"的戒条在内的十诫；而从逻辑秩序上看，对"上帝"的敬畏和忠诚是遵守伦常法则的前提。即便是在"上帝"颁布十诫的发言中，第一句话仍然是"我是上主，你的上帝"，"我以外，你不可敬拜别的神明"，接下来才是对关于十诫的训示。② 因此，当克尔凯郭尔认为亚伯拉罕是"杀人犯"的时候③，当康德把这种杀自己的爱子"像杀一只羊"的行动看作"无良知的"时候④，他们显然已经是在根据另一个价值坐标系统来进行评判了。但我们这里要搁置一下这个体系差异的问题，把它留给本章的结语部分。

如果我们继续比较苏格拉底的"灵异"与亚伯拉罕的"上帝"之间的相同与不同，那么另一个重要的因素也会很快显露出来：这便是德里达在分析亚伯拉罕事例时所说的"独一性"或"秘密性"。德里达认为，"在整部书中贯穿着一条线，这部书讲的不仅仅是撒拉的被逐，而且还有雅各和以实玛利的被逐，以及驱逐雅各和以实玛利为人熟知的活动、在驱逐之后的以色列、伊斯兰和阿拉伯各民族之间战争的情况。这一切就像在上帝发令让亚伯拉罕捆绑儿子以作牺牲（尽管'牺牲'这个词并不是意为'接近'之义的'korban'准确译名）的时刻发生，就像上帝要求亚伯拉罕与他一起进入个别和独一的绝对关系之中，就像在最坏的，即在亚伯

---

① 事实上，"良知"或"良心"在《旧约》中极少出现。直至《新约》，保罗才开始强调"良知"并且第一次申言："按照我传的福音，上帝在末日要藉着基督耶稣，针对着人心中的隐秘，实行审判。"《新约·罗马书》，2。

② 参见《旧约·出埃及记》，20。这也意味着，苏格拉底作为内心声音、内心道德意识的"灵异"，在这里也是应当被排斥的，至少不能与对上帝的信念相并列。

③ 参见《德里达关于现象学的谈话》，杜小真译，见中国学术城网（https://site.douban.com/134820/widget/notes/8007233/note/221665835/）。

④ 参见 Immanuel Kant, *Die Religion innerhalb der Grenzen der bloßen Vernunft*, Hamburg: Felix Meiner Verlag, 1978, S. 211.

拉罕的世上最爱之人（以撒克常常被介绍为他的爱子）即将被祭杀的时刻，上帝命令他不得向任何人透露。秘密将是考验的形式。很明显，这就设定：在与这别样的绝对的面对面中，亚伯拉罕站起来并且终止对伦理、政治规范的所有种类的参照以及克尔凯郭尔所谓的'普遍''普遍法则'。为了服从绝对义务，他凌驾于所有能够把他与社会、家庭、政治和伦理联系起来的所有义务之上。他以绝对义务的名义超越了克尔凯郭尔称作普遍性命令的伦理。秘密在此是这种对绝对义务的服从的符号"①。

　　首先需要说明的是，这里提到的上帝对亚伯拉罕所提出的"不得向任何人透露"的命令是德里达本人的一个杜撰，这从前面的文本中便可以查证。而且即使纵观亚伯拉罕与上帝的全部故事，独一性和秘密性也仍然还是一个问题。例如，上帝至少没有在亚伯拉罕的妻子莎拉面前隐身，甚至还因为莎拉对他能力的怀疑而提出责问（参见《创世记》，18）。但是，我们仍然可以同意一点：亚伯拉罕在履行他的超越伦理和普遍法则的绝对义务时是个别的、缄默的，他没有将这个决定泄露给他的妻子和爱子。在这个意义上，"上帝"的声音对于亚伯拉罕来说是独一的、秘密的。

　　这种特点与苏格拉底在聆听"灵异"时的情况相似，但它们之间仍然还有根本区别。这个区别在于，苏格拉底对"灵异"的倾听虽然是私密的，但他倾听到的东西是可以公开的。所谓"倾听到的东西"，从柏拉图的版本来看，无非是指"灵异"对苏格拉底做某件事的警告或阻止。以前面的文本为例，苏格拉底在雅典法庭上做出导致对自己死刑判决的申辩以及拒绝克力同要他在执行死刑前逃匿的请求，都是因为他没有听到"灵异"发出朕兆阻止他。因此，他坚信自己的选择和决定是正确的。这个理由可以公开地摆在桌面上。而且苏格拉底自己还另外加上两个理由：一个是以国家和法律的名义，宁可遵守法律和国家的不公判决，也不愿对法律

---

① 参见《德里达关于现象学的谈话》。在这篇谈话中，德里达两次使用"独一"一词，而没有回应提问者所提出的"绝对的责任意味着秘密和彻底的孤独"的悖论问题。在南京大学的座谈中，由于德里达再次谈及"绝对的责任"，笔者也向他提出责任的"孤独"问题（还有责任与绝对权力的关系以及绝对的责任与苏格拉底"灵异"的区别问题。德里达没有直接回答笔者的这些问题），他在回应笔者时指出，他所说的是"独特"（应当是"singularité"一词）而非"孤独"。（参见［法］雅克·德里达《解构与全球化》，许钧、高方译，载《南京大学学报（哲学·人文科学·社会科学版）》许钧、高方译，2002 年第 1 期；也可以参见张宁《雅克·德里达的中国之行》，见实践与文本网，https://ptext.nju.edu.cn/bc/85/c13350a244869/page.html）因此，这里仍然尊重他的意见而使用"独一"或"独特"一词。

和国家背信负诺;一个是出自私己的考虑,即"此刻死去,摆脱俗累,是较好的事"。①

而在亚伯拉罕的情况中,由于"上帝"对他的考验超出社会伦理和普遍法则的限度,因此,他不仅是独自接受"上帝"的指令,而且要独自做出自己的决定,独自地承担义务。简言之,亚伯拉罕无法将自己的决定宣示于众,他的动机不会得到公众的认可,因为除了他自己听到的"上帝"的声音之外,他没有任何其他的理由来支持自己的行为。这是在亚伯拉罕那里的私密性不同于在苏格拉底那里的私密性的一个方面。

我们还可以从与此相关的另一角度来观察,亚伯拉罕遵从"上帝"旨意的做法如何不同于苏格拉底对"灵异"声音的依照。在这里,对亚伯拉罕动机的探问是至关重要的:亚伯拉罕为什么要依从"上帝"?这种依从在德里达看来是出于"绝对的义务"或"责任"。他将其表达为"某个人以对绝对他者应负的责任的名义超出应对诸个他者应负的责任"。如果说得更明确些,这无非就意味着为了某种绝对的东西而去放弃或牺牲另一些非绝对的东西。"绝对的东西"在这里是指与"上帝"的神圣"契约":亚伯拉罕将被赐予许多子孙,将成为许多民族的祖宗(这也是"亚伯拉罕"这个名字的含义),而"上帝"将成为亚伯拉罕和他的子子孙孙的上帝。②"非绝对的东西"在这里则是指个别的生命,包括亚伯拉罕爱子的生命,以及——在极端的情况下——亚伯拉罕自己的生命;此外,它还意味着伦理、政治的规范,道德、法律的约束等。

但是,如果我们在这里出于世俗的考虑而把亚伯拉罕的抉择解释为把种族生存的维持看得高于个体生存的维持,那么这可能是一种过于简单的说法,我们也可能会因此而误解信仰现象和天启现象的真谛。亚伯拉罕的决定在很大程度上类似于罗得的做法:罗得为了保护天使免遭所多玛男子的蹂躏,甘愿送出自己的两个女儿(参见《创世记》,19)。功利的权衡、理性的算计在这里没有位置。如前所示,绝对的义务之所以绝对,乃是因为它无法给出自己的根据,它本身就是最终的根据;正因此,它也是无法

---

① 参见[古希腊]柏拉图《游叙弗伦·苏格拉底的申辩·克力同》,严群译,商务印书馆1983年版,第108、80页。

② 参见《旧约·创世记》,17:"上帝说:'我要做你和你子子孙孙的上帝。我要把你现在寄居的土地赐给你和你的后代。'"

论证的，无法向公众说明的，因为不存在某个先于它本身的前提。所以，正如实际发生的那样，亚伯拉罕的缄默并非出于"上帝"的要求，而是出于亚伯拉罕所看到的情况的必然。

第四节　结语

在苏格拉底的案例中，我们看到个体的、内在的道德意识和良知与普遍的伦理法则之间的冲突；在亚伯拉罕的案例中，我们看到外在的绝对义务和责任与普遍的伦理法则之间的矛盾。而将这两个案例相比较，我们又会得到一系列对立的缩影：它们意味着希腊与希伯来、主体性与神性、内在与超越、"良知"与"绝对义务"、知识与信仰、识见与启示之间的基本差异乃至原则对立。

但我们要撇开其他的概念对子，在这里只是关注"良知"与"绝对义务"的对立。如果我们将苏格拉底的"灵异"解释为"良知"的做法、德里达将亚伯拉罕的"上帝"解释为"绝对义务"的做法成立，那么在这个意义上的"良知"与"绝对义务"之间便存在着某种差异甚至冲突。

在伦理学的历史上，这样的对立始终存在着，但并非以这样的名义。例如，在康德那里，良知与义务之间便不存在矛盾，相反，"良知是一种意识，它自身自为地就是义务"。当他将亚伯拉罕的行动看作"无良知的"时，亚伯拉罕的做法在他眼里当然也就与义务无关，因为康德所说的"绝对义务"（unbedingte Pflicht），恰恰就意味着这样一种意识或良知："我所要做的一个行动是合理的。"① 事实上，德里达的"绝对义务"或"绝对责任"的确也已与思想史上为人所熟知的伦理学的"义务"或"责任"概念没有很大关系了。而按照康德的观点，天启所达及的是人，并且须由人来阐释，所以是很容易出错的。人们可能会因为误解天启而做出不义的行为。因此，在行动之前询问良知，便是我们的"绝对义务"，而对行为究竟合理还是不合理做出判断的则是知性（理智），而非良知。这样，

---

① 参见 Immanuel Kant, *Die Religion innerhalb der Grenzen der bloßen Vernunft*, Hamburg: Felix Meiner Verlag, 1978, S. 211, 下同。

一个向内心寻找道德法则的价值逻辑系统便得以建立起来。它完全不同于德里达所暗示的那种以信仰和启示为起点和前提的价值逻辑体系。

在康德之后重新尝试在外部寻找道德法则的是 M. 舍勒。他不仅批评康德，也在批评尼采时指出：尼采不自觉地处在达尔文主义的影响之下，试图为整个伦理学提供一种谬误的生物学奠基。舍勒所提出的质疑是：一门单纯人的伦理学，更宽泛地说，一门单纯的生命伦理学（或者干脆说，一门无神的伦理学）究竟是否可能？[①] 按照我们对伦理思想发展的历史考察，这样一种伦理学是可能的。苏格拉底的"灵异"思想（当然还有中国古代的伦理思想）已经为此提供了至少在实践中可行的例证。现在，一门无神的伦理学在理论上究竟如何可能，乃是需要进一步细致讨论的主要问题。

总的看来，我们在苏格拉底和亚伯拉罕这两个案例中至少可以发现支配人的伦常行为的三个本质要素：与主体内心良知有关的道德意识、与外在神性有关的绝对义务意识、与普遍政治法则相关的社会伦理意识。最后这个本质要素在本章中没有被提及，它只是作为本章比较与探讨的价值系统的对立面出现，尽管它实际上代表着现今的时代精神，或是以"全球伦理"的面貌出现，或是以"他人伦理"的名义登场。

笔者在另一处文字中已经对第三个要素，即社会伦理的基础地位提出过质疑[②]，这里便不再重复。只是还想补充一点：如果我们既不想把道德的基础归给上帝，也不想拿道德的社会功用来做开脱，那么另一个，或许也是最后一个可能的选择就在于，在我们自己的道德意识中寻找一个立足点，即在其中寻找到道德之所以能够存在的合理性，从而在一个被尼采宣告上帝死了的时代里承担起自己应当承担的责任——在自身负责意义上的"绝对责任"。在这点上，笔者赞同弗朗索瓦·于连的努力方向。[③]

---

① 参见 M. Scheler, *Der Formalismus in der Ethik und die materiale Wertethik*, Bern: Francke-Verlag, 1980, Zweiter Teil, Kapitel V, §§4—6。

② 参见本书第八章"'全球伦理'的基础——同情之心的现象学分析"。

③ 参见［法］弗朗索瓦·于连《道德奠基：孟子与启蒙哲人的对话》，宋刚译，北京大学出版社2002年版。

第三编

良知四端

第八章

"全球伦理"的基础

——同情之心的现象学分析

"金规则"是在《世界宗教议会宣言》中作为"全球伦理"的原则而被强调和伸张的人类基本共识。如标题所示，本章试图讨论"全球伦理"的基础。这个尝试虽然不准备对"金规则"的人类共识地位提出质疑，① 却在一定程度上否认"金规则"的基础地位。换言之，笔者认为，在"金规则"之后还可以发现更为原本的伦常意识基础。

这里的整个分析所要得出的主要结论在于，"金规则"并不能被看作一种不言自明的伦理学公理，它更多的是一种从人的自然本性中推导出来的派生结果。所谓自然本性，首先是指同感、爱心、责任感等自然道德意识。"金规则"只是从它们中得出的推论，只是最终必须奠基于自然美德之中的社会道德。而这在中国文化的语境中就意味着，孔子"己所不欲，勿施于人"（《论语·卫灵公》）的绝对社会伦理律令②实际上建立在孟子"恻隐之心，人皆有之"（《孟子·告子上》）的本然个体良知认识的基础上。

---

① 这更多是一项归纳性的工作。我们可以指出一些不参与这个共识的文化，例如古代许多被今人称作野蛮文化的习俗（伦常）。即便是在当代，这种习俗也曾局部地存在着，印度尼西亚加里曼丹岛上达雅克人猎头习俗的复活便是一例，这种习俗认为，猎取人头能保证土地富饶和部落安全，故而人头是宗教仪式上的祭品。（参见庄伟礼《印尼暴乱，野蛮屠杀，挑战文明》，载《南方周末》2001年3月1日第3版）因此，从历史与现状来看，这种共识本身还是一个应然的要求而非实然的现存。

② 这个律令也在康德哲学中出现，因此，这里的论述也对康德的实践哲学命题有效。

第一节 作为全球伦理共识的"金规则"

世界宗教议会大会是于1993年8月28日至9月4日在美国芝加哥召开的。来自几乎所有宗教派别的6500名代表在此次大会上制定并通过了一份《走向全球伦理宣言》。这可以说是世界宗教史上前无古人的一件大事,它为这个始终多灾多难的世界带来了一丝安慰和希望。在此之前,已经有许多思想家指出人类文明发展过程中的一个事实:人类在自身伦理道德思想的共识上进步缓慢,远远滞后于人类对自然的科学认识和技术利用方面的长足发展。而这次伦理宣言,至少在这个方向上透露出一线曙光。在如今全球化的大趋势下,它为人类找到共同的文化遗产而迈出了艰难的第一步。以一个基本的伦理来维护一个统一的世界——这个理想第一次展示在全球公众面前,尽管在一定程度上仍然是作为"问题"①。

全球伦理的倡导者将这个伦理的基本原则表述为:"每一个人都应当得到符合人性的对待。"② 可以说,这就是人类共同文化遗产的最小公分母,或者用宣言的话来说,是"世界诸宗教在伦理方面现在已有的最低限度的共同之处"③。此次活动的发起人孔汉思(Hans Küng)为此引用各种

---

① 就汉语文化领域而论,赞同响应的意见可以参见1997年11月10—12日在北京召开的"全球伦理与中国传统伦理"会议上由24名中国学者签署的会议宣言(载于H. Schmitd, Allgemeine Erklärung der Menschenrechten, Ein Vorschlag, München: Piper, 1998, S. 101-106);反对的意见例如参见赵汀阳《我们和你们》(载于"中国学术城"网站)。笔者虽不赞同将全球伦理与人权概念结合在一起的政治化做法,但也不赞成赵汀阳的偏颇论调,即"全球伦理"的新意仅仅在于它的政治态度:"一种文化有义务以另一种文化为准来进行修改。"这个观点从一开始就把文化间的关系预设为对立,而放弃了对"政治道德"与"宗教道德"或"内心道德"之间的差异做进一步的分析。还可以参见墨哲兰(张志扬)的文章《"金规则"之"罪己诏"》(载《读书》1999年第10期)。笔者同意墨哲兰对传统文化实际展开过程的追溯与批判,但不能赞同墨哲兰以实然现状来否定应然要求的做法。上述两种做法都可能与流行的"非理论的"或"反理论的"态度相符合,但仍然无法提供积极的思想指向。笔者在这里的意图更多在于为"全球伦理"寻找肯定性的基础。

② [德]孔汉思、[德]库舍尔编:《全球伦理——世界宗教议会宣言》,何光沪译,四川人民出版社1997年版,第55页。"符合人性的"(humanely, menschlich)在这里也被译作"人道的"。

③ [德]孔汉思、[德]库舍尔编:《全球伦理——世界宗教议会宣言》,何光沪译,四川人民出版社1997年版,"序"第2页。

文化传统的证据来支持这个原则,指出它不是新发明,而是对"金规则"的新发现。

这里所说的"金规则",也就是通常在汉语语境中所谓的"己所不欲,勿施于人"。这个原则在它的最初倡导者孔子那里应当意味着一个原理。例如,《论语·卫灵公》记载:"子贡问曰:'有一言而可以终身行之者乎?'子曰:'其恕乎!己所不欲,勿施于人。'"① 据此可以说,在孔子所确立的基本原则中,"恕"是儒家伦理道德规范的底线。②

这样的主张在世界的几乎所有文化中都可以找到。宣言为此做了较为充分的列举。③ 这个主张以各种不同的口吻、不同的语言被说出,因此,被看作一个"金规则",即对各种人类文化传统都有效的法则。在全球伦理宣言中,这个基本要求进一步被具体化为四条古老诫令"不要杀人,不要偷窃,不要撒谎,不要奸淫"及其积极的现代形式"1. 坚持一种非暴力与尊重生命的文化;2. 坚持一种团结的文化和一种公正的经济秩序;3. 坚持一种宽容的文化和一种诚信的生活;4. 坚持一种男女之间的权利平等与伙伴关系的文化"④。

所有这些,都被看作"人性"的一个组成部分。因此,"每一个人都应当得到符合人性的对待"便获得了一定的内容上的充实。

当然,对人性问题的进一步探问将会使问题重又变得复杂起来,因为这是一个在中外思想史上都有过长期争论的问题。例如,首先是人性"本善"与"本恶"的问题。对这个问题的回答,规定着人应当受到何种"符合人性"的对待。全球伦理宣言回避了对这个问题的回答。其次,如果在人的原初自然本性中谈论性善与性恶是一个越度的问题⑤,那么一个绝对的伦理原则是否就必须首先依据对原初人性的认识论把握?全球伦理

---

① 另可参见《论语·颜渊》,12.2;《论语·公冶长》,5.12。
② 关于孔子思想中的"忠""恕""仁"三个核心概念之间的关系,后面还会做进一步的探讨。
③ [德]孔汉思、[德]库舍尔编:《全球伦理——世界宗教议会宣言》,何光沪译,四川人民出版社1997年版,第75、148—154页。
④ [德]孔汉思、[德]库舍尔编:《全球伦理——世界宗教议会宣言》,何光沪译,四川人民出版社1997年版,第55、15—26页。
⑤ 因为这里还没有涉及伦理学的问题,就像狼吃羊的本性无所谓善与恶一样,所以告子的话是合理的,"性无善无不善也"(《孟子·告子上》,11.6)。但这里的"性"应当是指人的自然本性,而非社会本性。

宣言也没有涉及这个问题。最后我们还会面临一个根本的问题：我们究竟应当根据"实然"来提出"应然"，还是从"应然"出发来要求"实然"？这个问题在全球伦理宣言中也被置而不论。

尽管如此，我们在这里仍然愿意将这个初步的确定作为一个已有的初步共识或应当成为共识的命题接受下来。

进一步的问题毋宁在于，这个显然是通过归纳性的列举而获得的命题能否成为一个绝对必然的伦理原理。更确切地说，我们这里更关心的问题是，我们是否有理由进一步提问：为什么我们要说"每一个人都应当得到符合人性的对待"。如果这是一个公理，那么这个问题是无益的，就像我们无法询问为什么"A = A"一样；如果它不是公理，那么这个提问就会显得是必要的。

第二节　儒家视野中作为"金规则"前提的同情心

在思考"一份全球伦理的宣言应当包含什么"的问题时，全球伦理宣言的发起人孔汉思想到的首要内涵便是，"应当深入到更深的伦理层面，即，有约束力的价值观、不可取消的标准和内心的基本态度的层面"，"尽管在特定的领域有种种的推论，一种伦理首先要关心的，仍然是人的内心世界，是良心的领域，是'心灵'的领域，这个领域并不直接受制于可由政治力量（国家、法庭或警察的权力）施予的制裁"①。在这个意义上，全球伦理的倡导者所最终依据的显然是道德的主体性，或者说，是伦理－心理的系统。②

这也曾是孔子的基本意向以及后期儒学发展的基本取向。③ 孔子思想

---

① ［德］孔汉思、［德］库舍尔编：《全球伦理——世界宗教议会宣言》，何光沪译，四川人民出版社1997年版，第59页。

② 我们在后面的第四部分中将会看到，全球伦理倡导者的这个意向与全球伦理的主张在一定程度上是相背的。

③ 当然，在后人对孔子的发展和解释中，也有许多对儒学的外向趋势的指明，例如在儒学内部，荀子主要强调并展开了孔子的"礼"的思想；而在儒学外部，庄子把道学与儒学的基本差异定义为"治内与治外"。

体系的核心是"仁",即所谓孔子崇仁,这已经为绝大多数孔子研究者所确认。而"仁"的首要成分是道德情感,是发自内心的自然要求,具体地说,是"仁者爱人"(《论语·颜渊》,12.22),这也构成后世对孔学的总体理解。①

在对"仁"的进一步解释中,"忠恕"的层面得到凸现。《论语·里仁》记载说:"子曰:'参乎!吾道一以贯之。'曾子曰:'唯。'子出,门人问曰:'何谓也?'曾子曰:'夫子之道,忠恕而已矣。'"孔子在这里没有提到"忠"的基本含义。大约是自朱熹的评注"尽己之谓忠,推己之谓恕"之后,这个意义上的"仁"才普遍地被看作具有两个面,作为肯定面的"忠"和作为否定面的"恕":肯定的一面是指"己欲立而立人,己欲达而达人"(《论语·雍也》,6.30),否定的一面也就是相当于"金规则"的"己所不欲,勿施于人"。② 也有人并不把"忠恕"看作"仁"本身或它的某个层面,而更多看作"实行'仁'的根本途径"③。

孔子之后,在偏重向内求索的子思学派中,道德主体性的因素得到了更进一步的发挥。在这里可以发现从"仁爱"到"忠恕"的最为清晰的展开线索:"爱生于性,亲生于爱,忠生于亲。"④ 此后到了孟子那里,他的四端说不仅把从"人心"范畴加以阐释的"仁"⑤ 视为四德之一,而且其他的三德"义、礼、智"都从道德主体的方面得到了明确的解释。本章在后面还会进一步讨论这个问题。

这里我们至少已经可以看到"己所不欲,勿施于人"思想在孔子和以后儒家的思想中所具有的基本位置。我们在此可以参照这个位置来思考作为全球伦理之原则的"金规则"。也就是说,孔子的"忠恕"思想曾经面对的问题,也可能就是全球伦理思想如今正在面对的问题。因为,如果

---

① 例如在劳思光那里,他把孔子的"仁"视为"大本",是"义""礼"的基础。并且在这个意义上把孔子创立的儒学理解为"基本上以'道德主体性'为中心"。(劳思光《中国文化要义新编》,香港中文大学出版社1998年版,第15-16页)还可以参见李泽厚《中国古代思想史论》(人民出版社1985年版,第15-16页),虽然在李泽厚的解释中,"仁"并不仅仅具有道德主体性的因素。

② 例如参见杨伯峻《试论孔子》,见杨伯峻《论语译注》,中华书局2009年版,第16页。这个理解现在已经成为通行的解释。

③ 例如参见冯契《中国古代哲学的逻辑发展》上册,上海人民出版社1983年版,第86页。

④ 荆门市博物馆编:《郭店楚墓竹简》,文物出版社1998年版,第203页。

⑤ 参见《孟子·告子上》,11.11:"仁,人心也。"

"忠恕"像子思学派所描述的那样已经远离"人性"的源头，那么对它的诉诸就很难具有深层次的道德意识效应。

对道德意识的奠基层次的分析可以表明，对"忠恕"思想或"己所不欲，勿施于人"律令的认可实际上包含着一个隐含的或被默认的前提：人所具有的同情心，或者用道德中性的概念来表述，即人的同感能力。如果缺乏这个前提，也就是说，如果我不能同感他人的感受，如果我根本无法想象另一个自我的"欲"与"不欲"的状况，不具有所谓"将心比心"的能力，那么"己所不欲，勿施于人"的要求就仍飘在空中，缺乏合理的根据。因为，我所不欲的，可能是他人所欲的；我所欲求的，也许正是他人不欲的；如此等等。庄子的"子非鱼"的故事几乎就是对此的一个注解。所以人之所以需要遵守"己所不欲，勿施于人"的原则，乃是因为，我既知晓自己的喜怒哀乐，也能设想别人的悲欢离合。易言之，我首先知道，别人与我有同样的感受力和资质，而后我才能知道，对我不快的，对别人也可能不快，因而不忍强加于他人。

孔子"忠恕"思想的这个隐含前提是通过孟子对"仁"的解释而得到指明的。孟子将"同情心"（或"不忍人之心"）看作人性的最基本内涵，即所谓"无恻隐之心，非人也"。在他所说的人性四种萌芽亦即四端中，"恻隐"为首："恻隐之心，仁之端也；羞恶之心，义之端也；辞让之心，礼之端也；是非之心，智之端也。人之有是四端也，犹其有四体也。"（《孟子·公孙丑上》，3.6）他在这里把"恻隐"或"同情"等同于"仁"，或至少是"仁"的萌芽。这意味着，他在孔子所说的作为"忠恕"的"仁"的方向上又更深入了一步，以此而为儒家社会伦理的普全要求奠定了一个个体道德意识的自然基础。可以说，在孟子这里，"金规则"应当是"恻隐之心"（或"仁"）而非"己所不欲，勿施于人"（或"恕"）。

将这个道理用到全球伦理上，就意味着"每一个人都应当得到符合人性的对待"。这个社会伦理的共识原则上必须以孟子所说的"人皆有不忍人之心"为最终的自然美德依据。后者是一个道德意识的"实然"状态，前者是道德意识的"应然"要求。在笔者看来，每一个社会伦理的要求都必须或者建立在自然美德的基础上，或者建立在理性的基础上。我们在这里遇到的是第一种情况。

第三节 西方视野中作为原本道德意识的同情心

当然,把"同情"看作人类道德意识的最原初起源,这种做法在近现代西方思想家那里也常常可以见到。以亚当·斯密为例,他在其《道德情操论》中首先讨论的便是"同情"。他在书的开篇就说:"无论人们会认为某人怎样自私,这个人的天赋中总是明显地存在着这样一些本性,这些本性使他关心别人的命运,把别人的幸福看成是自己的事情,虽然他除了看到别人幸福而感到高兴以外,一无所得。这种本性就是怜悯或同情,就是当我们看到或逼真地想象到他人的不幸遭遇时所产生的感情。"① 从总体上看,亚当·斯密是把"同情"视作道德意识的起源与核心。他反对把"同情"看作人类具有的另一种原生美德"自爱"的衍生物。他举例说,当我同情别人失去独生子时,这种同情可以是完全纯粹无私的同情,我并不需要考虑,如果我有一个独生子,并且他不幸去世等,而只是同感到哀痛。再如,一个男子可以同情一个分娩女子的痛苦,尽管他并不能真正地想象出这种痛苦,如此等等。②

亚当·斯密的这个观点与现象学伦理学家马克斯·舍勒的看法处在对立的状态中。他们两人分别代表了历史上两种对爱心与同情心之间奠基关系的不同理解。一种观点认为同情比爱、恨更为原本,甚至认为爱是同情的特殊形式或结果。另一种则最明显地表露在舍勒的同情伦理学中,他认为前一种理解"在根本上预设了想要推导出来的东西"③,也就是说,在舍勒看来,"同情"不是最原本的道德情感。他的基本理由可以归纳为三点:其一,同情并不指向价值,"同情在其任何一种可能的形式中原则上都是价值盲目的";其二,同情并不贯穿在所有伦理判断的始终,例如自

---

① [英]亚当·斯密:《道德情操论》,蒋自强、钦北愚、朱钟棣等译,商务印书馆1997年版,第5页。
② 参见[英]亚当·斯密《道德情操论》,蒋自强、钦北愚、朱钟棣等译,商务印书馆1997年版,第419页。
③ 参见 Max Scheler, *Gesammelte Werke*, Bd. 7: *Wesen und Formen der Sympathie*, Bern/München: Francke-Verlag, 1973, S. 17。

身评判甚至他人评判都可以在无同情参与的情况下进行；其三，同情是被动的、相对的，不具有自发性，因而根据他的价值"偏好法则"而从一开始就处在次要地位。与此相对，舍勒提出"爱"才是最原本的道德意识，它在这三个方面都明显优越于同情。①

无论是将"爱"还是将"同情"看作第一性的道德意识，都不会与孟子的基本想法相背。事实上，孟子和孔子都曾有过"仁者爱人"② 的定义。如果我们在这里可以对孔孟的相关思想做一个范畴上的梳理和排序，那么原则上可以确立，"爱"与"同情"在儒家创始人那里被看作道德意识的万源之源。这个想法与许多西方伦理思想家的分析是一致的。而作为"忠恕"之内涵的"己欲立而立人，己欲达而达人""己所不欲，勿施于人"则只是对这两个原初道德意识的进一步发挥和展开。

原则上可以肯定，没有"同情"或"同感"的原本道德意识，"己所不欲，勿施于人"的要求是无法成立的。用儒学的概念来说，"恕"必须以作为"恻隐"的"仁"为前提。而"忠"（"己欲立而立人，己欲达而达人"或"金规则"的正面阐释"你们愿意人怎样待你们，你们也要怎样待人"③）是否以作为"爱"的"仁"为前提，这个问题还需再进一步考察才能回答。④

我们在这里可以把"爱""同情"与"忠恕"的区别用休谟的概念定义为"自然美德"与"人为美德"的区别，或者用尼布尔的概念定义为"个人道德"与"社会道德"的区别。

---

① 参见 Max Scheler, *Gesammelte Werke*, Bd. 7: *Wesen und Formen der Sympathie*, Bern/München: Francke-Verlag, 1973, S. 17–19。

② 参见《论语·颜渊》，12.22，以及《孟子·离娄下》，8.28。这里可以参考蒙培元的分析，他将孔子的"仁"分为四个层面。他认为，"仁"的第一个层面是"亲情"或"孝悌"，属于自然情感；第二个层面是"忠恕"，属于儒家的"社会伦理"。（参见蒙培元《从仁的四个层面看普遍伦理的可能性》，载《中国哲学史》2000 年第 4 期，尤其是第 50 – 51 页）我们在后面还会回到这个问题上来。

③《新约·马太福音》，7：12。

④ 其所以在这里暂时无法得出结论，乃是因为在"爱"的标题下所包含的种类繁多，必须做出进一步的描述与分类。在笔者看来，"母爱""自爱""性爱"等无疑属于自然道德意识和自然本性，而"孝悌""他爱"等则毋宁应当纳入社会伦理的范畴。在这个意义上，"孝悌，仁之本也"（《论语·学而》，1.2）和"亲亲，仁也"（《孟子·告子下》，12.3）都已经不是在蒙培元所说的"仁"的第一层面上的道德意识了。

第四节　个体道德和社会道德的区分

实际上,"己所不欲,勿施于人"这个要求本身并不是一个自然美德或原本的道德意识,而是一个建立在自然美德(同情)基础上的人为美德。它是出于社会功用的目的而被弘扬的基本道德规范。

这里所说的"自然美德"和"人为美德"取自休谟的道德学说。他将人类的所有道德感区分为自然的和人为的:自然美德是最原始的动机,如责任感等;而人为的美德是反思的产物,如正义感和不义感等。①

休谟提出的这一对概念与尼布尔所说的"个人道德"与"社会道德"即使不是完全相互等同,也在很大程度上相互涵盖。尼布尔认为个体道德的最高理想是"无私",社会道德的最高理想是"公正"。他将它们也称作"社会需要和敏感的良心命令之间的冲突""政治与伦理的冲突""政治道德与宗教道德的对立",如此等等。②

所谓自然美德,应当是指每个人生而固有的道德意识萌芽,因而是道德意识的最原始的基础。汉语文化中的"良知"概念是与之最为对应的概念。它并不因为社会环境、文化背景、传统教育等方面的差异而改变、消失或泯灭。孟子曾把"仁"定义为一种"良知、良能",即"人之所不学而能者,其良能也。所不虑而知者,其良知也"③。这里的"良",或者被解释为"甚",即"最",或者被朱熹解释为"本然之善"。总的说来,它是指一种天生的本能。所有这些解释都指出"自然美德"或"个体道德"相对于"人为美德"或"社会道德"的独立性,甚至是奠基性。这个意义上的"良知",在西方思想家那里也可以发现。例如舍勒认为,"我们

---

① 参见 [英] 休谟《人性论》,关文运译,商务印书馆1980年版,第523-524页。
② [美] 莱茵霍尔德·尼布尔:《道德的人与不道德的社会》,蒋庆、王守昌、阮炜等译,贵州人民出版社1998年版,第201-203页。
③ 《孟子·尽心上》,13.15:"孩提之童,无不知爱其亲者;及其长也,无不知敬其兄也。亲亲,仁也。敬长,义也。无他,达之天下也。"

的良知对社会的全能是一无所知的"①，尼布尔把"个人道德"看作与"社会需要"相对立的"敏感的良心命令"②，如此等等。③

如果我们回到"金规则"的论题之上，那么"每一个人都应当得到符合人性的对待"或"己所不欲，勿施于人"的原理与"同情""爱""责任"等"自然美德"之间的关系便可以再次得到突出：前者是一种社会道德，后者是一种个体道德。它们之间的基本差异首先可以归结为以下两个方面：

第一，从认知层面来说，个体道德是一种自知，它是个体确然的；社会道德是一种共知，具有一定程度的普遍确然性或普适性。④ 尽管个体道德的实事内涵可能在许多方面与社会道德的要求相一致（否则它无法成为社会道德的基础），但是，个体道德的责任感主要依据自然的道德意识，以及对这种道德意识的不断的内心反省和因此而造成的有意无意的强化。社会道德的情况相反，它始终必须以"共识"或"公意"为准绳，以时代精神和社会理想或群体环境为转移，并且始终是政治力量或强力的辅助手段；社会道德在这个意义上也可以被称作"政治道德"。⑤

第二，从行为层面来说，个体道德产生于原初道德意识的自发必然性，是本能道德；社会道德则根据人类社会生活的必要而被倡导和要求，是理性道德。因此，可以解释这样一个事实：个体道德不具有必然的社会

---

① Max Scheler, *Gesammelte Werke*, Bd. 7: *Wesen und Formen der Sympathie*, Bern/München: Francke-Verlag, 1973, S. 18.

② ［美］莱茵霍尔德·尼布尔：《道德的人与不道德的社会》，蒋庆、王守昌、阮炜等译，贵州人民出版社1998年版，第201-203页。

③ 何光沪将"全球伦理"描述为"宗教良知的国际表现"，其本意虽然不像是想做出类似"世界良知"或"公共良知"的"可疑发明"（参见［德］马丁·海德格尔《存在与时间》，陈嘉映、王庆节译，生活·读书·新知三联书店1999年版，第319页），但至少是犯了"用词不当"的错误，其根源可能在于他没有看到作为个体道德的"宗教良知"与作为社会道德的"普适伦理"之间的界限与差异（参见何光沪《"全球伦理"：宗教良知的国际表现》，载于王作安、卓新平主编《宗教：关切世界和平》，宗教文化出版社2000年版，第141-154页）。

④ 这也是笔者强调"良知"首先是"自知"的主要理由。参见本书第六章"良知：在'自知'与'共知'之间——欧洲哲学中'良知'概念的结构内涵与历史发展"。

⑤ 尼布尔认为，"只有纯粹的浪漫主义者才坚持认为在没有使用强力或强力威胁的情况下国家群体能够达到'共识'或'公意'"（［美］莱茵霍尔德·尼布尔：《道德的人与不道德的社会》，蒋庆、王守昌、阮炜等译，贵州人民出版社1998年版，第5页）。在这个意义上，全球伦理的倡导者是一些浪漫主义者，或者说，是一些理想主义者。而且他们通过全球伦理所表达出来的对道德原则普适性与内向性的要求是相互矛盾的。

效用；社会道德则相反，它的存在就在于它的社会效用。当然，个体道德通常也会具有一定的社会效用，最明显的例子就在于自爱与母爱的本能是人类个体与种族群体自身保存的最基本条件。但这种道德意识本身并不从一开始就具有这方面的明确意向，否则"本能"也就不再是本能，而成为理性的算计。换言之，个体道德本质上包含本能的责任意识，社会道德则更多地出自理性的义务意识。

这里的列举远远没有穷尽个体道德与群体道德间的相互关系。这应当是伦理学研究的一个重要课题。尼布尔曾指出群体道德意识（我们这里暂且将它称作"社会伦理"）要比个体道德意识多①，这应当是一个事实。而且很明显，许多群体道德最终并不能还原为个体道德，也就是说，"己所不欲，勿施于人"向"同感"的还原并不能普遍地代表群体道德与个体道德之间的关系。此外，是否存在出于个体、自然道德与社会、人为道德的道德意识，例如，个体对群体、社会的自发责任感也是一个值得讨论的问题。

但有一点可以肯定，个体道德或自然美德是在更为深入、更为内在的层次上起着作用，它们不会因为时代精神的变迁而发生改动，因为个体的道德意识比群体的道德意识更为原本，而且它们所诉诸的更多是个体的良知而非普适的道德规范。

第五节 从个体良知到全球伦理的转变

在确定个体道德与社会道德之间的两个基本分歧之后，或者说，在确立了某种形式的道德二元论之后，我们现在可以来简要地思考一下全球伦理倡导者的基本意向的合理性。

对全球伦理的弘扬与强调显然出于一定的社会需要，这个意图在全球伦理宣言中是明显可见的。依据一个普适的伦理原则来维护一个最基本的社会秩序，这在任何时代都是有意义的，而在今天的全球化进程中，这种

---

① 参见［美］莱茵霍尔德·尼布尔《道德的人与不道德的社会》，蒋庆、王守昌、阮炜等译，贵州人民出版社1998年版，第6页。

意图就尤为值得尊重。绝大多数人都不会希望一个失去了最基本伦理价值尺度的无序社会与世界。在这个意义上，笔者愿意在全球伦理宣言上签署自己的名字。

当然，仅仅认可这种弘扬伦理共识是不够的。如何将此共识进一步具体地实施是更为重要的问题。全球伦理倡导者们也看到了这一点。他们提出"转变人心"的问题，即如何将这种伦理思想付诸"教化"的问题。①而在涉及这个问题时，个体道德与社会道德之间的另一个差异，即教化方面的差异会显现出来。

实际上，"教化"本身就是一个社会层面的问题，这首先是因为任何时代、任何社会的教育都带有社会与政治功用的色彩。就此而论，在教化与道德中性－价值中性的自然美德或个体道德意识之间并不存在内在的联系。此外，既然自然美德是天生的萌芽，教化原则上也就只能起到辅助的作用。

很难说早期儒学代表人物是否看到了教化与自然美德之间的这种关系，但他们仍然关注对自然美德或个体道德的培养。孟子说："有是四端而自谓不能者，自贼者也；谓其君不能者，贼其君者也。凡有四端于我者，知皆扩而充之矣。若火之始然，泉之始达。苟能充之，足以保四海；苟不充之，不足以事父母。"（《孟子·公孙丑上》，3.6）这显然就是将自然美德加以社会化和功用化的一种考虑。

我们可以在这个层面上来讨论个体道德与社会道德之教化的进一步差异。具体说来，这个差异与它们之间的前两种差异（认知差异、行为差异）密切相关，甚至是由它们所决定的：与个体道德意识相关的教化原则上要通过内心反省而被唤醒和加强；与社会道德意识相关的教化则必须完全借助于理性的论证和功用成效方面的权衡。可以说，个体道德与社会道德的本质差异决定了两种教化方式的本质差异，甚至一定程度的对立。例如，"母爱"的本能是先天的，它的被唤醒原则上无法通过功利的说明来完成；而"爱国"意识完全需要后天的灌输与培养，"诚信"律令也只能建立在功利说明的基础上，即说明撒谎虽然可以带来短期的好处，却有损

---

① ［德］孔汉思、［德］库舍尔编：《全球伦理——世界宗教议会宣言》，何光沪译，四川人民出版社1997年版，第28页。此外，在对四项不可取消的规则的四个解释中，每个解释的第三点都涉及教育问题，参见同上书，第17、19、23、25页。

长期的利益；如此等等。

在涉及对利己主义的内部强制和社会强制问题时，尼布尔认为，"接受一种坦率的道德二元论要比接受调和两种强制方法的某种企图要好得多，因为这种调和对两者的有效性都会造成危害"①。将这个思想转用在"金规则"与"同情"、"个体道德"与"社会道德"的关系上，笔者的结论便是：全球伦理与个体良知是道德意识发展的两个向度，两者在一定程度上是相互抵触的，却又因此而在一定程度上可以相互补充。但是，由于个体良知原则上构成全球伦理的基础，因此道德意识的更为根本的起源仍然是对个体良知的诉诸。

身处一个伦理危机的时代，追溯人类道德意识的自然源头，追溯它的基础与本然，就成为伦理学的首要任务。寻找最基本的道德共识固然也是须做的工作之一，但在个体道德意识中含有的自然共性才是这种共识的最终根据所在。更重要的是，如果把社会的基本共识看作所谓伦理学的底线，就不仅会犯舍本事末的错误，还会导致基础道德教育方面的决策失误。

---

① ［美］莱茵霍尔德·尼布尔：《道德的人与不道德的社会》，蒋庆、王守昌、阮炜等译，贵州人民出版社 1998 年版，第 212 页。

第九章

道德能力的先天与后天
——羞恶之心的现象学分析

第一节 引论：羞感作为道德问题

关于羞恶之心（羞感）及其与道德之关联的思考，从中外思想史上虽不能说是俯拾皆是，却也不能说是乏善可陈。只是这些思考似乎总是处在一个尴尬的、不上不下的位置。尽管"羞恶之心"的问题在孟子那里便已获得道德奠基的地位，但它一直以来始终没有在后来的思想家的思考中保持住这个地位，甚至连它是否属于道德现象也还仍然是一个有争议的问题。似乎从未有人考虑过建立"羞恶伦理学"的可能性。① 与之相比，孟子赋予"恻隐之心"的相等地位，在中外思想史上倒是通过各种形态的"同情伦理学"而一再得到了应和与维续。

笔者之所以想要在此特别讨论这一问题，主要是因为曾经似乎以纯属偶然的方式不断地接触到了相关的讨论话题，并从中获得许多启发而产生一些想法。这些讨论首先是陈少明的《明耻——羞耻现象的现象学分析》一文②，其次是让·克洛德·布罗涅的《廉耻观的历史》一书③，再次是因陈少明论文而重读的现象学伦理学家马克斯·舍勒的《论害羞与羞

---

① 或许舍勒可以算作一个例外。他曾提出"羞与羞感的现象学"，将此纳入现象学情感分析的领域，并试图从中得出伦理学的结论。
② 该论文宣读于2006年6月3日在广东佛山高明举办的"哲学与知天命"研讨会上。
③ ［法］让·克洛德·布罗涅：《廉耻观的历史》，李玉民译，中信出版社2005年版。

感》①，最后是在笔者于2006年上半年开设的原著讨论课上研读的分析哲学伦理学家恩斯特·图根特哈特的文章《道德的概念与论证》②。这些思想者的相关思考有一个共同特点，他们都讨论羞耻与道德的关系。这篇文字是笔者对由此而引发的在羞耻、身体与道德三者之间关系的一些思考记录。这个思考可以被看作对被讨论的观点的进一步展开，但只是在某个特定的方向上。除此之外，这个思考一直延伸到笔者近几年来对道德意识三个来源问题的现象学描述分析上，并且有机地成为这个探讨的一部分。

第二节　对羞感的两种划分方式

陈少明的《明耻——羞耻现象的现象学分析》一文，区分在"耻"或"羞"（英文shame、德文Scham、法文pudeur）这个词中，或者说，在这个词所指示的现象中所包含着的四种基本的类型——羞、愧、耻、辱，它们指示着与羞感相关的不同感受与反应。布罗涅的《廉耻观的历史》一书则基本上是一种经验的历史陈列，更确切地说，是文献经验的历史陈列。但他在书的结尾处也大致区分出在羞耻（廉耻）中包含的四种特性或本质要素：自然性、公开性、活跃的进程、必要性。③

这两种分析本身，在一定程度上已经表明两种不同文化中的两种羞耻观的基本特点。这里所说的羞耻观，并非指在布罗涅那里被译作"廉耻观"的pudeur，而是特别用来指学者讨论羞耻问题的方式。汉语在表述羞耻现象时提供了诸多可以选择的现成语词，除了已经提到的"羞""愧""耻""辱"以外，还有相关的语词如"惭""臊""涩""疚""腼腆""尴尬""不好意思"，如此等等。因此，我们在描述与shame相关的现象

---

①　M. Scheler, "Über Scham und Schamgefühl", in ders., *Gesammelte Werke*, Band 10, Bonn: Bouvier-Verlag, 1986, S. 65 – 154. 中译文见[德]舍勒《论害羞与羞感》，林克译，见[德]舍勒《舍勒选集》，刘小枫选编，上海三联书店1999年版，第531 – 628页。

②　E. Tugendhat, "Zum Begriff und zur Begründung der Moral", in ders., *Philosophische Aufsätze*, Frankfurt a. M.: Suhrkamp Verlag, 1992, S. 315 – 333.

③　参见[法]让·克洛德·布罗涅《廉耻观的历史》，李玉民译，中信出版社2005年版，第338 – 339页。

或感受时就会觉得游刃有余，而西方语言在涉及对 shame 的描述时则可能会因相关语词的贫乏而显得捉襟见肘。①

当然，这样一种语言差异似乎并未阻碍学者们在讨论羞耻问题时的敏锐眼光。陈少明和布罗涅的两种类型划分和确定，各有千秋。但为明了起见，笔者在这里更愿意借助于舍勒在羞感类型上所做的两对区分：身体羞感—灵魂羞感与个体羞感—社会羞感。②尽管在这两对概念中，笔者主要想探讨的是身体羞感，但由于它们相互交切，因此，文中也会对后者有所涉及。

之所以主要想讨论身体羞感，不仅是因为本次讨论会的题目（"体知与人文学"）涉及身体，也不仅是因为在中国传统文化中对这个问题的讨论较为罕见③，更主要的原因在于，身体羞感涉及羞感一般的一个基本特性。它在布罗涅的分析中已经有所显露。它可以归结为这样一个问题：羞感是否有先天的和后天的之分别？用布罗涅的术语来表达便是：羞感是否具有自然性？

第三节　羞感的先天性

将身体羞感（或性羞感④）与人的自然本性联系在一起，或者干脆认为身体羞感就是人的自然本性，这个观点基本上建立在对人天生有遮掩身体的特定部位，主要是性器官的习性的观察上。与身体、性相关的羞感最有可能是天生的。尤其是女性的羞涩和性羞涩，通常被视作自然本能。这个本能既被理解为心理的，也被理解为生理的。如果把身体羞感理解为羞

---

① 这个问题在陈少明的文章中也已涉及。参见该文注①。也可参见布罗涅在《廉耻观的历史》（第 XIII 页）中对法语的"廉耻"的词语和历史的概述。

② 布罗涅对廉耻观的分类显然借鉴了舍勒的成果。参见［法］让·克洛德·布罗涅《廉耻观的历史》，李玉民译，中信出版社 2005 年版，第 XV、VI – XI 页。

③ 例如，儒家对"羞—恶"、佛教对"惭—愧"的各种解释，都将它们看作精神层面的感受。将身体羞感与道德联系在一起讨论，可以说是西方伦理学的一个特点。

④ 身体羞感大多与性羞感有关。舍勒认为，性羞感是身体羞感的下属形式和核心。参见［德］舍勒《舍勒选集》，刘小枫选编，上海三联书店 1999 年版，第 576 页。

感一般的自然基础，那么进一步的结论就有可能是：所有羞感都具有自然本性的因素，甚至很可能构成其中最为根本的因素。因为，与社会的、人为的、约定的因素相比，人的道德情感中的自然的、本能的因素总是更为恒固，更为普遍，因而也更为基础，可以超越时代、民族、文化的局限。

倘若我们能够确定羞感中的天性因素，甚至把羞感一般都确定为是先天本性所致，那么自然主义伦理学（或本性伦理学）的基石就会变得更为坚实。它将不仅仅包含同情伦理学，还可以包含羞恶伦理学，以及其他等等。①

但这一切至此为止都还只是一个设想或期望。这里的关键在于证明，身体羞感（生理羞感）是天生的，即不习而能的。这个证明应当是后面的所有可能性得以展开和实现的基础。

可惜伦理学理论无法将《圣经》所记载的东西当作人类的真实历史来依据，否则问题就很容易得到解决。在《圣经》所表露出来的在道德与羞感之间的联系中，身体的因素已经得到部分的凸显：《创世记》说上帝创造了亚当、夏娃后，"当时夫妻二人赤身露体，并不羞耻"（《创世记》，2：25）。以后在伊甸园中，蛇诱惑他们去吃分别善恶树上的果子（《创世记》，3：5），吃了之后，"他们二人的眼睛就明亮了，才知道自己是赤身露体，便拿无花果树的叶子为自己编做裙子"（《创世记》，3：7）。很显然，身体羞感与分别善恶的能力在这里被看作基本一致的，或者至少可以说，是同步发生的。从此之后，亚当和夏娃的后代便有了羞耻的感受和道德意识。就此而论，可以说除了亚当和夏娃以外，所有人的羞耻感受和道德意识都是生而有之的，是与人类的"原罪"联系在一起的。

除了在宗教文本上的这类并不能为理论提供论证的依据之外，本性羞耻观的主张者还可以在一些思想家那里获得支持。始终强调自然状态和本

---

① 在孟子的四端说中，现今真正得到大多数伦理学者认可的伦常之端只是"恻隐之心"。"羞恶之心"是否可能成为另一个基石，我们在后面再做讨论。在孟子的四端说之外，我们还可以在母爱、责任等从属于天性的感受中发现本性伦理学的基础。

性的卢梭是其中之一。① 布罗涅本人把羞感的自然性看作羞感的第一特性，便很可能与他所依据的卢梭的思想有关。卢梭认为，廉耻是女性的本性或自然情感。一些女性的寡廉鲜耻是因为她们的自然情感受到了践踏。② 同时，布罗涅也依据了舍勒的研究，认为舍勒是"后天廉耻观的主要反对者"③，如此等等。

第四节　羞感的后天性

但这样一些观点大多出自诗人、神学家和浪漫主义哲学家，很少得到科学主义哲学家和人类学家、社会学家的支持。就专门讨论过羞耻和羞感问题的现象学伦理学家舍勒而言，他的立场很难用一句"后天廉耻观的主要反对者"就概括殆尽。舍勒本人对身体羞耻感是否天生的问题并未给出十分确定的回答，甚至更多地抱有怀疑态度。④ 至少，他列举的人类学家的一些观察的结果都是反对先天廉耻观的：在原始部落中，首先遮蔽羞处的大多是男人而不是女人；没有遮蔽羞处的黑种女人在穿上遮羞的衣服之后却有强烈的羞感。⑤ 舍勒似乎想用这些例子来说明对身体羞感的实证观察并不能为身体羞感的自然性、先天性提供可靠的证明。

---

①　在西方思想家中，卢梭的立场可能是最接近孟子的。卢梭虽然没有把伦理学建基于人的"羞恶"本性之上的想法，但赋予"怜悯"（孟子的"恻隐"）本性以极高的地位，把"自爱"与"同情"（或"怜悯"）看作"两个先于理性而存在的原理"："怜悯心是一种自然的感情，它能缓和每一个人只知道顾自己的自爱心，从而有助于整个人类的互相保存。……它能使每一个身强力壮的野蛮人宁可到别处去寻找到食物，也不去抢夺身体柔弱的孩子或老人费了许多辛苦才获得的东西。在训导人们方面，它摈弃了'你们愿意人怎样待你们，你们也要怎样待人'这样一句富于理性和符合公正原则的精辟格言，而采用'在谋求你自己的利益时，要尽可能不损害他人'这样一句出自善良天性的格言。尽管这句格言没有前一句格言完善，但也许更有用处。"（参见[法]卢梭《论人与人不平等的起因和基础》，李平沤译，商务印书馆2007年版，第75页）

②　参见[法]让·克洛德·布罗涅《廉耻观的历史》，李玉民译，中信出版社2005年版，第Ⅷ页。

③　[法]让·克洛德·布罗涅：《廉耻观的历史》，李玉民译，中信出版社2005年版，第Ⅹ页。

④　舍勒的名言是："羞感仿佛是人类本性的明暗交接处。"（M. Scheler, *Gesammelte Werke*, Bd. 10, Bonn: Bourier-Verlag, 1986, S. 67）

⑤　参见[德]舍勒《舍勒选集》，刘小枫选编，上海三联书店1999年版，第540－541页。

可是另一方面，舍勒看起来又不无矛盾地反对"将羞感归结为教育的结果"，否认它"是遵循一个共同体占统治地位的'道德原则'的产物"。① 于是这里便会出现一个问题：如果黑种女人因为衣服遮住了羞处而害羞，而白种女人则会因为没有衣服遮住羞处而害羞，那么这里的本性差异究竟是如何产生的呢？显然，若是将黑种女人从小带入白种人的社会中生活，那么她的羞感观与白种女人的羞耻观不会有本质区别（这在卢梭时代的社会中便有案例并被引用）。

事实上，舍勒在试图张扬羞感的先天性的同时，忽略了它的显而易见的后天内涵。或者更确切地说，舍勒并未忽略这些后天因素，他只是用后天内涵的矛盾性来说明对人的羞耻本能的论证不能依据后天的内涵，而在此同时却没有明确地指出，羞感的后天内涵的差异性和矛盾性恰恰是以后天内涵的存在为前提的。

第五节　先天形式与后天质料

或许这里的确存在着一个中间的可能性：羞感既是先天的，又是后天的。说它是"先天的"，乃是因为在人性中包含着羞感的能力，一如他的说话能力、走路能力，这些能力在每一个正常人身上都先天地存在，无须后天的传授，亦即孟子所说的不习而能，而这在动物那里显然是没有的；说它是"后天的"，乃是因为如果没有习俗影响和/或教育传授，这种能力就没有具体实现的可能，就像狼孩不会走路、不会说话，也不会有羞耻感一样，即便他生而就含有这方面的潜能。

这里"潜能"一词，标示了许多在人的本性中所蕴含的，但缺少后天的开发和培育则无法实现的机能和力量。我们可以用这个词来描述一些道

---

① 参见［德］舍勒《舍勒选集》，刘小枫选编，上海三联书店 1999 年版，第 559 页。他在这里把主张后天羞耻观的学说看作"最愚蠢的"。

德意识的特征，如羞恶、责任①，却不能用它来标示另一些自然的禀赋，如同情、母爱等，后者无须后天的培育，因而必须被称作"实能"。

如果舍勒还可以算是一个先天廉耻观的倡导者，那么只能是在这个意义上：他认为羞感是使人区别于神和动物的一个标志。② 除人之外，没有任何存在者和生存者能够具有羞感。而人则必须害羞，"羞感是对我们自己感觉的一种形式，因此属于自身感觉的范围"，"而且是一种个体的自我保护感"。③ 也就是说，唯有羞感的能力形式是先天的，无论后天的习俗和教育将会赋予它何种内容。

第六节 羞感的个体性和社会性

这里需要引入 E. 图根特哈特的一个建基于羞恶之心上的道德概念和道德论证尝试。图根特哈特很可能会同意舍勒的上述想法。他在《道德的概念与论证》④一文中便主要是讨论羞耻（Scham）、义愤（Empörung）⑤与道德的关系。他把"羞耻"与"义愤"看作一种对自身能力和他人能

---

① 关于"责任"，洛克曾经试图将它论证为一种天生的本能。在证明"雌雄间的结合目的不只是为了生殖，而且也是为了延续种类"之后，他将此结论推及人类，认为"人类中两性的结合关系，所以不得不比其他生物较为长久，其主要的——如果不是唯一的——原因即在于此"。具体地说，由于女人有怀孕的机能，所以在怀孕期间，父亲就必须照顾他所生的子女，而且要照顾很长的时期。这可以被看作最基本的责任意识。它与种类的自我保存之间存在着内在的联系。但是，卢梭反驳洛克，认为后者所说的并非自然状态中的事实，而是在有了社会之后才出现的事实。参见［法］卢梭《论人类不平等的起源和基础》，李平沤译，商务印书馆 2007 年版，第 152 – 153 页。

② 舍勒认为，神不会害羞，关于某个"害羞的上帝"的想象是"荒谬的"。（参见［德］舍勒《舍勒选集》，刘小枫选编，上海三联书店 1999 年版，第 531 – 532 页）《圣经》的许多记载还表明，上帝会利用人的羞耻心来实施惩罚。只是在这个意义上我们才能赞同布罗涅所说的："犹太人的上帝首先是有羞耻心的上帝。"（［法］让·克洛德·布罗涅：《廉耻观的历史》，李玉民译，中信出版社 2005 年版，第 281 页）

③ 参见［德］舍勒《舍勒选集》，刘小枫选编，上海三联书店 1999 年版，第 544、547 页。

④ E. Tugendhat, "Zum Begriff und zur Begründung der Moral", in ders., *Philosophische Aufsätze*, Frankfurt a. M.: Suhrkamp Verlag, 1992, S. 315 – 333.

⑤ 这与孟子所说的"羞恶之心"是基本一致的。"羞"指羞耻。"恶"指憎恶；前者是对自己的有损价值的意、言、行的道德反应，后者是对他人的有损价值的意、言、行的道德反应。

力进行内部裁定的结果。这种内部裁定与自我价值意识相关，但首先与一种共同体的中心价值相关。共同体的中心价值是其成员所共同认同的。只有在认可自己共同体成员身份的情况下，自我价值意识才有可能出现，内心的制裁①才能成立，羞感和义愤才有可能发生，赞誉和谴责才有可能形成。这意味着，对损害这个中心价值的思想和行为或是感到羞愧并表达赞誉，或是感到义愤并表达谴责，前者与自己的行为相关，后者涉及他人的行为。据此，羞恶之心只有在社会化（或共同体化）的前提下才是可能的，由此而形成的道德也必定是社会化的产物。据此，图根特哈特尝试论证一门建基于内心裁定意义上的道德体系。

图根特哈特的观点在一个基本点上是与舍勒的思考相一致的：每个生活在共同体中的人，都有羞恶的能力，它是道德意识的根本。至于这些羞恶的具体内涵，即它们的相关项，则涉及各个共同体的不同中心价值以及其他具体价值。进一步说，就中心价值而言，各个共同体的成员会因代表自己共同体的中心价值被损害而感到羞恶，但不会为其他共同体的中心价值遭受损害而感到羞恶；就其他具体价值而言，一个人例如可能会为自己下棋下得不好而羞愧，或为做饭做得不好而羞愧等，另一个人则可能根本不介意这些能力。但无论引起羞恶的原因是什么，每个人都生而具有羞恶能力这一点在舍勒和图根特哈特那里都是确定无疑的。对此，孟子也会说："无羞恶之心，非人也。"（《孟子·公孙丑上》）

可是在另一个根本点上，图根特哈特又与舍勒发生冲突。从图根特哈特的角度看，可以说不存在个体的、私下的羞感。只有在共同体中、在公共的场合，羞恶才会发生。无论是身体羞感还是性羞感，都是在面对他人或大众的情况下才会产生的。即便是独自的羞愧，也是面对假想的公众。共同体的中心价值决定着自身价值感受，构成自身羞恶感产生的前提，这实际上排除了个体的私己羞感的可能性。因为从这里出发可以得出，羞恶的感受都是后天形成的，是共同体化的结果。

---

① 内心制裁的对立面是通过法律形式表现出来的外部制裁。

第七节　生理羞感与心灵羞感

而从舍勒的角度来看，图根特哈特的描述可以切中社会羞感以及灵魂羞感的特征，却没有涉及身体羞感和个体羞感的实质。事实上，舍勒对身体羞感和性羞感功能的分析在这方面可以起到补充的作用。舍勒在性羞感方面区分出三种功能，这里不一一列举。① 我们只需把注意力集中在第一个功能上，因为后面两种功能多少带有共同体的性质，即涉及男女间的关系，或者更准确地说，涉及性伙伴间的关系。第一个功能是纯粹个体的，而且是纯粹本能的。这个功能表现为三种形式：身体羞感、里比多羞感和性羞感。前两种羞感都是个体的、独自的，因为还未涉及男女或性伙伴。身体羞感可以在幼儿身上发现，"在排泄要求的压力下，幼儿已经体验害羞冲动"。在以后的发展阶段，里比多羞感开始活跃，它是处在身体羞感和性羞感之间的过渡阶段。由于真正的性本能尚未形成，所以里比多羞感仍然属于个体羞感的类型。也正是由于这种特点，舍勒认为："里比多的羞感在性本能形成之前就已经存在，通过对自慰冲动的部分压抑，它才使里比多有可能涉及异性。"②

这种解释实际上已经把性羞感视为一种遗传的、有利于自身保存和种族保存的先天能力。它保护身体不沉湎于自恋和自慰，而是适时地寻找异性，完成性结合和性繁殖。自身保存的本能在这里分离为两个方面：自身满足和保证自身延续。

性羞感包含身体羞感和里比多羞感这两个前阶段。只是在性本能完全成熟之后，性羞感才成为性别主体间的、社会化的现象。"就像在他人面前的害羞一样，在害羞一词的每个方面都存在同样本原的'面对自己的羞涩'，和'面对自己感到羞涩'。"③不仅身体羞感是如此，灵魂羞感也是如

---

① 参见［德］舍勒《论害羞与羞感》第4部分"性羞感及其功能"，见［德］舍勒《舍勒选集》，刘小枫选编，上海三联书店1999年版，第576－618页。
② ［德］舍勒：《舍勒选集》，刘小枫选编，上海三联书店1999年版，第557、581页。
③ ［德］舍勒：《舍勒选集》，刘小枫选编，上海三联书店1999年版，第543页。

此。但这里对此不再做展开论述。

舍勒的性羞感分析，显然为身体羞感的个体性和孤立性，以及由此而导出的羞感的先天性提供了一定的证明和解释。这或许可以弥补图根特哈特在个体羞感和先天羞感方面论述的不足。这样便可以看出，布罗涅所说的舍勒是"后天廉耻观的主要反对者"是不确切的，因为舍勒所反对的只是那种把廉耻观仅仅看作后天的做法。

由此纵观之，在羞感的先天和后天、个体和社会的差异与对立上，舍勒照顾得比较周全。他明确地说："羞愧（Scham）甚至都不是一种单一的社会的感受，仅因为此，它也就不会是一种单一的性感受。"① 但是，如前所述，他似乎没有道德情感的"潜能"概念，似乎也没有意图把康德所确定的"先天综合判断"的能力转用在对羞感的分析上。

第八节　几种羞感划分之间的关系

当然，舍勒对羞感的先天性的论证并不是完全可以令人信服的。对性羞感前两个阶段的观察，与发生心理学的研究相关。这种研究始终建基于实证科学的方法上，这意味着，它随时有可能被证伪。在这种情况下，将羞感的研究和伦理的结论建基于这种观察结果之上并不是没有问题的。

真正现象学反思的本质直观是否可以在这里发挥作用？这取决于我们在这里能够看到的东西是否具有明见性：当我们谈到羞感时，我们常常会想到两种典型的情况，一种是生理方面的，面红耳赤，不敢看人，如此等等；另一种是心灵方面的，内心惭愧和懊悔，并含有歉意。它们都可以在"不好意思"这个短语中得到表达。

这两种状态与舍勒所说的"身体羞感"和"灵魂羞感"的概念有联系，但它们之间的差异性应当大于相同性。从"生理羞感"和"心灵羞感"的现象来看，有一点基本上可以肯定：在这两者之间存在着先天本能

---

① 在中译本中，此句被错误地译作："正因为羞感绝不是一种社会的感觉，所以它也不是纯粹的性感觉。"（参见［德］舍勒《舍勒选集》，刘小枫选编，上海三联书店1999年版，第543页）由于此句事关问题核心，所以需要在此特别提出。

反应和后天理性思考的区别。如果父母在训诫孩子时说"你应该为此而脸红",那么这只是一种说法而已,因为脸红这个羞感的身体表现,并不是一个随"应该"的命令而随时可以发生的现象。它的到来并不以当事人的主观意志为转移。它很可能在当事人不希望的时候到来,而在祈愿它出场的时候反而缺席。因此,也许引起羞愧性脸红的原因,完全是与人类后天所受的教育相关的;但人类的脸红,则绝不是由父母所授。这首先是因为,父母本人也无法控制自己的羞感的产生与消失。从这个意义上说,生理羞感的能力必定是天生的。但如果没有后天培育的引发羞感的原因,这个能力就永远只是一种可能性、一种潜能。

与此相反,心灵羞感则与后天的教育相关联,甚至需以后天的教育为前提。图根特哈特以及舍勒的论证所阐明的就是这个道理,只是他们是在共同体核心价值的标题下或在社会羞感的概念中论证这个道理。

生理羞感与心灵羞感完全可以相互独立地出现:在众目睽睽之下,一个人可能即使什么也没做就已经羞涩不堪,但也可能在做了某事之后虽然充满羞愧却面不改色。但这里仍然可以注意到在心灵羞感与生理羞感之间存在内在的联系:生理羞感似乎构成一切羞感的最原初的,也是最恒定的形式,但它不会在一切羞感现象中显露出来;而心灵羞感则与一切羞感的内容相关项密切联系,因此,会随时代、民族、文化传统的变化而变动不居。出现生理羞感的地方,必定应当有心灵羞感相伴随。但在绝大多数情况下,心灵羞感都是在无生理羞感相伴随的情况下产生的。"内疚"一词是对此状况的恰当表达。

以上这些分析可否获得现象学的明见性,当然要由亲身体验过各种羞感的读者来判断。

第九节　羞感作为良知

如果我们可以根据孟子的说法,把"羞感"看作一种良知,即不学而知的能力,那么康德对"良知"(Gewissen)所做的分析也适用于包括"羞感"在内的所有道德"潜能"。笔者曾在本书第六章中试图给出康德的"良心"概念:

"良心"是一种道德要求，即要求人们不断地返回自身，询问自身，要求以内在的东西、本己的东西为行为是非的最终评判标准。所谓没有"良心"的人，是指不去努力地诉诸自身，不去仔细地（gewissenhaft）倾听"内部法官之声音"的人。

康德虽然将"良心"看作"道德判断"，但严格地说，这种道德判断是指人的道德判断能力，它并不与具体的道德判断内容发生联系。①

从这个角度看，羞感作为孟子意义上的一种良知，也应当被理解为人的道德判断能力，它在这里是以个体羞感、生理羞感的形式出现；而道德判断的内容，则始终以社会羞感和心灵羞感的方式表露出来。前者类似于胡塞尔在涉及表象行为时所说的"立义形式"（Auffassungsform），后者则类似于"立义内容"（Auffassungsinhalt）。

确定这一点，也就确定了"羞感"以及羞感分析所能具有的伦理教育意义。父母和老师在训诫孩子时常常说的"你应该为此而脸红"，实际上是一个道德命令。它的功能并不在于要求生成某种生理的羞感能力，而是要求被命令者"回到自身"，诉诸自身，仔细地倾听"内部法官之声音"，由此而使这种已有的潜能得到充分的实现和展开。而对于"应当为了什么事情而脸红"的问题，则必须因人、因时、因地而异来给予回答，因为它涉及具体的道德判断内容，即涉及社会羞感以及与此内在关联的心灵羞感的层面。

第十节　小结：三个结论

在结束之前还需要做一个小结。笔者试图通过本章的分析而指出以下三个命题的合理性，或者说，得出以下三个结论，而这里的结论顺序正好

---

① Immanuel Kant, *Metaphysik der Sitten*, Teil Ⅱ, *Metaphysische Anfangsgründe der Tugendlehre*, Hamburg: Felix Meiner Verlag, 1990, S. 242 f. 参见本书第六章"良知：在'自知'与'共知'之间——欧洲哲学中'良知'概念的结构内涵与历史发展"。

与前面的论证顺序相反：

第一，在人的本性中包含着天生的羞感能力，这从"性羞感"（包括身体羞感、里比多羞感）或"生理羞感"的现象中可以得到证明。因此，孟子"羞恶之心，人皆有之"的命题是可以成立的。它指的是在任何共同体化之前就可以发现的先天"道德潜能"。

第二，羞感中包含后天的纳入因素。这表现在：其一，潜能的实现必定是后天完成的或开发的，如同说话的能力。其二，羞恶的具体内涵，即它的相关项之所涉，也是后天教育的结果。羞恶必须在羞恶者已然认同共同体中心价值的前提下发生，因而会随共同体价值的不同和变化而各有差异。其三，强调潜能的存在，并有意识地开发它，是后天的伦理教育的重要内容，也是道德哲学一个重要使命。

第三，"恻隐之心"与"羞恶之心"构成内在道德意识的两个重要来源。因此，在为道德体系奠基时，除了同情伦理学之外，我们还可以依据羞恶伦理学，虽然它们之间的一个重要不同点在于，前者关系到一种先天的道德实能，后者关系到一种先天的道德潜能。笔者将它们理解为在排除了各种社会约定的道德替代品之后仍能留存下来的道德本性之基本残余。它们构成一切道德体系的基础。

第三编 良知四端

第十章

崇敬与虔敬

——恭敬之心的现象学分析

> 请注意,我不是要求你从许多实例中指出一件两件虔敬的事,而是虔敬的本质,一切虔敬的事之所以为虔敬的特性本身。
>
> ——苏格拉底

要想按苏格拉底所要求的那样明确地指出"虔敬"这类意识体验的本质,即便不是不可能,也的确是一件极为困难的事。苏格拉底自己也从未做到过。① 这与"恭敬"在孟子那里的情况相似。

笔者在这里对"崇敬"概念的分析,是在此方向上的一个探索。笔者将首先尝试对"崇敬"的词义以及它所指称的心理状态或意识体验做出界定,然后再进一步尝试对构成"崇敬"之为"崇敬"的基本要素做出描述。

第一节 语言学的解释

"崇敬"在这里构成一个概念组的核心。它的边缘是模糊的。例如,

---

① 不仅是在《游叙弗伦》中面对"虔敬"问题,而且在所有的对话中对他讨论的所有对象,苏格拉底都以"我知道我无所知"为由,避免对概念做出肯定性的规定。例如在《美诺篇》(71B1-C4)中,苏格拉底曾说,他根本不知道美德是什么,甚至也不知道有谁知道这个。这与印度哲学中的否定性思维方式极为相似。这里可以参考舍尔巴茨基对印度人思维方式的一个概括:"一切确定事物都是否定的。确定即否定","只有作为它们自身否定的否定,它们才是肯定的"。([俄] 舍尔巴茨基:《佛教逻辑》,宋立道、舒晓炜译,商务印书馆1997年版,第573页)

我们很难精确地界定哪种意识体验是"崇敬",哪种是"尊崇",哪种又是"崇拜",诸如此类。因此,我们完全也可以用其他的语词来替代它,例如用孟子的"恭敬",或用苏格拉底的"虔敬"。这样的概念或范畴,我们尽可以列出一批。而这里之所以选择"崇敬"一词而非其他,原因之一便是希望从一开始就避开"虔敬"和"恭敬"这两个负载了厚重文化背景的范畴,仅仅依托一个相对跨文化的或价值中性的语词,由此出发来探索在它所代表的一组概念背后的普遍意识体验结构。

从所有迹象来看,"崇敬"的重点在于"敬"。它一方面与"敬畏"(或"虔敬")相邻,另一方面与"敬重"(或"恭敬")相邻。而"崇"字的基本含义是"高"。① "崇敬"一词在构词上已经表明,在"敬畏"和"敬重"的意识体验中都含有将自己的意识体验对象抬高的因素。我们后面在第三节的现象学分析中还会进一步讨论这个特点。

就汉语的习惯而言,"敬畏"大都涉及超验的领域,与宗教取向相关,与尊贵和庄严的事物相关,例如对神的敬畏、对各种无名力量或未知命运的敬畏,即便被敬畏者并不以某种方式显现出来。② 苏格拉底与游叙弗伦讨论的"虔敬""敬神",主要便是指这个意义上的"崇敬";《旧约·以赛亚书》说的"以他为你们所当怕的,所当畏惧的",也属于此类。即便在这种趋向宗教的意义上,也还有"敬虔""敬惧""虔诚"等语词分别,例如在英文中有 worship、awe、piety、holiness 等,德文中有 Ehrfurcht、Frömmigkeit、Pietät 等,希腊文中有 ὀσιότης、πρόμος、εύσέβεια,诸如此类。

而"敬重"则基本上涉及人与人之间的关系,与崇尚、尊重、礼让的

---

① "崇,高也。"(《尔雅·释诂》)在德文中它的最恰当表达可能是"Hochachtung",因为其中的前缀"hoch"(高),正好与"崇"对应起来。

② 它的最恰当表达在德文中可能是"Ehrfurcht"。这个意义上的"敬畏感"有别于康德的"崇敬感"(Gefühl des Erhabenen)。前者是伦理、宗教的概念,涉及人与人、人与神的关系;后者则主要是美学的范畴,超出人际、人神关系的领域。

习俗有关，亦即与代表它的道德伦理趋向有关。① 这在儒家传统中尤为得到关注。儒家所说的"恭敬"②，主要是这个意思。孔子把"恭"看作仁者的五种能力（"恭""宽""信""敏""惠"）中的第一种，也是仁的三种表现形式（"居处恭，执事敬，与人忠"）中的第一种。此外，他还把"君子之道"中的前两道定义为"恭"和"敬"，即"其行己也恭，其事上也敬"③。孟子则把"恭敬"等同于"辞让"，将之视为四端之一，认为"恭敬之心，人皆有之"，"恭敬之心，礼也"（《孟子·告子上》，11.6）。这些都是针对类似的、宗教以外的人际关系而言。在儒家的家庭伦理思想中，它还包含很强烈的"孝敬"含义。④

因此，我们可以用"敬畏"和"敬重"（或宗教意义上的"虔敬"与伦理意义上的"恭敬"）这对概念的含义及其所指心理状态来界定"崇敬"的含义及其所指心态的两个极点。"敬"构成它的核心，或者说，构成"敬畏"与"敬重"（或"虔敬"与"恭敬"）的交会点。更确切地说，"崇敬"一词的核心意义的两端，是由对神的敬畏和对人的敬重这两个基本因素构成的。

---

① 德文中与"敬重"相对应的概念应当是"Verehrung"，不同于作为"敬畏"的"Ehrfurcht"。其他的相应德文概念还有"Hochschätzung"和"Achtung"等。但由于"Achtung"有很强的"注意"（attention）的意思，因此并不适合用于伦理问题的讨论。然而自康德在伦理学意义上使用这个概念（或者不如说，规定这个概念）以来，德国哲学，尤其是现象学，便对它有所讨论，对此可以参见舍勒在《伦理学中的形式主义与质料的价值伦理学：为一种伦理学人格主义奠基的新尝试》（倪梁康译，商务印书馆 2019 年版）中，尤其是在第 329–332 页和第 357 页上对康德的概念理解的批评；还可以参见海德格尔在《现象学之基本问题》（丁耘译，上海译文出版社 2008 年版）中的第 178–182 页上对康德的这个概念做出的分析，以及就舍勒对康德的批评做出的反批评。这里完全可以扼要地说，他们三人对"Achtung"概念的理解和解释，实际上代表了他们各自的伦理学立场和方法：规范伦理学、生存伦理学和道德感受伦理学。因此，海德格尔对舍勒的批评并不是康德理解上的差异所致，而是外部的立场分歧所致。

② 在孔子那里，出现较多的是便是单字词"恭"或"敬"，《论语》中记载他提到"恭"的地方有七处，提到"敬"的地方有十五处。但本章还是使用"恭敬"的双字词，一方面是因为"恭"与"敬"基本上是同义词（《尔雅·释诂》："恭，敬也。"或《礼记正义·曲礼上》孔颖达引何胤曰："在貌为恭，在心为敬。"）；另一方面，更为主要的原因则在于，这里讨论的范畴与孟子赋予"恭敬"这个词的含义最为接近。这里对与"崇敬"相近的这组词的分析，在很大程度上是对孟子赋予"恭敬"的意义的论证。

③ 参见《论语·阳货》，17.5；《论语·子路》，13.19；《论语·公冶长》，5.16。

④ 孟子也说，"辞让之心，礼之端也"（《孟子·公孙丑上》，3.6）。这里的"辞让"（英文为 politeness），虽然也是指"礼"，但相对于"恭敬"，要离"尊崇"的核心"敬"更远一些，却离"孝"更近一些。

按照这个界定，在极端的情况下，"崇敬"概念中会包含相互对立的成分。例如，柏拉图在《游叙弗伦》中谈论的"虔敬"（ὅσιος），只是指对神祇的虔敬，而不包含对父辈的"孝敬"，甚至可以同时意味着对父辈的不孝敬。当然，在绝大多数情况下，这两个极点并不发生冲突，例如佛教中要求的对佛的"敬顺"、对人的"敬爱"，是和谐一致的，如此等等。对此可以做这样的解释：宗教意识在许多情况下是与伦常意识相一致的。

类似"崇敬"的概念，在中文中有很多，如"尊敬""恭敬""尊崇""敬重""恭顺""崇拜""钦佩""敬奉""敬恭"，如此等等。这类语词在西文中也有很多，以英文为例，有 reverence、adore、esteem、regard、respect、venerate 等。比较特殊的是 piety，大多是指宗教方面的"虔敬"，也可以在特定的意义上指亲情上的"孝行"。① 严格说来，宗教方面的"虔敬"相当于英文中的 godliness 或德文中的 Frömmigkeit，而亲情方面的"孝"或"孝行"，则在西文中找不到对应的概念，通常用 piety 来翻译"孝"仍有遗憾之处，主要是含义过宽，常常还是需要用 filial piety 来做特殊限定。这在一定程度上说明了东西方文化差异的语言学根源。

以上只是对"尊崇"一词的语言哲学分析，虽然已经初步接触到与这个词相关联的各种心理状态，但还不是现象学的描述分析。

第二节 思想史的回顾

在进行现象学分析之前，我们还需要做一个简短的历史回顾。一般说来，在中西哲学思想史上，思想家们对"崇敬"所持的态度有较大差异。这个差异首先大致地表现为："崇敬"范畴在西方古典哲学中更多偏向

---

① piety 来源于拉丁文的 pietas。按照 R. Rieks 的解释，它在使用范围方面与希腊术语 ευσεβεια 相似，即对神、人、祖国所持的充满敬畏的行为举止。西塞罗时而将它区别于"宗教意义上的虔诚"（religio），因为它也包含对其他事物的敬重之心，时而又将它视为宗教意义上的虔诚的同义词，即把它仅仅视为对神的敬畏感。（参见 Joachim Ritter, Karlfried Gründer, Gottfried Gabriel, *Historisches Wörterbuch der Philosophie*, Bd. 7, Basel: Schwabe & CO AG Verlag, 1989, S. 971）

第三编　良知四端

"虔敬"(即它的宗教含义)一端,而在中国古代思想中则更多偏向"恭敬"(即它的伦理含义)一端。

更具体地说,在代表中国哲学主流的儒家学说中,自孟子始,"恭敬之心"便被视为四端之一,是天生的道德本能之一,是良知的一种。"良知"以及"良能"在这里是指不学而知、不习而能的先天知识和能力。孟子认为,恭敬心"非由外铄我也,我固有之也,弗思耳矣"(《孟子·告子上》,11.6)。没有恭敬,首先不是没有教育的缘故,而是人性丧失的表现。孟子曾将"恭敬"视为四端之一,即人之为人所具有的四种良知之一。

而在作为西方哲学主流的古希腊哲学中,苏格拉底与柏拉图赋予"虔敬"的地位则比较复杂,基本上可以说,他们把"虔敬"看作正义的一种,是与勇敢、自制、智慧相并列的美德,只是较少提到或不将它视为核心美德而已。① 苏格拉底把美德等同于知识,而真正的知识在他那里是本己的、固有的、通过自己的回忆而获得的,因此,"虔敬"应当是一种首先不是通过传授,而是先天便潜在具有的能力。至少在后一点上,苏格拉底与孟子是有一致之处的。

孟子的人性四端思想以后在后续的儒家思想中得到一定的发展,但其中的"恭敬之心"或"辞让之心"并未获得在内容上的特别充实。② 除非我们把"礼"看作对"恭敬之心"的替代,但"礼"事实上只能被看作"恭敬"的外在表现形式。

与此类似,甚至更有甚者,"崇敬"概念(包括它的两极——"敬畏"与"敬重")在西方哲学传统中一开始就不像正义、勇敢、自制、智

---

① 参见柏拉图《游叙弗伦》,12A – D;《理想国》,395C;《普罗塔哥拉》,330C – 331E。伍德拉夫抱怨柏拉图对"尊崇"所持的态度背离了当时的传统:柏拉图不把"尊崇"看作独立的美德,而只认为它具有某种促进美德发展的作用。但这个观点并不能得到充分的文本支持。(参见〔美〕保罗·伍德拉夫《尊崇:一种被遗忘的美德》,林斌、马红旗译,商务印书馆2007年版,第119页)伍德拉夫只是在这一点上对柏拉图的尊崇观有恰当的理解:柏拉图赋予正义的地位明显高于尊崇。而这恰恰表明了柏拉图自己理性宗教立场的逻辑必然结果,他不会像普罗塔哥拉,后者将正义与尊崇作为两个神赐之美德等视之。

② 后来宋儒二程提出并由朱熹发展的"敬"的思想,严格说来不属于"恭敬之心"的概念范畴,它更多是指心的"专一"和"收敛",是"此心自做主宰处"(参见〔宋〕黎靖德编《朱子语类》,王星贤点校,中华书局2007年版,第210页)。因此,朱熹将"敬"仅仅上溯至程子而非孟子:"'敬'字,前辈都轻说过了,唯程子看得重。"(同上书,第209页)

· 153 ·

慧甚至审慎等，处在美德的核心域中，日后也没有得到令人瞩目的展开。它显然从未属于西方哲学中的大观念。① 即使在乐于谈论生活智慧的后来作家如蒙田、叔本华等人那里，也难以找到它的位置。除了现代的思想家如施韦泽（A. Schweitzer）的"敬畏生命的伦理学"以及波日诺夫（O. F. Bollnow）在其伦理学中对"敬畏感"的讨论以外，可以纳入这个概念发展史的思想资源的确寥寥可数。② 据此也可以理解，为什么伍德拉夫会认为"尊崇"是一种在西方传统中被遗忘的美德，要求加以复兴。③

当然，也许应当说，"崇敬"之所以没有被看作西方文明的核心观念，乃是因为它的一极——"宗教"（或"虔敬""虔诚"）已经得到突显，因此使处在宗教与伦理之间的"恭敬"退到了暗处。倘若撇开"崇敬"的伦理一端的含义，仅仅将它完全理解为一种宗教情感，那么整个西方思想中关于虔诚心的讨论，都属于对崇敬意识的反思，都是对宗教意义上的"崇敬"概念的多重展开，例如，中世纪的奥古斯丁的整个思想、近代的虔敬主义（Pietismus）的主张与论证，尤其是施莱尔马赫的关于宗教与情感的讨论等。歌德也曾在《威廉·迈斯特的漫游年代》中提出过一种在"教育省"名义下的乌托邦设想。他区分三种敬畏（Ehrfurcht）方式：对在我们之上的东西、在我们之下的东西、与我们相同的东西的敬畏，以及与此相关的三种宗教：人民的宗教、基督教、哲学家的宗教。他还提出，这三种宗教的结合，可以产生出真正的宗教。④ 歌德的这个思想至少说明了在敬畏感与宗教之间的内在关联。但它还没有触及对"敬畏"感受以及整个崇敬心理的现象学分析。这个分析首先是由舍勒提供的。需要留意的

---

① 这里只是联想到了《西方大观念》（两卷本，陈嘉映等译，华夏出版社 2008 年版）。其中所选的 102 个大观念，没有一个是处在"崇敬"概念圈中的。但在里面可以找到勇敢、自制、责任等古典美德的范畴。

② 参见 Joachim Ritter, Karlfried Gründer, Gottfried Gabriel, *Historisches Wörterbuch der Philosophie*, Bd. 7, Basel: Schwabe Verlag, 1989, S. 324。

③ 需要指出，保罗·伍德拉夫的 *Reverence - Renewing a Forgotten Virtue* 一书书名被译作"尊崇：一种被遗忘的美德"。这个中译名遗漏了原作者的"复兴"要求，而应译为"尊崇——对一种被遗忘之美德的复兴"。

④ 参见［德］歌德《威廉·迈斯特的漫游年代》第 2 卷第 1 章，张荣昌译，华夏出版社 2008 年版。也可参见 *Historisches Wörterbuch der Philosophie*, Bd. 7, S. 323 – 324。F. Rodi 在这里将波日诺夫、施韦泽的"敬畏"（Ehrfurcht）概念与歌德、舍勒的"敬畏"（Ehrfurcht）视为同一，实际上只是注重了它们在语词概念使用上的同一性，却没有看到他们赋予这同一个语词的不同含义：宗教的含义和伦理的含义。

是，尽管"敬畏"（Ehrfurcht）在西方宗教中一直处在被关注的中心，舍勒仍然认为它是需要复兴的德行（Rehabilitierung der Tugend）。① 这与伍德拉夫将"尊崇"（reverence）视为需要被复兴的德性（renewing a virtue）的观点是基本一致的。②

第三节 现象学的分析

按上述说法，与"崇敬"这个概念群组相对应的是一组特殊的情感，或者也可以称作心态、情绪。它们是一种特殊的意识体验。如前所述，它由两端——敬畏与敬重构成，如果通过分析和描述把握到它的两端，也就可以大致领悟到它的核心。

第一，通过对作为宗教情感的"敬畏"和作为伦理情感的"敬重"的反思，首先可以大致地把握到它们之间的一个基本差异，我们也可以说，一个本质差异：敬畏的意识活动是非对象性的，敬重的意识活动则是对象性的。这是一个在意向对象方面的差异。

舍勒曾在《论德行的复苏》一文中专门讨论了"敬畏"（Ehrfurcht）的意识活动。他在那里的论述尽管充满了他的宗教情绪的表达，却仍含有冷静的现象学分析眼光与意涵。他指出，"敬畏不是附加在现成的、被感知的事物上的感受，更不只是在我们与事物之间的形成的间距"，而是一种"态度"（Haltung），在这种态度中，"上帝本身的隐秘性仍会变得可被感知"。③ 这里的要害在于，"敬畏"没有具体的意向对象，因为上帝是隐秘的，但上帝仍然以某种直接的方式被敬畏他的人感受到。

---

① 参见 M. Scheler, "Zur Rehabilitierung der Tugend", in M. Scheler, *Vom Umsturz der Werte*, GW. Bd. 3, Bern: A. Francke AG Verlag, 1972, S. 14–31。中译本参见［德］舍勒《舍勒选集》，刘小枫选编，上海三联书店1999年版，第711–732页。

② 虽然伍德拉夫在其《尊崇：一种被遗忘的美德》一书中没有提到舍勒，但他的一些分析显然受到舍勒的影响。例如，除了复兴德行的主张之外，伍德拉夫将"尊崇"与"羞愧"以及"谦恭"结合在一起讨论的做法，与舍勒将"敬畏"与"羞愧""谦卑"放在一起论述的做法基本一致。

③ M. Scheler, *Vom Umsturz der Werte*, Bern/München: A. Francke AG Verlag, 1972, S. 26.

当然,"敬畏"不仅仅与上帝相关,而是与所有价值,当然主要是最高价值相关。没有敬畏心的人,不仅在上帝面前,而且在"事物的奥秘以及事物实存的价值深度"面前,也都是"盲目的"、视而不见的。① 在这里我们再次遇到类似康德"智性直观"或陈那"瑜伽现量"② 意义上的意识方式。

"敬重"的意识活动,则大都指向可直观到的对象:父辈、君主、权威、国家,诸如此类;也可以包括明星、专家,乃至动物、自然等。从语法上说,它是一个直接的及物动词;从现象学的意识分析角度说,它是一个建立在客体化行为基础上的价值感知或价值判断行为。"客体化行为",是指这个意识活动具有自己的意向对象;"价值感知行为"或"价值判断行为",是指这个意识活动含有评判、估价的成分。它所具有的这种双重性使我们对它的分析变得艰难复杂。我们在进行这个意识活动时究竟是具有一个独立的意识活动,还是具有一个表象活动加上一个附带的感受活动?或者说,究竟是具有一个对象连同一个附着在此对象上的价值,还是具有一个对象和一个价值?胡塞尔与舍勒在这个问题上提供了不同的答案。③ 但答案的差异不会影响我们对"敬重"这个行为基本结构的理解,即它是指向具体对象的。

第二,"崇敬"本身的二重性,即由"敬畏"和"敬重"行为所构成的它的两极,使对它的意识对象分析变得复杂起来。至少我们可以说,它的对象分为可见的与不可见的,或者说,显现的与不显现的。在这个意义上,"崇敬"行为涉及形而上学与现象学两个领域,而且它们的界限是不分明的。而随着态度的转变,按照舍勒的说法,我们可以从一个领域过渡到另一个领域。"事物的奥秘与深度价值"就像是在从可见对象向不可见对象延伸的过程中的丝线,切断它们就意味着"对精神生活的扼杀和对完整现实的伪造"④。在这个意义上,形而上学与现象学是不可分割地相互交织在一起的。

---

① 参见 M. Scheler, *Vom Umsturz der Werte*, Bern/München: A. Francke AG Verlag, 1972, S. 26。

② 在佛教知识论哲学家陈那那里,"瑜伽现量"作为圣者的教示(āpta-āgama),是以现量的方式,即以直观的方式被给予的。

③ 参见本书第二章"现象学伦理学的基本问题"。

④ M. Scheler, *Vom Umsturz der Werte*, Bern/München: A. Francke AG Verlag, 1972, S. 26.

"崇敬"这一意识体验的结构表明，在形而上学与现象学之间，或者也可以说，在宗教形而上学与伦理现象学之间，并不存在明确的界限，只存在某种在特定态度中才能得以明晰的过渡。①

这从一个角度说明了在有神论与无神论之间的相对界限：前者是海德格尔所说的形而上学的一种基本类型。即使各类神祇有其经验的形象，也没有一个宗教会把这种形象视作它所代表的神性本身；后者在现代主要是实证科学带来的结果。胡塞尔的意识现象学在这个问题上的态度是置而不论，因为它仍然属于超验的存在。当然，他承认，这是一种"其意义完全不同于与其对立的世界中的超验存在"（Hua Ⅲ/1，111）。

从基督教有神论的角度来看，人是神所造，因此，神与人是造与被造的关系。凡是人的，都意味着是神所造的。如施莱尔马赫所说，因为一切都是神性的，故而凡是人性的，也都是神圣的②。而从无神论的角度来看，神是人所造，因此也有造与被造的关系。凡是神的，都是人的变化而已。神、人之间的差别，无论从有神论还是无神论来看，都可以是相对的。

第三，是否因为隐秘对象的不显现，才决定了相关的"崇敬"行为属于"敬畏"而非属于"敬重"？原则上这不是现象学要回答的问题。因为现象学要做的工作是进行描述而非给出解释。但如果我们从现象学向解释学迈进一步，那么可以说，从各种"崇敬"现象来看，对这个问题的回答应当是肯定的。例如，祖先崇拜中被敬畏的祖先是不可见的；而即便图腾崇拜中的图腾是可见的，被敬畏的实际上也不是这些具体的图腾，而是它们背后的神秘力量。敬畏者相信被敬畏者以一种神秘的方式决定着自己的命运。因此，显现与不显现虽然是一个"崇敬"行为内部的差别，但还是一个决定着"崇敬"究竟偏重于"敬畏"一端还是"敬重"一端的本质性差别。

如果继续进行现象学的描述，那么可以说，"崇敬"所指向的可见的意识体验之对象会随时代、民族和文化背景的变化而有所不同。这是不言

---

① 伍德拉夫认为，"在人类历史长河中，信仰并没有表现出尊崇所具有的强劲生存力"（《尊崇：一种被遗忘的美德》，第139页）。这个看法很难经得住推敲，因为一方面历史的回顾很难提供这方面的实际依据，另一方面意识结构的分析也表明在"信仰"与"崇敬"之间只有程度的差异，不存在精确的界限。

② [德]士来马赫：《宗教与敬虔》，谢扶雅译，中国基督教三自爱国运动委员会、中国基督教协会2006年版，第180页。所引译文根据德文版有改动。

自明、无须赘言的。而在这些对象中，有些会比较稳定，有些则变化疾速，例如，对长辈的敬重会随时代和民族的不同而有强弱上的差异，而对一些权威、偶像、明星等的敬重则在各个时期和地点都可能完全不同。

但崇敬的意识体验方式可以始终保持不变。这里的"不变"并不是指，它仍然以它的方式朝向可见的或不可见的对象。因为这些意向对象的变化显然也会导致意识体验在某种程度上的改变。这里的"不变"，严格来说是指它仍然以它的方式存在，仍然具有它之所以为崇敬的特性本身。也就是说，是"崇敬"的意识活动方式决定了它是"崇敬"而不是其他的行为，例如不是"同情"或"羞愧"。

那么，这种为苏格拉底所追问的、使得一切崇敬的事之所以为崇敬的特性本身究竟是什么呢？它们显然不是由崇敬的相关对象决定的，无论这些对象是可见的还是不可见的，因为这些对象常常随时代和民族的变化而各有差异。我们差不多可以说，"崇敬"行为的本质在于它的意识感受活动，而不在于它的意识感受对象，即在于它的 Noesis，而不在于它的 Noema。①

这种意识体验有其本己的特性。或者可以将它描述为：一种心甘情愿地将对象人格增大，将自己人格缩小的感受活动。几乎可以说，"崇敬"的特征就在于，自愿地降低自己的价值，提高对象的价值。崇敬者与被崇敬者之间不存在平等的关系，而是一种仰视或景仰的关系。如前所述，"崇"的本义是"高"。这也是我们在这里选择"崇敬"作为这一组意识体验之核心词的原因。

张爱玲在见到胡兰成时曾写道："见了他，她变得很低很低，低到尘埃里，但她心里是欢喜的，从尘埃里开出花来。"② 这是对属于"崇敬"概念圈中的"崇拜"情感的文学化描述。在这个描述中，"崇敬"（或"敬重""崇拜"等类似的伦理意识体验）的几个核心要素都被触及了。

第四，这种降低自己、提高对象的内心活动不仅是自愿的，也是自觉的。后者意味着，它的进行是被自己意识到的，是有意识地进行的。施莱

---

① 将这对胡塞尔使用最多的概念译作"意向活动－意向相关项"并不妥当，有解释而非翻译之嫌。丁耘译作"行思－所思"，似过于狭窄，除非像文德尔班对笛卡尔的"思"（cogito）的翻译那样做出说明：这个"思"就是指意识，而不仅仅是指思考、思想。吴汝钧译作"能意－所意"，可能是更好的选择。但这个"意"，也有被理解为"意欲""意志"的危险。

② 参见胡兰成《今生今世——我的情感历程》，中国社会科学出版社2003年版，第146页。

尔马赫在论及"虔敬"（Frömmigkeit）时，便曾将它称作一种"直接的自身意识"（Selbstbewuβtsein）。

之所以说它是"直接的"，乃是因为这种自身意识是一种感受或情感，即康德所说的知、情、意中的情。施莱尔马赫认为它不受思想（知）和意欲（意）的影响，不是它们的伴随者，并且它常常会从所有思考和意志后面凸现出来。而所谓"自身意识"则意味着，"将自己运送到虔诚心灵的内部，而寻求了解它的感奋。……放弃那通常算作宗教的一切，而转顾念那受灵感者的言语和行为所表出的内在情绪和性情"①。

这个意义上的"自身意识"当然不同于笛卡尔或康德在认识论意义上所说的"直接的认识"或"关于自己的意识"。② 在施莱尔马赫那里，它不仅是指对自身活动的形式认同，还充满了情感内容。当它一方面被施莱尔马赫定义为"虔诚的自身意识"时，他无非是想说，这种自身意识"必须以其固有而特有的方式从内部出发。它们必须的的确确是你自己的情感，而绝非别人情感之腐旧叙述"；而当它另一方面被施莱尔马赫定义为"绝对的依靠意识"时，他更进一步想说，这种自身意识是"主体与对方之间的'交互'意识"，是"人与上帝有关系的意识"。③

这两个共同要素构成了所有被称作"虔敬"（或"敬畏""虔诚"等类似的宗教意识体验）的本质。

第四节 关于良知与知识之关系的思考

从前面的论述可以看出，由于围绕"恭敬"的是一组特征相近，但仍由两极构成的意识体验，因而对它的描述分析涉及特征各异的意识活动和意识对象。之所以仍将它们放在以"崇敬"为题的一组体验来讨论，是因

---

① 以上参见［德］士来马赫《宗教与敬虔》，谢扶雅译，中国基督教三自爱国运动委员会、中国基督教协会2006年版，第11、37页。

② 对此问题的论述可以参见笔者的专著《自识与反思——近现代西方哲学的基本问题》（商务印书馆2002年版）中的第一讲第4节和第十讲第2节。

③ 参见［德］士来马赫《宗教与敬虔》，谢扶雅译，中国基督教三自爱国运动委员会、中国基督教协会2006年版，第37、64、285、287页。

为它们之间的相同仍然要远大于差异。

我们可以继续沿着施莱尔马赫的思路往下走。在把"虔敬"当作"直接自身意识"的同时，施莱尔马赫对"虔敬"（即它所认为的宗教原义）还有另一个重要的定义：它既不是一种知识，也不是一种行为，而是一种感受或情感。① 这个理解在特定的意义上与古人（中国古人和希腊古人）对"恭敬"的理解是一致的。所谓特定的意义，是指他们——如我们在第二节中所讨论的那样——都把"崇敬"（包括"敬畏"和"敬重"在内）这种意识体验视为一种天生固有的意识活动能力，无论它是实际地表现为一种"景仰"的意识活动，还是一种"依靠"的心理感受。美德和良知在很大程度上都被理解为一种自身固有而非外在习得的能力。②

但施莱尔马赫认为"宗教"（或"虔敬"这种意识体验）既不是一种知识，也不是一种行为的看法，有别于苏格拉底"美德就是知识"或"美德总是与知识相关"的观点。这个看法更接近康德对良心的理解。从许多迹象来看，"崇敬"是良心（道德本能）的一种，因此，我们可以像康德谈论良心那样来评论崇敬之心：倘若崇敬的对象错了，是理智发生了问题。而丧失了崇敬这种情感，则意味着良心的缺席。从根本上说，知性因素力量的影响决定着崇敬的适度与否，但并不决定恭敬的存在与否。因此，我们可以说，适度的有知识的崇敬或敬重可以以崇拜的形式出现，而完全与知识无关的崇敬或敬重则变成狂热的或盲目的崇拜，但这仍然不改变它是崇拜的事实。一如高老头对其女儿的爱，或葛朗台对钱财的爱，已经达至癫狂，却仍然可以是爱；也如东郭先生对狼的同情，或农夫对蛇的同情，已经达至愚蠢，却仍然可以是同情。

这就可以解释，崇敬在何种程度上会变为盲目的。也可以解释为什么我们有时会觉得崇敬心太少，例如当我们看到许多崇高的东西被消解，看到祖辈崇敬的东西如今遭到疾速的拆毁和解构的时候；为什么有时却又会觉得崇敬心太多，例如当我们看到许多粉丝对歌手或演员的崇拜程度远远超出他们对父母的孝顺的时候。

---

① 参见［德］士来马赫《宗教与敬虔》，谢扶雅译，中国基督教三自爱国运动委员会、中国基督教协会2006年版，第279-280页。

② 当然，这只是大略地就苏格拉底与柏拉图而言。在亚里士多德那里，美德则有天生与习得的分别。

如今会有许多人感叹，能够受到崇敬的对象变得越来越少。同时，也会有许多人发现，眼下受到崇敬似乎比以往任何时候都要容易。仔细想来，实际上，我们天生的崇敬能力并没有丧失，只是我们崇敬的对象变化太快，即产生和消失得太快，从而使我们觉得，随着知识信息的爆炸性增长，很快就要没有任何崇敬可言。

但笔者认为，伍德拉夫的说法是正确的："我们所丢失的并非尊崇本身，而是关于尊崇的知识。"① 换言之，虽然"崇敬"现象可能会日趋罕见，但我们仍然会通过反思而一再发现它的隐秘存在，例如作为无意识的存在。即便"尊崇"在道德判断领域中所占的位置有可能在现时代会日趋缩小，但它仍不失为人类少有的几种道德本能之一，并因此而能够长期保持其较强的生命力。

---

① ［美］保罗·伍德拉夫：《尊崇：一种被遗忘的美德》，林斌、马红旗译，商务印书馆2007年版，第43页。

第十一章

"伦常明察"作为现象学的方法支持

——是非之心的现象学分析

"伦常明察"（sittliche Einsicht）或"伦理明察"（ethische Einsicht）是舍勒现象学伦理学中的一个核心概念。他曾把自己的伦理学称作"明察伦理学"（即建基于"伦常明察"之上的伦理学），以此来与康德的"义务伦理学"（即建基于"义务意识"之上的伦理学）划清界限。① 舍勒甚至认为，伦常明察比伦理学更为重要，因为"伦常的意愿尽可不必以伦理学作为它的原则通道——很明显，没有人通过伦理学而成为'善的'——，但却必须以伦常认识和明察作为它的原则通道"②。

我们在这里要讨论的具体问题是：

第一，伦常明察是什么？在我们的伦理意愿和伦常行为中起什么作用？这个问题涉及舍勒与亚里士多德的关系。

第二，伦常明察如何区别于义务意识（Pflichtbewuβtsein）、良知（Gewissen）？这个问题涉及舍勒与康德的关系。

在处理了这两个问题之后，我们可以对舍勒的伦理学方法和立场有一个基本把握，并且可以理解，伦常明察如何能够为伦理学提供方法上的支持。

---

① 参见［德］马克斯·舍勒《伦理学中的形式主义与质料的价值伦理学：为一种伦理学人格主义奠基的新尝试》，倪梁康译，商务印书馆2019年版，第291页。

② ［德］马克斯·舍勒：《伦理学中的形式主义与质料的价值伦理学：为一种伦理学人格主义奠基的新尝试》，倪梁康译，商务印书馆2019年版，第120页。

第一节 "伦常明察"与"明智"

我们先讨论第一个问题。舍勒的"伦常明察"概念显然与亚里士多德的伦理学思想有渊源关系,并且涉及亚里士多德伦理学的一个核心概念:"德性"(古希腊文 arete,德文 Tugend,英文 virtue)。

在一般哲学词典中,"德性"首先被看作一种本己的能力。按照麦金太尔的考察,它最初(例如在《荷马史诗》中)是指履行社会指派给自己的职责的能力。在这个意义上,当时的希腊人认为,"一个履行社会指派给他的职责的人,就具有德性"。因此,德性首先是指履行社会职责的能力。当然,"一种职责或角色的德性与另一种职责和角色的德性是完全不同的。国王的德性是治理的才能,武士的德性是勇敢,妻子的德性是忠诚,如此等等"①。从这个角度来看,建立在德性基础上的伦理学最初应当是一种社会义务的伦理学。

在亚里士多德那里,这个情况有所变化,而且可以说是本质的变化。这个变化表现在亚里士多德对"德性"的定义(种加属差)中:灵魂(或者说,所有心理现象)的状态有三种——感情、能力与品质。德性是其中之一:品质。② 再进一步:"德性是一种选择的品质,存在于相对于我们的适度之中。这种适度是由逻各斯规定的,就是说,是像一个明智的人会做的那样地确定的。"③

在完成对德性的定义之后,亚里士多德开始对德性进行分类描述。他在《尼各马可伦理学》第二卷中首先区分两类德性:理智的德性(he

---

① 麦金太尔认为"善"($\alpha\gamma\alpha\theta\acute{o}\varsigma$)和"德性"($\alpha\rho\varepsilon\tau\acute{\eta}$)在希腊语中是同源词,后者是前者的名词,而且后者"通常是并且可能是被误译为'德性'"。以上参见麦金太尔《伦理学简史》,龚群译,商务印书馆2003年版,第31页。麦金太尔在此语焉不详,不知这个误译是否指拉丁文的"德性"(virtus)是对"善"($\alpha\gamma\alpha\theta\acute{o}\varsigma$)的误译。但在此之前,斯多亚学派已经把"德性"等同于最高的善了。
② 参见〔古希腊〕亚里士多德《尼各马可伦理学》,廖申白译注,商务印书馆2003年版,1106b, 35。
③ 〔古希腊〕亚里士多德:《尼各马可伦理学》,廖申白译注,商务印书馆2003年版,1107a, 5。

arete dianoetike）和伦理的德性（he arete ethike）。①

"伦理德性"包括按照正确的逻各斯去做的一般伦理德性以及公正、勇敢、节制、大方、友善、诚实等具体伦理德性；② "理智德性"则被分为五种：技艺（techne）、明智（phronesis）、科学（episteme）、智慧（sophia）以及努斯（nous）。

对于德性的起源，亚里士多德认为，"理智德性可以通过教导而发生和发展，所以需要经验和时间。伦理德性则通过习惯养成"③。因此可以说，在亚里士多德那里，所有德性都是后天培养的。他明确地说："我们所有的伦理德性都不是由自然〔本性〕在我们身上造成的。因为，由自然造就的东西不可能由习惯改变。"但是，他也给先天的东西留出了一定的位置："自然赋予我们接受德性的能力，而这种能力通过习惯而完善。"④由此可见，亚里士多德的"德性"不是由自然（本性）造成的，不是天赋的（先天的），甚至也不是潜能，但它并不与自然（本性）相背。

除此之外，亚里士多德对"德性"还有两点说明：其一，"自然馈赠我们的所有能力都是先以潜能形式为我们所获得，然后才表现在我们的活动中。但是德性却不同：我们先运用它们而后才获得它们"；其二，"德性因何原因和手段而养成，也因何原因和手段而毁丧"。在这两点上，"德性"都更类似于"技艺"而不同于"感觉"；即是说，获得德性的方式不是像幼童的看或听的能力那样，是无师自通的，而是像幼童的说话、行走能力一样，需要通过逐步的学习和练习才能掌握。在这里，亚里士多德显示出他的经验主义者本色。他认为，"从小养成这样的习惯还是那样的习惯绝不是小事。正相反，它非常重要，或宁可说，它最重要"⑤。

后人据此而将亚里士多德意义上的"德性"定义为："出自然的资

---

① 有的解释者认为，在亚里士多德那里，文化的可能性建基于明智和技术这两个理智德性之上，而自然的必然性则是通过科学、智慧和努斯这三个理智德性来认识的。

② ［古希腊］亚里士多德：《尼各马可伦理学》，廖申白译注，商务印书馆 2003 年版，1105b, 20; 1103a, 15。

③ ［古希腊］亚里士多德：《尼各马可伦理学》，廖申白译注，商务印书馆 2003 年版，1103a, 15。

④ ［古希腊］亚里士多德：《尼各马可伦理学》，廖申白译注，商务印书馆 2003 年版，1103a, 15, 25。

⑤ ［古希腊］亚里士多德：《尼各马可伦理学》，廖申白译注，商务印书馆 2003 年版，1103a, 25 - b, 25。

质、通过现实的行为而形成的、人的合乎理性的活动能力。"①

现在让我们回到舍勒。舍勒所说的"伦常明察",也就是通常被译作"明智"的东西。它是亚里士多德所说的五个理智德性之一。尽管我们还没有看到舍勒曾把自己的"伦常明察"概念明确等同于亚里士多德的"明智"概念②,但可以确定的是,他也把"伦常明察"看作亚里士多德的伦理学的核心概念之一。③

这里需要指出在涉及理论与实践关系问题时极为重要的一点:在伦理德性与理智德性的奠基问题上,亚里士多德毫不犹豫地主张伦理德性必须建基于理智德性的基础上。甚至可以说,没有理智德性,勇敢、公正、节制等品质,就不能成为伦理德性。因为在亚里士多德看来,像勇敢这样的品质,是动物也具有的。如果没有努斯或明智,它们就显然是有害的。这就像是一个人有了强壮的身体,却没有视觉,在行动时会摔得更重。因此,他在第二卷中说,"要按照正确的逻各斯去做"④,在第六卷中又说,"明智就是正确的逻各斯"⑤。他认为,"一个人如果有了明智的德性,他就有了所有的道德德性"⑥。

在这个意义上,亚里士多德赞成苏格拉底的观点——"知识就是德性",因为苏格拉底认为,德性是可学的,没有人愿意作恶,作恶只是出于无知(无德性)。因此,只有一种德性,这便是智慧或知识。但亚里士多德更愿意对苏格拉底的定义补充说,"德性与逻各斯〔也就是亚里士多

---

① 参见 Kirchner/Michaelis, *Wörterbuch der Philosophischen Grundbegriffe*, S. 2310 ff; Digitale Bibliothek Band 3: *Geschichte der Philosophie*, Berlin: Directmedia, S. 13235 (vgl. Kirchner/Michaelis, S. 652 ff)。

② 在德语中,"伦常明察"(sittliche Einsicht)只是对"phronesis"的一种最常见的翻译,此外还有译作"聪明"(Klugheit)、"思虑"(Besonnenheit)等。

③ 参见[德]马克斯·舍勒《伦理学中的形式主义与质料的价值伦理学:为一种伦理学人格主义奠基的新尝试》,倪梁康译,商务印书馆2019年版,第479页。

④ [古希腊]亚里士多德:《尼各马可伦理学》,廖申白译注,商务印书馆2003年版,1103b, 30。

⑤ [古希腊]亚里士多德:《尼各马可伦理学》,廖申白译注,商务印书馆2003年版,1144b, 25。

⑥ [古希腊]亚里士多德:《尼各马可伦理学》,廖申白译注,商务印书馆2003年版,1144b, 35。

德所说的理智的知识〕一起发挥作用"①。他用医学与健康的关系来说明"明智"与"智慧"的关系:"明智并不优越于智慧或理智的那个较高部分。这就像医学不优越于健康一样。医学不主导健康,而是研究如何恢复健康。所以,他为健康,而不是向健康,发出命令。"与这个例子相同,亚里士多德还补充说,政治学也并不比众神更优越,它虽然在城邦的所有事务上都发布命令,但不是向众神,而是为众神发布命令。②

舍勒在这点上显然与亚里士多德是一致的。他认为,伦常的意愿,甚至整个伦常的行为都奠基在价值认识(或在特别情况中的伦常价值认识)连同其本己的先天内涵和其本己的明见性之上,以至于任何意愿(甚至任何追求)都原本地朝向一个在这些行为中被给予的价值之实现。③因此,舍勒可以谈论"意向的感受"(intentionales Fühlen)。④他也可以在与亚里士多德所说的基本相同的意义上重申苏格拉底的"知识就是德性"的命题:"在这个意义上——但也仅在此意义上——,苏格拉底的命题得到恢复:一切'好的意愿'都奠基于'对好的认识'之中;或者,一切坏的意愿都建立在伦常欺罔的基础上。"⑤之所以说"仅在此意义上",乃是因为舍勒同时强调:"伦常认识的整个领域都完全独立于判断领域和定律领域(也独立于这样一个领域,即我们于其中以'评判'或价值认定来把握价值状态的那个领域)。"⑥

在这里我们同时可以看到舍勒伦理学思想的一个突出特点,也是它与亚里士多德思想的一个共同点:它既不认为伦理认识可以用纯粹理性认识(episteme)来取代,也不认为伦理认识根本不是知识,故而不具有客观性。因此,伦常明察(phronesis)这个概念恰恰指示着一个既独立于柏拉

---

① 〔古希腊〕亚里士多德:《尼各马可伦理学》,廖申白译注,商务印书馆2003年版,1144b, 30。
② 〔古希腊〕亚里士多德:《尼各马可伦理学》,廖申白译注,商务印书馆2003年版,1145a, 5-10。
③ 参见〔德〕马克斯·舍勒《伦理学中的形式主义与质料的价值伦理学:为一种伦理学人格主义奠基的新尝试》,倪梁康译,商务印书馆2019年版,第119页。
④ 参见〔德〕马克斯·舍勒《伦理学中的形式主义与质料的价值伦理学:为一种伦理学人格主义奠基的新尝试》,倪梁康译,商务印书馆2019年版,第379-383页。
⑤ 〔德〕马克斯·舍勒:《伦理学中的形式主义与质料的价值伦理学:为一种伦理学人格主义奠基的新尝试》,倪梁康译,商务印书馆2019年版,第119-120页。
⑥ 〔德〕马克斯·舍勒:《伦理学中的形式主义与质料的价值伦理学:为一种伦理学人格主义奠基的新尝试》,倪梁康译,商务印书馆2019年版,第120页。

图意义上的明察或洞察（观念直观），也有别于纯粹主观经验和主观感受的问题域。

按舍勒的说法，"价值和它们的秩序不是在'内感知'或观察（在这里只有心理之物被给予）中，而是在与世界（无论它是心理的世界，还是物理的世界或其他世界）的感受着的、活的交往中，在偏好和偏恶中，在爱与恨本身中，即在那些意向作用和行为的进行线索中闪现出来（auf-blitzen）"①，这意味着，伦常明察始终有它的意向相关项：价值及其秩序（即价值之间的本质结构联系）。

这里也已经可以看到舍勒与亚里士多德之间的一个根本区别：舍勒强调，伦常明察具有自己的客观相关项，"任何一种感受状态都既不是价值，也不决定着价值，而至多只可能是价值的载体"②。而亚里士多德则更多是把明智看作通过教育和训练所形成的一种指向道德善的意愿能力，而且的确如舍勒所说，在亚里士多德那里，没有价值伦理学的位置。③

舍勒所说的"伦常明察"，属于一种"对某物的感受活动"（Fühlen von etwas）。④ 这里需要提到舍勒对感受活动与感受内容的三重划分：第一，对状态意义上的感受内容的感受活动——笔者把它称作只具有"主观"感受内容的感受；第二，对象的、情感的情绪-特征——笔者把它称作具有"主客合一"的感受内容的感受；第三，对价值的感受——它可以被称作具有客观感受内容的感受。

伦常明察可以被纳入第三类对感受内容的感受活动中。也就是说，它既不同于"无客体的"、纯主观的感受状态（Gefühlszustände），也不同于虽然朝向客体，但与价值无关，更与伦常价值无关的感受。

之所以说伦常明察可以被纳入第三类感受内容的感受中，乃是因为伦常明察还远远不是价值感受活动的全部，而只构成其中的一个部分。它在

---

① ［德］马克斯·舍勒：《伦理学中的形式主义与质料的价值伦理学：为一种伦理学人格主义奠基的新尝试》，倪梁康译，商务印书馆2019年版，第118－119页。
② ［德］马克斯·舍勒：《伦理学中的形式主义与质料的价值伦理学：为一种伦理学人格主义奠基的新尝试》，倪梁康译，商务印书馆2019年版，第374页。
③ 参见［德］马克斯·舍勒《伦理学中的形式主义与质料的价值伦理学：为一种伦理学人格主义奠基的新尝试》，倪梁康译，商务印书馆2019年版，第18页。
④ 参见［德］马克斯·舍勒《伦理学中的形式主义与质料的价值伦理学：为一种伦理学人格主义奠基的新尝试》，倪梁康译，商务印书馆2019年版，第379页。

两个方面有别于价值感受一般。一方面，它只是对善的价值的感受。而对美、适宜等价值的感受虽然也可以像伦常明察那样带有如舍勒所说的"认知"（kognitiv）功能，即带有"价值认识"的性质，但它已经不属于"伦常价值"认识了。正如伦常价值只构成所有价值一般中的一部分，先天伦常价值（本质价值）也只构成所有先天价值（价值本质）中的一部分。另一方面，伦常明察之所以叫作"明察"，乃是因为它并不是对价值（Wert）的一般感受，而是对价值先天（Wertapriori）的本质把握。确切地说，与胡塞尔所主张的对先天观念的本质直观相似，伦常明察是一种对先天价值的本质直观。"明察"（Einsicht）是在柏拉图意义上的洞察，是对洞外的理念世界的"洞见"和"察看"。

与此相关的是舍勒的"伦常明察"概念与亚里士多德的"明智"概念之间的另一个根本区别：如前所述，在亚里士多德看来，理智德性（包括明智），"可以通过教导而发生和发展，所以需要经验和时间"①。可以说，亚里士多德的"明智"，是一种对伦常价值的经验认识。而在舍勒这里，伦常明察作为明察（Einsicht），却是一种本质认识，即对伦常价值的本质认识。伦常明察的意向相关项是各种类型的价值先天（Wertapriori）。

这个差别是决定性的。因为，如果承认伦常明察是一种类似技艺的东西，如我们学习语言、行走一般，通过传授、练习才能获得，那么伦常明察就是一种后天习得的能力；如果承认伦常明察是一种类似感知的能力，就像我们无须学习就会看见事物、听见声音一样，那么伦常明察就是一种先天赋予的能力。（胡塞尔曾将"本质直观"称作"另一种感官"②，这与舍勒对"伦常明察"的理解是一致的。）

据此，舍勒所说的伦常明察是一种本质认识，这与柏拉图、胡塞尔意义上的"明察"概念的意义是一致的，舍勒因而与他们二位——同样也与康德——站在了一边："一切在此意义上关于善与恶的经验都以对善和恶是什么的本质认识为前提。即使我探问，人在这里或那里将什么认之为善或为恶；这些意见是如何形成的；伦常明察应当如何被唤起；善和恶的意

---

① ［古希腊］亚里士多德：《尼各马可伦理学》，廖申白译注，商务印书馆2003年版，1103a，15。

② Edmund Husserl, *Die Idee der Phänomenologie*, Fünf Vorlesungen, *Hua* II, Den Haag: Martinus Nijhoff, 1973, S. 61.

志是通过哪些手段系统而证明自己是有影响的；所有这些只能由'归纳'意义上的经验来决断的问题也都只有在存在伦常的本质认识的情况下才会是有意义的。纵使是享乐主义和功利主义的定理，即：善就是最大数量的快乐或全部功利，也不是来自'经验'，而是必须要求这个定理具有直观的明见性。"①

这种伦常明察是如此重要，以至于舍勒不仅可以说，"所有伦常行为都建立在伦常明察的基础上"，还可以说，"所有伦理学就必须回归为处在伦常认识中的事实及其先天关系"。② 这意味着，伦常明察不仅是所有道德实践活动的依据和基础，也构成所有伦理理论研究的出发点和前提。这与亚里士多德所说的"一个人如果有了明智的德性，他就有了所有的道德德性"③，重又是基本一致的。（亚里士多德区分两种伦理德性：自然的德性和严格意义上的德性。他说："严格意义上的德性离开了明智就不能产生。"④）

第二节 "伦常明察"与"义务意识"

在一定意义上可以说，亚里士多德、康德、舍勒都是德性论者。伦理学中的"德性论"，可以从两个方面来发挥"伦理"一词原初具有的双重含义。前面曾经说过，"伦理"一词原初既有"品格""气质"的意思，也有"风俗""习惯"的意思。

如果我们像康德那样，把"德性"理解为固有的能力，那么它便具有先天的性质——这里突出的是"伦理"一词的前一半含义；如果我们像亚

---

① ［德］马克斯·舍勒：《伦理学中的形式主义与质料的价值伦理学：为一种伦理学人格主义奠基的新尝试》，倪梁康译，商务印书馆2019年版，第87页。
② ［德］马克斯·舍勒：《伦理学中的形式主义与质料的价值伦理学：为一种伦理学人格主义奠基的新尝试》，倪梁康译，商务印书馆2019年版，第120页。
③ ［古希腊］亚里士多德：《尼各马可伦理学》，廖申白译注，商务印书馆2003年版，1144b, 35。
④ ［古希腊］亚里士多德：《尼各马可伦理学》，廖申白译注，商务印书馆2003年版，1144b, 15。

里士多德那样,把"德性"理解为习得的品质,那么它便具有后天的性质——这里突出的是它的后一半含义。

还不止于此。如果我们像康德那样,把"德性"理解为本己的能力,那么它便成为心理学的伦理学的基础——这里突出的仍然是"伦理"一词的前一半含义;如果我们像亚里士多德那样,把"德性"理解为通过传授获得的品质,那么它便成为社会学的伦理学的基础——这里突出的是它的后一半含义。

在这些问题上,舍勒作为现象学的本质论者,更靠近的是理性主义者康德,而不是经验主义者亚里士多德。尤其在伦常明察(即亚里士多德的伦理德性"明智")的问题上,舍勒与康德一样,表现出一个本质论者的立场。如前所述,他赞成康德的观点,"一切在此意义上关于善与恶的经验都以对善和恶是什么的本质认识为前提"。因此,善"不是来自'经验',而是必须要求这个定理具有直观的明见性"。①

但是,舍勒与康德之间仍然存在着本质区别。事实上,他在《形式主义》一书中要达到的一个目的就是要将他所说的"伦常明察"与康德的"义务意识"区分开来,并且因此而使他自己的"明察伦理学"有别于康德的"义务伦理学"。他批评康德对"伦常明察"的事实一无所知,并且用"义务意识"(Pflichtbewuβtsein)来取代伦常认识。②

康德既可以说是德性论者,也可以说是义务论者。这两者在他那里基本上是一体的。但仍然有术语上的区分。他于1797年发表的《道德形而上学》第二部分是"德性论的形而上学开端根据"。其中分为"伦理要素论"和"伦理方法论"。"伦理要素论"又分为两编:第一编讨论的是"论对自己的义务一般",第二编讨论的是"论对他人的德性义务"。由此可见,"德性"和"义务"构成康德伦理学的最基本要素。

关于伦理学、义务论、德性论三者的术语关联,康德在"德性论"的引论中说:"伦理学在古代意味着伦常学(Sittenlehre)一般,人们也将它称作义务论。以后人们发现,将这个名称仅仅转用于伦常学的一个部分更

---

① [德]马克斯·舍勒:《伦理学中的形式主义与质料的价值伦理学:为一种伦理学人格主义奠基的新尝试》,倪梁康译,商务印书馆2019年版,第87页。
② 参见[德]马克斯·舍勒《伦理学中的形式主义与质料的价值伦理学:为一种伦理学人格主义奠基的新尝试》,倪梁康译,商务印书馆2019年版,第120–122页。

妥当，即仅仅转用于不受外部法则支配的义务论（在德语中人们觉得德性论的名称与义务论的名称是相合的）；以至于现在普遍义务论的体系被划分为有外部法则能力的法权论（Recht，ius）体系和没有外部法则能力的德性论（Tugendlehre，ethica）体系，这或许也有它的好处。"①

康德在这里显然是按照他那个时代的术语习惯来区分伦理学、义务论和德性论的。他显然也倾向于把"德性"看作服从内心法则的先天能力（就像他认可"法权"是服从于外部法则的能力一样）。如前所述，这使康德的德性论主要不是关涉社会伦理学或他者伦理学（或者说，不是关涉政治学），而是关涉个体伦理学（或者说，而是关涉心理学）。也就是说，康德主要是在内心而不是在外部寻找道德意识的起源。

此外，从前面的论述中可以得出，康德是一个"准则义务论者"（Regel-deontologi-sche Theoretiker），即认为可以在普遍规则中把握到什么是善。这种把握不是经验的、个别的把握，而是理性的、整体的把握。但康德似乎没有对这种把握的方法做更多的说明。他只是确立了一个形式上的"定言律令"："你应该这样行动，使你的每个行为都能成为一切人的行为的普遍准则。"② 至于这个定言律令如何可能的问题，他认为"不要通过例证，即通过经验，来证明在什么地方有这样一种命令式"，"对定言律令的可能性我们完全要先天地加以研究"。③

康德实际上很难回答这个如何可能的问题。这也正是舍勒提出质疑的地方。即便我们承认康德的定言律令，也无法回避这样一个问题："应当被拿来衡量心灵过程，以便使伦常区分得以可能的那个'标准'、那个'规范'究竟是从大千世界的何处得来的呢？我看只有两种可能性。它们本身是否回溯到这样一个心灵的过程之上，回溯到一个特殊的心理的应然事实情况、一个对承担义务（Verpflichtung）的感受、一个被体验到的内

---

① 参见 Immanuel Kant, *Die Metaphysik der Sitten* (*zweiter Teil*), *Metaphysische Anfangsgründe der Tugendlehre*, in *Kant im Kontext* Ⅱ, Komplettausgabe, Berlin: Karsten Worm, 2004, Bd. 6, InfoSoftware, S. 379。

② Immanuel Kant, *Grundlegung zur Metaphysik der Sitten*, in *Kant im Kontext* Ⅱ, Komplettausgabe, Berlin: Karsten Worm, 2004, InfoSoftware, Bd. 4, S. 421.（中译文参照［德］康德《道德形而上学原理》，苗力田译，上海人民出版社1986年版，第23页。引文根据德文版有所改动，原译文为："要只按照你同时认为也能成为普遍规律的准则去行动。"）

③ Immanuel Kant, *Grundlegung zur Metaphysik der Sitten*, in *Kant im Kontext* Ⅱ, Komplettausgabe, Berlin: Karsten Worm, 2004, InfoSoftware, Bd. 4, S. 419.

心命令等等之上呢?"①

对于这个问题，也就是康德自己提出的"定言律令如何可能"的问题，在康德那里最终还是可以找到答案的。只是这个答复已经超出了"义务"概念本身的范围：康德更多诉诸了"一个对所有主观动因具有充分力量的理性理念"（康德意义上的"客观"），由于这个理性理念，定言律令这个先天综合命题便具有"必然的"和"客观的"效用。②

舍勒没有看到康德赋予"义务"概念的这个意义上的"客观性"，而且即使看到，他也不会认为这与他的价值客观性有任何关联。因此，他更多的是在从各个可能的方面来区分康德的"义务"概念和自己的"伦常明察"概念。这些区分大致可以归结为以下四点：

第一，义务是一种逼迫（Nötigung）或一种强制（Zwang）。这实际上也为康德自己所承认："义务概念本身就已经是法则对自由随意性的一种逼迫，无论它是来自外部的逼迫，还是自身逼迫。"③"所有义务自身都包含一个通过法则进行的逼迫的概念；伦理的义务是一个只受到内心逼迫的义务，而法权的义务则是一个受到外部逼迫的义务，而且也是一个可能受到外部立法之逼迫的义务；因而两者都是一个强制的概念，无论这强制是自身强制还是通过他人进行的强制。"④ 但舍勒进一步认为，这种逼迫不仅如康德所说是对禀好的逼迫，而且同时也是对个体意愿本身的逼迫。而伦常明察不带有逼迫的特征："只要我们自身明见地明察到，一个行动或一个愿欲是善的，我们就不会谈论'义务'。甚至可以说，只要这个明察是一个完全相即的和理想完善的明察，它也就在明确地规定着不带有任何插进来的强制因素和逼迫因素的愿欲。"⑤

第二，义务不仅是逼迫，而且是一种"盲目的"逼迫。"在义务的逼

---

① [德] 马克斯·舍勒：《伦理学中的形式主义与质料的价值伦理学：为一种伦理学人格主义奠基的新尝试》，倪梁康译，商务印书馆2019年版，第285页。

② 参见 Immanuel Kant, *Grundlegung zur Metaphysik der Sitten*, in *Kant im Kontext* Ⅱ, Komplettausgabe, Berlin: Karsten Worm, 2004, InfoSoftware, Bd. 4, S. 420。

③ 参见 Immanuel Kant, *Grundlegung zur Metaphysik der Sitten*, in *Kant im Kontext* Ⅱ, Komplettausgabe, Berlin: Karsten Worm, 2004, InfoSoftware, Bd. 4, S. 301。

④ Immanuel Kant, *Grundlegung zur Metaphysik der Sitten*, in *Kant im Kontext* Ⅱ, Komplettausgabe, Berlin: Karsten Worm, 2004, InfoSoftware, Bd. 4, S. 331。

⑤ [德] 马克斯·舍勒：《伦理学中的形式主义与质料的价值伦理学：为一种伦理学人格主义奠基的新尝试》，倪梁康译，商务印书馆2019年版，第288页。

迫中含有盲目性的因素，它本质上从属于义务。"因为义务"既不进一步'被论证'，也不是直接明晰的"，"用'这是我的义务'或'义务而已'，人们更多的是断绝了对明察的精神努力，而较少地给已获得的明察以表达"。而伦常明察在本质上不带有盲目的成分，否则它就不可能被称作"明察"。在伦常明察的情况中引起争论的不是一个伦常明察是对是错，而是有没有伦常明察发生。在这点上，义务与伦常明察是相互对立的，甚至是相互排斥的。①

第三，义务是发自内心的逼迫，但仍然是盲目的逼迫。这种逼迫虽然不是来自外部，但仍然作为一种"普遍有效的"而被给予。舍勒将它称作"一个主观上受限的、完全不是对象性地建基于实事的本质价值中的'逼迫'"。它具体地表现为："我们具有这样的意识：每个其他人在同样的情况下都会这样做。"因此，这种逼迫往往与社会暗示混合在一起。它是一种发自内心的合群的要求，在这个意义上带有强制性。而伦常明察则不同，它是对象性的，即有其意向相关项。在这个意义上，它是"客观的"明察。用舍勒的话来说，它是"在未加篡改的意义上的对象的和客观的"。而且它往往只对伦常明察的进行者个体有效。②

第四，舍勒最后还确定，义务"具有一个本质上否定的和有限的特征"③。这也可以在康德那里找到依据："义务就是出于对法则的敬重而产生的行动的必然性。"④ 义务的概念虽然包含了一个善良意愿的概念，"但其中夹杂着一些主观的限制"，亦即将意愿限制在一个普遍的立法中。⑤ 之所以在我们说"这只是义务"的时候往往带有无可奈何的意思，原因就在于此。而伦常明察则是肯定的（积极的）和无限的。它并不需要去考虑对立面的可能与否，这是明察的特征所决定的，因此，伦常明察不是否定

---

① 参见［德］马克斯·舍勒《伦理学中的形式主义与质料的价值伦理学：为一种伦理学人格主义奠基的新尝试》，倪梁康译，商务印书馆2019年版，第288—289、291页。
② ［德］马克斯·舍勒：《伦理学中的形式主义与质料的价值伦理学：为一种伦理学人格主义奠基的新尝试》，倪梁康译，商务印书馆2019年版，第289页。
③ ［德］马克斯·舍勒：《伦理学中的形式主义与质料的价值伦理学：为一种伦理学人格主义奠基的新尝试》，倪梁康译，商务印书馆2019年版，第290页。
④ Immanuel Kant, *Grundlegung zur Metaphysik der Sitten*, in *Kant im Kontext* Ⅲ, Komplettausgabe, Berlin: Karsten Worm, 2004, InfoSoftware, Bd. 4, S. 400.
⑤ 参见 Immanuel Kant, *Grundlegung zur Metaphysik der Sitten*, in *Kant im Kontext* Ⅲ, Komplettausgabe, Berlin: Karsten Worm, 2004, InfoSoftware, Bd. 4, S. 397.

的,"也不需要贯穿在针对一个其价值有问题的愿欲的试图反愿欲之中"①。

舍勒认为:"在所有这些方面,伦常明察都区别于单纯的义务意识。即使是那些有别于作为义务而强加给我们的内容的东西、那些伦常上明晰的和善的内容,也就是说,即使是一个不同于一个单纯想当然的义务的真的和真正的义务,也仍然是伦常明察的对象。因此,不能把明察伦理学和义务伦理学——如常常发生的那样——混为一谈。它们是相互争执的。"

舍勒在区分义务和伦常明察中依据的历史案例是约克伯爵将军。拿破仑入侵俄国期间,普鲁士后援部队指挥官约克伯爵将军在1812年12月30日自作主张宣布解除拿破仑强迫签订的盟约,并答应俄国人,他的部队保持中立,于是拿破仑精心建立起来的统治体系开始瓦解。约克这样做虽然违反了他的国王的旨意,但他相信,时势已变,只好如此,别无他法。1813年1月3日,他在写给腓特烈·威廉的信中为自己辩解道:"只要一切在按常规进行,每一个忠臣都必须顺应时势而行。那时,这是他的义务。但今日时势已变,出现了新的情况,利用这不会再来的情况同样是他的义务。在这里讲的是一名忠实老臣的话,它几乎也是全民族的共同语言。"② 舍勒认为,这个例子表明义务与伦常明察的冲突。约克伯爵"在陶拉格人面前并不履行他的'义务',而是超越出他的军事义务意识对他的指令,追随他的更高的伦常明察"③。

可以概括地说,在舍勒看来,义务与伦常明察的主要区别在于,义务是一种来自内心的,但盲目地(即在不知善是什么的情况下)要求行善的压力,而伦常明察是一种主动的、直接的对善的把握。

---

① 参见[德]马克斯·舍勒:《伦理学中的形式主义与质料的价值伦理学:为一种伦理学人格主义奠基的新尝试》,倪梁康译,商务印书馆2019年版,第291页。
② 参见[德]迪特尔·拉甫《德意志史:从古老帝国到第二共和国》,波恩 Inter Nationes 1987年版,第59页。
③ [德]马克斯·舍勒:《伦理学中的形式主义与质料的价值伦理学:为一种伦理学人格主义奠基的新尝试》,倪梁康译,商务印书馆2019年版,第289页。

第三节 "伦常明察"与"良知"

在论述"义务意识"与"伦常明察"之区别的时候，我们已经涉及一些特征，它们可以使我们联想起"良知"。这并不奇怪，因为在义务意识与良知之间并不存在一条明确的分界线。例如在康德那里，"良知"与"道德感""爱邻人""自尊"一同构成接受"义务"概念的主体条件。拥有这些"道德属性"是拥有义务意识的前提。① 而在梯利看来，义务感和责任感是良知的组成部分。②

康德与亚里士多德在伦理学上的一个重要区别在于，康德坚持德性的先天性。这也包括良知，他认为："良知同样不是某种习得的东西，并且没有义务去获取一个良知，相反，每个人作为伦常的生物都自身原初就拥有一个良知。"③ 但是，康德作为超越论者，仍然像在知识论中一样，也在德性论中为后天的经验保留了位置。

在舍勒这方面，他很难被视作一位良知论者，至少他不会把良知当作自己伦理学中的核心环节。或许这是亚里士多德影响的痕迹。但更主要的原因可能在于，对于舍勒来说，诉诸良知是一种主体主义色彩过于强烈的做法，它忽略了作为意向相关项的伦常价值。这也构成舍勒所理解的良知与伦常明察的基本区别。

因此，舍勒在良知问题上的态度总体上可以归结为两点：一方面，他批评康德的良知观及其以良知为核心的道德形而上学。他认为，"康德曾赋予他的自律概念以一个主体主义的转向，按照这个转向，伦常明察和伦常愿欲不再被区分，同时善和恶这两个词的意义被回归到理性人格所自身给予的一个规范法则上（'自身立法'）；唯有这个主体主义的转向才会从

---

① Immanuel Kant, *Grundlegung zur Metaphysik der Sitten*, in *Kant im Kontext* Ⅱ, Komplettausgabe, Berlin: Karsten Worm, 2004, InfoSoftware, Bd. 4, S. 409.

② 参见 [美] 弗兰克·梯利《伦理学导论》，何意译，广西师范大学出版社2002年版，第51页。

③ Immanuel Kant, *Grundlegung zur Metaphysik der Sitten*, in *Kant im Kontext* Ⅱ, Komplettausgabe, Berlin: Karsten Worm, 2004, InfoSoftware, Bd. 4, S. 341.

一开始就排除了一个以前的自律人格行为的价值内涵对个体而言他律的转递形式。倘若人们把这种（康德式的）对'自律'之理解等同于自律一般，那么人们就必须完全回绝一种'自律的'伦理学的观念。然而我们认为这个术语是不适当的和迷惑人的。它使人忽略了一点：所有客观伦常的有价值之物也在本质上是与'自律的'人格行为联结在一起的，无论对这些行为原初所从属的特定个体人格的规定有多么困难"①。

引文中最后提到的"所有客观伦常的有价值之物"是指以往的自律人格行为所创建的价值。它构成自律的客观内涵。如果康德强调个体的自律和自身立法，那么这些包含在自律一般之中的客观内涵就会被排除和摈弃。这样，伦理的概念最终就会被还原到个体自己为自己所制定的法则上，以至于最后不复存在。因为如果所有个体都自在自为地生活，也就没有了伦理生活的任何形式。舍勒这种批评当然是将康德的观点推至极端之后而进行的批评。

但是，无论如何，良知概念本身含有的浓烈主观色彩使它的确常常被用作和看作极端个体主体主义伦理学的基石。例如，黑格尔曾经在舍勒之前就对良知做了类似的处理，他在《法哲学原理》中把"良知"看作个体意志活动的无内容的主观形式，也就是无意向相关项的主体活动，它的过度发展会使主体随意性在伦理道德中占上风。②

这也构成舍勒在良知问题上的主要论述意图，即通过对意向相关项方面的强调，明确地将他自己的"伦常明察"区别于康德和一般意义上的"良知"。他认为："'良知'首先不与伦常明察同义，或者也不仅仅与这方面的'能力'同义。对什么是善和恶的明见明察，本质上是不可能有欺罔的（可能有欺罔的只是在于，是否有这样一个明察摆在面前），而'良知欺罔'却也是存在的。"③

显然，这样的区分看起来并不是十分得力。这也是舍勒的良知批判中的一个关节之点，因为从这里可以看出，对伦常明察与良知的本质区分，

---

① [德] 马克斯·舍勒：《伦理学中的形式主义与质料的价值伦理学：为一种伦理学人格主义奠基的新尝试》，倪梁康译，商务印书馆2019年版，第713页。
② 当然，黑格尔在早期曾主张良知中有共知的因素。具体参见本书第六章"良知：在'自知'与'共知'之间——欧洲哲学中'良知'概念的结构内涵与历史发展"。
③ [德] 马克斯·舍勒：《伦理学中的形式主义与质料的价值伦理学：为一种伦理学人格主义奠基的新尝试》，倪梁康译，商务印书馆2019年版，第472页。

比对伦常明察与义务意识的区分要困难得多。

这个困难首先在于，从概念上说，良知并不像义务那样，本来就含有盲目逼迫的因素，相反，良知始终被看作一种"知"，无论它是自知还是共知。尽管也会有良知欺罔的现象存在，或者说，尽管也会有无良知的情况出现，但是，一方面，正如康德所说，"无良知并不是良知的匮缺，而是那种不面向良知之判断的习气（Hang）。但如果有人有意识地根据良知来行动，那么就不能在罪与无罪方面对他提出任何要求"①。我们通常所说的良心坏了，也不是指良知做出恶的决定，而是指不去倾听良知的声音。

另一方面，如果舍勒说，"人们不能以这样的借口来取消'良知欺罔'的事实（例如像 J. G. 费希特和弗里茨所做的那样），即：可能出错的问题仅仅在于，这个向我们窃窃私语、告诉我们（只是以错误的方式）一些被我们看作良知陈述的东西，它究竟是良知，还是另一种感觉或冲动"②，那么前面舍勒在证明伦常明察的确然性时所用的论据的第三项也就同样会受到质疑：伦常明察是否也会出错？如果我们不能把良知欺罔归结为良知的不存在，那么我们也不能把伦常明察的错误归结为伦常明察的不存在。也就是说，当人们坚持自己有良知或伦常明察，而它们最后又被证明是错误的时候，人们实际上有同样的借口说，那个原先被当作良知或伦常明察的东西，实际上不是良知或伦常明察。

舍勒本人可能已经意识到了这一点，因此，他在区分伦常明察和良知时，更多偏重于对良知的内在性和主观性的批评，一如他在区分伦常明察与义务意识时偏重于批评后者的盲目性和强制性。他认为，伦常明察是对客观价值的把握，而良知与客观价值没有关联，因此会出现"良知自由"的情况，亦即不受伦常价值束缚的情况。他因而反对这样一种"自明的"学说，即认为："所有伦常的价值判断都是'主观的'，道理很简单，因为这些判断建立在'良知'之陈述的基础上，而公认的'良知自由原则'

---

① Immanuel Kant, *Grundlegung zur Metaphysik der Sitten*, in *Kant im Kontext* Ⅱ, Komplettausgabe, Berlin: Karsten Worm, 2004, InfoSoftware, Bd. 4, S. 342。

② ［德］马克斯·舍勒：《伦理学中的形式主义与质料的价值伦理学：为一种伦理学人格主义奠基的新尝试》，倪梁康译，商务印书馆 2019 年版，第 472 页。

排除了通过另一种明察之机制来修正良知陈述的可能。"①

舍勒对此相对地提出"伦常明察"的理论。伦常明察受到它的意向相关项的牵制,不可以无拘无束、随心所欲,所以避免了主体的过度自由。也正因为如此,良知往往会出错,而伦常明察则不会如此。这也是他区分伦常明察和良知的关节点:"如果'良知'成为伦常明察的貌似替代品,那么'良知自由'的原则当然也就必须成为'在所有伦常问题中的无政府'原则。每一个人都可以诉诸他的良知,并且要求所有人绝对地承认他所说的东西。"②

在舍勒看来,在"内经验"中寻找伦理根据的做法都是不可取的。这里所说的"内经验"当然也包括良知。他认为,在形形色色的感受(例如"合适的"和"不合适的"感受、"懊悔"的感受、"罪孽"的感受、"罪责"的感受等)以及在这些感受上和感受中所觉知的(gewahren)东西(即那些被称作"懊悔""罪孽""罪责"的东西)之间存在着根本性的差异。③ 前者与主观的评判活动有关,后者与客观的价值内容有关。这就是舍勒所说的"另一种明察之机制"的要点所在。而如前所述,伦常明察的意向相关项就是各种类型的价值先天(Wertapriori)。因此他认为,"对于伦理学先天来说同样极为重要的是,这个先天绝不是指一个'自我'、一个'意识一般'等等的活动方式。在这里,自我(在任何意义上)也只是价值的载体,但不是价值的一个预设,或者说,不是一个'评价着的'主体,通过它才产生出价值或可把握到价值"④。

在这个意义上,舍勒对"无良知"的情况做了与康德不同的解释,或者说,更多的、更进一步的解释。他认为,"世上有无良知的人,这句话的意思不仅在于,这些人不去倾听那种'声音',或不给这种'声音'以实践结果等等,并通过欲望冲动来克服良知的清晰;而且这句话的意思还

---

① [德] 马克斯·舍勒:《伦理学中的形式主义与质料的价值伦理学:为一种伦理学人格主义奠基的新尝试》,倪梁康译,商务印书馆2019年版,第467页。
② [德] 马克斯·舍勒:《伦理学中的形式主义与质料的价值伦理学:为一种伦理学人格主义奠基的新尝试》,倪梁康译,商务印书馆2019年版,第474页。
③ 参见[德] 马克斯·舍勒《伦理学中的形式主义与质料的价值伦理学:为一种伦理学人格主义奠基的新尝试》,倪梁康译,商务印书馆2019年版,第249-250页。
④ [德] 马克斯·舍勒:《伦理学中的形式主义与质料的价值伦理学:为一种伦理学人格主义奠基的新尝试》,倪梁康译,商务印书馆2019年版,第130页。

在于，这个'声音'本身不存在或只是很微弱地存在。只要在行动之后出现的纠正或从其他方面发出的指责唤起有关举止的坏的意识，而清楚的回忆却仍然在说，'本来根本没有坏的想法'，这时，对良知萌动的不关注与良知欺罔之间的区别就会很清楚；同样，当一个人初次看到另一种具有较高价值的举止时，而且当这个人现在从这个新的明察出发而将自己的举止感受为或评判为是坏的时，对良知萌动的不关注与良知欺罔之间的区别也会很清楚"①。

对良知理论的这种批评，与舍勒对先天论中的"主体主义"的反驳是一致的。他认为，过分弘扬和诉诸个体主体，实际上"对个体自我的伦常价值的破坏最大，甚至干脆使它成为一个语词矛盾（contradictio in adjecto）"。其原因在于，我们根据无法解释个体自我的本质价值从何而来，也无法解释"个体良知"以及对一个个体而言的"善"从何而来，除非我们像康德那样将个体经验自我再回溯到超越论自我上，并且因而把个体自我"仅仅看作一种对那个超越论自我的经验损坏"。②

舍勒曾以耶稣和苏格拉底为例，说明他们并不是比同时代在本性上更善，而是比同时代更早地看到了客观的善的价值，或者说，这个善的价值仅仅对他们显现出来。因此，个体主体与社会主体（交互主体）在价值问题上的矛盾和冲突，在他看来只有在承认客观价值的情况下才能解决。

至此已经可以发现，舍勒对康德伦理学的批评以及对自己伦理学的弘扬主要表现在两个方面，一方面是批评"义务"概念的外在性、强制性和盲目性，另一方面是批评"良知"概念的内在性、自由性和随意性。前一种批评主要涉及单纯的道德客体性，后一种批评主要涉及单纯的道德主观性。如果我们把伦常明察看作一种在本质直观中对客观的善的价值把握，那么伦常明察就是一种既有别于义务，又有别于良知的伦理认识活动，当然，这个命题换一种说法就是，它是一个处在义务意识和良知之间的伦理认识活动。

如果必须回答伦常明察距离哪一个更近，是康德的义务意识概念，还

---

① ［德］马克斯·舍勒：《伦理学中的形式主义与质料的价值伦理学：为一种伦理学人格主义奠基的新尝试》，倪梁康译，商务印书馆2019年版，第473页。

② 参见［德］马克斯·舍勒《伦理学中的形式主义与质料的价值伦理学：为一种伦理学人格主义奠基的新尝试》，倪梁康译，商务印书馆2019年版，第130—131页。

是他的良知概念，那么舍勒很可能会选择后者。

舍勒在一定程度上承认伦常明察和良知之间的共性，这个共性在于，它们都可以是对个体而言的明见性。因此，在伦常明察和良知的情况中，交互主体的普遍共识都不构成必要条件。舍勒说："我们将会看到，在严格客观的明察中存在着这样一种明见性，即：一个特定的意愿、行动、存在只是对一个个体而言，例如对'我'而言的善，它并不能被普遍化；我们甚至还可以看到：对一个存在和状态的纯粹的、完全的和绝对伦常价值的伦常明察，自身就必定会始终地并且必然地带有这种局限在个体之上的特征；而且这种明察越是相即（也就是说，越是'客观'），它也就越是必定带有这种特征。"① 这印证了，也代表了舍勒在伦理学中所持的一个信念：道德法则不是个体主体的，也不是交互主体的，因为伦常明察所把握到的伦常价值是客观存在的。究竟是个体还是群体把握到这个客观价值，这对这个价值本身来说是无关紧要的。

这样，伦常法则的普遍有效性在舍勒这里便不再成为伦理学或伦理法则的"公理"。他将这种对普遍有效性的要求看作近代思想所导致的一个弊端："我们在总体上趋向于过高地估计我们的价值判断的共同性——其所以会有这种过高的估计，是因为我们所有人都生来就倾向于用'别人也曾这么做'来为我们的行为做论证和道歉。"②

在这个问题上，舍勒对康德的定言律令的伦理原则与对胡塞尔的本质直观的知识法则的态度是一致的：他不认为作为意向相关项的真理——无论是伦常价值，还是知识理念——必定可以随时随地显现在作为伦常明察或观念直观的相关意向活动中。因此，舍勒既批评胡塞尔在"自由想象的变更"的现象学方法中③所含有的普遍性要求，也批评康德在"定言律令"（"你应该这样行动，使你的每个行为都能成为一切人的行为的普遍

---

① ［德］马克斯·舍勒：《伦理学中的形式主义与质料的价值伦理学：为一种伦理学人格主义奠基的新尝试》，倪梁康译，商务印书馆2019年版，第469页。

② ［德］马克斯·舍勒：《伦理学中的形式主义与质料的价值伦理学：为一种伦理学人格主义奠基的新尝试》，倪梁康译，商务印书馆2019年版，第468页。

③ 这方面的具体论述可以参见笔者《现象学及其效应：胡塞尔与当代德国哲学》，生活·读书·新知三联书店1994年版，第80 – 81页。

准则"①)中所含有的普遍性要求。

在这里,舍勒尤其针对康德的"普遍准则"提出批评:"这种对社群支点的趋向是如此之大,它甚至使康德远远偏离开真理,以至于他想把一个意愿公理的单纯普遍化能力当作这种能力的伦常正确性的标准。"② 舍勒在自己的伦理学主张中干脆排斥这种普遍化要求,并且认为,"这种对'公理'之普遍化能力的排斥不仅不会妨碍严格的客观性和这种明察的负责特征,而且这种排斥甚至必须如此彻底进行,以至于我们所获得的完全是对绝对的善之本身的最终的、明见的、完全相即的最严格明察,而不仅仅是一些能够用来压制冲动的规则,它们只会模糊并歪曲这种单纯的明察能力"③。

由此看来,对普遍性的排斥和对个体性的诉诸是伦常明察和良知都具有的一个共性。但即便在这个共同点上,舍勒仍然指出两者的差异:就良知而言,它所关涉的善只是对这个良知拥有者个体而言的善,只对他具有束缚力。一个类似"这是你的并且仅仅是你的善,它始终是对他人而言的善"的良知陈述必定是自相悖谬的。

而在伦常明察那里情况则不同,舍勒认为,"有一些伦常明察导向普遍有效的规范之伦常价值,而另一些伦常明察则仅仅导向那些'为'一个个体或'为'一个群组来说自在的善;而这两种明察具有相同的严格性和客观性"④。

也就是说,良知涉及的只是对个体而言的善,伦常明察则既可以涉及对个体而言的善,也可以涉及对群体而言的善,乃至于对全体而言的善。而且如前所述,客观的伦常价值究竟是显现在个体中还是显现在群体中,这对于这个伦理价值本身而言并不是一个根本性的问题。

在完成这个区分之后,舍勒可以对伦常明察与良知的关系总结说:

---

① 参见 Immanuel Kant, *Grundlegung zur Metaphysik der Sitten*, in *Kant im Kontext* Ⅱ, Komplettausgabe, Berlin: Karsten Worm, 2004, InfoSoftware, Bd. 4, S. 421。
② [德]马克斯·舍勒:《伦理学中的形式主义与质料的价值伦理学:为一种伦理学人格主义奠基的新尝试》,倪梁康译,商务印书馆2019年版,第469页。
③ [德]马克斯·舍勒:《伦理学中的形式主义与质料的价值伦理学:为一种伦理学人格主义奠基的新尝试》,倪梁康译,商务印书馆2019年版,第469页。
④ [德]马克斯·舍勒:《伦理学中的形式主义与质料的价值伦理学:为一种伦理学人格主义奠基的新尝试》,倪梁康译,商务印书馆2019年版,第476页。

"'良知'的合法意义现在就在于,①它只是伦常明察的个体的经济化形式,②这种明察只是在这样一个程度上和这样的界限内被展示出来,即:它指向'为我'的自在的善。"①

由此可见,舍勒对良知的评价在总体上是积极的。但同时也必须强调,在他那里,良知与伦常明察相比,始终处在次要的地位。这乃是因为,伦常明察可以取代良知,但反之则是不可行的。在这个意义上,舍勒把良知看作"作为本己个体认识活动和伦常经验对伦常明察的贡献之总和",是"各种明察中最终伦常明察的一个经济化形式"。②

除此之外,伦常明察和良知的区别还表现在另一点上:良知必须与权威定理与传统内涵共同作用和相互纠正(因为它们都只是主观的认识源泉),才有可能保证人们从主观上最大限度地获得对善的明察。而伦常明察则可以独自获取所有这些伦常明察的源泉,因为它可以在明见的自身被给予性中直接把握到什么是善、什么不是善。③

从所有这些关于良知的观点来看,我们可以说,舍勒在良知问题上距离黑格尔比距离康德更近。

第四节 总结

从前面的论述我们可以看到舍勒的伦理学思想与亚里士多德和康德的伦理学思想的一些联系和差异。这里可以做一个扼要的概括和总结。

第一,由于我们在这里考察的是舍勒伦理学的现象学方法,没有专门涉及他的伦理学的价值论本体思想,也无法显示他的质料的价值伦理学与亚里士多德的伦理学之间的根本差异。这可能会引起读者的误解,就像哈特曼在初读《伦理学中的形式主义与质料的价值伦理学:为一种伦理学人

---

① [德]马克斯·舍勒:《伦理学中的形式主义与质料的价值伦理学:为一种伦理学人格主义奠基的新尝试》,倪梁康译,商务印书馆2019年版,第476页。
② 参见[德]马克斯·舍勒《伦理学中的形式主义与质料的价值伦理学:为一种伦理学人格主义奠基的新尝试》,倪梁康译,商务印书馆2019年版,第474页。
③ 参见[德]马克斯·舍勒《伦理学中的形式主义与质料的价值伦理学:为一种伦理学人格主义奠基的新尝试》,倪梁康译,商务印书馆2019年版,第472-475页。

格主义奠基的新尝试》时所做的误释一样,以为"舍勒的思想可以为理解亚里士多德提供新的启示"。舍勒本人在第三版的前言中对此做了反驳。他认为自己的伦理学与亚里士多德的伦理学的区别在于,"亚里士多德既不了解对'善业'和'价值'之间的明确划分,也不具备一个本己的、不依赖于存在的独立性和程度(即不依赖于作为任何事物之基础的隐德莱希目的活动之表现尺度的)的价值概念"。他甚至认为,在康德摧毁了亚里士多德的古典善业伦理学和目的伦理学的形式之后,质料的价值伦理学才能够产生。①

第二,因为论题的关系,这里同样放弃了对舍勒与康德之间的一个基本差异的讨论:舍勒的质料伦理学与康德的形式伦理学之间的差异。简单地说,由于舍勒坚持价值的客观性,包括伦常价值的客观性,因此他常常与黑格尔站在同一个战壕里,并与康德形成对峙的状态。这也体现在这里所讨论的伦理学方法分歧上。可以说,康德伦理学与舍勒的伦理学之间的差异,除了形式伦理学和质料伦理学的差异以外,还体现在两个方面:一方面是明察伦理学与义务伦理学之间的差异,另一方面是价值伦理学(他律的或神律的伦理学)与自律伦理学之间的差异。

第三,正是在这里,舍勒所主张的"伦常明察"尤其显露出现象学伦理学方法的特征:意向活动与意向相关项的统一。舍勒将它们归结为两种根本性的本质联系:"第一个本质联系在于行为本质和对象本质之间的联系!""第二个本质联系是行为和'人格'与对象和'世界'的本质联系。"② 我们在这里讨论的只是第一个本质联系。

从以上这些角度来看,我们可以认同 M. S. 弗林斯对舍勒《伦理学中的形式主义与质料的价值伦理学:为一种伦理学人格主义奠基的新尝试》的评价:"毫无疑问,这本书代表了 20 世纪伦理学的主要成就,并且,与亚里士多德的《伦理学》和康德的《实践理性批判》一样,它是哲学史上有关伦理学的最深刻、最广博以及最富于独创性的著作。"③

---

① 参见[德]马克斯·舍勒《伦理学中的形式主义与质料的价值伦理学:为一种伦理学人格主义奠基的新尝试》,倪梁康译,商务印书馆 2019 年版,第 18 页。

② [德]马克斯·舍勒:《伦理学中的形式主义与质料的价值伦理学:为一种伦理学人格主义奠基的新尝试》,倪梁康译,商务印书馆 2019 年版,第 131 页注。

③ [美]弗林斯:《舍勒思想评述》,王芃译,华夏出版社 2003 年版,第 70 页。

第四编

伦理现象研究

第四编 伦理现象研究

第十二章

道德谱系学与道德意识现象学

——尼采与爱德华·封·哈特曼的伦理学思想

第一节 尼采的道德哲学思想

尼采于1887年发表《论道德的谱系》，此后谱系学的哲学著作便开始日趋增多。连胡塞尔这位在其一生中看起来从未与尼采发生直接联系的思想家①，也会在1933年有意无意地以"逻辑谱系学研究"为副标题来发表他身前最后一部著作《经验与判断》，遑论眼下最重要的谱系哲学家福柯等。而尼采之前和与尼采同时，即便也有各种强调历史意识的哲学著作，如维柯的《新科学》、黑格尔的《精神现象学》和《逻辑学》、狄尔泰的《精神科学中历史世界的建构》②等，但哲学家们一般还是会像柏拉

---

① 在K.舒曼编纂的极尽翔实之能事的《胡塞尔年谱》（海牙，1977年版）中，尼采的名字连一次都没有出现过。但根据舒曼1975年编写的、存于胡塞尔文库尚未发表的《人名索引》（第77页）以及他编的十卷本的《胡塞尔书信集》（海牙，1994年版，第165页），尼采在胡塞尔的所有文稿中被提及的次数在十次左右。

② 这里特别要提到尼采的同时代人狄尔泰。这位尤为强调历史意识和历史理性的历史哲学家，是为当代思想打上历史意识烙印的代表人物之一。他与尼采不仅都在关注历史哲学，同样也在关注生命哲学。或许因此之故，狄尔泰对待尼采的态度与胡塞尔对待尼采的态度不尽相同。他在其著作中有时会提到尼采，尽管次数很少，且持批判态度。看起来他并不将尼采视为严肃的精神对手。例如，在其代表作《精神科学中历史世界的建构》中，他仅有一次批判性地提及尼采："我们并非通过内省来把握人类本性。这乃是尼采的巨大错觉。因而他也不能把握历史的意义。"（W. Dilthey, *Der Aufbau der geschichtlichen Welt in den Geisteswissenschaften*, Stuttgart/Göttingen: Vandenhoeck & Ruprecht, 1992, S. 250）

· 187 ·

图那样声言:我们"不叙述历史"。①

在当代思想中加入浓浓的历史意识,使其成为当代思想的主要标识——这一点,即便不是尼采的最重要影响,也应是他的最显著影响。用他的话来说,"一切都是生成的,没有永恒的事实,一如没有绝对的真理。——因而有必要从现在起,做历史性的哲学思考(das historische Philosophiren),并伴之以谦逊的美德"②。

道德谱系学的思考便属于这类"历史性的哲思"。谱系学首先是研究家族历史、家庭历史的一种历史学科的称号。尼采意义上的道德谱系学,按他自己的说法是指"道德概念的发展史"研究。③ 然而,研究道德概念发展史的目的究竟何在呢?尼采对其历史观曾有过非常直白的表达:"唯有在历史服务于生活的情况下,我们才服务于历史。"④ 从这个角度看,尼采的谱系学研究目的无非在于根据过去来澄清现在。

尼采的大多数著作,在笔者看来应当作为文学作品来读,如作为杂文或散文或箴言或寓言,而且可读性很强,同时也绝对不乏深邃性。尼采驾驭语言的能力毋庸置疑,即便他自己不喜欢德语,至少不喜欢它的发音。⑤ 有可能当作学术著作来理解的只有少数几部尼采作品,《论道德的谱系》应当是其中之一。它已经如此学术,以至于尼采在前言中事先要告诫说,不要像"现代人"那样读这本书,而是差不多要像奶牛那样"一再地去

---

① 海德格尔在《存在与时间》的第二节中引用柏拉图在《智者篇》(242c)中的主张"不叙述历史","也就是说,不要靠把一个存在者引回到他所由来的另一存在者这种方式来规定存在者之为存在者"。(《存在与时间》,陈嘉映、王庆节译,生活·读书·新知三联书店2000年版,第8页)就这点来说,海德格尔当时恰恰站在与尼采相对的立场上。

② [德]尼采:《人性的、太人性的》第1部分第2节。Friedrich Nietzsche, *Sämtliche Werke: Kritische Studienausgabe*, KSA(以下简称《尼采全集(考证版)》), hg. v. G. Colli u. M. Montinari, München/Berlin/New York: Walter de Gruyter, 1980, Bd. 2, S. 24f.

③ 参见[德]尼采《论道德的谱系》,见《尼采全集(考证版)》第5卷,第289页。

④ [德]尼采:《不合时宜的考察》,见《尼采全集(考证版)》第6卷,第103-110页。

⑤ 参见[德]尼采《事关德国人》,见《尼采全集(考证版)》第1卷,第245页。

第四编　伦理现象研究

咀嚼它"才行。①

这里尤为需要提醒注意的是，在这本书的第一章的结尾，尼采做了一个特别的说明（Anmerkung），它代表了尼采的道德研究的一个核心思想：

> 我利用这篇论文给我的机会来公开而正式地表达一个愿望，迄今为止我只是在与学者的偶尔谈话中陈述过它：某个哲学学院应当通过一系列学术颁奖来促进道德史的研究——或许这本书就可以在此方向上提供一个有力的推动。鉴于这种可能性，我提出下面这个问题以供参考，这个问题既应该受到语言学家和历史学家的关注，也应该受到真正的职业哲学学者的关注：
>
> 语言科学，**尤其是**语源学研究会为道德概念的发展史提供哪些指导？
>
> ——另一方面，同样必要的当然还有：获得生理学家和医学家对这些（关于迄今为止的价值评估之价值）问题的参与，在这里应当留给专业哲学家做的事情就是，在他们于总体上成功地将哲学、生理学和医学之间原本如此脆弱和猜疑的关系改造成最为友好和最有成效的交流之后，他们在这些个别情况中也充当代言人和协调人。事实上，历史或人种学研究所了解的所有善业招牌（Gütertafel）、所有'你应当'，首先都需要受到生理学的探讨与阐释，至少在心理学的探讨与阐释进行之前，所有这些问题都等待着从医学科学方面而来的批判。关于这些或那些善业招牌和'道德'有什么价值的问题，要被放置到最为不同的视角中；即是说，'价值何为'（wert *wozu*）的问题，是无法足够精细地得到分析的。例如，某种东西明见地具有对一个种族的最大可能延续能力（或在其对某种气候的适应力提升，或在最大数量

---

① 参见［德］尼采《论道德的谱系》，见《尼采全集（考证版）》第5卷，第256页。尼采的书对于我们这个时代来说差不多是通俗的哲学读物，但在尼采时代却常常有人会抱怨尼采的著作读不懂，以至于尼采常常像在这里一样需要做一些自我辩护："如果有人读不懂这书或听不懂它的意思，那么我想责任并不必然在我，它已经够清楚的了。前提是，亦即我的预设是：先要读过我此前的著作，而且在阅读时不忌辛劳，实际上那些著作倒不是那么易于理解的。"（同上书）爱德华·哈特曼也曾在对尼采的批判中提到："尼采常常抱怨德国人不理解他的书，并且将此归咎于这些书对于德国人来说是过于深刻了。"（参见 E. von Hartmann, *Ethische Studien*, Leibzig: Hermann Haacke, 1898, S. 34 – 69）

的保存）方面的价值，它却完全可能在造就一个更强壮的类型方面不具有相同的价值。最多数人的福祉和最少数人的福祉是正相对立的价值观点：以为前者自在地具有更高的价值，这种天真还是留给那些英国生物学家们吧……所有科学现在都必须为哲学家的未来任务做准备：这个任务被理解为：哲学家必须解决价值的问题，他必须规定价值的等级秩序。①

尼采在这个说明中所要表达的，是他对道德研究的基本理解：一方面，道德研究应当还原为语言概念发生 - 发展史的研究；另一方面，道德研究应当还原为价值构成的问题与历史的研究。当然，这里所说的价值，在尼采看来乃是必须根据生理学、医学和人种学来重新评估的价值。

第二节　舍勒的现象学伦理学

从种种迹象看，尼采在说明中提出的这个对未来道德史研究之要求的态度是严肃的。以后的一些哲学家似乎也在严肃地对待他的这个要求。这些哲学家中当然也包括现象学哲学家。虽然在胡塞尔本人一生的谱系中没有留下尼采影响的任何明显痕迹，但他本人于1900年发表的《逻辑研究》却被看作对同年去世的尼采的一个回应：上帝死了!② 现在人只有通过自身认识来完成起自身的担当！取代上帝主宰的是自我主宰，但必须是一个有了充分理性自知的主体自我。这里的道德响应尽管十分明白，却是十分

---

① ［德］尼采：《论道德的谱系》，见《尼采全集（考证版）》第5卷，第288 - 289页。
② 尼采曾认为，"上帝死了"这个"巨大事件"还在途中，需要两百年才能被人听见。但实际上，这个事件并非是由尼采宣告的，而只是为他所引用。在尼采之前，黑格尔和马丁·路德都曾对"上帝死了"这句话做过分析和解释。由此算来，两百年的时间已到。对此可以参见 E. Jüngel, "Friedrich Nietzsche: Atheistische Leidenschaft für die Freiheit", in https://www.welt.de/debatte/kommentare/article6069759/Friedrich-Nietzsche-Atheistische-Leidenschaft-fuer-die-Freiheit.html。这里需要补充的是，真正尼采的宣告不是"上帝死了"（Gott ist tot），而是后面的一句"上帝始终是死的"（Gott ist tot! Gott bleibt tot!）（参见［德］尼采《快乐的科学》，见《尼采全集（考证版）》第3卷，第481页）。然而，对于东方人来说，这句话并无意义，因为对于他们来说，上帝从来就没有活过。

间接的。另外，胡塞尔后期也在试图进行"历史性的哲学思考"。当然，这个思考并非对尼采的要求的有意无意的应和，而更多是对他的同时代人纳托尔普和狄尔泰的发生思想与历史哲学的应和。但无论如何，倘若按尼采的观点，道德研究应当还原为价值构成的问题与历史的研究，那么依着胡塞尔的想法，"历史性的哲学思考"就应当立足于"意义构成与意义积淀"的问题研究。①

直接的响应可以在另一位现象学家舍勒那里找到，他显然把尼采和康德视为两个最重要的精神对手。他写于 1911 年至 1914 年期间的论文集《论价值的颠覆》，差不多可以视作对尼采的道德史研究要求的应答，而且是在"由胡塞尔敏锐地表达的那种'现象学观点'"② 中进行的应答。此后，在其代表作《伦理学中的形式主义与质料的价值伦理学：为一种伦理学人格主义奠基的新尝试》中，舍勒虽然是以康德为直接的精神对手，从否定的方面去批判他的伦理学中的形式主义，但这部著作的肯定性方面恰恰与尼采在《论道德的谱系》中对道德研究所提出的要求相符合：解决价值的问题和规定价值的等级秩序。③

概括地说，舍勒在这里提出，各种不同的价值处在一个客观的、等级分明的体系之中：从感性价值（舒适—不舒适）到生命价值（高尚—庸俗），再由此而上升到精神价值（善—恶、美—丑、真—假），直至神圣之物和世俗之物的价值。这个奠基关系体现在价值的等级秩序上便是四个层次的划分：感性价值与有用价值，生命价值，精神价值，以及世俗价值和神圣价值。与此相对应的是四种不同的感受层次：感性感受、生命感受、心灵感受、精神感受。④

---

① 这里可以参考胡塞尔在后期著作中对"历史"所做的一个著名定义："历史从一开始就无非是原初意义构成（Sinnbildung）和意义积淀（Sinnsedimentierung）之相互并存和相互交织的活的运动。"（Hua Ⅵ，S. 380f）

② 参见［德］马克斯·舍勒《论价值的颠覆·文章与论文集》，伯尔尼 1972 年第 5 版，第 7 页。

③ 在尼采那里，这些价值的等级秩序就是善或善业的等级秩序（Rangordnung der Güter），但他不同于舍勒的地方在于，他认为"善业的等级秩序并非在所有时代都是固定的和相同的"，而"它一旦确定下来，便可以决定一个行为是道德的还是不道德的"（参见［德］尼采《人性的、太人性的》第 1 部分第 42 节，见《尼采全集（考证版）》第 2 卷，第 65 页）。

④ 参见笔者在舍勒《伦理学中的形式主义与质料的价值伦理学：为一种伦理学人格主义奠基的新尝试》中译本（商务印书馆 2019 年版，第 1012 页）"译后记"中对此问题的进一步论述。

在这里，舍勒既反对价值的纯粹主体性，也反对价值的纯粹客体性。他更多是借助于现象学的观点来探索出一个中间立场，从而避开价值研究领域中的现象主义和本体主义。前者把价值完全回归到个体的或群体的主体感受性上，否认其自在的存在可能，后者则把价值视为完全的客体性，否认它会随主体感受的变化而变化。这与胡塞尔在《逻辑研究》中既反对将观念设定在人的大脑之中，也反对将它们设定在大脑之外的做法是相似的。

这种思考方式已经表明，舍勒的伦理学讨论尽管实际上响应了尼采的要求，但这种响应并不意味着对尼采的道德史研究立场的接受。相反，针对前面所引的尼采的说明，他另一方面所做的更多是相应的批判。这个批判至少包含以下两个方面：

首先是对尼采的生物主义伦理学思想的批评。尼采虽然将英国生物学或达尔文的进化论视为敌手，常常有所贬损，例如在《偶像的黄昏》中还列出专门的一节来特别加以反对，① 但他自己不知不觉地处在达尔文主义和进化伦理学的影响之下，甚至可以被归纳到达尔文思想的一个副产品——社会达尔文主义之中。达尔文的进化论与尼采的道德谱系学之间的内在联系，差不多可以理解为生存斗争的主张与权力斗争的主张之间的关系，它们属于生物主义伦理学内部的分歧。正是在这种伦理学的评价机制下，才形成了道德情感问题上的不同立场。

具体地说，与英国经验主义不同，也与达尔文所得出的结论不同，同情与良知的形成会被尼采看作一种生命衰败的结果，它有悖于原初的生命强盛的趋向，并且在这个意义上被尼采看作非伦理的，至少是伦理上退步的。要想循着生存保存的轨迹前进，就必须维护生命的原初趋向或原始冲动，例如强化权力意志，维护或造就出一个更强壮的生命类型。

舍勒已经大致地看到了这一点，因此，他认为，虽然尼采"彻底地克服了生命首先是'生存保存'的谬误，但他没有克服另一个谬误，即生命仅仅是自身保存，或者按照他的理解，自身生长"②。这样我们也就容易理解舍勒的结论："毋宁说，他（尼采）恰恰在这一点上接受了一种虚假

---

① ［德］尼采：《偶像的黄昏》《事关德国人》，见《尼采全集（考证版）》第2卷，第120－121页。

② ［德］马克斯·舍勒：《伦理学中的形式主义与质料的价值伦理学：为一种伦理学人格主义奠基的新尝试》，倪梁康译，商务印书馆2019年版，第412页。

第四编　伦理现象研究

的和片面的生物学和心理学的全部迷误，而且尤其是在它们通过达尔文的'生存斗争'原则而获得的那种表述中接受了它们。"①

其次是对尼采的价值唯名论立场的批判。尽管尼采倡导对价值的问题的讨论以及对价值等级秩序的规定，但在他的整个道德观念中实际上预设了一个基本前提：价值及其等级秩序是主观的、人造的，并且会随时代的变化而变化。也正是在这个意义上，尼采趋向于将道德的研究等同于道德史的研究，将道德现象学的研究等同于道德谱系学的研究。也正是在这个意义上，尼采会提出这样的命题："没有道德现象，唯有对现象的道德阐发。"② 而在舍勒看来，这表明了尼采的一个基本立场："伦常价值只是'被制造出来的'或者'被解释加入到'价值中性的现象之中去的。"③

在对待这个问题的立场上，舍勒与胡塞尔是基本一致的。或许他们会在观念直观与价值直观的奠基顺序上有不同的意见，但他们都会主张价值及价值感知的内在结构是不以人的意志为转移的，因此，也都会对尼采的主体价值论持反对态度。舍勒明确地批判尼采说："'价值感受'（例如'尊重感'等等）之所以可以叫作价值感受，乃是因为在'完整生活'的原发被给予性中，价值本身还是直接被给予的，只因为此，它们才带有'价值感受'的名称。"④ 舍勒认为，如果否认价值本身的超主体有效性，道德的"标准""规范""评判法则"便无法合理地说明其起源，从而最终会导致道德虚无主义的结局。

因此，舍勒对尼采的道德立场的批评最终可以概括为："尼采的行进方向更多是对文明价值的毁灭和对他最终称作'金发野兽'的东西的颂

---

① ［德］马克斯·舍勒：《伦理学中的形式主义与质料的价值伦理学：为一种伦理学人格主义奠基的新尝试》，倪梁康译，商务印书馆2019年版，第412页。
② ［德］尼采：《善与恶的彼岸》第4章第108节，见《尼采全集（考证版）》第5卷，第92页。
③ ［德］马克斯·舍勒：《伦理学中的形式主义与质料的价值伦理学：为一种伦理学人格主义奠基的新尝试》，倪梁康译，商务印书馆2019年版，第299页。
④ ［德］马克斯·舍勒：《伦理学中的形式主义与质料的价值伦理学：为一种伦理学人格主义奠基的新尝试》，倪梁康译，商务印书馆2019年版，第299页。

扬。"① 这里所表明的是道德意识现象学的倡导者对道德谱系论者的一个具有代表性的基本态度和立场。

第三节　爱德华·封·哈特曼的道德意识现象学

但是，本章的主要目的并非在于清理现象学或道德意识现象学一般对尼采道德谱系学的响应，而是要讨论在此响应中的一个比较具有代表性的特例：爱德华·封·哈特曼②的道德意识现象学与尼采道德谱系学的关系。

哈特曼（1842—1906）是尼采的同时代人，只是比尼采早两年出生，晚六年离世。他青年时期的著作《无意识哲学》（1868）使他声名显赫③，而他自认为更重要和更成熟的后期著作《道德意识现象学》（1879）却始终没有得到应有的广泛关注。

如果回顾一下"现象学"这个术语的使用史，那么严格说来，黑格尔的《精神现象学》并不能算是如今人们通常理解的现象学著作，因为它在风格上过于思辨而在方法上缺乏描述。事实上，亚里士多德和康德的哲学会更配得上现象学的称号，前者是就其在各个研究领域中所使用的直观描述分类方法而论，后者是就其目光所指的整个现象界的问题领域而论。而如果用今天最典型的胡塞尔现象学标准来进行衡量和评估，那么我们会发现一个令人惊异的事实：当代第一部现象学的著作实际上并不是胡塞尔的《逻辑研究》（它的第二卷名为"现象学与认识论研究"），而是哈特曼的《道德意识现象学》。这还进一步意味着，当代第一部具有现象学风格的现

---

① ［德］马克斯·舍勒：《伦理学中的形式主义与质料的价值伦理学：为一种伦理学人格主义奠基的新尝试》，倪梁康译，商务印书馆2019年版，第421页。尼采在《论道德的谱系》一书中曾歌颂作为"食肉动物"的"高贵种族"，将他们称作"金发野兽"（blonde Bestie）（参见［德］尼采《论道德的谱系》，见《尼采全集（考证版）》第5卷，第275页）。

② 有别于他的堂弟、同样也是哲学家的尼古拉·哈特曼（Nicolai Hartmann，1882—1950）。以下将爱德华·封·哈特曼简称为哈特曼。

③ 尼采曾在他的《历史对于人生的利与弊》中将哈特曼称作"狡猾的家伙"（Schalk），并花费不小的篇幅来讥讽哈特曼的这部著作："他的闻名遐迩的无意识哲学——或者说得更明白些——他的无意识反讽哲学。……我们很少读到过比哈特曼的书更为好笑的哲学把戏。"（［德］尼采：《不合时宜的考察》，见《尼采全集（考证版）》第1卷，第314页）

第四编 伦理现象研究

象学著作所讨论的并不是认知现象学的问题，而是道德现象学的问题。

正是在哈特曼的这部著作中，道德意识现象学的问题受到了系统的讨论。他本人所理解的人类道德体系，是一个由情感道德（Gefühlsmoral）、理性道德（Vernunftmoral）和品味道德（Geschmacksmoral）组成的三位一体的体系。① 这就意味着他首先是一个道德哲学中的三元论者。道德领域中的三元论者实际上在此之前就已经可以发现，例如施莱尔马赫将其伦理学划分为善业论（即习性伦理学）、义务论（即理性伦理学）和德行论（即本性伦理学）。

在哈特曼看来，他的道德意识现象学与尼采在《论道德的谱系》中所要求的道德概念史研究和生理学研究是基本一致的，"他相信用他的《道德意识现象学》已经成就了尼采（在《论道德的谱系》的第一篇文章结尾的注释中）对未来道德史研究所期待的东西：对各种不同道德信念、它们从无意识中的产生史进行尽可能全面的编目，并且对它们进行详尽的科学研讨（如尼采所述，'生理学的探讨与阐释'）。因此，哈特曼尤其觉得受伤害的是，尼采没有仔细地研究过他的伦理学"②。

当然，哈特曼并没有天真地认为他的道德意识现象学可以与尼采的道德谱系学相提并论。虽然他在该书中所设想的主要对手是叔本华而非尼采③，但这并不是因为他自认为与尼采距离较近，而更多是因为他没有将尼采视为真正的道德哲学家。事实上，在德国道德哲学传统中，哈特曼更多是叔本华的而非尼采的同路人，因为这里的情况不同于在法国哲学、英国哲学和苏格兰哲学中的情况。在德国哲学中，相对于理性道德的充沛溢出，在对情感道德的弘扬方面的精神思想资源会显得十分稀有可贵。而从广义上说，尼采的道德思想可以被纳入理性道德的范畴，只是这里所说的"理性道德"，不同于康德意义上的义务论理性，而更多是一种工具论理性

---

① 该书的"情感道德"部分由简－克劳德·沃尔夫编辑并加有引论，于 2006 年再版。中译本为［德］爱德华·封·哈特曼《道德意识现象学：情感道德篇》，倪梁康译，商务印书馆 2012 年版。

② Jean-Claude Wolf, "Einleitung", in E. v. Hartmann, *Die Gefühlsmoral*, Hamburg: Felix Merner Verlag, 2006.

③ 哈特曼在书中提及尼采只有五次，讨论叔本华的地方却有约六十处。但哈特曼曾在他的《伦理学研究》中以一章的篇幅来讨论"尼采的'新道德'"（参见 E. von Hartmann, *Ethische Studien*, Leipzig: Hermann Haacke, 1898, S. 34 – 69）。

· 195 ·

或价值论理性。它意味着"理性"的标准在于是否有利于人种的优秀或强壮。

哈特曼的三元论之所以是三元论,乃是因为他相信缺少其中的任何一元,人类的道德系统在理论上都将会是不完善的。例如,倘若没有情感道德,只有理性道德和品味道德,人类就会缺乏伦常热忱、道德激情和英雄气概等。因此,在他看来,"无论是和谐肤浅的圆滑品味道德,还是趋于迂腐的抽象理性道德,都是无法与情感道德相抗衡的"①。

可是完全立足于情感道德,就像叔本华全身心地诉诸同情心那样,也会使一个道德系统变得片面残缺。哈特曼在这里也会在批判尼采的反同情、反良知之道德主张的同时表明他自己对同情的道德意识乃至对情感道德一般的基本态度:"尼采对同情的不分青红皂白的指责完全是无的放矢,并且表明自己只是一种与野蛮与兽性的调情。我们对同情的最终判决必定是:作为附带的本能动力是无可估量的,作为独自定夺的原则是完全不足的。"②

这表明,即便哈特曼对情感道德有特别的偏好,他也并不认为它可以替代品味道德和理性道德的位置。

第四节 道德谱系与道德意识来源

论述至此,我们大致可以把握到尼采的道德概念发展史和价值生成过程研究之主张与道德意识现象学研究的一些本质区别。

事实上,如果在尼采的伦理要求与迄今为止的某种伦理主张之间存在某种相似性和可比性,那么这种伦理主张应当是进化伦理学或生物主义伦理学。它不是指道德的进化,而更多是指以进化为标准来衡量道德。善与恶在这里被理解为有利于或不利于相关物种的自身保存。在尼采这里,善与恶被理解为有利于或不利于相关物种的自身强化和自身变异。伦理学不再是"应当"(Sollen)的问题,而可以转变为"意愿"(Wollen)的问

---

① Eduard von Hartmann, *Die Gefühlsmoral*, Hamburg: Felix Merner Verlag, 2006, S. 26.
② Eduard von Hartmann, *Die Gefühlsmoral*, Hamburg: Felix Merner Verlag, 2006, S. 96.

题。换言之,在尼采那里已经不存在传统意义上的伦理学诉求了。这首先是因为,传统的伦理学要求"你应当"(du sollst)已经被权力意志哲学的"我想要/我意欲"(ich will)主张取代。

就此而论,尼采的道德哲学已经处在传统意义上的"善与恶"的彼岸,它已经与通常所说的伦理学无关。正如我们可以对宗教伦理说,上帝与人的关系问题不再是通常意义上的伦理学问题,我们同样也可以对尼采的道德哲学说,有待进化或业已进化了的超人与普通人的关系问题也超出了通常意义上的伦理学问题范围。无论将他的思想称作非道德的伦理学还是非伦理的道德学,意思都是一样的:它们都是超人的、太超人的。

所有的进化伦理学都具有的一个显著特点在于,它们把所有道德和价值都看作生成的,因而只是在特定历史阶段有效。这是随近代自然科学的影响日趋加深而在社会生活层面日趋流行的道德观。尼采不自觉地处在这个影响之中。

这种将道德归结为某种道德习性(习得性)的做法与道德意识现象学的主张并不冲突。在总体上,尼采在道德哲学方面的主张与现象学的道德意识哲学理论之间并不存在一种非此即彼的关系。这也是笔者在本章标题中使用"与"而不是使用"或"的原因。道德意识现象学与道德谱系学的关系是一种蕴含与被蕴含的关系:前者将后者视为自己工作的一个不可或缺的组成部分。

道德意识现象学对人类伦理现象的分析已经表明,尼采的道德谱系学属于道德习性现象学的问题范围与工作领域。而在道德意识现象学的总体研究领域中,除了道德习性的领域之外,还可以并应当包含其他两个研究领域:道德本性的与道德理性的现象学研究领域。笔者曾在《道德意识来源论纲》①一文中对这个三重划分做过较为详细的说明。这里只需要强调,它与哈特曼的三元论道德哲学并不完全一致。

简单地说,道德本性是指一些与生俱来、不习而能的道德能力。它们与亚里士多德所说的德性有些相似。例如,如果我们可以说,狗或马的德性在于忠诚这样一种德性,那么在这个意义上,我们也可以将同情视为道德本性或先天德性的一种。当然,在亚里士多德那里也存在着后天的德

---

① 参见笔者《道德意识来源论纲》,见黄克剑主编《问道》第 1 辑,福建教育出版社 2007 年版,第 47-64 页。(即本书第三章"道德意识的三个来源")

性,即习得的道德能力。它们是涉及后天培育的道德能力。这些能力一方面与习得的伦常风俗有关,另一方面也与理性的反思和判断有关。前者便是我们所说的道德习性或道德习惯,后者则是我们所说的道德理性,或哈特曼的理性道德。本性道德和习性道德则构成哈特曼意义上的情感道德的两种类型。这三种道德能力有可能相互转换。道德本性很可能会退化成后天的能力,而通过胡塞尔所指出的意义构成和意义积淀,道德习性和道德理性可以转化为道德本性。如此等等,不一而足。

康德曾经在认识论领域提出下列要求:"一切形而上学家都要庄严地、依法地把他们的工作搁下来,一直搁到他们把'先天综合知识是怎样可能的?'这个问题圆满地回答出来时为止。"① 这个要求实际上也适用于伦理学的领域,② 只要我们在这里用"天赋的"(angeboren)取代"先天的"(a priori)并用"习得的"取代"综合的",也就是将认识论的概念转换成生理-心理学概念。道德意识现象学的工作便与此有关。

当然,就本章的目的而言,我们的目光主要集中在这样一个问题上:道德研究是否可以等同于"道德概念发展史"的研究?反过来说,道德谱系学的研究是否可以取代道德意识现象学的研究?从以上的陈述来看,对此问题的回答必然是否定性的。

第五节 道德意识分析的案例

我们在这里可以用一个具体的分析案例来说明此种必然性。尼采的《人性的、太人性的》一书发表于1878年,而哈特曼的《道德意识现象学》发表于1879年。没有任何迹象表明哈特曼在感激与报复的道德情感上曾受到尼采的影响。但巧合之处在于,他们在各自的著作中都对人类情感活动中的回报(Vergeltung)现象做过讨论。这种回报被分为两大类:

---

① [德]康德:《未来形而上学导论》,庞景仁译,商务印书馆1982年版,第35页。而在该书第34页康德便已说过:"令人满意地回答这一问题,比起一本篇幅最长、一出版就保证它的著者永垂不朽的形而上学著作来,需要付出更为坚毅、更为深刻、更为坚苦的思考。"
② 当然也包括语言学领域以及尼采所说的语源学领域。

第四编 伦理现象研究

感激（Dankbarkeit）与报复（Rache）。他们各自对此所做的描述分析，恰恰表明在他们之间存在根本性的差异。

尼采在其《人性的、太人性的》一书中有一节专门讨论"感激与报复"："强者①心怀感激的原因是这样的：他的恩人通过其施恩而可以说是强占和入侵到这个强者的领域中，现在他自己为了回报（Vergeltung）而通过感激的行为重又强占了那个恩人的领域。这是一种较为温和的报复形式。倘若感激之情得不到满足，强者自身便会表现得虚弱，并且会被看作虚弱的。因此，每个善者的社会，即原初是强者的社会，都会将感激纳入首要的义务之中。——斯威夫特曾丢下一句话：人们心怀多少感激，就会心怀多少报复。"②

这里对感激与报复的描述带有文学家的随意和夸张，但所引用的文学家斯威夫特的断言反倒构成本段落中的例外。当然，本章的重点并不在于对尼采的分析做评判，而是想借此指出在道德谱系学与道德意识现象学之间的基本差异。

哈特曼在其道德哲学体系中花费了很大的篇幅来分析"感激与报复"。他在《道德意识现象学》一书中一共处理了十种道德情感，它们都属于本性或本欲或本能。其中第四种是"逆向情感"（Gegengefühl），也叫作"回报欲"（Vergeltungstrieb）。这种本能的基本表现形式便是由"感激与报复"所构成。哈特曼这样描述作为本能的报复与作为理性的反思之间的关系："本性的情感会不由自主地急于进行立即复仇，就像它不由自主地进行正当防卫一样。在反思已经覆盖了一切的现代文化生活中，唯有在复仇如此急速地从情感中产生，以至于反思还没有时间挤入其间的地方（这常常会导致后悔），才能观察到正当防卫与复仇产生于其中的反应性的逆向情感的直接存在。一旦反思有时间插入进来，它就会试图控制局面，并且会与报复欲相抗争，只要后者的满足是与对本己福祉的不利联结在一起的，或者只要它被更高的伦常顾忌所禁止。"③

类似的特征刻画在哈特曼的道德意识现象学描述中还有许多。与前面

---

① 尼采这里所说的"强者"，德文原文是"der Mächtige"。如果考虑到他的哲学的核心概念"权力意志"（Wille zur Macht），那么这个词也可以译作"有权力者"。
② ［德］尼采：《人性的、太人性的》第1部分第44节"感激与报复"，见《尼采全集（考证版）》第2卷，第66页。
③ Eduard von Hartmann, *Die Gefühlsmoral*, Hamburg: Felix Merner Verlag, 2006, S. 63.

· 199 ·

尼采的论述相比较，这里显示出的首先不只是哲学家与文学家的差异，而且也是两者思想与表达风格的差异。对这点，笔者稍后会展开说明。在这里首先需要留意一个从分析得出的结论方面的明显差异。

尼采在对道德的分析中坚持一个立场：道德和价值的有效性是相对于各个时代与各个文化而言的。在报复的问题上也是如此。他认为：“如果有人偏好报复甚于正义，那么他按照早先的文化是道德的，按照今天的文化就是不道德的。”① 这种道德相对主义和价值相对主义一直延伸到最高的道德范畴"善与恶"之上："在善恶之间没有类的区别，而是最多只有度的区别。"② 事实上，判断至此，已经没有许多讨论的余地。读者要么接受，要么拒绝。我们甚至可以说，连报复与正义的类别也只是度的区别，因而也是相对的。我们甚至根本不能说它是道德的还是不道德，无论过去还是今天。这也就意味着，在道德事务上我们最终只能保持沉默。于是道德相对主义者最终取消了自己的发言权。

而在哈特曼这方面，我们看到，他至少指出了某些心性现象的本质类别，例如，他至少在报复中发现了某种本能性的东西：它意味着不由自主和不假思索的发生，并且他因而可以确定，这种道德情感在本质上有别于道德判断或道德反思。他在进一步的分析中还说明：代表正义的法律惩罚实际上是建立在人的报复欲之基础上的。"刑法"（Strafrecht）在德文中的基本词义是"惩罚法"，因而任何刑法都与某种作为国家行为的报复方式有关，如此等等③。在此意义上，正义虽然是理性约定的产物，但或多或少以道德本能和道德情感为依据。

我们在这里并不想对哈特曼的道德哲学进行全面系统的介绍，而只想指明，在哈特曼那里已经可以发现某些具有基本的现象学的东西。

---

① ［德］尼采：《人性的、太人性的》第 1 部分第 42 节，见《尼采全集（考证版）》第 2 卷，第 65 页。
② ［德］尼采：《人性的、太人性的》第 1 部分第 42 节，见《尼采全集（考证版）》第 2 卷，第 104 页。
③ Eduard von Hartmann, *Die Gefühlsmoral*, Hamburg: Felix Merner Verlag, 2006, S. 63–64.

第四编　伦理现象研究

第六节　结尾的说明：道德意识现象学工作的基本特质

尼采的道德谱系学思想在他的时代是较为罕见的声音。而今天，尽管有重重的内在矛盾，但它已经代表了一种普遍的道德评价取向。与一百年前的情况相反，抵御这种思想态度显得日趋困难。

归根结底，尼采道德谱系学在本章中只是一个引子，笔者希望最终能通过它来带出一种对道德意识现象学的工作特征刻画。悬而未定的是，哈特曼的道德意识分析就是现象学道德意识分析的典范。但无论哈特曼的道德意识现象学是否属于真正的现象学道德意识描述分析，这里至少可以尝试着对这种道德意识现象学工作的基本特质做出以下几个初步的规定：

第一，直观的性质。道德意识现象学的分析，不是偶发的念头，不是一时的兴会，不是随意的想象，更不是思辨的猜测。它必须执着于直观，亦即对道德意识在结构与发生两方面的直接把握。直观伸展到哪里，现象学的分析工作就进行到哪里。道德意识现象学的研究必须直面道德意识本身。在这点上，哈特曼的研究是合乎现象学标准的，他"提供了一幅丰富的道德直观的图像"[①]。

第二，反思的性质。反思在这里是指意识对自身活动与活动方式的思考。它是反身的、反观的、反省的。道德意识现象学首先不是对社会心理或民族精神状态的观察与评判，而是首先需要满足在自身道德观察中的自身明见性。具体地说，如果道德意识现象学家本人从未经历过绝望，他就无法在真正的意义上反思绝望，使其成为道德意识现象学——在这里特别是指绝望现象学——的分析对象。

第三，描述与说明的性质。道德意识现象学首先要求对意识现象的特征进行翔实的、逐一的描述。这与胡塞尔在《逻辑研究》中用来描述认知意识现象的方法相似。这种描述在心理学中也被使用，被用来把握心理的

---

① Jean-Claude Wolf, "Einleitung", in Eduard v. Hartmann, *Die Gefühlsmoral*, Hamburg: Felix Merner Verlag, 2006.

结构。与此相似,意识现象学通过描述的方法来把握意识的结构。其次,它也通过说明的方法来追踪意识的发生。这种说明是指意识的动机说明。通过描述和说明的方法,意识现象学从纵横意向性的两个方面做出展开,既可以在结构现象学方面,也可以在发生现象学方面。在这个意义上,它们一方面有别于一般的价值评判,另一方面也有别于自然科学中的因果解释。

第四,中立的性质。这是胡塞尔对认知意识现象学分析的工作要求:以一个无兴趣的旁观者的态度,力图在去除所有前见与偏见的情况下面对实事本身。道德意识现象学的分析尤其要关注这个要求。尼采曾主张,"在任何哲学中都有一个点,哲学家的'信念'会在这里表露出来"①。这个见解固然深刻,而且日后也以各种口吻为海德格尔和几乎所有其他的解释学家所重申。但这里的以及在所有其他各处的要点都在于,它并不能为对意识或思想的随意理解和过度诠释提供借口,而恰恰可以视为一种告诫,即要求思想家时刻反省自己的立场或"信念"的介入。同时,它也在确立一个无法达及的临界点,以便为尽可能地接近做好准备。

第五,本质把握的性质。这是任何现象学分析工作都应具有的基本特点,它当然也适用于道德意识的现象学。现象学的研究是以类的把握为特性的智性直观。道德意识现象学并不是要把捉在道德现象后面的道德本质,而是要把握作为现象的本质。这意味着,道德意识的各种性质——本性、习性和理性,都是以某种方式自身被给予的,自身直接显现自身的。

最后可以总结一下。道德谱系学和道德意识现象学之间的关系一方面是内容上的:道德意识发生史和道德概念发展史的研究构成道德意识现象学的一个重要部分,至少是三分之一的问题领域。但另一方面,较之于道德谱系学,道德意识现象学的真正长处或许还不在于它的与道德谱系学相合的内容与主题,而在其因哈特曼、胡塞尔、舍勒等人的开创与运用而达至的方法上的成熟。

---

① [德]尼采:《善与恶的彼岸》,见《尼采全集(考证版)》第5卷,第21页。

第四编　伦理现象研究

第十三章

胡塞尔的伦理学讲座与实践哲学和精神科学的观念

第一节　胡塞尔的伦理学思考

胡塞尔通常不被视作伦理学家或道德哲学家。这首先是因为他生前在伦理学或道德哲学方面发表的文字和公众讲演极少：他于1917年在弗莱堡大学为当时参战者课程班所做的三次"费希特的人类理想"[①]的讲演以及1923—1924年在日本《改造》杂志上发表的三篇与伦理学部分相关的"改造"[②]文章可以说是绝无仅有。但无法忽略的是，胡塞尔一生中所开设的伦理学以及伦理学与法哲学的课程却相对较多。事实上，还在早期于哈勒任私人讲师期间，胡塞尔便多次开设过伦理学的讲座。虽然他最初在1889—1890年冬季学期计划开设的伦理学讲座由于只有两位听众而放弃，但此后在1891年夏季学期，他便开设了有十五位听众的"伦理学基本问题"讲座。此后，胡塞尔在1893年、1894年、1895年、1897年的夏季学期都开设过以"伦理学"或"伦理学与法哲学"为题的课程。1901年到哥廷根大学担任编外副教授之后不久，胡塞尔便于1902年夏季学期开设了题为"伦理学基本问题"的讲座和练习课。他指导完成的第一篇博士论文是关于伦理学的研究：卡尔·诺伊豪斯（Karl Neuhaus）的《休谟的关于伦理学原理的学说》（1908）。此后他还于1908年的冬季学期，1911年、1914年的夏季学期开设过伦理学课程。1916年移居弗莱堡之后，他

---

① 参见 Edmund Husserl, *Aufsätze und Vorträge* (1911 – 1921), Hua XXV, Dortrecht u. a.：Martinus Nijhoff, 1987, S. 267 – 293；中译本见［德］埃德蒙德·胡塞尔《文章与讲演（1911—1921年）》，倪梁康译，人民出版社2009年版，第296 – 323页。

② 胡塞尔为《改造》杂志撰写了五篇论"改造"的文章，发表了其中的三篇。参见 Edmund Husserl, *Aufsätze und Vorträge* (1922 – 1937), Hua XXVII, Dortrecht：Kluwer Academic Publishers, 1989。

又分别在 1919 年、1920 年和 1924 年的夏季学期做过伦理学的讲座。① 如此算来，胡塞尔一生开设的伦理学课程与他开设的逻辑学课程相差无几。

然而，胡塞尔为何在伦理学方面始终坚持述而不作呢？其中原因或可从胡塞尔的一个解释中得知一二。这个解释虽然是针对感知、回忆、时间现象学问题的讲座而发，但显然也适用于伦理学讲座的状况。在 1904—1905 年冬季学期"现象学与认识论的主要部分"的讲座开始时，胡塞尔就"一门感知、想象表象、回忆与时间现象学的基本问题"做了如下的说明："我当时（在《逻辑研究》中）无法战胜这里所存在的异常困难，它们也许是整个现象学中的最大困难，而由于我不想事先就束缚自己，因此我便宁可完全保持沉默。……在我作为作者保持了沉默的地方，作为教师我却可以做出陈述。最好是由我自己来说那些尚未解决、更多是在流动中被领悟到的事物。"② 据此类推，我们可以说，伦理学问题始终属于那种只是在流动中被胡塞尔领悟到，但尚未解决的事物。他只愿意以课堂传授和讨论的方式，却不愿意以公开发表文字的形式来处理这些问题。

在目前已出版的四十多卷的《胡塞尔全集》中，至少有两卷是以胡塞尔开设的伦理学课程讲座稿和相关研究文稿组成：第二十八卷《关于伦理学与价值论的讲座（1908—1914）》与第三十七卷《伦理学引论（1920 年和 1924 年夏季学期讲座）》。它们都是胡塞尔身前未发表的文稿。事实上，在这些文稿被整理发表之前，胡塞尔给人的印象是一个不问伦理的哲学家，就像他在很长一段时间里也常常被视作不问政治的、不问历史的思想家一样。

---

① 洛特（Alois Roth）在《埃德蒙德·胡塞尔伦理学研究——依据其讲座稿进行的阐述》一书上详细列出了胡塞尔一生在伦理学方面的教学活动，同时也给出了胡塞尔的相关伦理学讲座稿与研究稿的基本信息。（Alois Roth, *Edmund Husserls ethische Untersuchungen: Dargestellt Anhand Seiner Vorlesungsmanuskripte*, Den Haag: Martinus Nijhoff, 1960, S. Ⅹ）

② Edmund Husserl, *Wahrnehmung und Aufmerksamkeit: Texte aus dem Nachlass（1893 - 1912）*, Hua XXXVIII, Dordrecht: Springer, 2004, S. 4 - 5.

第四编 伦理现象研究

第二节 胡塞尔伦理学思想的来源

胡塞尔在伦理学思考方面最初受到的影响来自他的老师弗兰茨·布伦塔诺。他在维也纳随布伦塔诺学习期间听得最多的课程并非其逻辑学或心理学的讲座，而是其伦理学和实践哲学的讲座（每周五小时，前后两个学期，即1884—1885年和1885—1886年的冬季学期）。这个讲座的文稿后来作为布伦塔诺遗稿以《伦理学的奠基与建构》为题于1952年整理出版。胡塞尔在此课程上所做的笔录与这部著作在很大程度上是一致的。在其"伦理学引论"讲座中，胡塞尔多次引用的便是他自己对布伦塔诺实践哲学课程所做的这个笔录。① 在维也纳期间，胡塞尔还在1885年的夏季学期参加过布伦塔诺开设的关于"休谟《道德原则研究》"的讨论课。② 除此之外，胡塞尔显然也仔细阅读过他老师身前于1889年发表的另一篇伦理学报告《论伦理认识的起源》。在1913年发表的《纯粹现象学和现象学哲学的观念》第一卷中，胡塞尔在论及实践理性与伦理认识的明见与真理问题时特别说明："布伦塔诺的天才著作《论伦理认识的起源》在此方向上做出了首次推进，我感到自己有义务对这部著作表达我最大的谢意。"③ 因此可以说，胡塞尔熟悉布伦塔诺在伦理学方面的所有思考和表述。同样，也可以确定，胡塞尔不仅在逻辑学和认知心理学方面，也在伦理学和情感心理学方面深受布伦塔诺相关思想的影响。除此之外，在其伦理学思

---

① Edmund Husserl, *Einleitung in die Ethik*, *Vorlesungen Sommersemester 1920 und 1924*, Hua XXXVII, Dordrecht: Springer, 2004, S. 137.

② 参见［德］胡塞尔《回忆弗兰茨·布伦塔诺》，载 Edmund Husserl, *Aufsätze und Vorträge* (1911-1921), Hua XXV, Dortrecht u. a. : Martinus Nijhoff, 1987, S. 267-293；中译本见［德］埃德蒙德·胡塞尔《文章与讲演（1911—1921年）》，倪梁康译，人民出版社2009年版，第337-348页。

③ Edmund Husserl, *Ideen zu einer reinen Phänomenlogie und phänomenlogischen Philosophie*. Erstes Buch, Hua III/1, Den Haag: Martinus Nijhoff, 1989, S. 290. 奥斯卡·克劳斯在布伦塔诺《论伦理认识的起源》的编者引论中所说"胡塞尔在《逻辑研究》中迫切地指明了这篇论著"(Oskar Kraus, "Einleitung des Herausgebers", in Franz Brentano, *Vom Ursprung sittlicher Erkenntnis*, Hamburg: Felix Meiner Verlag, 1955, S. VII)，应当是个记忆差误。胡塞尔在《逻辑研究》中从未提到过布伦塔诺的这本书。

想形成过程中,他也从其狄尔泰和费希特著作研究中获得诸多收益。①

狄尔泰主要是通过其"自身思义"的方法作用于胡塞尔。他们两人的关系在《逻辑研究》时期表现为:狄尔泰在方法上受胡塞尔的现象学本质直观描述分析方法的影响,希望用这种与他的"自身思义"相应的方法来为精神科学和生命哲学奠基。胡塞尔最初是将现象学的直观描述方法运用在意识的横向结构上,但后期在向发生现象学、人格现象学、历史哲学和精神科学方向的扩展思考中,胡塞尔越来越多地将"自身思义"这个作为"生命重要性的宣示"的狄尔泰哲学"主导概念"②运用在对意识的纵向发生结构的直观把握上。③胡塞尔在 1919 年夏季学期做了"自然与精神"的讲座,随后又在 1919—1920 年夏季学期的"伦理学引论"讲座中插入了"自然与精神"的"附论",原因就在于,胡塞尔在这里是在与精神科学的内在关联中讨论伦理学问题。④

费希特对胡塞尔伦理学思考的影响与其"事实行动"的概念相关。胡塞尔在哥廷根时期便对费希特的思想有所研究。弗莱堡大学在"一战"期间为参战者举办了一个课程班,同时也为胡塞尔本人提供了一个表达他本人民族主义思想的机会。但在这个伦理学的思考方向中,现象学的伦理学与费希特的行动哲学之间缺少了内在的联系,胡塞尔更多是在一种"伦理学化的形而上学"⑤的意义上说话。他要求"所有理论最终都应当服务于实践,服务于'真正人类的尊严'",他坚信"理论建基于实践生活之中,并且作为生活的一种持恒'功能'而回溯到这个生活之上",如此等等。胡塞尔在这里表达的内容以及表达的方式令人联想起他自己对布伦塔诺的实践哲学讲座所做的批判性回忆:"它们虽然——在某种意义上——是批

---

① 关于这两方面的影响的论述还可以参见 [德] 斯潘(Christina Spahn)《现象学的行动理论——埃德蒙德·胡塞尔的伦理学研究》,科尼西豪森和诺伊曼出版社 1996 年版,第 30-39 页。

② 这是胡塞尔在为兰德格雷贝博士论文《威廉·狄尔泰的精神科学理论(对其主要概念的分析)》[Wilhelm Diltheys Theorie der Geisteswissenschaften (Analyse ihrer Grundbegriffe)] 撰写的鉴定中的表述。参见 Edmund Husserl, *Briefwechsel*, 10 Bände, Ⅳ, Dordrecht: Kluwer Academic Publishers, 1994, S. 377. 以下凡引此书信集均只在正文中标明"*Hua Brief.* + 卷数 + 页码"。

③ 笔者在《现象学的历史与发生向度——胡塞尔与狄尔泰的思想因缘》(载《中山大学学报》2013 年第 5 期)一文中对此有更为详细的论述。

④ 笔者在《纵横意向——关于胡塞尔一生从自然、逻辑之维到精神、历史之维的思想道路的再反思》(载《现代哲学》2013 年第 4 期)一文中对此有更为详细的论述。

⑤ 参见 [德] 斯潘《现象学的行动理论——埃德蒙德·胡塞尔的伦理学研究》,科尼西豪森和诺伊曼出版社 1996 年版,第 35 页。

判辨析的论述，却仍带有独断论的特征，即是说，它们给人或应当给人的印象是一种确定获取了的真理和最终有效的理论。"① 当然，费希特的这个影响在胡塞尔的伦理学思考与实践中只代表了一个暂时的、附带的经历与取向。他很快便结束了在这个方向上的激情冲动。即使儿子沃尔夫冈在"一战"中阵亡，深感丧子之痛的胡塞尔在战后伦理学讲座中也没有额外的情感流露。在1919年9月4日致阿诺德·梅茨格的信中，胡塞尔写道，他已经意识到自己的任务不可能在于提供政治建议和发挥政治影响："我没有受到召唤去作追求'极乐生活'的人类的领袖——我在战争年代的苦难冲动中不得不认识到了这一点，我的守护神告诫了我。我会完全有意识地并且决然而然地纯粹作为科学的哲学家而生活。"② 的确，从总体上看，除了这次战时讲演之外，胡塞尔的伦理学讲座，无论在战前还是战后，都是在"科学的哲学家"的思路中展开的。

第三节 胡塞尔的战前伦理学讲座

就战前的胡塞尔伦理学讲座而言，在作为《胡塞尔全集》第二十八卷出版的《关于伦理学与价值论的讲座（1908—1914年）》中不仅纳入了1908—1909年冬季学期、1911年和1914年夏季学期的三个讲座稿的主要内容，也包含了胡塞尔从1897年至1914年期间撰写的最重要的伦理学研究的文稿。

由于1897年胡塞尔作为私人讲师在哈勒开设的讲座只留下四页纸的残篇，所以基本上可以忽略不计。与此相对，1902年夏季学期的伦理学讲座则十分重要，尽管缺少了系统的部分，但从胡塞尔的其他阐述中可以得知，它已经包含了胡塞尔战前伦理学思想的基本思路与要素。在1901年到哥廷根任编外副教授之后不久，胡塞尔便曾集中地思考过伦理学和价

---

① ［德］埃德蒙德·胡塞尔：《文章与讲演（1911—1921年）》，倪梁康译，人民出版社2009年版，第341页。

② 对此问题还可以进一步参见奈农和塞普为胡塞尔《文章与讲演（1911—1921年）》撰写的"编者引论"，参见［德］埃德蒙德·胡塞尔《文章与讲演（1911—1921年）》，倪梁康译，人民出版社2009年版，"编者引论"第21-28页。

值论的问题。他阅读康德、休谟的伦理学著作,也阅读海尔曼·施瓦茨的《意志心理学》,写下一系列关于价值判断、感受学说、中意、意愿、愿望的研究手稿。1902年夏季学期,他在其伦理学讲座中,"第一次对一门形式的价值论和实践论的观念做了批判的和实事的实施"①。

从胡塞尔这个时期的伦理学讲座稿来看,他的思路基本上跟随亚里士多德与布伦塔诺的阐述。他与布伦塔诺一样,按照亚里士多德的定义将伦理学视为关于最高目的与关于对正确目的之认识的实践科学;他也讨论这样的问题:伦理学的原则是认识还是感受(或情感),如此等等。他的整个阐述也是通过先后两条途径来进行的:首先是否定的-批判的途径,而后是肯定的-系统的途径。就前者而言,他将休谟视为情感伦理学的代表,将康德视为理智伦理学的代表,他对二人分别做了深入的批判分析。他一方面批评休谟没有看到感受并不能成为伦理学的原则,而只构成其前提条件;另一方面他也批评康德的绝然律令是虚构,既不是直接明见的认识,也无法从中导出伦理的戒命。胡塞尔试图用现象学的方式说明感受以何种方式参与了伦理学的奠基,同时避免自己最终陷入相对主义与怀疑主义:"对于胡塞尔来说,道德概念的起源虽然是在某些情感行为中,但道德法则却不仅仅是统合的归纳,它们是'建基于相关情感行为的概念本质之中'的先天法则。"②

在伦理学基本问题上的这个做法与胡塞尔讨论其他问题时的现象学进路完全相符:以原初的意识体验为出发点,通过内在反思将这些意识体验作为认识对象来把握,并通过本质直观获得其本质要素以及它们之间的本质结构。在这个基础上,胡塞尔可以确定在对逻辑-数学法则的认识与对道德法则的认识之间的相似性。因此,他提出在逻辑学与伦理学之间的一种类比论的观点。它们之间的相似性涉及逻辑学法则与伦理学法则的本质相似性,涉及它们各自在形式的与质料的先天法则之间的本质相似性。这个想法实际上最早在胡塞尔1903年10月11日致W. 霍金的信中已经得到勾勒。胡塞尔在这里列出的工作计划中分别讨论"逻辑学中的心理主义与

---

① 参见 K. Schuhmann, *Husserl-Chronik. Denk-und Lebensweg Edmund Husserls*, *Hua Dok*. Ⅰ, Den Haag: Martinus Nijhoff, 1977, S. 68 –72。

② Ullrich Melle, "Einleitung des Herausgebers", in *Vorlesungen über Ethik und Wertlehre* (1908 –1914), *Hua* ⅩⅩⅧ, Dortrecht u. a.: Kluwer Academic Publishers, 1988, S. ⅩⅨ。

第四编 伦理现象研究

纯粹理性批判"以及"伦理学中的心理主义与实践理性批判"。以后这个方面的思考结果在胡塞尔1908—1909年夏季学期、1911年与1914年夏季学期的伦理学讲座中得到详细的论述。但对此公开的表达只能在1913年出版的《纯粹现象学和现象学哲学的观念》第一卷第139节"所有理性种类的交织。理论真理、价值论真理与实践真理"中找到,而且是以极为扼要的方式进行论述。胡塞尔在这里指出,理论真理或理论明见与实践真理或实践明见之间存在着一种平行的或相似的关系,但后者奠基于前者之中,因此,在问题的解决方面,后者也须以前者的解决为前提。①

在概述这个问题时,胡塞尔没有忘记对他的老师布伦塔诺表达谢意。②这主要是因为布伦塔诺在描述心理学研究的领域中所做的基础工作直接对胡塞尔的纯粹价值论、形式伦理学等想法产生影响。布伦塔诺将所有心理现象划分为独立的表象与附加在表象上的判断以及同样附加在表象上的情感,后两者构成我们的真假概念与善恶概念的源头。③ 在这里,逻辑认识或理性与伦理认识之间的相似关系也已经呼之欲出了。

这一卷所包含的伦理学讲座结束于1914年。十分巧合的是,胡塞尔1914年夏季学期伦理学讲座的最后一节课正在这年的8月1日,而这天恰恰是"一战"中的德国宣战日。胡塞尔自己在讲稿的边上对此做了标记。④ 战争期间他没有再做伦理学的讲座。只是在1916年从哥廷根转到弗莱堡任教之后,他才于次年为当时参战者课程班做了上述以"费希特的人类理想"为题的通俗而公开的伦理学讲演(在1918年重复了一次)。这三个讲演看起来是划分胡塞尔前后两个阶段伦理学讲座教学的界标,本身却并不属于这两个阶段中的任何一个。

---

① 参见 Edmund Husserl, *Ideen zu einer reinen Phänomenlogie und phänomenlogischen Philosophie*, Erstes Buch, *Hua* III/1, Den Haag: Martinus Nijhoff Verlag, 1989, S. 290。
② 参见 Edmund Husserl, *Ideen zu einer reinen Phänomenlogie und phänomenlogischen Philosophie*, Erstes Buch, *Hua* III/1, Den Haag: Martinus Nijhoff Verlag, 1989, S. 290, Anm. 1。
③ 参见 Franz Brentano, *Vom Ursprung sittlicher Erkenntnis*, Hamburg: Felix Meiner Verlag, 1955, §§ 20 – 23。
④ 参见 Ullrich Melle, "Einleitung des Herausgebers", in *Vorlesungen über Ethik und Wertlehre* (1908 – 1914), *Hua* XXVIII, Dortrecht u. a.: Kluwer Academic Publishers, 1988, S. XLV。

· 209 ·

第四节　胡塞尔的战后伦理学讲座

随着第一次世界大战的结束，胡塞尔于1919年夏季学期在弗莱堡大学重新开设了其伦理学课程，但这年的课程只是在"自然与精神"的标题下进行的一个讨论课。而1920年夏季学期开设的"伦理学引论"则是在重新加工后篇幅增长了一倍多的伦理学讲座。这个讲座当时在弗莱堡大学的礼堂举办，最初有三百以上的听众。后来在1924年夏季学期，胡塞尔又以"伦理学基本问题"为题将此讲座重复了一次。讲座的文稿后来以《伦理学引论（1920年和1924年夏季学期讲座）》为题，作为《胡塞尔全集》第三十七卷出版。相对于第二十八卷的胡塞尔战前伦理学讲座稿，我们可以将这个第三十七卷的伦理学讲座稿称为胡塞尔战后伦理学讲座稿。"这个讲座的特点在于，它依据对伦理学史上各种核心立场的批判分析而引入胡塞尔自己的伦理学。因而它既提供了胡塞尔对哲学史的创造性处理的资料，也提供了20世纪20年代初期他的现象学伦理学的发展状况的资料。"①

与战前伦理学讲座比较单一地集中在亚里士多德、布伦塔诺、休谟与康德思想上的情况不同，战后伦理学讲座将讨论范围还进一步扩大到了柏拉图、伊壁鸠鲁、边沁、霍布斯、笛卡尔、洛克、费希特、克拉克、穆勒、卡德沃思、沙夫茨伯里、哈奇森、摩尔等人的道德思想体系上。

但更重要的变化在于，胡塞尔在1913年之后的超越论现象学的思想转变的结果也从认识论的领域转移到了伦理学的领域，而后进一步从结构现象学转移到发生现象学。所有这些都在胡塞尔对人格主体性的结构的观察与把握中直接或间接地表现出来。这里有狄尔泰影响留下的明显痕迹。胡塞尔在讲座中提到狄尔泰时说："在这个意向生活中，自我不是他的意识体验的空泛的表演场，也不是他的行为的空泛的发射点。自我－存在是持续的自我－生成。主体存在着，同时在始终发展着。但它们是在与它们

---

① 参见 Henning Peucker, "Einleitung des Herausgebers", in *Einleitung in die Ethik. Vorlesungen Sommersemester 1920 und 1924*, Hua XXXVII, Dordrecht: Kluwer Academic Publishers, 2004, S. XIII.

的'周围世界'的发展的持续相关性中发展着,这个周围世界无非就是在自我的意识生活中被意识到的世界。"胡塞尔在这里之所以提到狄尔泰,正是因为"狄尔泰在其1894年关于描述的和分析的心理学的著名柏林科学院论文中要求一种新的理解说明的心理学作为精神科学的基础,与此相对的是一门以自然科学方式进行因果说明,但没有能力进行这种奠基的心理学"①。可以清楚地看出,胡塞尔在这里更多是想完成他自1913年以来便在《纯粹现象学和现象学哲学的观念》第二卷中提出的与狄尔泰的精神科学观念相关的现象学的本体论构造分析的总体构想。②

因此,胡塞尔的战后伦理学讲座是在自己的纵意向性研究、发生现象学研究的系统中,在人格心理学、主体发生学、精神科学的背景中思考和讨论伦理学问题。也可以说,此时站在胡塞尔背后的较少是布伦塔诺,而更多是狄尔泰。故而胡塞尔在战后伦理学讲座稿中较少谈论理论理性与实践理性、认识法则与伦理法则的相似性,而更多地讨论在自然的、逻辑的维度与精神的、历史的维度之间的差异,讨论朝向稳定结构的认识现象学与朝向变换历史的生成现象学之间的差异。据此也就可以理解,胡塞尔为何会在战后伦理学讲座中特别附加了"自然与精神:实事科学与规范科学·自然科学与精神科学"的"附论"。

当然,实践哲学的思考角度与精神科学的思考角度是否必定相互排斥,是否可能相互补充,这是一个需要进一步分析和讨论的问题。从附论的副标题"实事科学与规范科学·自然科学与精神科学"中可以看出,胡塞尔显然已经留意到在伦理学基本问题讨论中的这两个背景的关系问题。

---

① Edmund Husserl, *Einleitung in die Ethik. Vorlesungen Sommersemester* 1920 und 1924, *Hua* XXXVII, Dordrecht: Kluwer Academic Publishers, 2004, S. 104 – 105.

② 笔者在《纵横意向——关于胡塞尔一生从自然、逻辑之维到精神、历史之维的思想道路的再反思》(载于《现代哲学》2013年第4期)一文中对此问题有更为详细的讨论。

第五节 结语

最后还有一些故事或许值得一提：虽然胡塞尔的伦理现象学思想在他生前并未公开发表，而只是在讲堂上为学生与听众所熟悉，但它们在那个时代便曾引发过一些并不寻常的效果。例如1908年，曾计划在胡塞尔的指导下撰写任教资格论文的特奥多尔·莱辛将胡塞尔讲座中的相关伦理学思想扮作自己的"初学者在一个无人进入的领地中的摸索尝试"加以发表，从而引起胡塞尔的强烈不满，几乎要公开发表文章对其欺骗行为予以揭露。[1] 再如，胡塞尔的另一位学生海德格尔曾在《存在与时间》中感谢"胡塞尔曾亲自给予作者以深入指导并允许作者最为自由地阅读他尚未发表的文稿，从而使本作者得以熟悉至为多样化的现象学研究领域"[2]。可是此前在1923年致雅斯贝尔斯的信中，他已经暗中讥讽胡塞尔在这方面的原创思想："当然没人会理解他的'伦理数学'（最新奇闻!）。"[3] 在这两个案子里，伦理学问题已经直接成为伦理问题。

---

[1] 参见 Ullrich Melle, "Einleitung des Herausgebers", in *Vorlesungen über Ethik und Wertlehre* (1908 -1914), *Hua* XXVIII, Dortrecht: Kluwer Academic Publishers, 1988, S. XXIV – XXV。

[2] M. Heidegger, *Sein und Zeit*, Tübingen: Niemeyer Verlag, 1979, S. 45, Anm. 1. 这里所说的"尚未发表的文稿"，主要是指在1913年已经完成，但始终没有发表的《纯粹现象学和现象学哲学的观念》第二卷的文稿，即包含精神世界构造分析方面的文稿。

[3] 参见 M. Heidegger, Karl Jaspers, *Briefwechsel (1920 – 1963)* München: Piper Verlag, 1990, S. 42 – 43。

第四编 伦理现象研究

第十四章

胡塞尔的"改造文"与"改造伦理学"

第一节 引论:"改造文"的缘起

1922年,梁启超创办讲学社,邀请欧美名哲来华讲演。蔡元培、张君劢等参与邀请德国当代著名哲学家来华事宜。李凯尔特、纳托尔普、胡塞尔三人位于张君劢当时列出的人选名单上。但由于鲁道夫·奥伊肯对汉斯·杜里舒的即兴推荐,胡塞尔与中国失之交臂。"胡塞尔与中国人"的故事因而未能开始。① 可是他与东亚的缘分显然未尽,在同一年,胡塞尔便受到日本《改造》杂志社的约稿,并于此后两年在这个刊物上发表了三篇著名的文章②,从而使"胡塞尔与日本人"③ 的一段故事得以可能。

梁启超的讲学社最终没有向胡塞尔发出邀请,这已成为历史。但感兴趣的人显然还会提一个问题:如果邀请了胡塞尔,他会来中国吗?他接受邀请的可能性究竟有多大?从现有的资料来看,胡塞尔接受邀请的可能性

---

① 对此的详细描述可以参见笔者在另一篇论文《胡塞尔的未竟中国行——以及他与奥伊肯父子及杜里舒的关系》(载《现代哲学》2015年第1期)中的相关介绍。

② 业内通常将其简称为"改造文"(Kaizo-Artikel),就像胡塞尔《哲学作为严格的科学》长文因发表在《逻各斯》期刊上而被简称为"逻各斯文"(Logos-Artikel)一样。在这两次专门为期刊写的文章之间的确也存在内在的联系。奈农与塞普认为:"在纲领性的文章《哲学作为严格的科学》与胡塞尔最后的巨著《欧洲科学的危机与超越论的现象学》之间,'改造文'占据了一个重要的位置。"(H. R. Sepp, T. Nenon, *Aufsätze und Vorträge* (1922 – 1937), *Hua* XXVII, Dortrecht: Kluwer Academic Publishers, 1989, S. XVI) ——我们在后面会论述这个说法的理由。

③ 关于由此引发的"故事"首先可以参见 Donn Welton, "Husserl and the Japanese", in *The Review of Metaphysics*, 1991, Vol. 44, No. 3, pp. 575 – 606.; 此外,还可以参见 Ernst Wolfgang Orth, "Interkulturalität und Inter-Intentionalität. Zu Husserls Ethos der Erneuerung in seinen japanischen Kaizo-Artikeln", in *Zeitschrift für philosophische Forschung*, 1993, Bd. 47, H. 3, S. 333 – 351; Henning Peucker, "From Logic to the Person: An Introduction to Edmund Husserl's Ethics", in *The Review of Metaphysics*, 2008, Vol. 62, No. 2, pp. 307 – 325。

大于不接受的可能性。虽然他来中国不一定出于他对亚洲的兴趣，但可能会部分出于他为《改造》杂志撰文的相同理由：所谓"挣钱"的理由。

时值第一次世界大战结束不久，欧洲废墟遍地，满目疮痍，城市和乡村被毁，国家负债累累，币制受到破坏。德国的情况更是糟糕。帝国崩溃了，在停战协议书上签字的埃茨贝格尔完成投降事宜时所说的最后一句话就是："一个七千万人口的民族正在受难但并未死亡。"弗·恩斯特描述当时的情况说："德国公民食不果腹，衣不蔽体，在街头踟躇。他们曾把自己的金银财宝奉献给祖国，他们的子弟不是阵亡就是被俘，回来的人变得惨不忍睹。"① 这段恩斯特引文的前一句还不一定适合用来描述胡塞尔一家当时的处境，但后一句则确实是恰如其分的。②

当梁启超等一行于1919年年底到达柏林，而后计划去耶拿拜访奥伊肯时，他亲历并见证了德国当时的困境。他在报告当年12月12日情况的信中说："十二晨六时发哥龙（科隆），晚九时抵柏林，此十五小时中仅以饼干一片充饥，盖既无饭车，沿途饮食店亦闭歇也。战败国况味，略尝一脔矣。"在报告14日抵达柏林后的情况的信中他继续写道："柏林旅馆极拥挤，初到之夕草草得一榻。翌日而迁，今所居极安适。日租五十马克，可称奇昂，然合中国银只得一元耳。全欧破产，于兹益信。"③

第二节　胡塞尔与两次世界大战之间的东亚

梁启超这里提到的欧洲以及德国通货膨胀情况，后来在胡塞尔谈论为《改造》杂志撰写文章的相关信函中也得到相应的表达。具体说是在1922年12月13日写给他的哥廷根学生、加拿大人贝尔（Winthrop Pickard Bell，1884—1965）的信中。胡塞尔在这里告诉自己的学生，他将会为日本的《改造》杂志撰写文章。随后他写道："这让您毛骨悚然吧？您会高

---

① 对此可以参见［德］迪特尔·拉甫《德意志史：从古老帝国到第二共和国》，波恩Inter Nationes 1987年版，第240页。以上引文均转引自此。
② 对此可以参见笔者在《胡塞尔于"一战"期间的政治践行与理论反思》（载《中国现象学与哲学评论》2014年第2期）一文中的相关介绍。
③ 参见丁文江、赵丰田编《梁启超年谱长编》，上海人民出版社2009年版，第573-574页。

第四编 伦理现象研究

喊，胡塞尔怎么可能去参与这种闹剧?! 他从未做过这类事情啊，难道是为了挣钱?! 是的，亲爱的朋友，这是新德国。而且胡塞尔有两个孩子要结婚，因而需要布置，不然又能怎么办？尽管我在年薪上是百万富翁，差不多一年 150 万——真漂亮！但可惜一个美金价值约 8300 马克，这样算来就不到 160 美金，在本国的购买值不到 300 美金。也就是不到我原先正式收入的十分之一。这样的话，如果每篇文章能够提供给我 20 英镑①，我就没法说不。不幸的是我叫胡塞尔而不叫罗素，没法将文章一挥而就地寄过去（这只是一些'日本人！'）。既然要写，我就会像为《年刊》而写一样，丝毫不差地为《改造》而写。我选择了（欧洲文化）'改造'（《改造》的英文双重标题叫作'reconstruction'）的问题。而我将此诠释为伦理学的问题，而且是个体伦理学的和社会伦理学的问题。"（Hua Brief. Ⅲ, 44-45）

胡塞尔在这里一方面坦然承认自己的写作动机之一是因为可以获得对于当时的德国人来说很高的稿费，而因通货膨胀，他的确有经济上的需求。另一方面他事实上也早想要对"一战"后人类的伦理问题、人类的"回转、自身的改进与再造"问题表达自己的思考与诉求，《改造》杂志恰好提供了这样表达的可能性。这两方面的因素在他两年前同样写给贝尔的信中就已经得到过表达。胡塞尔一方面写道："我住在这里位于黑森林高处的小村庄里，仅仅忙于在圣梅尔根的周边区域里从一个农庄到一个农庄地做'仓鼠式囤积'，为了我们窘迫的家计乞讨几枚鸡蛋，当然还要用上许多钱和许多好话。"（Hua Brief. Ⅲ, 10）另一方面他也写道："这场战争，这在整个可见的历史中人类最普全的和最深层的罪孽，已经证明了

---

① 当时的 20 英镑究竟值多少？胡塞尔本人在致贝尔的前一封信函（1922 年 5 月 10 日）中曾提到："（1£ =约 1400M!）"（Hua Brief. Ⅲ, 39）。也就是说，英镑的价值在德国远低于美元。除了梁启超所说一银元等于 50 马克供住旅馆一日之外，我们还可以在胡塞尔的书信中找到另一个具体的度量标准：胡塞尔的日本学生田边元（1885-1962）曾在 1922 年 10 月 4 日致胡塞尔的信中提出送胡塞尔一台打字机，其具体方式是他提供胡塞尔 10 英镑，请胡塞尔按自己的心意选择购买一台（Hua Brief. Ⅳ, 509）。当时一台打字机的价格很可能相当于今天的一台电脑的价格。但由于战后欧洲各国，尤其是德国，通货膨胀状况各有差异，且瞬息万变。因此，如果我们离开具体的生活世界而去遵从历史科学的说法，那么精确的数据是："德国货币在国际外汇市场上从 1919 年至 1921 年由 1 美元换 8.9 马克猛跌到 1 美元换 56 马克，从 1921 年 7 月至同年年底又从 76 马克跌至 191 马克以上，从那时至 1923 年 1 月又跌至 17912 马克，并于 11 月 15 日在通货膨胀顶峰时达到 1 美元兑换 4.2 万亿马克这个天文数字。"（[德] 迪特尔·拉甫：《德意志史：从古老帝国到第二共和国》，波恩 Inter Nationes 1987 年版，第 251 页）

所有现行观念的不清晰与不真实。"(*Hua Brief.* Ⅲ, 12)

从这两个角度来看，胡塞尔接受讲学社邀请的可能性是存在的。仅就经济方面而言，当时梁启超为讲学社筹募了巨额资金，每年有两三万银圆的收入，主要用于邀请"当代大思想家"来华讲演，可谓出手不凡。四大名哲——杜威、罗素、杜里舒、泰戈尔均受讲学社资助。柏格森和奥伊肯只因年迈才未能成行。身处"一战"后极度窘迫的德国，估计胡塞尔实难免俗。

向胡塞尔约稿的日本改造社是一个杂志社，同时也是一个出版社。它已于1922年刊发了罗素的两篇文章《中国的国际条件》和《相对论》，李凯尔特的两篇文章《歌德的〈浮士德〉与德国观念论》和《费希特的社会主义的哲学基础》①，还有爱因斯坦应改造社邀请赴日讲演而发表的印象文章以及报道文字。这家杂志社与梁启超讲学社在许多方面似有共识。这几个人，包括爱因斯坦，也都在梁启超的邀请计划中。日本的《改造》杂志创刊于大正八年（1919）。同年，张东荪在上海也创立《解放与改造》杂志并任其主编。次年，梁启超从欧洲回国后，将杂志改名为《改造》并接替张东荪而担任主编。此中文《改造》与彼日文《改造》是否有直接关联，笔者未曾考究。无论如何，中文的《改造》在1922年9月刊印第4卷第46期后便停刊，而日文的《改造》维持至昭和十九年（1944）也因第二次世界大战而中止。

20世纪20年代，胡塞尔在日本已经具有相当的影响力。他在弗莱堡初期便已经接受许多日本的学生和讲师前来访学。在胡塞尔到达弗莱堡任教的同一年，即1916年，西田几多郎（1870—1945）便已在京都大学开设关于胡塞尔《逻辑研究》的讲座。另一位哲学家田边元于1922年留学德国，随胡塞尔和海德格尔学习现象学。次年回日本后，田边元连同西田等人一起，奠定了京都学派的基础。② 因而《改造》杂志邀请胡塞尔撰文，对于当时的日本学界来说应当说是理所当然之事，并不像张君劢的胡塞尔提名那样带有一定的偶然性。杂志社驻柏林的代表秋田于1922年8

---

① 胡塞尔的私人书库中存有刊载这些文章的《改造》期刊。
② 在弗莱堡期间前来旁听胡塞尔课程的日本学生之众，还可以在另一个案例中看出，1936年，胡塞尔的犹太籍弟子卡尔·勒维特经他的同学九鬼周造（1888—1941）的介绍，离开德国，流亡至日本仙台的东北帝国大学任教。到达仙台时，他发现那里已经有三位随胡塞尔学习过的学生——高桥里美（1886—1964）、小山鞆绘（1884—1976）、三宅刚一（1895—1982）在执教了。

月8日致函胡塞尔说:"目前我们已有刊发李凯尔特教授先生、考茨基先生、伯恩斯坦先生之文章的荣幸。① 如果您能寄给我们一篇文章供《改造》发表,我们将会非常高兴。文章可以长达3000词。为了表达谢意,我们乐意为这样一篇文章支付20英镑。"(*Hua Brief*. Ⅷ, 273)胡塞尔与秋田的通信仅留此一封。此后的信件未能保存,但胡塞尔与秋田约定的结果应当是前后共发表五篇文章,胡塞尔首先发表的三篇文章题目分别为:①《改造:它的问题与方法》(日文+德文),载于《改造》1923年第3期,第84-92页;②《本质研究的方法》(日文),载于《改造》1924年第2期,第2-31页;③《改造作为个体伦理学的问题》(日文),载于《改造》1924年第4期,第107-116页。② 后两篇文章没有刊印德文原稿,这是由于自然灾害:1923年的关东大地震毁坏了许多印刷厂的拉丁文字排版设备。③ 胡塞尔另外还有两篇文章已经完成,标题为《改造与科学》和《人类发展中文化的形式类型》,但它们最终没有继续刊载在《改造》杂志上,而这很可能是出于人为的原因:改造社迟迟没有给胡塞尔寄去稿费和赠刊。④ 幸好田边元出面与杂志社联系才解决此事。胡塞尔有可能是为此才中止了最后两篇文稿的交付。⑤

胡塞尔这几篇文章所用的标题"Erneuerung"通常应当被译作"革新"或"更新",而且它们后来的日文本也的确译作"革新"和"再

---

① 考茨基(Karl Kautsky, 1854—1938),奥地利社会主义理论家;伯恩斯坦(Eduard Bernstein, 1850—1932),德国社会主义理论家。

② 这三篇文章的德文原稿现已收入 Edmund Husserl, *Aufsätze und Vorträge* (1922 - 1937),*Hua* ⅩⅩⅦ, Dortrecht: Kluwer Academic Publishers, 1989, S. 3 - 42。

③ 参见 H. R. Sepp, T. Nenon, "Einleitung des Herausgebers", in Edmund Husserl, *Aufsätze und Vorträge* (1922 - 1937), *Hua* ⅩⅩⅦ, Dortrecht: Kluwer Academic Publishers, 1989, S. Ⅺ。

④ 胡塞尔曾在1922年7月22日的一封信中提到:"系列文章……第一篇已经刊发(我连一篇抽印本都没有收到),而其他三篇还留在日本,已有六个月之久。"(*Hua Brief*. Ⅶ, S. 253) 这里所说的其余三篇文章最后都得到了发表,但是作为两篇文章刊载,最后一篇文章包含两个部分。

⑤ 改造社在支付胡塞尔稿酬方面产生的差误究竟是出于疏忽还是有意为之,就现有资料而言还难以得出确定的结论。改造社的创办人和社长是山本实彦。在改造社1921年邀请爱因斯坦访日时也有类似的问题出现,导致爱因斯坦在最初接受邀请后又予以拒绝(参见梁波《爱因斯坦的日本之行——读金子务的〈爱因斯坦冲击〉》,载《自然科学史研究》2005年第3期)。无论如何,田边元在致胡塞尔的相关信中曾写道:"我想为我的不了解和不小心致以最诚挚的歉意,因为我疏于向您提醒这个出版商的不诚与无耻。"(*Hua Brief*. Ⅲ, S. 513)。

新"。① 但胡塞尔赋予它的意思更应当是指"改造"(Reconstruction)。由于《改造》杂志社的代表秋田(T. Akita)向胡塞尔约稿时并未提出命题，而只谈及为杂志社撰写文章，同时，他告知胡塞尔《改造》杂志的另一个外文名是"The Reconstruction"(参见 Hua Brief. . Ⅷ, 273)，因此，胡塞尔的文章显然是针对"改造"的杂志名称而撰写的相应的"Erneuerung"文章。即是说，"Erneuerung"是胡塞尔对"改造"或"Reconstruction"的德文翻译。他本人在1923年写给人文学者史怀哲(Albert Schweitzer, 1875—1965)的信中说："我的论文题目与杂志的标题'改造'(Erneuerung)有关。"(Hua Brief. Ⅶ, 253)

胡塞尔在这个词中看到了他在亲历"一战"之后就人类的本性与习性、历史与发展方面需要表达的伦理学的基本想法与诉求。很可能是胡塞尔在读完秋田的来函后就直接在信的背面写下了"根据问题和方法进行改造"(Erneuerung nach Problem und Methode)的笔记，而这几乎就是后来胡塞尔撰写的第一篇改造文的标题。②

胡塞尔在第一篇"改造文"中开门见山地说："改造是在我们这个苦难当下之中，而且是在欧洲文化的整个领域之中的普遍呼唤。"③ 这里所说的"改造"，被胡塞尔理解为"对一种普全伦理的人类文化的伦理回转(Umkehr)与塑造"(Hua Brief. Ⅲ, 45)。他在前引致贝尔的信中也将其理解为"个体伦理学与社会伦理学"的基本问题，即"一个'人类'如何成为一个伦理的、'真正的'人类？它如何进行回转？如何进行自身的改进、再造？如此等等"(Hua Brief. Ⅲ, 45)。

---

① 参见《改造》1923年3月号：《革新——その問題とその方法》；1924年2月号：《个人伦理問題の再新》。

② 参见 H. R. Sepp, T. Nenon, "Einleitung des Herausgebers", in Edmund Husserl, *Aufsätze und Vorträge* (1922 – 1937), Hua XXVII, Dortrecht: Kluwer Academic Publishers, 1989, S. XI。

③ Edmund Husserl, *Aufsätze und Vorträge* (1922 –1937), Hua XXVII, Dortrecht: Kluwer Academic Publishers, 1989, S. 3.

第三节　民族伦理与超民族伦理

胡塞尔在其五篇"改造文"中提出的"改造伦理"（Ethos der Erneuerung）或"文化伦理学"（Kulturethik）一方面与他一直以来对理论哲学与实践哲学之间关系的思考有内在联系，另一方面也出于和基于他在"一战"期间以及"一战"之后对欧洲文化与伦理的反思。

就前一方面而言，虽然胡塞尔偶尔也有将实践哲学作第一哲学解释的动机和做法，但在总体上他还是坚持实践理性必须受理论理性指导的原则。在1911年可视作现象学宣言的逻各斯文章《哲学作为严格的科学》中，他开宗明义地提出他的哲学观："自最初的开端起，哲学便要求成为严格的科学，而且是这样的一门科学，它可以满足最高的理论需求，并且在伦理－宗教方面可以使一种受纯粹理性规范支配的生活成为可能。"① 即是说，哲学首先要满足理论需要，而后要用它来支配人类的伦理－宗教生活。这个观点与他于1900年在《逻辑研究》第一卷中的想法一脉相承：他在那里强调理论学科是规范学科的基础，并据此反驳当时流行的心理主义对作为规范学科和工艺论的逻辑学之理解。而在二十年后对个体伦理学和社会伦理学的思考中，胡塞尔仍然强调理论伦理学对实践伦理学的奠基作用。

这已经涉及笔者在此提到的后一方面的问题，即胡塞尔的伦理学思想从战时伦理学到战后伦理学的转变。这是胡塞尔在实践伦理学问题上的思想变化。如果胡塞尔的理论伦理学思想可以分为"一战"之前和"一战"之后两个时期②，那么他的实践伦理学思想就可以分为战时的和战后的两个时期：它们的各自代表是战时讲演③和"改造文"。在战时讲演中，德

---

① ［德］埃德蒙德·胡塞尔：《文章与讲演（1911—1921年）》，倪梁康译，人民出版社2009年版，第3页。

② 对此可以参见笔者在《胡塞尔的伦理学讲座与实践哲学和精神科学的观念》（载《江海学刊》2014年第1期）一文中的相关介绍。

③ 对此可以参见笔者在《胡塞尔于"一战"期间的政治践行与理论反思》（载《中国现象学与哲学评论》2014年第2期）一文相关介绍。

意志民族连同源自民族的理想得到了几乎是压倒一切的强调。胡塞尔在这里已经使用"Erneuerung"即"更新"或"改造"的概念，甚至主张不惜通过战争的手段来完成："这是一个对所有观念的力量源泉进行更新的时代"，"这是一场为神的观念在我们神圣的德意志民族中的继续启示而进行的战争"。① 这种将民族的文化生活的改造与民族战争联系在一起的做法当然是有问题的，但这里更严重的含糊与混淆还在于对民族伦理与超民族的伦理之间、对诸民族的文化与整个人类文化之间关系的理解与解释，以及对它们各自位置的摆放与认可。

在"一战"爆发前两年（1912），胡塞尔于1878—1879年在柏林大学读书期间的老师、哲学家保尔森（Friedrich Paulsen, 1846—1908）② 便曾表达过自己对民族主义的焦虑："一种过分激情的民族主义已经成了对欧洲一切民族的十分严重的危险；他们正因此而面临着丧失人类价值感的危险。民族主义被推到顶峰，就正像宗派主义一样也会消灭道德的，甚至于逻辑的意识。公正和不公、善和恶、真和假，都失掉了它们的意义；当别人这样做的时候，被人们称之为羞耻的和没有人性的事情，他们却转瞬之间就推荐给自己的人民去向外国那样做。"③ 就总体而言，胡塞尔的哲学观受保尔森的影响显然很深，且这种影响在胡塞尔那里从未完全消失过。只是在涉及政治思考与政治哲学时，我们才差不多可以用他批评穆勒时所说的话来批评他自己："通常如此敏锐的胡塞尔就像被诸神遗弃了一般。"④ 但胡塞尔很快便通过"一战"的经历与理性的反思而重新找回自己。他形成与保尔森类似的想法恰好是在保尔森的上述文字发表十年之后（1922）。在这年的12月13日致贝尔的信中，他写道："与民族问题（在与纯粹人属的观念之关系中的纯粹民族观念的问题）相一致的战争问题必须重新得到思考，必须从最终的根源出发得到澄清和解决。"（*Hua Brief.*

---

① 参见 [德] 埃德蒙德·胡塞尔《费希特的人类理想》，载 [德] 埃德蒙德·胡塞尔《文章与讲演（1911—1921年）》，倪梁康译，人民出版社2009年版，第296-298、323页。

② 胡塞尔后来曾回忆说："在哲学方面吸引我的尤其是保尔森教授先生。"参见 Karl Schuhmann, *Husserl-Chronik. Denk-und Lebensweg Edmund Husserls*, Den Haag: Martinus Nijhoff, 1977, S. 7。

③ 转引自 [德] 弗里德里希·迈内克《德国的浩劫》，何兆武译，商务印书馆2011年版，第31页。

④ 参见 [德] 埃德蒙德·胡塞尔《逻辑研究》第1卷第5章第25节，倪梁康译，商务印书馆2017年版。

Ⅲ，12）战争是由各个民族观念之间的冲突引发的。胡塞尔在这里所说的"所有现行观念的不清晰与不真实"，恰恰就是民族观念或民族伦理的问题所在。他在这里看到现象学哲学与现象学分析所面临的任务，因为"现象学也是一种必然（necessarium），而且是一种尽管超民族的，却也是民族的价值"（*Hua Brief.* Ⅲ，343）。胡塞尔提出的"改造伦理"或"文化伦理学"，其最基本的意图就是要通过对各种民族的观念、民族的价值、民族的伦理、民族文化的改造和更新，建立起一种"普全伦理的人类文化"。

这个意义上的"改造"，是将民族的观念、民族的价值和民族的理想改造成为共同的人类观念、人类价值、人类理想。简言之，是要克服保尔森所看到的"面临着丧失人类价值感的危险"，是要找到或重建一种人类的，尽管是"超民族的，却也是民族的"共同价值。

第四节　伦理学与文化反思

"一战"后，与胡塞尔一样处在对战后的政治社会境况的反思以及随之引发的对整个人类文化与历史的反思之中的思想家还有许多，而且他们由此得出的思考结论也各不相同。一种常见的反应是"对原先为战争宣传服务而提出的哲学、宗教、民族的理想抱有极度的不信任"①，这在从战场上回来的年轻人中十分常见。而在学术界，这种趋向则表现为将原先流行的各种文化观念、民族理想和国家信仰弃之如敝屣。而一旦观念相对主义或文化相对主义被推至极端，道德意识、逻辑意识，乃至确切意义上的理性意识便会被削弱或消除。这也就是保尔森所说的状态："公正和不公、善和恶、真和假，都失掉了它们的意义。"这意味着，它们都只是针对某个特定的、流动的群体或个体以及某些特定的、流动的时期才有效，都仅仅是某些群体、某些时期的约定的产物，而且甚至更多是由各种强力集团强加于人的产物。类似的消极方面还可以列出许多，相对主义者对此显然也是心知肚明。彻底的相对主义最终只能放弃言说，保持缄默不语。因为

---

① 参见 Edmund Husserl, *Aufsätze und Vorträge*（1922—1937），*Hua* ⅩⅩⅦ, Dortrecht: Kluwer Academic Publishers, 1989, S. 94。

最终导致的结果将会是,共同的文化意识不复存在,不仅共同的道德法则被视作无效,而且共同的逻辑法则也被视为无效。

温和的文化相对主义者和文化虚无主义者的代表则是奥斯瓦尔德·斯宾格勒(Oswald Spengler),他在 1918 年和 1922 年分两卷出版的史学著作《西方的没落》①,就是对整个人类历史的一曲哀歌吟唱。胡塞尔曾在 1934 年致布拉格大学哲学系教授莱德尔(Emanuel Rádl)的信中暗示过他对斯宾格勒的人性论与历史观的保留和批评,同时也声明和主张他自己对人类历史发展的积极信念:"只要还有一个哪怕是小的共同体存在,它满怀真正的哲学志向——作为哲学家怀有最内在的确然性,即确信在我们的希腊-欧洲意义上的哲学是一个绝对必然的任务,而且它已经在生存的决断性中将这个任务当作其最本己的、与其个人此在绝然不可分离的生命任务接受下来,那么在我们的真正意义上的哲学之崩溃以及随之而来的西方之崩溃就还不是最终有效的现实。"(*Hua Brief.* Ⅷ, 94)。

与胡塞尔的积极的文化改造志向比较一致的是文化哲学家史怀哲,他在 1923 年也发表了其《文化的衰败与重建》② 的文化哲学系统的第一部分。胡塞尔在收到史怀哲的赠书后曾致函感谢并承认,"就最一般情况而言,我达到了相同的信念"。这个信念更具体地说,就是"对启蒙时代的相同重视,对我们的享有盛誉的文化的相同蔑视,因为它背叛了启蒙的伟大理想(《理想国》中的柏拉图理想)"。(*Hua Brief.* Ⅶ, 253)

当然,普遍主义和观念主义这一边虽然抱有积极的姿态,却也面临如何有效构建普全文化观念和普遍伦理价值的问题,即前面已经涉及的从个体的、群体的价值感向总体的人类价值感上升的问题。若暂且不论如何上升的问题,胡塞尔首先面临的问题是上升到谁的超民族伦理之上,或者说,上升到哪一种无民族的伦理之上,上升到怎样的一个不限于特定民族、特定国家、特定文化共同体的伦理之上。如果普全的人类伦理不是一个空泛无内容的形式,不是一种类似于语言学中既非中文也非英文或法文、德文的世界语,不是一种类似于几何学中既非钝角,也非锐角或等腰

---

① Oswald Spengler, *Der Untergang des Abendlandes. Umrisse einer Morphologie der Weltgeschichte*, München: C. H. Beck Verlag, 1918/1920.

② Albert Schweitzer, *Kulturphilosophie I: Verfall und Wiederaufbau der Kultur*, Bern: Paul Haupt, 1923.

或等边三角形的普遍三角形,那么它将会立足于什么样的观念内涵与价值内涵之上?从胡塞尔上述种种说法来看,他的基本诉求可以归结为:上升到哲学的观点之上。这里的哲学,是指起源于古希腊的,首先是以柏拉图为代表的哲学,这个诉求更具体地说,就是他在致史怀哲信中所说的他与史怀哲的共同之处:"对启蒙时代的相同重视,对我们的享有盛誉的文化的相同蔑视,因为它背叛了启蒙的伟大理想(《理想国》中的柏拉图理想)"。(*Hua Brief.* Ⅶ, 253)

第五节　五篇"改造文"的基本内涵

建基于哲学理性、哲学文化之上的超民族的人类价值感和文化伦理学,是胡塞尔在五篇"改造文"中所表达的最终改造诉求所在。奈农和塞普在《胡塞尔全集》第二十七卷的"编者引论"中扼要地再现了这五篇"改造文"的基本思路:"唯有个人改造以及共同体改造的严格科学才能创造出一个更为可靠的出发点,这个思想引导着所有的改造文。"①

在第一篇题为《改造:它的问题和方法》的文章中,胡塞尔主要阐述了这样一个核心思想:"唯当严格的科学能够成功地规定理性的人性之本质时,对欧洲的文化人类的真正改造才会是可能的。因为在这个本质规定中也包含着根据普遍理性规范来进行评判以及根据这些规范来引导实践。"

第二篇文章《本质研究的方法》则讨论这门严格的科学所需使用的工作方法:"作为本质科学的、埃多斯的方法,它应当与纯粹数学相类似,纯粹数学使对自然的理性化成为可能,而它则应当引导人们走上将精神的东西加以理性化的道路。通过这种方法而得以可能的关于理性的人性的本质科学将自身实现为'纯粹的',即先天地进行的,且'普全的'、探讨所有理性种类的伦理学。这门伦理学作为'关于一个理性主体性的整体行为生活的科学'包含了逻辑学与价值学。个人生活与共同体生活的问题构

---

① 参见 H. R. Sepp, T. Nenon, "Einleitung des Herausgebers", in Edmund Husserl, *Aufsätze und Vorträge* (1922 – 1937), Hua XXVⅡ, Dortrecht: Kluwer Academic Publishers, 1989, S. XIV。

成它的主要论题,因为对于胡塞尔来说,唯有通过持续的改造,唯有以一种朝向业已被预示的目的观念的不间断生成的形式,伦理的生活才能自身实现。"

在第三篇文章《改造作为个体伦理学的问题》中讨论的课题便是对个人的改造。它分为两个部分,篇幅也因此也多出一倍,超出前两篇文章的总和。前一部分涉及"作为自身规整(Selbstreglung)、作为伦理生活之前形式的生活形式"问题。胡塞尔在这里首先分析"作为人格的和自由的生物的人",而后讨论"特殊的人类生活形式与自身规整的前伦理形式"。而后一部分则关系"真正的人性的个体生活形式"问题。胡塞尔在这里已经谈到"作为绝对而普全自身规整的改造之发生",谈到"理性、幸福、满足、伦理良知",并谈到"真正人性的生活形式"的问题。

如前所述,胡塞尔在《改造》杂志上刊登的系列"改造文"实际上并未结束。在胡塞尔遗稿中还可以发现另外两篇与"改造"问题相关的文章,它们都与社会伦理学的改造相关,在问题上紧接第三篇的个体伦理学分析。它们没有被交付刊印。

第四篇文章《改造与科学》探讨的是文化共同体改造的问题。"现在的论题是将个体伦理学的改造与共同体的改造加以对照。与对个体伦理学的改造相平行,胡塞尔探讨一个文化共同体、一个理性在其中得以实现的文化共同体的可能性条件,以及向这个目标的发展。在这里,科学作为科学的伦理学所具有的任务在于,预先标示出这个朝向人性的和理性的共同体形式的发展。但由于科学本身展示着一个文化形式,因此它不仅是工具,而是本身就是这个发展的分支。所以,哲学作为理性的代表,它这个文化形态在一个共同体中以何种程度被改造出来,这个共同体就在何种程度上将自身实现为一个理性的共同体。"

第五篇文章《人类发展中文化的形式类型》将哲学的原创造以及它的历史使命作为讨论课题。"胡塞尔首先感兴趣的是指明作为在其发展史构建中的两种文化类型的哲学与宗教之间的相似性。他将基督宗教的创造以及哲学在希腊的原创造理解为在其各自领域中反对独断论信仰方式的拘束的、传统的精神的自由运动,这种精神在历史进程中以变化了的形态不断更新地产生出来。但这意味着,基督宗教和希腊哲学已经实现了改造的社会伦理学观念,并且可以被视作任何一种改造所追求的榜样。胡塞尔在这篇文章中所做的阐述与他在其他地方所做的努力相交会,即将欧洲文化的

第四编　伦理现象研究

历史写成作为严格科学的哲学为了理性的自律而搏斗的历史。这篇文章没有完成；胡塞尔没有完成对近代的哲学自律精神之重新苏醒的分析。"①

第六节　结尾的说明：改造的意愿与哲学的地位

胡塞尔在其五篇"改造文"中讨论的基于古希腊哲学之上的改造伦理学，在今日哲学研究界也引起过争议，尽管类似的争议通常更多是针对胡塞尔晚年影响巨大的著作《欧洲科学的危机与超越论的现象学》而发。②这里的问题在于，胡塞尔当时是否仍然处在某种形式的"欧洲中心主义"或"西方中心主义"的视域之中？

当然，在"西方的没落"于"一战"后刚刚被宣告之际，再使用这类标题来标示当时那些对西方文化抱有清醒而悲观态度的思想家们显然不太合适。但他们是否仍然可以被称作某种"古希腊中心主义"或"哲学中心主义"或"理性中心主义"的坚守者呢？就胡塞尔的努力而言，回答应当是肯定的。只要我们还将哲学视为一种为希腊人最先发现的寻求与认识真理的方式，以及根据真理来规定自己的生活的方式，那么对它在人类思想史上的中心地位的确认就是不言自明的。但这个意义上的"中心主义"显然不同于前面意义上的"中心主义"。"古希腊"或"哲学"已不再是一个地域概念或民族概念，而是一个对人类共有的思维方式、共同的思想追求以及可以共同分享的精神财富的称号，也是人类共有的、民族的和超民族的文化类型。正如我们今天若将玄奘的西行取经责之为"印度中心主义"将会是偏执可笑的一样，胡塞尔对古希腊哲学的追溯与敬崇若被

---

①　这一节中关于胡塞尔"改造文"内容的引述均译自奈农和塞普的"编者引论"，参见 H. R. Sepp, T. Nenon, "Einleitung des Herausgebers", in Edmund Husserl, *Aufsätze und Vorträge* (1922 - 1937), *Hua* XXVII, Dortrecht: Kluwer Academic Publishers, 1989, S. XIV - XV。

②　对此可以特别参见克劳斯·黑尔德（Klaus Held）的两篇文章：①Klaus Held, "Husserls These von der Europäisierung der Menschheit", in C. Jamme, O. Pöggeler, (ed.), *Phänomenologie im Widerstreit*, Frankfurt a. M.: Suhrkanp Verlag, 1989, S. 13 - 39；②Klaus Held, "Intercultural Understanding and the Role of Europe", in *The Monist*, 1995, Vol. 78, No. 1, pp. 5 - 17。但对这个问题的展开讨论我们将会放在对胡塞尔后期著作《欧洲科学的危机与超越论的现象学》的讨论中一并进行，这里只是以结束语的方式做一个总括性的表态。

· 225 ·

冠以"欧洲中心主义",也同样不只是苛求古人的,还真正是不明事理的。

希腊哲学对西方文化的根本影响是在文艺复兴之后发生的事情,在此之前的希腊,通常并不被看作西方的组成部分。即使在今天,希腊文化虽然被视作西方文化的源头,但并不被视为西方文化本身,无论是在斯宾格勒那里,还是在汤因比那里。希腊文化甚至被看作西方文明的对立面。胡塞尔在"改造文"中和在后期的《欧洲科学的危机与超越论的现象学》著作中,都带有从偏离古希腊精神的当代西方回溯到其真正源头上去的想法和主张。在这个意义上,胡塞尔是希腊中心主义者而非西方中心主义者。同样在此意义上,但经过必要的修正,尼采和海德格尔也都是希腊中心主义者而非西方中心主义者。

事实上,在胡塞尔"改造"伦理学方面,更值得注意的是它的规范伦理学的色彩。它有别于胡塞尔战前和战后两个时期的现象学伦理学。严格说来,胡塞尔战时的费希特讲演和战后的"改造"伦理学文章,都是规范伦理学方向上的思考,而不能算作真正意义上的现象学伦理学或道德意识现象学,即使胡塞尔在这里仍然坚持它的方法是现象学的,即本质直观的。

通过"改造"伦理学表达出的一个核心思想就是将道德、伦理的生活建基于理性之上的要求和主张。而这里的一个预设在于,理性在这里被当作一种规范性的东西,伦理生活因而也被当作一种经过理性规范的生活。胡塞尔所说的"改造",也就是将无理性、无规范的生活改造成为有理性、有规范的生活。

这个思路与胡塞尔在战前伦理学讲座和战后伦理学讲座中表述的伦理学想法有所不同。[①] 也就是说,在胡塞尔发表文字中给出的伦理学思考恰恰不同于在他讲座中表达的伦理思想。如果胡塞尔在"改造文"中表达的是与康德相近的伦理学或道德形而上学诉求,那么在战前的伦理学讲座中,他的伦理学更多是带有布伦塔诺痕迹的伦理认识起源的现象学,而在战后伦理学讲座中则更多是处在狄尔泰影响下的作为精神哲学的人格发生的现象学。

或许我们可以这样来定义现象学意义上的伦理学:现象学的伦理学意

[①] 关于胡塞尔的战前和战后的伦理学讲座,可以参见笔者的文章《胡塞尔的伦理学讲座与实践哲学和精神科学的观念》,载《江海学刊》2014年第1期。

味着通过反思和本质直观的方法来把握道德意识的结构与发生,它包含本性伦理学(道德意识的结构学)和习性伦理学(道德意识的发生学)。而它们与胡塞尔的"改造"伦理学只具有比较间接的关系。①

---

① 在 2014 年 9 月 16—20 日于布拉格举办的"生命与身体"国际会议上,韩国首尔大学哲学系李南麟教授做了题为"胡塞尔与孔夫子的改造伦理学"的报告。笔者在随后的讨论中提出了自己的看法:笔者十分赞赏李南麟对胡塞尔与孔子的比较研究尝试,认为他率先指出了在这两种思想之间存在的少数几个共同点之一。但笔者同时认为这两者之间的思想风格差异更大。胡塞尔战后的改造伦理学并非他之所长,而是与他战时的"费希特讲演"一样,出自由时局促发的"教授激情",基本可以纳入近代以来"规范伦理学"或"应当伦理学"的总体发展脉络中。真正具有现象学伦理学特点的还是他的与孟子心性学相似的道德意识描述伦理学的思考和努力。此外,孔子思想的实践伦理学特征也与胡塞尔的理论伦理学诉求相距甚远。前者主张根据具体不同的人、具体不同的时机来提出的具体不同的伦理要求,后者则力图把握人性中共同的、不变的东西,即具有普遍性和永恒性的东西。

第十五章

现象学伦理学的基本问题再论

——尼古拉·哈特曼与伦常价值质料的现象学

第一节 引论

在本书第三章中,笔者曾论述爱德华·封·哈特曼以及在其1878年出版的代表作《道德意识现象学》① 中所提出的一种现象学伦理学的可能性。它应当被视作现象学伦理学的前史。在他那里,"现象学伦理学"已经在"伦常意识现象学"的标题下得到了首次系统的构建。而在近半个世纪之后,哈特曼家族的另一成员尼古拉·哈特曼② 又在另一个方向上对现象学伦理学做出具体展开和初步定型,这个现象学伦理学系统主要体现在

---

① 参见 Eduard von Hartmann, *Phänomenologie des sittlichen Bewusstseins. Prolegomena zu jeder künftigen Ethik*, Berlin: Carl Duncker's Verlag 1878, 2. Auflage 1886, 4. Auflage 2009;其中的《情感道德篇》(Gefühlsmoral)已有中译本([德]爱德华·封·哈特曼:《道德意识现象学:情感道德篇》,倪梁康译,商务印书馆2012年版)。这里的"道德意识现象学"(Phänomenologie des sittlichen Bewusstseins)实际上应当译作"伦常意识现象学"(对此可以参见笔者在该书"译后记"中的说明)。在爱德华·封·哈特曼那里,源自希腊文的"伦理的"(ethisch)、源自拉丁文的"道德的"(moral)以及源自德文的"伦常的"(sittlich)基本上是同义词。但在尼古拉·哈特曼那里,虽然"伦常的"(sittlich)与"伦理的"(ethisch)仍然是同义词,但"道德的"(moral)与其他两词有所不同(对此可以参见他的《伦理学》第一部分第二编"道德的多与伦理的一",第36页及以后各页)。笔者在这里仍然做区别翻译。

② 尼古拉·哈特曼(Nicolai Hartmann, 1882—1950)是爱德华·封·哈特曼(Eduard von Hartmann, 1842—1906)的堂弟,并曾将后者的哲学视为"坏的形而上学"(参见 Jean-Claude Wolf, "Einleitung", in Hartmann, *Die Gefühlsmoral*, Hamburg: Felix Merner Verlag, 2006, S. 2)。在本章中,我们在谈到"哈特曼"时,均指尼古拉·哈特曼;在涉及年长的哈特曼时我们会用"爱德华·封·哈特曼"。

第四编 伦理现象研究

年轻的哈特曼于 1925 年出版的《伦理学》一书①中。尽管这个意义上的现象学伦理学是否可以算作"现象学伦理学",或者更应当被称作"质料的价值伦理学",甚或"尼古拉·哈特曼的伦理学",这仍然是个问题。不过,哈特曼本人在其中确实不指名地诉诸了胡塞尔的现象学方法,同时更是指名道姓地诉诸舍勒的"现象学装备"②,同时,也将自己构想和实施的伦理学称作"伦常现象学"和"价值现象学",它们构成"道德形而上学"或"伦常形而上学"的基础。③ 在这个意义上,尼古拉·哈特曼的现象学伦理学已不再属于前史,而应当被纳入 20 世纪初开始的"现象学伦理学"的正史,或至少是偏史。

当然,这个做法的合理性在很大程度上要取决于我们如何看待尼古拉·哈特曼与现象学运动的关系,取决于我们在多大程度上可以将他的伦理学思想看作现象学的。尼古拉·哈特曼一向只被视作现象学运动的边缘人物,但在这里我们仍然可以赞同在《现象学运动》中为他留下一整章篇幅的赫伯特·施皮格伯格的说法:"把哈特曼写进现象学运动史在正当性和必要性上都绝不是没有争议的。把他写进来是否合理要由他对现象学运动的发展所具有的真正重要性来定,而不必考虑他本人对现象学运动所抱的模棱两可的态度。"④ 这也正是我们将他写入现象学伦理学史的理由:他的伦理学思想对一门现象学伦理学的建立具有重要的参考作用和可能的奠基作用。

因此,笔者将本章理解为本书第三章的续篇,尤以讨论尼古拉·哈特曼的现象学伦理学思想为主要任务。笔者希望能够借此来进一步指明现象学伦理学的问题与可能。

---

① 参见 Nicolai Hartmann, *Ethik*, Berlin-Leipzig: Walter de Gruyter, 1925, 4. Auflage 1962。
② Nicolai Hartmann, *Ethik*, Berlin-Leipzig: Walter de Gruyter, 1925, 4. Auflage 1962, S. 109.
③ 这里所说的两门现象学的德语原文为 "Phänomenologie der Sitten" 和 "Phänomenologie der Werte"。参见 Nicolai Hartmann, *Ethik*, Berlin-Leipzig: Walter de Gruyter, 1925, 4. Auflage 1962, S. 18, 45。而这里所说的"伦常形而上学"与康德的"道德形而上学"(Metaphysik der Sitten)是同一个词。
④ [美]赫伯特·施皮格伯格:《现象学运动》,王炳文、张金言译,商务印书馆 2011 年版,第 421 页。

第二节　现象学伦理学的方法

随其几部重要著作的发表，尼古拉·哈特曼或是被视作新存在论的主要倡导者、批判实在论的代表人物，或是被视作20世纪的形而上学复兴者、现象学运动的边缘人物，如此等等。除此之外，他的确可以被视为现象学的伦理学或质料的价值伦理学的主要的和系统的构建者。

哈特曼的伦理学通常会带有两个不同的名称：伦常价值的现象学和质料的价值伦理学。这两个名字指称的是同一个对象，但重点不同：前者强调方法，后者偏重内容；前者主要与胡塞尔有关，后者则更多源自舍勒。我们在这一节中主要讨论前者，在下一节中再讨论后者。

哈特曼对现象学方法的认可、接受与诉诸主要建立在他对胡塞尔1900—1901年的《逻辑研究》和1913年的《纯粹现象学和现象学哲学的观念》第一卷之理解的基础上。他将胡塞尔现象学首先视作认识现象学，即一种对认识主体与认识客体之间、认识活动和认识对象之间的关系的考察、描述和分析的方法。

最初是在1921年出版的成名作《一门认识的形而上学的基本特征》中，哈特曼对胡塞尔的现象学方法表示了敬意，而且似乎乐意自己被视作现象学家[①]。他在该书的第二十章专门讨论了"现象学的观念论"，不仅涉及胡塞尔的《逻辑研究》中与"共相领域"相关的"本质直观"（Wesensschau），也涉及《纯粹现象学和现象学哲学的观念》第一卷中与超越论还原相关的"加括号"，如此等等。[②] 他一再赞赏胡塞尔的哲学思

[①] 对此也可以参见英加尔登在1929年12月8日致胡塞尔的信中的说法："除您之外还有谁可以去谈论现象学？例如，自称是现象学家的哈特曼？或者海德格尔？"（*Hua Brief.* Ⅲ, S. 260）我们后面还会论及胡塞尔对哈特曼的看法。

[②] Nicolai Hartmann, *Grundzüge einer Metaphysik der Erkenntnis*, Berlin: Vereinigung wissenschaftlicher Verleger, 1921, S. 164ff.

考是"现时代最根本的明见之一"①。

这种明见不仅表现在对撇开一切传统的成见和偏见,回到实事本身,从头开始的要求上,还落实在对认识现象的直观考察和描述分析的具体实施中。在当时的现象学运动哥廷根-慕尼黑学派和弗莱堡学派中,这已经成为所有现象学运动成员的共识,不仅是那些公认的现象学代表人物,如舍勒、普凡德尔、盖格尔、莱纳赫、海德格尔、贝克尔、英加尔登、施泰因等人,而且那些通常被视作异端的现象学家,如神秘现象学家格尔达·瓦尔特、现象学的种族心理学家路德维希·费迪南·克劳斯等人,都会在这个共同的明见下签上自己的名字。

哈特曼主要将他所理解的现象学方法运用于他的"认识的形而上学"和"本体论上得到奠基的认识论"。事实上,在现象学之后不久就有两种存在论的主张先后形成,并产生影响。首先是哈特曼于1919年在马堡得以突破的"新存在论",后来是他的马堡同事海德格尔于1927年得以公开表达的"基本存在论"。或许真的可以用一句话来概括这两种存在论的基本差异:前者是对自亚里士多德以来的存在论问题内涵的"重拾"(Wiederaufnahme),后者是对整个存在论传统的"解构"(Destruktion)。②

但我们也可以用一句话来概括这两种存在论的基本共同点:它们都以现象学为自己的方法依据。在海德格尔那里最著名的说法是:"存在论只有作为现象学才是可能的。"③ 而在哈特曼这里,他在谈到自己的"新存在论"时说:"这里所需的方法上的看与描述的技术是它从在此期间已有工作能力的现象学那里学来的。"④

这种"看"与"描述"的方法技术在哈特曼那里可以归结为一种方法论的要求:看要尽可能多,描述要尽可能细。这甚至成为他的现象学诉

---

① 参见 Nicolai Hartmann, *Grundzüge einer Metaphysik der Erkenntnis*, Berlin: Vereinigung wissenschaftlicher Verleger, 1921, S. 25; Nicolai Hartmann, *Das Problem des geistigen Seins: Untersuchungen zur Grundlegung der Geschichtsphilosophie und der Geisteswissenschaften*, Berlin: Walter de Gruyter, 1933; wieder Berlin 1946, S. 155。

② 这是施达尔马赫在为哈特曼诞辰一百周年所撰纪念文章中所做的一个概括,参见 Josef Stallmach, "Nicolai Hartmann 1882–1982", in *Zeitschrift für philosophische Forschung*, Bd. 36, H. 4 (Oct.–Dec., 1982), S. 614。

③ Martin Heidegger, *Sein und Zeit*, Tübingen: Niemeyer Verlag, 1979, S. 35.

④ Nicolai Hartmann, *Die Erkenntnis im Lichte der Ontologie*, Hamburg: Felix Meiner Verlag, 1982.

求的特色。他一方面要求达到"被给予性的最大化"①,甚至有人认为,"胡塞尔之后没有人比尼古拉·哈特曼更加重视对被给予性的接受原则"②。另一方面,哈特曼也要求持守"描述的态度"③,强调"一种对现象的详尽的描述"④。

此前,例如在1921年的《一门认识的形而上学的基本特征》中,哈特曼只是将这种胡塞尔现象学的方法技术运用在认识论领域。在1925年的《伦理学》中,哈特曼开始将它挪用到伦理学的领域。他的伦理学思想之所以可以被称作"现象学伦理学",或可以自称为"伦常现象学"或"价值现象学"⑤,首先是因为他对现象学方法有这样的诉求和运用。

但哈特曼并未声言自己是第一个做此挪用的人,而是明确地指出舍勒对现象学方法在伦理学领域的创造性运用。例如,他认为舍勒对形式主义的批判并非前无古人,但这种批判"是带着现象学的装备才能够以全然普遍有效的方式得以实施"⑥。

在此可以留意希科瓦基的说法:哈特曼是"这个意义上的现象学家,即他支持胡塞尔尊重对现实的仔细直观的观察以及对回到实事本身的热忱。对于哈特曼来说,这不仅仅是一个方法论的观点"⑦。

不过,这里所说的"不仅仅是一个方法论的观点"还应得到进一步的深究。它意味着在哈特曼那里还有比胡塞尔现象学方法论更多的东西被接受下来,或者也可以说,还有比现象学方法更多的东西在他那里引起共鸣。在这里我们已经涉及与方法密切相关的"现象学伦理学"的内容或对

---

① Nicolai Hartmann, *Grundzüge einer Metaphysik der Erkenntnis*, Berlin: Vereinigung wissenschaftlicher Verleger, 1921, S. 43.
② Michael Landmann, "Nicolai Hartmann and Phenomenology", in *Philosophy and Phenomenological Research*, Vol. 3, No. 4 (Jun., 1943).
③ Roberto Poli, "Hartmann's Theory of Categories: Introductory Remarks", in *The Philosophy of Nicolai Hartmann*, edited by Roberto Poli, Carlo Scognamiglio, Frederic Tremblay, Berlin/Boston: Walter de Gruyter, 2011, p. 2.
④ Michael Landmann, "Nicolai Hartmann and Phenomenology", in *Philosophy and Phenomenological Research*, Vol. 3, No. 4 (Jun., 1943); Nicolai Hartmann, *Grundzüge einer Metaphysik der Erkenntnis*, Berlin: Vereinigung wissenschaftlicher Verleger, 1921, 2nd edition, S. V.
⑤ 参见 Nicolai Hartmann, *Ethik*, Berlin: Walter de Gruyter, 1925, 4. Auflage 1962, S. 18, 45。
⑥ Nicolai Hartmann, *Ethik*, Berlin: Walter de Gruyter, 1925, 4. Auflage 1962, S. 109.
⑦ Predrag Cicovacki, *The Analysis of Wonder-An Introduction to the Philosophy of Nicolai Hartmann*, New York/London/New Delhi/Sydney: Bloomsbury, 2014, S. 10.

象的问题。

我们至少可以注意到，哈特曼在《伦理学》中十分频繁地使用了他生造的"价值直观"（Wertschau）一词。这个词与舍勒偶尔使用的"价值直观"（Wert-Erschauung）相一致。① 它们明显是对胡塞尔使用的"本质直观"（Wesensschau, Wesenserschauung）的接续与转换。而当胡塞尔和舍勒在价值伦理学中强调价值感受的直接性时，他们都会使用一个很可能是由胡塞尔最初生造和使用的术语"价值感知"（Wertnehmen）②；此外，舍勒在涉及伦常价值时还常常会使用"伦常明察"（sittliche Einsicht）的概念③。但哈特曼在其《伦理学》中并未使用它们，而是大量使用了自己生造的"价值直观"一词④。

这些语词概念的创造和使用说到底是为了方便价值论领域中的"看"与"描述"的现象学方法的施行。它们是因方法的挪用而促成的概念的挪用。这是对"不仅仅是一个方法论的观点"之说法的一个佐证，不仅如此，我们这里还可以找到另一个佐证：一个超出方法、涉及内容或对象的证据：价值之所以可以被感知，被直观，被感受，乃是因为它是客观的存在。这里已经涉及现象学的价值伦理学的对象，也涉及哈特曼本人的存在论观点。

---

① ［德］马克斯·舍勒：《伦理学中的形式主义与质料的价值伦理学：为一种伦理学人格主义奠基的新尝试》，倪梁康译，商务印书馆2019年版，第118页。

② 对此可以参见笔者在《胡塞尔与舍勒：精神人格的结构分析与发生分析及其奠基关系问题》（载《现代哲学》2017年第1期）一文中对这个概念起源的较为详细的说明。

③ 对此可以参见笔者在《"伦常明察"：舍勒现象学伦理学的方法支持》（载《哲学研究》2005年第1期）一文中对这个概念起源的较为详细的说明。

④ Nicolai Hartmann, *Ethik*, Berlin: Walter de Gruyter, 1925, 4. Auflage 1962, S. V, 47ff, 12, 54, 61, usw. 不过"价值直观"这个词后来并未像"本质直观"一词那样成为流传的哲学术语，除哈特曼本人之外，似乎没有人再使用它。

第三节　现象学伦理学的对象

对于哈特曼来说，现象学伦理学的对象是价值。这也是舍勒的基本立场。在这个方向的思考上，舍勒于1913年和1916年分两卷发表的《伦理学中的形式主义与质料的价值伦理学》对哈特曼的伦理学思想起着举足轻重的影响。哈特曼在《伦理学》第一版"前言"中开宗明义地将他在这里所做的研究规定为："将一种对价值的内容分析放到中心位置，以此来与长期以来便在死胡同里滞留不前的传统针锋相对，并对新创造的局面做出思考。"与此同时，他还强调说："马克斯·舍勒的功绩就在于，使这个问题状况对我们来说已变得伸手可及。"据此可以说，哈特曼和舍勒都愿意将自己的伦理学视作"伦常价值质料的伦理学""质料的价值伦理学"，它为我们的目光"开启了价值王国的大门"。① 对于哈特曼来说，这也意味着，我们之所以能够进行"价值直观"，乃是因为本来就存在着一个"价值王国"。

这个"价值王国"是由各种价值构成的观念的自在存在。② 它既不同于主体的王国，也不同于客体的王国："自古以来就有一种明察，即除了实存的、'现实的'事物的王国与同样'现实的'意识的王国之外，还有第三存在者的王国。柏拉图将它称作理念（Idee）王国，亚里士多德将它称作共相（εἶδος）王国，经院论者将它称作实质（essentia）王国。它在近代长期受到流行的主体主义的误识并丧失了它的权利，直至今日它才重新在一个被现象学称作本质性王国的领域中相对纯粹地发挥效用。"③ 哈特曼在这里所说的"第三存在者的王国"就是指"观念的王国"。

这个"第三王国"（das dritte Reich）的说法也可以在逻辑哲学家和数学哲学家弗雷格那里找到。他在其1918—1919年发表的"逻辑研究"系列文章的第一篇思想中将在数学和几何定律中得到表达的"思想"称作

---

① Nicolai Hartmann, *Ethik*, Berlin: Walter de Gruyter, 1925, 4. Auflage 1962, S. V.
② Nicolai Hartmann, *Ethik*, Berlin: Walter de Gruyter, 1925, 4. Auflage 1962, S. 143ff.
③ Nicolai Hartmann, *Ethik*, Berlin: Walter de Gruyter, 1925, 4. Auflage 1962, S. 120.

第四编　伦理现象研究

"第三王国"。① 类似的表达和想法在此之前就可以找到。例如，布伦塔诺在 1905 年 1 月 9 日致胡塞尔的信中便已将这个意义上的观念存在领域称为"思想事物的王国"（Reich der Gedankendinge）②。胡塞尔自己则在 1913 年 9 月撰写的《〈逻辑研究〉第二版"序言"草稿的两个残篇》中也已经谈到这个意义上的"观念性的王国"（Reich der Idealität）③。

现在哈特曼用"第三王国"来标示"价值王国"④。"价值存在"随之也就被他纳入观念存在的领域。价值与观念一样，是可以被直观的；同时，它与观念一样，也是先天的："有一个纯粹的价值先天（Wert-Apriori）直接地、直观地、感受地贯穿在我们的实践意识中，贯穿在我们的整个生活理解中。"⑤ 在这个意义上，哈特曼的伦理学完全可以被称作"道德观念论"，只要这里的"价值"被理解为观念的存在；但它同样也可以被称作"道德实在论"，只要这里的"价值"被理解为真正的实在。

这个事态与本体论和认识论领域中观念论（Idealismus）与实在论（Realismus）之间长期争论的情况有相似之处。在现象学运动中舍勒和英加尔登等人都曾对观念论与实在论的关系问题做过专文论述。⑥ 本体论和认识论中的观念论与实在论的争论有许多可以被视作无必要，因为它们从一开始就已受争论双方已有立场的在先规定。这个问题的关键在于人们在"实在"的标题下所理解的东西什么。例如，柏拉图的观念论与素朴实在论可以等同为一，只要他相信观念在另一个时空中的实在存在。此外，笔

---

①　笔者在《现象学与分析哲学的起源——关于胡塞尔与弗雷格的思想关系的回顾与再审》一文中对此思考的背景做了较为详细的说明。

②　Edmund Husserl, *Briefwechsel*, 10 Bände, *Hua Brief*. Ⅰ, Dordrecht: Kluwer Academic Publishers, 1994, S. 34.

③　Edmund Husserl, *Logische Untersuchungen. Ergänzungsband*, Zweiter Teil, Texte für die Neufassung der Ⅵ. Untersuchung. Zur Phänomenologie des Ausdrucks und der Erkenntnis (1893/94 – 1921), *Hua* ⅩⅩ/2, Dordrecht: Kluwer Academic Publishers, 2005, S, 297.

④　Nicolai Hartmann, *Ethik*, Berlin: Walter de Gruyter, 1925, 4. Auflage 1962, S. Ⅵ, 274, 329.

⑤　Nicolai Hartmann, *Ethik*, Berlin: Walter de Gruyter, 1925, 4. Auflage 1962, S. Ⅵ, 274, 116.

⑥　参见 M. Scheler, "Idealismus-Realismus", in *Philosophischen Anzeiger*, Jahrgang Ⅱ, 1927, 3；以及 R. Ingarden, "Bemerkungen zum Problem, Idealismus-Realismus", in E. Husserl. *Jahrbuch für Philosophie und phänomenologische Forschungen*, Bd. Ⅹ, Tübingen: Max Niemeyer Verlag, 1929。

者在《罗曼·英加尔登的"现象学实在论"问题辨正》① 一文中曾就他与胡塞尔的实在论－观念论分歧做过澄清：英加尔登的"实在论"绝不是一个与"观念论"相对立的概念；他与胡塞尔的分歧也不能被视作"实在论"与"观念论"之争，而更多是一种对观念论的内部冲突的展示和表达，这种冲突可以被称作"纯粹意向活动现象学"与"纯粹意向相关项现象学"之间的分歧，如此等等。

这个问题也会出现在哈特曼与胡塞尔的价值伦理学思考中。英加尔登和哈特曼都是20世纪最重要的存在论者之一，且都有多卷本的存在论巨著问世。② 而哈特曼的存在论思想的一个特点在于，他将存在论引入了伦理学的领域。

如果胡塞尔在《逻辑研究》中重点讨论的是意向活动－意向相关项的关系以及与此相关的客体化行为，即对感性的东西与观念的东西的表象和判断，那么舍勒与哈特曼在他们各自的伦理学研究中所讨论的便是意向活动－意向相关项的关系以及与此相关的价值化行为，即对个体的和观念的价值的感受（Wertfühlen）、感知（Wertnehmen）或直观（Wertschau）与判断（Werturteil）。

从哈特曼的存在论来说，观念存在与价值存在是等值的。价值与观念相似，无论在先天性还是在客观性方面，至少处在同一等级上。同时，他也在这个意义上强调"价值认识的客观性"，而这种客观性恰恰是由价值直观和价值感受来保证的："对于评价标准的正当性和客观性而言，全部责任都要由真正先天的价值直观来承担，即最终是由价值感受本身来承担。我们面临的第一要务就在于，确保自己具有一种原本的和客观的价值直观，从它那里获取对真正的明见性的合法要求。"③ 哈特曼以此来确认和说明他的质料的价值伦理学在方法与内容之间的内在关系。

---

① 参见笔者《罗曼·英加尔登的"现象学实在论"问题辨正》，载《中国高校社会科学》2017年第2期。

② 参见 Nicolai Hartmann, *Ontologie*, 4 Bände, Bd. 1, *Zur Grundlegung der Ontologie*, Bd. 2, *Möglichkeit und Wirklichkeit*, Bd. 3, *Der Aufbau der realen Welt: Grundriß der allgemeinen Kategorienlehre*, Bd. 4, *Philosophie der Natur: Abriß der speziellen Kategorienlehre*, Berlin: Walter de Gruyter, 1935 – 1950；以及 R. Ingarden, *Der Streit um die Existenz der Welt*, 3 Bände, Bd. I, *Existenzialontologie*, Bd. II/1, II/2, *Formalontologie*, Bd. III, *Über die kausale Struktur der realen Welt*, Tübingen: Niemeyer, 1964。

③ Nicolai Hartmann, *Ethik*, Berlin: Walter de Gruyter, 1925, 4. Auflage 1962, S. 127.

第四编 伦理现象研究

第四节 现象学的价值伦理学的基本要素

价值的客观性应当是整个现象学价值论传统的基本主张和共识。在哈特曼发表其价值伦理学的恢弘论著的十多年前，胡塞尔便已在他战前所做的《关于伦理学与价值论的讲座（1908—1914年）》中不仅谈到"价值的客观性"，也谈到"评价理性作为构造价值客观性的意识"。（Hua XXVIII, 86, 266）胡塞尔认为，尽管在理论理性和评价理性之间以及在逻辑学和伦理学-价值论之间存在着一种平行关系，而且它们之间的相似性构成伦理学的科学建构的主导线索（Hua XXVIII, 242），但这种平行关系同时也是一种奠基关系（Hua XXVIII, 3ff.）。按照这种奠基关系，价值论的客观性是奠基在非价值论的客观性之中的（Hua XXVIII, 260），因为"每个评价行为都必然以智识行为、'客体化'（表象或判断或猜测）行为为基础，正是在这些智识行为中，被评价的对象性被表象出来，并有可能以确然和或然的方式作为存在的和不存在的矗立于此"（Hua XXVIII, 72）。也就是说，在奠基顺序上，首先有表象对象的客体化和客体性，而后在此基础上才建立起价值的客体化（Wertobjektivation）与客体性。在这个意义上，价值论构成胡塞尔的构造现象学的基本组成部分。它与逻辑学一样，可以被视作现象学的存在论的范畴，即价值存在论和观念存在论。

价值存在论可以进一步划分为"形式的和质料的"价值存在论或"价值形而上学"。① 接下来，随价值体验及其相关价值客体的种类的不同，价值论又可以分为伦理的和审美的以及如此等等的价值论与价值现象学："最终与纯粹价值论和评价批判相符合的是对伦理的、审美的和其他等等的评价体验的现象学，它是解决评价批判的种种困难的前提和基础。"（Hua XXIV, 381）

从总体上看，由于胡塞尔在其战前伦理学与价值论讲座以及相关研究文稿中已经确定了在客体化行为与评价行为、情感问题之间的相似关系，

---

① Hua XXVIII, S. 380. 胡塞尔这里所说的"形而上学"是与"存在论"同义的。参见 Hua XXVIII, S. 381。

确定了在客体化行为与情感行为之间的本质相似性，也确定了在理论理性与评价理性之间的奠基关系（cf. Hua XXVIII, 332, 340, 358），因而他在这里同时也开始对价值问题做类似于他在《逻辑研究》中对观念问题所做的工作。例如，他开始讨论在价值总体和各个价值组元之间的不同关系，讨论价值的总和与价值的创造（Hua XXVIII, 95），如此等等。

胡塞尔在这里所做的价值分析大部分是可以为舍勒、哈特曼所接受的，同样也会为胡塞尔和舍勒、盖格尔的学生——另一位重要的价值现象学的代表人物希尔德勃兰特所接受。①

胡塞尔在这里似乎倾向于对他在《逻辑研究》第五研究中的一个悬而未决的问题给出一个可能的解释：他在这项研究第 15 节 a 中讨论意向感受的对象问题。对于他来说，表象作为客体化行为是构造对象的行为，而感受只是含有那些为客体化行为所构造出来的对象，并且在这个意义上是"意向的"；但它并不能够自己构造对象，并且在这个意义上又是"非意向的"。基于这个解释，胡塞尔始终坚持客体化行为与理论理性的奠基性，以及情感行为和实践理性的被奠基性。然而，在这个解释中，对象只是一个：例如一段乐曲，或者一声口哨，如此等等。它们是表象活动构造的对象，而对悦耳乐曲的喜爱和对刺耳音乐的厌恶是情感活动，它们指向同一个对象，但带有不同的执态：喜爱或厌恶，如此等等。② 但这里所说的同一个对象的说法，在战后伦理学讲座中似乎得到了修正：价值感受与价值判断在这里被视作构造客体性的行为，即价值的客体性。即是说，表象行为指向自己的存在客体，例如"乐曲"或"口哨"，评价行为则指向自己

---

① 关于希尔德勃兰特的（Dietrich von Hildebrand, 1889—1977）的价值伦理学和价值现象学，笔者在本书第十六章"价值感知与伦常行动——胡塞尔与希尔德勃兰特的思想关联"中有较为详细的讨论。后面我们还会涉及他的伦常行动的思想。

② 对此问题的更为详细的论述可以参见笔者《现象学的始基——胡塞尔〈逻辑研究〉释要》的第六章"第五逻辑研究：感受现象学究竟意味着什么"（中国人民大学出版社 2009 年版，第 83-98 页）。

的价值客体,例如"悦耳"的价值或"刺耳"的负价值。①

在这个价值把握的过程中也可以区分两个方面:价值感知、价值感受或价值直观的活动这个意向活动的方面,以及被把握的种种价值,包括伦理价值、审美价值等另一个意向相关性的方面。价值客体的被把握的情况与胡塞尔的观念客观性(Hua Ⅵ,367)及其直观的情况以及弗雷格的思想把握的案例十分相似。因为胡塞尔、舍勒和哈特曼都会认为,价值是客观的、自在的、超时间的。而把握它的价值感受、评价行为等则是主观的、变动的、有时间的。

我们在这里可以回忆一下弗雷格在区分作为观念存在的思想的客观性以及对其进行把握的思维之主观性时所做的举例说明:"我们在毕达哥拉斯定律中说出的思想是无时间的、永恒的、不变的。"② 这个例子是就作为数学、几何之形式的观念存在而言;而在涉及个别的、质料方面的观念存在时,弗雷格会问:"也会有那种今天为真,半年后为假的思想吗?例如,那里的那棵树长满绿叶,这个思想在半年后便为假吗?"他的回答是否定的。因为对"这棵树长满绿叶"的陈述还不是观念存在,不是他所说的"思想",因为言说行为和思维活动是时间性的。但被言说和被思考的思想则是超时间的:"如果这个思想是真,那么它不只是今天或明天是真,而是无时间地为真。因而在'是真'中的当前并不指向言说着的当下,而是——如果这个表达被允许的话——一个无时间性的时态。"③

现象学的伦理学家们所看到的价值与价值感受的关系也与此相似。哈特曼曾就伦理价值与相关的伦理价值意识的情况阐释说:"价值本身不会

---

① 这里还可以考虑另一种解释的可能:表象行为提供对象,与此同时,在胡塞尔在《逻辑研究》(cf. LU Ⅱ/1,§5)中所说的内意识或自身意识中含有某种存在意识,即认之为真的执态(Für-wahr-halten);而在感受行为和意欲行为的情况中,除了存在意识、认之为真的执态之外,它们的内意识或自身意识包含价值意识,即认之为善(Für-gut-halten)、认之为美(Für-schön-halten)等的执态。因此,胡塞尔所说的"复合行为",在这里应当是指伴随意识行为进行的内意识或自身意识所包含的各种因素的复合,而意向对象以及构造它的意识行为并不需要是复合的,而是简单的同一个。即是说,意识行为是简单的,意向对象是单一的,但在自身意识中包含了复杂的因素和成分。对此解释笔者还会另文做专门论述。

② 参见 Gottlob Frege, *Kleine Schriften*, Darmstadt: Wissenschaftliche Buchgesellschaft, 1967, S. 359; cf. S. 353f。

③ 参见 Gottlob Frege, *Kleine Schriften*, Darmstadt: Wissenschaftliche Buchgesellschaft, 1967, S. 359; cf. S. 353f。

在伦理革命中挪动。它们的本质是超时间的、超历史的。但价值意识在挪动。"① 由此也可以解释人类的道德观念在历史上的变化以及在各个区域的差异。哈特曼列举了斯宾诺莎、康德和尼采的伦理学，希腊人的古典伦理学，斯多亚学派和伊壁鸠鲁学派的智者理想，普罗提诺和教父学的彼岸道德，还有印度人和中国人的道德，它们都主张自己是人类的真正伦理学财富，但都带有某种相对性和有限性。因为它们都是随时代、地域、文化的变化而变化的道德意识或价值意识，而不是那个唯一的、理想的价值本身。就古代的德性论而言，它所传达的是当时的人们对他们所直观到的价值，以及他们对作为价值的德性本质的把握，"现代人已经无法再全面追随这些已历经千变万化的德性论了，他的价值感受已经发生了改变，他所面临的是其他的价值。但因此也就愈发无可置疑的是，古人对德性之本质，或者更确切地说，对个别德性之本质的研究从根本上说是真正的价值研究——一门丰富多彩的伦常价值质料的现象学"②。

据此，哈特曼《伦理学》第一部分的标题是"伦理现象的结构（伦常现象学）"。他在这一部分的第二编中便专门讨论"道德的多"（或"有效的道德"）与"伦理的一"（或"纯粹的伦理"）。这实际上是从主观的价值意识和客观的价值存在两个角度来展开他所理解的"伦常现象学"的分析。在这两个方向上的研究也被他相应地称作"行为现象学"（Aktphänomenologie），或者说，评价行为或价值判断行为的现象学，以及"价值现象学"，或者说，关于价值存在的现象学——"伦常价值论"（Axiologie der Sitten）。

哈特曼的伦常价值论研究在很大程度上承接了舍勒的价值论思想，也与胡塞尔当时未刊发的伦理学与价值论讲座的思想相契合。这主要表现为对价值的客观性的确定和对价值的客观统一性的坚持："有一个价值的系统吗？这个问题勾画出了我们面对的任务。秩序，或它们的原则，系统，这就是被寻找的统一。统一只能是系统的统一。因为它不可以是排他的统一。它必须是唯一的，同时却不能是专制的。这个问题是一个典型的系统问题。"③

---

① Nicolai Hartmann, *Ethik*, Berlin: Walter de Gruyter, 1925, 4. Auflage 1962, S. 49.
② 参见 Nicolai Hartmann, *Ethik*, Berlin: Walter de Gruyter, 1925, 4. Auflage 1962, S. 136。
③ 参见 Nicolai Hartmann, *Ethik*, Berlin: Walter de Gruyter, 1925, 4. Auflage 1962, S. 42。

第四编 伦理现象研究

　　无论如何，伦理学的统一意味着一个伦常价值系统的统一。在这个意义上，现象学伦理学是一种伦常价值论或价值伦理学。也就是说，"不能被把握为'有价值的'东西，也就既不能为人所意欲，或成为目的，也不能作为戒律、要求、存在应然而得到认可"①。现象学的价值伦理学因此而建立在一个可以直观地被把握到的伦常价值统一的基础上。

　　这个伦常价值的系统在舍勒那里已经得到了基本的勾画，它表现为一种在"感性价值与有用价值、生命价值、精神价值以及世俗价值和神圣价值"这四种价值等级中包含的先天价值秩序；与此相对应的是四种不同的感受层次："感性感受、生命感受、心灵感受、精神感受"。对价值的感受和被感受的价值之间具有类似于胡塞尔意向活动与意向相关项之间的对应性。②

　　至此，我们已经可以说，哈特曼在胡塞尔那里找到了"已具有工作能力"的看和描述的现象学方法与技术，在舍勒那里找到了"已变得伸手可及"的先天的和系统的价值秩序。这差不多就是哈特曼在其《伦理学》第一和第二部分中所做的基本论述和指明。

　　最后还需要指出的一点在于，关于观念存在与价值存在这两个系统之间的奠基关系，哈特曼所持的是与舍勒相同、与胡塞尔相异的立场。哈特曼认为："价值的先天性（Apriorität）恰恰是一种比理论范畴的先天性更为无条件的、更为绝对的先天性。"③ 这里已经看到现代思想的实践哲学转向的端倪，即古典和近代理论哲学所具有的第一哲学地位，在现代开始逐步移交给了实践哲学。而在现象学的发展中，这个转向是通过偏好价值先天性甚于理论先天性的先天论方式得到体现的，或者说，是通过偏重价值存在甚于观念存在的本体论方式而得到实施的。但需要注意的是，在这个意义上的价值论的实践哲学内部，价值感受与价值判断仍然还以一种奠基性的价值认识的面貌出现。

---

　　① 参见 Nicolai Hartmann，*Ethik*，Berlin：Walter de Gruyter，1925，4. Auflage 1962，S. 42f.。
　　② 参见［德］马克斯·舍勒《伦理学中的形式主义与质料的价值伦理学：为一种伦理学人格主义奠基的新尝试》第 1 部分第 2 篇第 5 章"价值样式之间的先天等级关系"，倪梁康译，商务印书馆 2019 年版，第 172-179 页；以及笔者的"译后记"，同上书，第 1007 页。
　　③ Nicolai Hartmann，*Ethik*，Berlin：Walter de Gruyter，1925，4. Auflage 1962，S. 127.

第五节　价值回应的现象学

伦理学时常会被当作，甚至被等同于一种实践科学；与此同义，道德哲学也被纳入实践哲学的范畴。但这种情况大都发生在一些特定的伦理学家那里，他们会将伦理学视作一门关于正当行为举止的学说，或者说，一种关于道德行为的理论。当然，这样一个伦理学的定义并不意味着伦理学完全不讨论道德认识，而是意味着它主要讨论的是道德行为。① 但还有一些，而且也许数量更多的伦理学家会将伦理学理解为关于道德认识、道德情感、道德意愿、道德行动和道德规则的学说。这个意义上的伦理学范围要更大，可以将前一种伦理学的领域纳入自身之中。这个更为宽泛意义上的伦理学不再是实践科学，而是也包含了理论科学。它的领域与实践科学的领域实际上是相互交切的。

伦常价值质料的伦理学的情况便是如此。价值直观、价值判断、伦常明察等都仍然属于理论哲学的认识论范畴。唯当伦理学的问题关系伦常行动时，它才会与实践哲学的问题真正相衔接，实践哲学的向度才会展示出来。而伦常认识与伦常行动之间存在何种内在关系，或如何从伦常认识过渡到伦常行动上，这也成为这样的广义伦理学讨论的问题。

在哈特曼之前，胡塞尔和舍勒的学生迪特里希·封·希尔德勃兰特已经在价值伦理学方面有了初步的工作成果。哈特曼在这个问题的思考上受到希尔德勃兰特的影响和启发，主要是在其"价值回应的现象学"方面。

"价值回应"是希尔德勃兰特在其博士论文《行动内的伦常载体》中提出的一个现象学价值伦理学的核心概念。对它的讨论一直维续到他后期的伦理学著作和遗稿中。这个概念可以回溯到舍勒讨论的各种"反应行为"上，并且与舍勒的"伦常意愿"的讨论处在一个方向上。哈特曼对价值判断和价值回应的仔细区分实际上就是在处理伦常价值论的实践哲学

---

① 参见 Annemarie Pieper, *Einführung in die Ethik*, Tübingen und Basel: A. Franck Verlag, Wilhelm Fink Verlag, 2000, S. 60。

向度的问题。①

在希尔德勃兰特那里，这个概念与他对价值的"认知"（Kenntnisnahme）和对价值的"执态"（Stellungnahme）的基本区分有关。他认为，在对价值的认知、理解和领会中已经包含着一种"伦常执态"的成分，它的特征可以用"价值回应"（Wertantwort）来刻画。② 例如，在对正价值的直观把握中就已经包含着顺从、敬畏、赞叹、恭敬、献身等价值回应的特征。③ 他也曾以一个日常经历为例来说明两者的区别：我看见街上有儿童受虐待，我对此行为的卑鄙和粗暴感到愤怒。从价值论上说，对卑鄙和粗暴这些"负价值"的愤怒显然不是对这些"负价值"的拥有，而是对我已有的关于价值的认知的一个"价值回应"，是对我面前的对象的一种执态。愤怒状态已经超出了对这些负价值的拥有。④ 这种执态常常会直接促使伦常行动的发生，而这正是希尔德勃兰特博士论文的一个主要论题。希尔德勃兰特之所以使用了德文中的"Antwort"（回应）一词，原因很可能在于它带有与"Verantwortung"（责任）一词的语义关联；它们都是一种可以导向行动的"执态"和"反应"。

因此，如果伦理学可以分为理论（纯粹）伦理学和实践（实用）伦理学，那么价值回应作为价值感受与伦常行动的中间环节便可以为伦理理论与伦理实践提供中介。

但"价值回应"的概念在胡塞尔和舍勒的相关思考中并未产生明显可见的影响。胡塞尔在战后弗莱堡时期所做的伦理学反思中首先区分伦理学领域中的评价、意愿和行动，确定所有行动都是主动性的，并且随之而进一步将"出自自主明察的行动"区别于"遵照权威的行动"和"本能行

---

① 参见 Nicolai Hartmann, *Ethik*, Berlin: Walter de Gruyter, 1925, 4. Auflage 1962, Kap. 29 c und d。

② 希尔德勃兰特在他 1922 年出版的任教资格论文《伦常性与伦理的价值认识》中明确将"伦常执态"标示为"价值回应"（参见 D. v. Hildebrand, "Sittlichkeit und ethische Werterkenntnis. Eine Untersuchung über ethische Strukturprobleme", in *Jahrbuch für Philosophie und phänomenologische Forschung*, Band 5, 1922, S. 464)。

③ 参见 D. v. Hildebrand, *Situationsethik und kleinere Schriften*, Gesammelte Werke, Band 8, Regensburg: Josef Habbel Verlag, 1974, S. 175, 213; 还可参见 D. v. Hildebrand, *Moralia*, Gesammelte Werke, Band 9, Regensburg: Josef Habbel Verlag, 1980, S. 21f。

④ 对希尔德勃兰特相关思想的较为详细的说明可以参见本书第十六章"价值感知与伦常行动——胡塞尔与希尔德勃兰特的思想关联"（原文载《南国学术》2018 年第 1 辑）。

动",如此等等(cf. Hua XLII,279ff.)。尽管胡塞尔在这些后期伦理学反思中常常会借鉴希尔德勃兰特的研究①,但胡塞尔似乎始终没有关注"价值回应"的问题。无论如何,他在价值认识与伦常行动的奠基关系问题上与舍勒、希尔德勃兰特、哈特曼等人是一致的,无论他是否看重作为可能中间环节的"价值回应"。

  舍勒那里的情况与此类似。他并未对"价值回应"的问题做过表态,而更多是在"伦常意愿"的名义下讨论伦常明察、伦常意愿和伦常行为的内在联系:"伦常意愿,甚至整个伦常行为都奠基在这个价值认识(或在特别情况中伦常价值认识)连同其本己的先天内涵和其本己的明见性之上,以至于任何意愿(甚至任何追求)都原本地朝向一个在这些行为中被给予的价值之实现。……如果所有伦常行为都建立在伦常明察的基础上,那么另一方面,所有伦理学就必须回归为处在伦常认识中的事实及其先天关系。……如果它局限于在伦常认识中明见地被给予之物的先天内涵上,那么它就是哲学伦理学。伦常的意愿尽可不必以伦理学作为它的原则通道——很明显,没有人通过伦理学而成为'善的'——,但却必须以伦常认识和明察作为它的原则通道。"② 在这里得到说明的主要是伦常认识、伦常意愿与伦常实践之间的奠基秩序。这与哈特曼与希尔德勃兰特所说的价值直观或价值感知、价值回应与伦常行动之间的奠基顺序是基本一致的。

  因此,从总体上看,在现象学的价值伦理学自身内部,理论的和认知的观点与实践的和行动的观点之间的奠基秩序并未发生颠覆。苏格拉底的命题在这里仍然有效,即一切"好的意愿"都奠基于"对好的认识"之中,反之,一切坏的意愿都建立在伦常欺罔的基础上,如此等等。因此,舍勒强调:"甚至于对'什么是善的'的感受,也只有当价值在它之中是相即的和明见的,即自身被给予时,才规定着意愿。"③ 舍勒在这里是用

---

  ① 在《胡塞尔全集》第四十二卷《现象学的边界问题》中,与希尔德勃兰特相关的研究手稿作为"附录XXXII"被收录在题为"弗莱堡时期的伦理学反思"的第四部分中(cf. Ullrich Melle, "Textkritische Anmerkungen", in Hua XLII, S. 620)。
  ② [德]马克斯·舍勒:《伦理学中的形式主义与质料的价值伦理学:为一种伦理学人格主义奠基的新尝试》,倪梁康译,商务印书馆2019年版,第119-120页。
  ③ [德]马克斯·舍勒:《伦理学中的形式主义与质料的价值伦理学:为一种伦理学人格主义奠基的新尝试》,倪梁康译,商务印书馆2019年版,第119页。

第四编　伦理现象研究

他的价值质料的伦理学来解释苏格拉底的伦理学思想。

哈特曼那方面则是想进一步将质料的价值伦理学与亚里士多德的《尼各马可伦理学》联系起来，在价值回应的问题上也是如此："现在有趣的是，一门价值回应的现象学的任务已经在古代的尼科马可伦理学中拥有其榜样。"他认为，在亚里士多德阐述的各种"德性"中已经可以发现在伦常高度方面的层次差别，它们可以被视作亚里士多德在价值判断方面所做的等级顺序方面的划分，而"价值判断与价值回应最终只是在价值高度和价值感受种类之间显然存在的一个内部联系的外部展示而已"①。

但哈特曼的这个想法和努力并未得到舍勒本人的赞许。后者在其《形式主义》一书的1926年第三版"前言"中写道："哈特曼在他的《伦理学》前言中曾说明，'舍勒的思想可以为理解亚里士多德提供新的启示，尽管它本身并不丝毫带有这方面目的，这是对这个质料的价值伦理学的样品的一个突击检验'（第Ⅶ页）；在这一点上我不能苟同这位我所敬重的研究者，即使我非常高兴的是，他能够通过《形式主义》一书而从亚里士多德那里看到一些他以前没有看到的东西。我担心，他是否——我无法在此处个别地证明这一点——还是有些按照老马堡学派的方式（只要想一下纳托尔普的柏拉图、卡西尔的莱布尼茨等即可）在亚里士多德那里看出本来在他那里并不存在的东西。亚里士多德既不了解对'善业'和'价值'之间的明确划分，也不具备一个本己的、不依赖于存在的独立性和程度（即不依赖于作为任何事物之基础的隐德莱希目的活动之表现尺度的）的价值概念。"②

这里已经涉及哈特曼及其现象学研究在现象学家那里，主要是在胡塞尔与舍勒那里所得到的具体评价的问题。这些评价对于哈特曼本人来说或许并不一定重要，但对后世的现象学家而言颇有意义。

---

① Nicolai Hartmann, *Ethik*, Berlin: Walter de Gruyter, 1925, 4. Auflage 1962, S. 282f.
② ［德］马克斯·舍勒：《伦理学中的形式主义与质料的价值伦理学：为一种伦理学人格主义奠基的新尝试》，倪梁康译，商务印书馆2019年版，第17-18页。

第六节　现象学家对哈特曼及其现象学伦理学的评价

第一，首先是胡塞尔对哈特曼的评价。可以确定的是，胡塞尔直至1922年还对哈特曼有很高的评价并寄予厚望，但此后对之越来越失望。

1917年6月8日，胡塞尔便在写给哈特曼的老师纳托尔普的信中说："在（个人精神发展）这方面我对 N. 哈特曼比较有把握，他的那些才华横溢的论文表明了一种强大的哲学力量，而他的"柏拉图书"① 非常深刻，完全是一项令人尊敬的成就。"（Hua Brief. V, 127）此后在1922年2月1日同样致纳托尔普的信中，胡塞尔继续夸赞说："但我现在要说：马堡是一个哲学原创性的、植根于中心自我中的厄洛斯（ἔρως）的、朝向终极之物的天赐场所。而在这方面，哈特曼是在奋力搏斗的、真正的马堡人。"（Hua Brief. V, 148）

不过从1925年开始，胡塞尔开始表露对哈特曼的不满，其原因是否与哈特曼这一年放弃了纳托尔普在马堡的教席继承人身份以及马堡哲学的传统，转而去了科隆大学有关，从现有的材料来看还不得而知。但可以确定一点：这种不满发生在哈特曼发表《伦理学》（1926）之前，因此最初至少与哈特曼表达的现象学伦理学思考无关。

在1925年4月3日致卡西尔的信中，胡塞尔写道："我非常在意的是您坚持康德主义的基本意义以及康德本人所制定的伟大路线，而没有像 N. 哈特曼那样放弃它。"接下来，他再次提到哈特曼："哈特曼的情况不同。尽管我最初对他接受现象学抱以如此大的期望，尽管他写的东西都是那么才华横溢——他还是带着他的疑难在奔向一种新怀疑论。他自己所端出的是一种根本错误的独断论形而上学，而完全被误解的现象学为它提供了被误认的基础。"（Hua Brief. V, 4f.）

也许因为卡西尔毕竟是外人，也许因为胡塞尔当时对哈特曼的不满尚未达到极致，他在这里对哈特曼的批评还算是收敛的。但在两年后，在

---

① 即哈特曼于1909年出版的《柏拉图的存在逻辑》（Nicolai Hartmann, *Platos Logik des Seins*, Gieβen: Töpelmann, 1909）。

第四编　伦理现象研究

1927年4月9日给自己最亲近的学生英加尔登的信中，胡塞尔对哈特曼以及舍勒的否定性批评可以说是无所顾忌的："我认为 N. 哈特曼是个炫耀者（Blender），舍勒也只是一个富于思想的倡议者（Anreger），但不是一个真正的现象学家。"（*Hua Brief.* Ⅲ, 233）这的确是胡塞尔在后期对哈特曼和舍勒的真实评价，无论它是否合理。

此后，在胡塞尔的书信中还可以再次读到哈特曼的名字。但这是在英国学者爱德华兹①于1933年4月3日致胡塞尔的英文信中，他在那里写道："我最近一直在读尼古拉·哈特曼的《伦理学》。我不知道你是否有时间读它。它在这个国家非常受关注，但它在我看来是一堆肤浅思想的奇怪组合，还可以说是平淡无奇的观念伴随一些其他人的明智而深刻的观念。他显然受到现象学的影响；事实上我猜想有人会说，他试图撰写一门价值现象学，但他并未完全把握现象学本身的原则，或者，实际上根本没有做出这样的把握。我还没有读过他的《认识的形而上学》，因此也不知道，他在多大程度上仅仅从舍勒那里获得现象学的观点，忽略您的《观念》以及后期著作，或者他在多大程度上尝试回应这些著作。"（*Hua Brief.* Ⅶ, 71）

在《胡塞尔书信集》中没有发现胡塞尔对此信的回复，因而他是否读过哈特曼1926年出版的《伦理学》，这始终还是一个未解之谜。胡塞尔在弗莱堡所做的两次"战后伦理学讲座"（*Hua* XXXⅦ）分别为1920年和1924年。此后，胡塞尔没有再开设这个讲座。因此显而易见，他在这个讲座中虽然对舍勒、希尔德勃兰特等的现象学伦理学思想有所涉及②，但还不可能讨论两年后才出版的哈特曼的《伦理学》。同样，胡塞尔的所谓改造伦理学也是在1924年便完成。而在新近出版的《胡塞尔全集》第四十二卷中，胡塞尔的弗莱堡"后期伦理学"研究手稿也是到1924年便截

---

①　爱德华兹（Ernest Wood Edwards）的身份至今不甚明确。他很久以前曾在图宾根大学学习过三个学期，于20世纪30年代初与胡塞尔建立联系，计划翻译胡塞尔的《形式逻辑与超越论逻辑》，并至少两次赴弗莱堡拜访过胡塞尔夫妇。在《胡塞尔书信集》中有他在1931年至1934年期间写给胡塞尔夫妇的十封信，它们被收入第七卷"与学者的通信集"中（*Hua Brief.* Ⅶ, S. 63ff.）。他曾在剑桥大学出版社出版过论著并在《心智》（*Mind*）期刊上发表过文章。后来，他曾应胡塞尔之托，帮助胡塞尔的儿子格哈特到英国强化英语学习。他住在英国肯特郡，地址为Bicknor Rectory Hollingbourne。这些都是从《胡塞尔书信集》中读出的信息。编者舒曼在这里并未像他通常在其他书信作者那里所做的那样给出关于爱德华兹的简短介绍。

②　在与此讲座相关的研究手稿（该卷的附录XXXⅡ）中可以发现胡塞尔曾以舍勒以及希尔德勃兰特的相关思想为起点做过伦理学的思考（cf. *Hua* XLⅡ, S. 344ff.）。

止（cf. Hua XLII, 265ff.）。尽管根据梅勒在几篇文章中的说法和引证，胡塞尔在1930年至1935年期间还有伦理学方面的思考记录，目前尚未见到发表，但从已知的零星部分内容来看，在其中发现他对哈特曼的伦理学思想进行过研究和讨论的可能性要远小于不可能性。①

第二，与胡塞尔后期对哈特曼的评价截然不同的是舍勒对哈特曼的评价。在这点上也可以看出胡塞尔与舍勒在现象学与伦理学以及现象学的伦理学的理解方面的根本分歧。

哈特曼于1925年赴科隆大学执教，在那里成为舍勒的同事。他于1926年发表的《伦理学》论著曾受到舍勒的直接影响。但此前哈特曼于1921年出版的《一门认识的形而上学的基本特征》也已经得到了舍勒的好评。在他1922年为自己的《论人之中的永恒》所撰第二版"前言"中，他赞赏哈特曼的《认识的形而上学》是一部"深入挖掘的著作"②。

但就总体而言，在1922年前，尤其是在1926年哈特曼发表《伦理学》之前，舍勒所关注的且受影响更多的是年长的哈特曼，即爱德华·封·哈特曼及其伦理学代表作《道德意识现象学》③。不过，在《伦理学》出版之后，舍勒立即予以关注，并在同年的《形式主义》一书第三版"前言"中丝毫不吝赞美之辞："通篇闪烁着的高质量的智慧，它是人格的智慧，但又完全成为客观的和栩栩如生的、果敢的、苦涩的并且是仁慈的智慧，尽管在我们学院的哲学著述中最难得见到这些定语。"舍勒的这个评价远甚于哈特曼在自己书中对舍勒的赞美。哈特曼将舍勒的工作视为开创性的，并将自己的使命看作对舍勒的质料价值伦理学观念的具体实施，而且他认为这也是时代的使命："谁把握到这个使命，他就受到这个使命的召唤。"④ 对此，舍勒也在第三版"前言"中予以回应："至于真正的伦理学，令笔者感到最大满足的是，一位享有声望、具有独立性和科学

---

① 对此例如可以参见 Ullrich Melle, "From Reason to Love", in J. J. Drummond, L. Embree, *Phenomenological Approaches to Moral Philosophy*: *a handbook*, Dordrecht: Springer, 2002, S. 231; Ullrich Melle, "Husserl's personalist ethics", in *Husserl Studies*, 2007 (23), S. 10。

② M. Scheler, *Gesammelte Werke*, Bd. 5: *Vom Ewigen im Menschen*, Bern/München: Francke-Verlag, 1968, S. 11.

③ 参见 Eduard von Hartmann, *Phänomenologie des sittlichen Bewusstseins. Prolegomena zu jeder künftigen Ethik*, Berlin: Carl Duncker's Verlag, 1879。

④ Nicolai Hartmann, *Ethik*, Berlin: Walter de Gruyter, 1925, 4. Auflage 1962, S. VII.

的严格性的哲学研究者尼古拉·哈特曼撰写了一部规模宏大的《伦理学》（瓦尔特·德古伊特出版社，1926年），正如哈特曼自己在他的前言中所清楚强调的那样，它是建立在质料的价值伦理学基础之上，这门质料的价值伦理学是自康德以来新近伦理学的'开创性明察'。"①除了指明哈特曼的伦理学是建基于自己的质料的价值伦理学基础之上的事实之外，舍勒对哈特曼的《伦理学》的总体评价是：第一部分的"伦常现象学"和第二部分的"伦常价值论"是对舍勒自己的质料的价值伦理学的批判继承和展开细化，其中"一部分是继续构建性的，一部分是批判性的"；而第三部分的"伦常形而上学"代表了哈特曼自己的原创思想，是"对'自由'问题"的"决定性的推动"。

与此同时，舍勒也对哈特曼的伦理学思想做了多重的批评。除了前面提到的他对哈特曼的亚里士多德诠释的批评之外，舍勒还指出哈特曼在价值伦理学的继续建构上一方面"缺少对人格性的伦常生活的分析"，另一方面"太不重视所有生命伦理的历史本性和社群本性以及这些伦理的特殊价值秩序"。这两点可以概括为他不满意哈特曼的"真正伦理学"或"纯粹伦理学"在生活、历史、社会向度上的缺失和不足。而接下来的最后一点批评则是在宗教向度上的：舍勒立场鲜明地坚决反对哈特曼"以如此系统的方式""割裂"或"扯断"伦理学与绝对者形而上学或宗教哲学之间的纽带。② 我们可以在这个意义上理解舍勒对哈特曼伦理学所持的一个根本性的拒绝态度："我所看到的质料的价值伦理学的继续构建方向，并不处在哈特曼所说的'真正的伦理学'之中。"③

第三，最后还需要说明最早发表价值伦理学研究的希尔德勃兰特对哈特曼及其系统价值伦理学论著的态度，或者更确切地说：无态度。从希尔德勃兰特身前发表的著作和身后出版的遗稿中，笔者尚未发现哈特曼思想留下的丝毫痕迹。

---

① ［德］马克斯·舍勒：《伦理学中的形式主义与质料的价值伦理学：为一种伦理学人格主义奠基的新尝试》，倪梁康译，商务印书馆2019年版，第16－17页。

② 关于价值伦理学与宗教哲学的关系，还可以参见笔者在本书第十六章第三节"希尔德勃兰特受到的两方面现象学影响"中的说明。

③ ［德］马克斯·舍勒：《伦理学中的形式主义与质料的价值伦理学：为一种伦理学人格主义奠基的新尝试》，倪梁康译，商务印书馆2019年版，第19－21页。

第七节　结尾的说明

现象学伦理学的一种可能性在20世纪的前三十年中以价值伦理学的方式得到了不尽充分的展示。首先是在胡塞尔的哥廷根（1908—1914）和弗莱堡（1920/1924）的伦理学讲座中以及相关研究手稿中，其次是在希尔德勃兰特1912年出版的《伦常行动的观念》中，以及在1922年出版的《伦常性与伦理价值认识》中，再次是在舍勒于1913/1916年出版的《伦理学中的形式主义与质料的价值伦理学》中，最后是在哈特曼1926年出版的《伦理学》中。这个发展是一个从粗线条的勾勒和梳理到渐显细致和丰满的系统构建过程。

如今的回顾表明，这个过程在1926年便基本上已告终结。哈特曼此后没有在这个方向继续耕耘，而是转向精神存在和精神科学的"新存在论"研究；舍勒于1928年猝然去世，"哲学之路再次坠入昏暗"[①]；胡塞尔则于1928年退休，将教席交给了"无伦理学"和"反价值论"的海德格尔[②]；尽管希尔德勃兰特还在继续推动现象学的价值伦理学[③]，但他将更多的精力投入反对纳粹的伦常行动和道德实践中，并为此而很快便不得

---

① Martin Heidegger, "Andenken an Max Scheler", in Paul Good, *Max Scheler im Gegenwartsgeschehen der Philosophie*, München: Francke-Verlag, 1975, S. 9.

② 对此可以参见 R. Philip Buckley, "Martin Heidegger: The 'End' of Ethics", in J. J. Drummond, L. Embree, *Phenomenological Approaches to Moral Philosophy: a handbook*, Dordrecht: Springer, pp. 197 - 228；还可以参见海德格尔对价值哲学的一个基本看法："价值是有效的。但有效性常常过多地让人回想起对于一个主体的有效。为了对已被提升为价值的应当予以再次支持，人们将存在判给价值本身。从根本上说，存在在此无非就是现存之物的在场。只是这个现存之物并不像桌子和椅子那样是既粗笨又便利地现存的。随着价值的存在，混乱和失根（Entwurzelung）便达到了极致。"[Martin Heidegger, *Einführung in die Metaphysik* (*Sommersemester* 1935), Frankfurt a. M.: Verlag Vittorio Klostermann, 1983, GA 40, S. 207]

③ 希尔德勃兰特于1930年出版的论著《共同体的形而上学——关于共同体的本质与价值的研究》(*Metaphysik der Gemeinschaft*, Augsburg: Haas & Grabherr, 1930) 以及于1933年出版的小册子《伦常的基本态度》(*Sittliche Grundhaltungen*, Mainz: Matthias Grünewald Verlag, 1933) 无疑是对价值现象学和价值伦理学的继续展开和实施；他对共同体意义与价值的思考，对敬畏、忠诚、责任意识、真实、仁慈这五种伦常基本态度的分析，都可以纳入现象学伦理学的共同遗产。

不逃离德国本土，先后流亡至法国和美国。

如今来回顾这段几乎与现象学运动史同步的"现象学的质料价值伦理学史"，我们完全有理由说，从胡塞尔、希尔德勃兰特、舍勒、哈特曼的价值伦理学发展中的确可以观察到一条贯穿其中的认识论、方法论和本体论方面共同取向和态度的红线。正是它们才使"现象学伦理学"的说法成为可能和现实。

而主要的分歧则比较明显地表现在几位代表人物对价值伦理学与宗教哲学的关系问题看法上。即使价值论者们都承认有最高的和绝对的价值存在，在对它的理解上，胡塞尔、哈特曼、舍勒、希尔德勃兰特所持的立场也都各自截然有别。仅就这一点而论，在胡塞尔与哈特曼之间的分歧可能会小于他们与舍勒和希尔德勃兰特之间的分歧。而曾经紧密无间的舍勒和希尔德勃兰特也会因为这方面的立场变化而彼此产生隔阂并导致相互分离。对它们的讨论或可以成为现象学的价值伦理学的一个专门研究课题。

第十六章

价值感知与伦常行动
——胡塞尔与希尔德勃兰特的思想关联

第一节 引论

迪特里希·封·希尔德勃兰特（Dietrich von Hildebrand, 1889—1977）可以说是出身名门贵族，尽管他的贵族头衔并非生而有之。他的祖父弗里德里希·布鲁诺·希尔德勃兰特是国民经济学家和政治家；他的父亲阿道夫·希尔德勃兰特是德国著名的新古典主义雕塑家，因艺术成就卓著，于1903年被授予巴伐利亚贵族头衔，1913年被授予可世袭的贵族头衔。他自1873年起便常常居住于意大利的佛罗伦萨，并于1877年在此结婚。佛罗伦萨也是迪特里希·封·希尔德勃兰特的出生地。1906年起，小希尔德勃兰特在慕尼黑大学学习哲学，先后在那里跟随特奥多尔·利普斯、亚历山大·普凡德尔、莫里兹·盖格尔、马克斯·舍勒等人学习，从一开始便深受慕尼黑现象学家的影响，尤其是来自舍勒的影响。

最初是盖格尔在1907年3月27日给胡塞尔的信中报告一次学术活动时顺便提到了希尔德勃兰特："而后是一位十七岁的大学生希尔德勃兰特（雕塑家的儿子）报告艺术作品中的素材——一个不只是对他这个年龄而言的辉煌成就。"（Hua Brief. II, 89）在一年多以后，通过特奥多尔·利普斯的几位学生的建议和介绍，希尔德勃兰特于1909年夏季学期从慕尼黑转到哥廷根学习，意图日后在胡塞尔的指导下完成博士论文考试。

关于那时的希尔德勃兰特，盖格尔在1909年4月2日致胡塞尔的信中做了详细的介绍和推荐："您可能已经通过莱纳赫和康拉德知道，年轻的希尔德勃兰特——这位无疑是我们慕尼黑最有才华的年轻哲学生——下学期要到哥廷根来。我还想向您再次特别推荐他，并且还提出一个与此相

第四编 伦理现象研究

关的请求：恰恰在这样一个如此有才华的年轻人那里有一个加倍的危险，他可能会踏上一条歧途。他现在极度地神经质，这一点也表现为：凡是他感兴趣的一切，他都无法遏制。这也是我将他驱离慕尼黑的原因。他在这里有无穷无尽的社交活动刺激，他无法抗拒它们。这已足以摧毁一个神经质的年轻人了。另一方面他带着如此的激情投入哲学问题中，以至于我必须费尽全部心力来阻止他不要在他恰好思考的个别问题上过度劳累地工作。因此，我竭力地阻止了他在学会里做一个报告，也阻止了他在我的讨论课上做一个专题评论。——他首先最需要做的不是在哲学问题中的深化，而是对实事知识的获取。他可以说是在缺乏实事基础的情况下做哲学。他还没有受过工作训练，而是像一头公牛冲向一块红布一样扑向哲学问题。因此，也许他最好是仔细地学习一下数学和物理，而不是那么多的哲学。所以我请您先违背他的心愿，阻止他做专题评论。您不必担心在哲学中的些许退步会将他带离正轨。我从未见过有人像勾勾①·希尔德勃兰特那样对所有那些不'相信'现象学、绝对价值以及如此等等的人抱有如此轻蔑的态度。此外我坚信，这位生机勃勃、麻利活泼的青年人会让您感到开心喜悦的。"(Hua Brief. Ⅱ, 96f)

希尔德勃兰特来到哥廷根后随胡塞尔学习了两年时间。在此期间，他主要受胡塞尔当时的助手、已经在哥廷根担任私人教师的阿道夫·莱纳赫的指导。看起来胡塞尔并未接受盖格尔的建议而阻止希尔德勃兰特在学会做报告。相反，按照希尔德勃兰特在自传中的说法，他在1911年夏季学期还因为两次"哥廷根哲学学会"的出色报告而担任了这个学会的主席。② 而这个学会实际上就是现象学的"哥廷根学派"的实际组成。而在此期间，由于其第二次的"婚姻丑闻"，舍勒不得不于1910年放弃其私人讲师的工作，离开慕尼黑大学。此时，希尔德勃兰特也在哥廷根。通过他的中介，舍勒受胡塞尔邀请自1910年夏季学期起在哥廷根为胡塞尔的学生做一些校园之外的定期讲座。③ 这种讲座一直延续到希尔德勃兰特于

---

① "勾勾"（Gogo）是迪特里希·封希尔德勃兰特的昵称。
② 参见希尔德勃兰特的自我陈述。载于 The Book of Catholic Authors, Walter Romig, Sixth Series, 1960 (http://www.catholicauthors.com/vonhildebrand.html)。
③ 参见 Wolfhart Henckmann, Max Scheler, München: C. H. Beck Verlag, 1998, S. 24。关于舍勒以及他与胡塞尔的私人关系和思想联系可以参见笔者的文章《胡塞尔与舍勒：人格现象学的两种可能性》，载《哲学动态》2015年第8期。

1912年完成博士考试回到慕尼黑以及埃迪·施泰因1913年来到哥廷根之后。希尔德勃兰特将他与舍勒在第二学期结束时的交往视作在此生活期间最重要的事件。① 而且希尔德勃兰特在慕尼黑和哥廷根听过的舍勒的课程有可能要多于胡塞尔的课程。而且在现象学运动中,现象学伦理学的方向的确也是由舍勒最早开启的,所以也就不难理解埃迪·施泰因在后来的回忆录中所述的:"年轻的现象学家们受舍勒的影响很大;有些人——如希尔德勃兰特和克莱门斯——注重他甚于注重胡塞尔。"②

第二节 希尔德勃兰特的伦理思想

希尔德勃兰特于1912年便完成了他的博士论文《行动内的伦常载体》③,并于1912年11月6日通过考试。胡塞尔此前于1912年7月30日

---

① 参见希尔德勃兰特的自我陈述。载于 The Book of Catholic Authors, Walter Romig, Sixth Series, 1960 (http://www.catholicauthors.com/vonhildebrand.html)。

② [德]埃迪·施泰因:《在胡塞尔身边的哥廷根和弗莱堡岁月》,倪梁康译,选译自 Edith Stein, *Aus dem Leben einer jüdischen Familie: und weitere autobiographische Beiträge*, Freiburg i. Br.: Herder Verlag, 2002, ESGA 1, S. 208f。1913年施泰因到哥廷根开始跟胡塞尔学习现象学时,她只是听说过希尔德勃兰特:"哲学学会的创始者们当时已经不在场了。……迪特里希·封·希尔德勃兰特已经去了慕尼黑。"(ESGA 1, 204) 施泰因最迟应当是在1930年于萨尔茨堡召开的学者联合会上才与希尔德勃兰特见面的。在那个会上,她的报告紧接在希尔德勃兰特的报告后面。关于他们两人在许多方面的共同点,可以参见希尔德勃兰特太太的近作 Alice von Hildebrand, *Dietrich von Hildebrand and Edith Stein Husserl's Students*, Fort Collins: Roman Catholic Books, 2013。

③ 这是希尔德勃兰特的博士论文的标题,该论文的全文于1913年印刷:D. Hildebrand, *Die Träger des Sittlichen innerhalb der Handlung* (PhD diss., University of Göttingen, 1913), Buchdruckerei des Waisenhauses, 1913 (这里的孤儿院印刷所应当就是位于哈勒的"弗兰克孤儿院"印刷所。后来由尼迈耶出版社自1913年出版的《年刊》以及施泰因的博士论文也都是在这里印刷的);希尔德勃兰特的博士论文的一部分后来以《伦常行动的观念》为题发表在1916年出版的《哲学与现象学研究年刊》第三卷上:D. Hildebrand, "Die Idee der sittlichen Handlung", in Edmund Husserl, *Jahrbuch für Philosophie und phänomenologische Forschung*, Band 3, Halle a. S.: Max Niemeyer Verlag, 1916, S. 126-251。

所撰的"迪特里希·希尔德勃兰特①博士论文评语"中写道:

> 我满怀喜悦地阅读了这部博士论文。我几乎想要说:阿道夫·希尔德勃兰特的天赋作为哲学天赋遗传给了他的儿子,即本书的作者。在这部著作中的确表现出一种罕见的才华:从现象学直觉的深处中汲取,对被直观之物进行敏锐的分析,并且以最严格的方法对它进行概念的把握。他的现象学研究在这里完全服务于重大的哲学问题,并且它事实上也导向对它们的解决。尽管在现象学的方法和问题域中个别的思想系列受到了我的以及与我亲近的年轻研究者们(舍勒、普凡德尔、莱纳赫)的讲座和著述的规定,但作者从未表现出有拘束效仿的特征。他作为独立的思者走自己的路,并且开启了多重的新视角,借此,像康德那样历史上的重大思想构成也得到了新的昭示。构成他的论题的是那些围绕着对不同伦理价值质性及其载体进行区分的基本问题。至此为止的伦理学通常无法胜任那些原本从属于价值谓项的不同载体的杂多性,而相应的现象学起源分析一直付之阙如。作者致力于填补这一重大缺失,指明与此缺失相关的各个现象学层次,并且以分析的方式做出澄清。在这个一直逼近到最终基础的努力中,他已经远远超出了伦理现象的领域,而且他敢于深入到一门普遍意识现象学一般的最深刻问题之中,且有所成就。然而就最重要的方面而言,他的真正强项以及他的显著而原创的结果还是在情感领域中、在第二部分的第三至八章的分析中得到实现的,并且通过一种对情感意识及其对象相关项之杂多形态的空前谙熟知识而令人惊异不已。根据以上所述,我只能为此重要的研究申请"杰出作品"(opus eximium)的成绩。(*Hua Brief.* Ⅲ,125f.)

从胡塞尔的评语中可以看出,他对希尔德勃兰特的论文十分了解。从

---

① 这里可以留意一点:如前所述,阿道夫·希尔德勃兰特于1903年获得巴伐利亚个人贵族称号,1913年获得巴伐利亚世袭贵族称号。这是希尔德勃兰特父子名字中"封"(von)字的来源。希尔德勃兰特家族的世袭贵族称号在1912年希尔德勃兰特申请博士学位时尚未被颁发,所以胡塞尔在评语中并未在希尔德勃兰特的姓前加"封"字。《胡塞尔书信集》的编者卡尔·舒曼对此做了说明(*Hua Brief.* Ⅲ,565,Anm. 2)。但他没有说明的是,胡塞尔为何在评语中提到阿道夫·希尔德勃兰特时也未在他的姓前加"封"字,而那时雕塑家已经获得了本人的贵族称号。

现存于胡塞尔文库的胡塞尔自藏的希尔德勃兰特博士论文中还可以看到，胡塞尔在该论文正式于《年刊》上发表之后还仔细地对它做了阅读、评注和摘录。① 而且根据舒曼的考证，胡塞尔在1920年期间，亦即在战后的"伦理学讲座"（Hua XXXVII）的准备过程中还多次地参考和运用过希尔德勃兰特在《年刊》上发表的博士论文以及自己当时的摘录和评论。②

此后，希尔德勃兰特在慕尼黑继续为其任教资格考试做准备，并于1919年在慕尼黑大学的天主教哲学和哲学史教授克雷门斯·博伊姆克（Clemens Baeumker, 1853—1924）那里完成了哲学的任教资格考试，其任教资格论文《伦常性与伦理价值认识》③ 后来也发表在《年刊》上。这两部论著奠定了希尔德勃兰特在现象学运动中的伦理现象学家的地位。他与爱德华·封·哈特曼、舍勒、胡塞尔、普凡德尔、尼古拉·哈特曼等人一起，在人类伦理思想史上添加了独具一格的现象学的篇章。④

---

① 参见 Ms. A VI 30/185。舒曼在其《胡塞尔与希尔德勃兰特》的文章中全文刊发了胡塞尔对希尔德勃兰特论文的两页摘录和评论（胡塞尔的手稿编号为 Ms. F I 24/64，刊载于 Karl Schuhmann, "Husserl und Hildebrand", in *Aletheia. An International Journal of Philosophy*, 1992（5），S. 15f, Anm. 48）。胡塞尔在评论中明确地表达了自己的赞同、批评和和怀疑。

② 参见 Karl Schuhmann, "Husserl und Hildebrand", in *Aletheia. An International Journal of Philosophy*, 1992（5），S. 26 – 33。但舒曼的这个研究似乎并未被《胡塞尔全集》第三十七卷的编者注意到。至少他在该卷的"编者引论"中没有提到舒曼的这篇文章以及其中给出的胡塞尔的相关摘录和评论。但在新近出版的《胡塞尔全集》第四十二卷《现象学的边界问题》中，与希尔德勃兰特相关的研究手稿作为附录XXXII被收录在题为"弗莱堡时期的伦理学反思"的第四部分中（Ullrich Melle, "Textkritische Anmerkungen", in *Hua* XLII, S. 620）。

③ Dietrich von Hildebrand, "Sittlichkeit und ethische Werterkenntnis", in *Jahrbuch für Philosophie und phänomenologische Forschung*, Bd. 5, Regensburg: Habbel, 1922, S. 463 – 602。

④ 对这一篇章的详细介绍可以参见 J. J. Drummond, Lester Embree, *Phenomenological Approaches to Moral Philosophy: a handbook*, Contributions To Phenomenology 47, Dordrecht: Kluwer Academic Publishers, 2002。

第三节　希尔德勃兰特受到的两方面现象学影响

希尔德勃兰特自己的价值伦理学具有两方面的特点：一方面它是带有天主教色彩的伦理学，另一方面它贯穿了现象学的方法。

就前一方面而言，希尔德勃兰特在价值哲学的天主教倾向上主要受益于舍勒。他本人在1914年便放弃了路德新教，转而皈依天主教，而且是以比他的老师舍勒更虔诚的方式去信仰。当舍勒20世纪20年代初开始想要"对宗教观念与宗教力量对于社会此在的构形的评价可能性进行检验"①，并因而对教会的思想体系提出质疑，随之而被视作一个曾经伟大的精神的崩溃时，始终是舍勒朋友的希尔德勃兰特也直截了当地批评舍勒："用他早先的成就来衡量，舍勒在1922年之后的著作所表明的是一种巨大的哲学上的没落。"②

而就后一方面而言，他在方法上受胡塞尔现象学的影响较深，主要是受《逻辑研究》的方法影响。按照希尔德勃兰特的说法，首先是利普斯及其学生，"全都成为胡塞尔现象学的追随者，但不是在胡塞尔后期使用的术语在观念论意义上的现象学，而是在严格的客观主义和实在论意义上的现象学。这个学圈作为一个哲学学会，其成员每周都聚在一起开会讨论，与他们的联系是我的灵感的最重要来源"③。而后他在哥廷根期间听过胡

---

① M. Scheler, *Gesammelte Werke*, Bd. 6: *Schriften zur Soziologie und Weltanschauungslehre*, Bern/München: Francke-Verlag, 1963, S. 224.

② 参见 Wolfhart Henckmann, *Max Scheler*, München: C. H. Beck Verlag, S. 31, 141; D. v. Hildebrand, "Max Schelers Stellung zur katholischen Gedankenwelt (1928)", in D. v. Hildebrand, *Die Menschheit am Scheideweg*, *Gesammelte Abhandlungen und Aufsätze*, Regensburg: Josef Habbel Verlag, 1954, S. 10。

③ 参见希尔德勃兰特的自我陈述。载于 *The Book of Catholic Authors*, Walter Romig, Sixth Series, 1960 (http://www.catholicauthors.com/vonhildebrand.html)。

塞尔 1911 年的"伦理学与价值论的基本问题"讲座。① 最后很可能也受胡塞尔晚年关于欧洲人危机的思想影响：胡塞尔 1935 年 5 月 7 日应维也纳文化协会的邀请在那里做了题为"欧洲人危机中的哲学"的讲演，由于反响巨大，文化协会请胡塞尔于 5 月 10 日再将讲演重复一次。希尔德勃兰特当时在维也纳聆听了老师的讲演。②

第四节　希尔德勃兰特反纳粹的伦理行动

希尔德勃兰特当时之所以在维也纳，是因为他在 1933 年希特勒上台之后感到有危险，因而放弃慕尼黑的教授职位，从那里逃到了维也纳。而他之所以感到有危险，是因为他自 20 世纪 20 年代起就激烈地反对希特勒和纳粹主义，也反对在教会中普遍盛行的反犹主义，它们被称作"希尔德勃兰特反对希特勒的战争"。但奥地利在 1938 年被德国武装吞并，希尔德勃兰特再逃亡至法国，在图卢兹的天主教大学任教，直至 1940 年法国被德国占领。此后，他在朋友的帮助下与他妻子和儿子媳妇又一同逃往葡萄牙，而后再转道巴西，最终到达美国纽约。此后，他在私立福特汉姆耶稣会教士大学（位于布朗克斯的玫瑰山校区）接受了一个长期的哲学教职。他在那里执教至 1960 年退休。直至 1977 年 88 岁时去世，他都还在撰写宗教、哲学、伦理、政治、审美方面的英文和德文著述。"希尔德勃兰特的一生与反思的论文可以向我们直观地说明，如果哲学家和神学家不对他

---

① 关于胡塞尔战前和战后的伦理学讲座，可以参见笔者的文章《胡塞尔的伦理学讲座与实践哲学和精神科学的观念》，载《江海学刊》2014 年第 1 期。亨克曼认为，希尔德勃兰特所诉诸的是胡塞尔关于"形式价值论与实践论"的讲座。参见 Wolfhart Henckmann, *Max Scheler*, München: C. H. Beck Verlag, S. 104。（D. v. Hildebrand, *Die Idee der sittlichen Handlung*, in Edmund Husserl, *Jahrbuch für Philosophie und phänomenologische Forschung*, Band 3, Halle a. S.：Max Niemeyer Verlag, 1916, S. 164, Anm. 1；S. 195, Anm. 1）

② 参见 Karl Schuhmann, *Husserl-Chronik. Denk-und Lebensweg Edmund Husserls*, Den Haag：Martinus Nijhoff, 1977, S. 462。

们自己的教会和国家采取批判的态度,那么将会发生些什么。"①

由犹太人埃德蒙德·胡塞尔引发的现象学运动是与人类历史最残酷的一个阶段同时并行的:两次世界大战前后的阶段,也是反犹主义最为极致和最为凶残的阶段。除了严酷的战争问题之外,这个时期的所有现象学家都不得不普遍地面对一个问题:犹太人问题。他们对待犹太人的态度至少可以确定出以下五种类型:

第一类现象学家本身有犹太血统,如胡塞尔、阿伦特、施泰因、盖格尔、米施、勒维特、约纳斯、本雅明、特奥多尔·莱辛等,他们在纳粹于1933年攫取政权后受到迫害。有的遭到孤立、歧视和冷对,如胡塞尔;有的被抓到集中营里杀害,如施泰因;有的在国外遭到谋杀,如莱辛;有的被迫流亡国外,如盖格尔、阿伦特、勒维特、约纳斯、本雅明等;有的是直系亲属在纳粹统治期间遭到迫害和杀害,如约纳斯的母亲死于纳粹集中营。

第二类现象学家是与犹太人联姻的,如雅斯贝尔斯、外尔、阿罗伊斯·菲舍尔、兰德格雷贝等。他们的妻子都是犹太人,并因此而受到牵连;如雅斯贝尔斯,他曾与其犹太妻子计划,在她被纳粹抓捕送到集中营之前先双双自杀;又如外尔,他不得不流亡美洲;再如菲舍尔、兰德格雷贝等人,他们被迫提前退休或放弃教职。

第三类现象学家是反犹太主义者,如海德格尔、汉斯·利普斯、贝克尔、克劳斯②等。他们都是胡塞尔的学生,都在1929年出版的《胡塞尔七

---

① Donald J. Dietrich, Review of "Dietrich von Hildebrand. *Memoiren und Aufsätze gegen den Nationalsozialismus. 1933 – 1938*", in *The Catholic Historical Review*, Vol. 82, No. 4 (Oct., 1996), p. 738.

② 克劳斯(Ludwig Ferdinand Clauβ, 1892—1974)于1917年开始在弗莱堡跟随胡塞尔学习现象学。1921年在胡塞尔这里完成博士考试。他将自己的人种心灵知识视作对胡塞尔现象学的一种发展。(参见 Felix Wiedemann, "Der doppelte Orient. Zur völkischen Orientromantik des Ludwig Ferdinand Clauβ", in *Zeitschrift für Religions-und Geistesgeschichte*, H. 1, 2009, S. 4) 对胡塞尔与克劳斯的关系的具体论述可以参见笔者待发的文章《胡塞尔与克劳斯——兼论胡塞尔的"欧洲中心主义"》。

十诞辰纪念文集》中发表过各自的祝贺文章①，几年后都或多或少地投入反犹主义运动，或多或少地赞同它并为之做出论证，尤其是克劳斯，他还是纳粹人种理论的重要代表人物，因而他们也被后来的思想史家称作"纳粹哲学家"②。

第四类现象学家本人及亲人均无犹太血统，但在艰难时期对犹太人不弃不离，且施以援手，如芬克、范·布雷达等。

除了以上四类之外，我们还可以发现一类即第五类现象学家。他们本人及亲人并无犹太血统，但对希特勒的反犹主义从一开始就奋起抵抗，后来甚至不惜冒着生命危险予以坚持。在此意义上他们可以被称作"反纳粹哲学家"。胡塞尔的学生希尔德勃兰特便属于这一类。他在此问题上可以说是站在了他的师弟克劳斯的截然对立面。

第五节 现象学的价值伦理学

希尔德勃兰特的整个宗教伦理生活都是建基于他的宗教伦理思想之中的。我们这里主要关注他的伦理学研究和与之相关的价值论研究，尤其是在其博士论文的一部分《伦常行动的观念》中体现的现象学伦理学思想。

"现象学伦理学"是一个相当宽泛的概念，在其中可以包含许多不同的问题思考和方法尝试，亦即包含着各种发展的可能性。③ 现象学的价值论是其中之一。约翰·德拉蒙德曾对现象学的价值论的传统做过如下概括："现象学的价值论描述对价值的经验，以及包含在价值与价值判断中

---

① 参见 Oskar Becker, "Von der Hinfälligkeit des Schönen und der Abenteuerlichkeit des Künstlers"; Ludwig Ferdinand Clauβ. "Das Verstehen des sprachlichen Kunstwerks"; Martin Heidegger, "Vom Wesen des Grundes"; Hans Lipps, "Das Urteil", in M. Heidegger, *Festschrift E. Husserl zum 70. Geburtstag gewidmet. Ergänzungsband zum Jahrbuch für Philosophie und phänomenologische Forschung*, Halle a. S.：Max Niemeyer Verlag, 1929。

② 参见 Gereon Wolters, "Philosophie im Nationalsozialismus：der Fall Oskar Becker", in Annemarie Gethmann-Siefert, Jürgen Mittelstraβ, *Die Philosophie und die Wissenschaften. Zum Werk Oskar Beckers*, Bonn：Wilhelm Fink Verlag, 2002, S. 41ff。

③ 对此可以参见本书第二章"现象学伦理学的基本问题"（原载《世界哲学》2017 年第 1 期）。

第四编 伦理现象研究

的质料的和形式的联系。但在关于价值经验的本性的问题上，这个传统的内部存在着广泛的分歧。一方面，我们发现有一些现象学家，如胡塞尔、莱纳赫、哈特曼、舍勒、施泰因和封·希尔德勃兰特，他们在论证一种近似'价值实在论'的观点，不过胡塞尔的情况要复杂得多，因为他明确地主张一种超越论的观念论。但尽管如此，胡塞尔仍然坚持：价值与其说是被创造的，不如说是被发现的。然而另一方面还有一些现象学家，如萨特和梅洛-庞蒂，他们更多是'观念论的'，他们相信，价值是在运行自由的过程中被创造出来的。"①

在这个概括介绍中，胡塞尔、舍勒和希尔德勃兰特在现象学价值论方面的共性得到了强调。这当然是相对于此传统后期在法国的进一步展开而言。而在德国的现象学价值论或价值哲学内部，尤其是在胡塞尔与慕尼黑学派之间，同样存在某种分歧。胡塞尔在这里的确如德拉蒙德所说的要比其他人的情况更为复杂些：他自1906年前后开始明确表达的超越论的观念论使得他越来越倾向于在其意识现象学中持一种构造现象学的立场。"自身被给予"越来越多地被理解为"被构造"。而如果在感性感知中的感性对象是被构造的，在观念直观中的观念也是被构造的，那么在价值判断中的价值就更应当是被构造的了。

但需要注意，胡塞尔在这里所说的并不是作为地球生物的人类意识的构造活动，他并不是说，所有类型的事物、观念、价值都只是人的意识活动的创造物而已。这里的构造与被构造，是指在纯粹意识结构中意向活动与意向相关项之间的有特定规律的交互作用和相互制约。他所说的"意识"，因而不是一个个别的、经验的意识种类，而可以说是所有理性生物的意识、纯粹的意识。人类意识只是它的一个殊相。在此意义上，就纯粹意向活动而言，一切都是被构造的；而就意向相关项而言，一切都是被给予的。这种被构造和被给予都有其客观性，这就是意识主体性中的客观性。胡塞尔在这里既可以说是一个实在论者，也可以说是一个观念论者。

而价值领域的情况对于胡塞尔来说是与经验领域和观念领域的情况相似的。在其战前的伦理学与价值论讲座中，他强调价值的规律性和价值的

---

① John J. Drummond, "Introduction", in J. J. Drummond, L. Embree, *Phenomenological Approaches to Moral Philosophy: a handbook*, Dordrecht: Springer, 2002, p. 8.

客观性，并将对价值的发现和把握理解为一种特殊的认知活动。① 这种价值认知活动也被胡塞尔称作"价值认定"（Wertnehmen）②。这个语词可能最早出现在他于 1908—1909 年冬季学期所做的"伦理学基本问题"讲座稿的附录中。它是从德文的"感知"（Wahrnehmen）一词变化而来的，因此也被英译作"价值感知"（value-perception）等③。胡塞尔在讲座稿正文中并未使用这个术语，但他在这个讲座的与此相关的第二部分第 7 节 b)中已经在讨论直观的价值被给予性，讨论在本体论与价值论之间的相似性或平行性，讨论是否有类似的对价值的感知的东西。④

此后，在胡塞尔的初稿写于 1912 年、经施泰因等助手多次加工修改但身前未发表的《纯粹现象学和现象学哲学的观念》第二卷中，他就"价值认定"这个语词进一步阐释说："这个概念标示着一个从属于感受领域的、与感知（Wahrnehmung）相似的东西，后者意味着在意见（doxisch）领域中原初地（自身把握地）亲在于对象本身。"⑤ 至此，"价值认定"的概念内涵较为清晰地得到表明：它是指对客体之"价值"的直接原本把握，就像"感知"是对客体自身的原本把握一样。在这个意义上，"价值认知"也可以被理解为"认之为有价"，而"感知"也可以被译作"认之为真"。

再后，在 1920 年和 1924 年夏季学期的战后"伦理学引论"讲座中，价值认定概念频繁出现，不仅在讲座正文中，也在相关的附录中。⑥ 就此而论，虽然胡塞尔较早使用这个概念，例如胡塞尔在《纯粹现象学和现象

---

① 参见 Edmund Husserl, *Vorlesungen über Ethik und Wertlehre* (1908 – 1914), Hua XXVIII, S. 86ff。

② 参见 *Hua* XXVIII, S. 370。可惜这个十分独特的、很可能是胡塞尔自己生造的哲学语词未被纳入多卷本的《哲学概念历史辞典》（Joachim Ritter, Karlfried Gründer, Gottfried Gabriel, *Historisches Wörterbuch der Philosophie*, Bd. 1 – 13, Basel: Schwabe Verlag, 1971 – 2007）。

③ 科罗维尔和布罗瑟尔还将它翻译或解释为：very perception of something's being good, feeling-insight into a value, a pre-theoretical, pre-doxastic apprehension of values. 参见 Steven Galt Crowell, "Kantianism and Phenomenology"; Philip Blosser, "Max Scheler: A Sketch of His Moral Philosophy"; in J. J. Drummond, L Embree, *Phenomenological Approaches to Moral Philosophy: a handbook*, Dordrecht: Springer, 2002, pp. 56, 398。

④ *Hua* XXVIII, S. 278ff. 对此还可以参见 Ullrich Melle, "Einleitung des Herausgebers", in *Vorlesungen über Ethik und Wertlehre* (1908 – 1914), Hua XXVIII, 1988, S. XXXV。

⑤ 参见 *Hua* III/2, 9, 此外还可以参见胡塞尔的手稿：Ms. A VI 81, 88a。

⑥ 参见 *Hua* XXXVII, S. 72ff, 86, 113, 120, 228, 244, 283, 292, 343。

学哲学的观念》第二卷中曾说:"我还在几十年前便将价值认定这个表达用来说明最原初的价值构造。"(Hua Ⅲ/2,9)但它成为胡塞尔的主要伦理学概念则是战后的事情。

这个概念影响了希尔德勃兰特和舍勒的价值伦理学思考。关于它对舍勒的影响笔者已经另文论述。这里要讨论的是希尔德勃兰特对此概念的理解,以及他如何将它用作自己的价值伦理学核心概念。①

第六节 价值认定、价值感知与价值感受

在其论文的第二部分第二章中,希尔德勃兰特专门论述了"价值认定"的概念。他将这个概念的起源追溯到胡塞尔那里:"还在上述自1902年以来所作('形式的价值论与实践论')的讲座中,胡塞尔就已经阐述了一种本己价值拥有的独立性,'价值认定'这个表达应当形象地说明它与感知的相似性。"随即他也说明舍勒在这方面的相关思考,并将胡塞尔的"价值认定"与舍勒的"价值感受"(Wertfühlen)视为一致:"马克斯·舍勒也在独立于胡塞尔的情况下于1907—1910年的讲座中以最为繁杂的方式阐述了作为感知,即作为认知的真正相似者的价值感受,而在此之前,在胡塞尔的《逻辑研究》中对本真意向的精准说明已经为这种区分奠定了认识论的基础。"②

至此,"价值认定"这个词便超越了价值认识和价值感受之间的基本区别,并将以兼并的方式将两者都包容在自身之中:胡塞尔的价值认识论和舍勒的价值感受论。价值感受便成为一种新的认知成就,成为新的价值认识和价值判断。希尔德勃兰特抓住这个当时在胡塞尔那里还是偶尔出现的概念,用整整一章的篇幅来大做文章,本意很可能在于调和胡塞尔的理论哲学与舍勒的实践哲学在价值论问题上的差异与对立。

---

① 关于这个概念对舍勒的影响可以参见笔者的文章《胡塞尔与舍勒:精神人格的结构分析与发生分析及其奠基关系问题》的第三节,载《现代哲学》2017年第1期。

② D. v. Hildebrand, "Die Idee der sittlichen Handlung", in Edmund Husserl, *Jahrbuch für Philosophie und phänomenologische Forschung*, Band 3, Halle a. S.: Max Niemeyer Verlag, 1916, S. 205, Anm. 1.

但从希尔德勃兰特的上述引证中也可以看出，他在其价值论的思考中更倾向于立足在胡塞尔奠定的认识论和方法论的基础上。他是将胡塞尔的意向描述的现象学方法运用到价值现象学领域。这个做法后来可能对舍勒也有影响。我们由此也可以理解亨克曼的说法："为了使（价值认定）这种特殊的认识成就免受非理性主义的怀疑，胡塞尔和希尔德勃兰特都偏好使用一个与'感知'相似的概念'价值认定'。舍勒后来也与他们为伴。"① 这是一条从胡塞尔开始，经希尔德勃兰特而导向舍勒的思想发展线索。价值认定是这个价值论思想的核心。

希尔德勃兰特首先强调价值认定是一种认知形式："我们看到，有一种对价值的特殊认知（Kenntnisnahme）形式，即价值认定。此外我们也看到对于'价值认识'而言的这个体验的含义。由于对于一个价值认定的前提十分复杂，因而重要的一点首先在于坚持：这里涉及的是一种真正的认知。"② 这也意味着，希尔德勃兰特会用认识论的方式来处理价值论的问题。他从以下几个方面来定义对价值的认识："其一，价值认识可以是指对价值的认知，或对建基于价值上的这样一个认识的认知：'相关对象是有价值的。'这是我们意义上的价值认定，或者说，是一种建基于这种认知中的认识活动。其二，'一个对象是有价值的'，这个认识有可能并不建立在一个价值感受上，而是表明一种从仅仅'被知的'前提中演绎推导出来的明察。在此关联中，这个明察必然要恰恰从原则上分离于建基于价值认定之上的明察，因为它为了自身是清晰的和完整的，就必定不会导向一个价值认定，即使它在自身成立之后可以导向它。其三，最后它只能指一种对此价值事态的知识，例如一种宽泛的知识——'某物是坏的'，但没有任何认知或认识。"③

从这里可以看出，希尔德勃兰特是将胡塞尔在《逻辑研究》中运用的经典意向性分析转用在价值分析上了。首先，这里的价值不再是一个事物的属性，而是本身就是对象。价值论在这里是价值本体论。在这个意义

---

① 参见 Wolfhart Henckmann, *Max Scheler*, München: C. H. Beck Verlag, 1998, S. 104。
② 参见 D. v. Hildebrand, "Die Idee der sittlichen Handlung", in Edmund Husserl, *Jahrbuch für Philosophie und phänomenologische Forschung*, Band 3, Halle a. S.: Max Niemeyer Verlag, 1916, S. 210.
③ D. v. Hildebrand, "Die Idee der sittlichen Handlung", in Edmund Husserl, *Jahrbuch für Philosophie und phänomenologische Forschung*, Band 3, Halle a. S.: Max Niemeyer Verlag, 1916, S. 209.

第四编　伦理现象研究

上，价值是相对于主体而言的客体，是可以通过认识理性来认识和把握的对象。如果说弗雷格和胡塞尔都相信有一个既非心理世界，也非物理世界的作为第三王国的观念世界，那么在希尔德勃兰特这里，他就应当还相信有一个价值世界（Wertewelt）。组成这个价值世界的是各种价值，既有认识价值（这是真的），也有伦常价值（这是善的），还有审美价值（这是美的），如此等等。

其次，这里存在一种奠基关系，对于价值的认识，要么是直接的价值认定或价值感受，要么是间接的价值判断，如归纳、演绎、推论等，后者以前者为基础，或者说，奠基于前者之中。简言之，价值判断奠基于价值认定或价值感受之中。与此相关，希尔德勃兰特在这里提出一个值得留意的命题："最清晰的价值认定并不是最深刻的价值认定，即价值在其中最切近地和最无遗地被感受到的那种价值认定。"①

胡塞尔所提出的逻辑学与价值论之间的平行性在这里得到了继承，而且在这两者之间的奠基关系也在胡塞尔意义上而非在舍勒的意义上得到确定。这也可以进一步从希尔德勃兰特对认知（Kenntnisnahme）和执态（Stellungnahme）的区分确定上看出。他认为在价值认知、价值理解和价值领会中已经包含着价值回应。例如，在对正价值的直观中就包含着顺从、敬畏、赞叹、恭敬、献身等价值回应的特征。② 他也以一个日常经历为例来说明两者的区别：我看见街上有儿童受虐待，我对此行为的卑鄙和粗暴感到愤怒。对卑鄙和粗暴这些"负价值"的愤怒显然不是对这些"负价值"③的拥有，而是对我已有的关于价值的认知的一个"价值回应"，是对我面前的对象的一种执态。愤怒状态已经超出了对这些"负价

---

① D. v. Hildebrand, "Die Idee der sittlichen Handlung", in Edmund Husserl, *Jahrbuch für Philosophie und phänomenologische Forschung*, Band 3, Halle a. S.：Max Niemeyer Verlag, 1916, S. 208.

② 参见 D. v. Hildebrand, "Situationsethik und kleinere Schriften", Gesammelte Werke, Band 8, Habbel：Regensburg 1974, S. 175, S. 213；还可参见 D. v. Hildebrand, *Moralia*, Gesammelte Werke, Band 9, Regensburg：Habbel, 1980, S. 21f.

③ 希尔德勃兰特在这里将"卑鄙"和"粗暴"这些品质称作"质性"（Quanlität），但他的确在文中的其他地方使用"正价值"和"负价值"的概念（参见 D. v. Hildebrand, "Die Idee der sittlichen Handlung", in Edmund Husserl, *Jahrbuch für Philosophie und phänomenologische Forschung*, Band 3, Halle a. S.：Max Niemeyer Verlag, 1916, S. 208.

值"的拥有。① 也就是说，价值认定或价值认知是价值执态的基础，前者先行于后者；而后者奠基于前者之中，并且会超越前者。

希尔德勃兰特这样来描述在价值认知和价值执态之间的奠基关系："价值是被拥有的，从来不会像一个执态内容那样'被体验'，尽管是这样的特殊执态才得一个如此的价值感受的成立得以可能。这丝毫不会改变这样一个现象学的事实组成：价值在一个特定瞬间作为对象性的东西而被拥有，而且在其中还不包含任何执态。尽管个人对于宇宙的特殊观点对于一个价值认定的成立通常是必需的，如我们前面所述，而且还有另一个指向对象的问题要先行于它，例如作为对颜色的观看。但所有这些都丝毫不会改变这样一个状况：一个拥有价值的体验是一个真正的认知，而且无论这个认知要求哪些前设，它也仍然是一个纯粹接受性的拥有。"② 或许我们还可以补充说：据此，先行的价值认知是接受性的，后发的价值执态是自发性的。

姑且不论前面提到的"价值回应"是否可以回溯到舍勒讨论的各种"反应行为"上，是否为舍勒的影响结果③，这里至少可以看出一点，希尔德勃兰特是将"认知"视作"执态"之基础的。在他那里，"认知"具有的是"内容"（Inhalt），"执态"具有的是"内涵"（Gehalt）。它们可以朝向同一个对象，只是次序有先后。在这个意义上，希尔德勃兰特说，"执态的本质就在于，完全普遍地就对象世界的某些因素做出每次的回应"，而且是用一个"应当"（Soll）来"回应"。④

---

① D. v. Hildebrand, "Die Idee der sittlichen Handlung", in Edmund Husserl, *Jahrbuch für Philosophie und phänomenologische Forschung*, Band 3, Halle a. S.: Max Niemeyer Verlag, 1916, S. 137f.

② D. v. Hildebrand, "Die Idee der sittlichen Handlung", in Edmund Husserl, *Jahrbuch für Philosophie und phänomenologische Forschung*, Band 3, Halle a. S.: Max Niemeyer Verlag, 1916, S. 210.

③ 参见 D. v. Hildebrand, "Die Idee der sittlichen Handlung", in Edmund Husserl, *Jahrbuch für Philosophie und phänomenologische Forschung*, Band 3, Halle a. S.: Max Niemeyer Verlag, 1916, S. 138；还可以参见亨克曼的提示："希尔德勃兰特将舍勒关于'回应反应'（Antwortreaktion）的说明细致地扩充为'价值回应'的理论。"（参见 D. v. Hildebrand, "Die Idee der sittlichen Handlung", in Edmund Husserl, *Jahrbuch für Philosophie und phänomenologische Forschung*, Band 3, Halle a. S.: Max Niemeyer Verlag, 1916, S. 162ff; 亦可参见 Wolfhart Henckmann, *Max Scheler*, München: C. H. Beck Verlag, S. 106）

④ D. v. Hildebrand, "Die Idee der sittlichen Handlung", in Edmund Husserl, *Jahrbuch für Philosophie und phänomenologische Forschung*, Band 3, Halle a. S.: Max Niemeyer Verlag, 1916, S. 162, 159.

这里需要留意的是，希尔德勃兰特的博士论文的最终标题是"伦常行动的观念"。我们在这里已经顺序给出了这个行动观念的几个基本要素：价值、价值认定、认知、执态、回应、应当、意欲、行动等，它们代表了从道德价值认定到伦常意欲行动之间的各个环节。我们无法对希尔德勃兰特整个博士论文的思路进行复述或重构，而仅仅在此集中于对"价值认定"这个概念的思考：它是对价值的直接拥有或把握，并且构成后面的行动要素的基础。

第七节 价值本体论与价值现象学

如前所述，希尔德勃兰特专门用第二部分第二章来讨论"价值认定"，但前面我们也从胡塞尔所写的论文评语中得知，这一章的内容并不属于他特别认可的部分，他显然认为希尔德勃兰特的"真正强项以及他的显著而原创的结果还是在情感领域中"，即在接下来的第二部分第三章至第九章的内容中，在于希尔德勃兰特的"一种对情感意识及其对象相关项之杂多形态的空前的谙熟知识"（*Hua Brief.* Ⅲ, 126）。

对于希尔德勃兰特的"价值认定"分析，胡塞尔所持的态度或许有些苛求。但他对自己在这方面的思考也持同样的态度。尽管他一生开设的伦理学讲座并不少于他的逻辑学讲座，但无论战前还是战后的伦理学讲稿他都没有发表，原因也在于他并不觉得这些思考已经成熟。

这里会有一个问题出现：在伦理学领域里，价值认定或价值感知的意识活动与逻辑学领域的感知体验活动一样，属于意识分析的最原初的开端或最深层的基础。这是胡塞尔和希尔德勃兰特都认同的一个看法。而如果感知与价值感知的意识结构是相似的，那么在所有感性感知中都包含的执态也会存在于价值感知中。如前所述，希尔德勃兰特的确也指出了这一点。而在感性感知中的执态无非是指一种存在意识，即属于胡塞尔在感知分析中指出的感知的两个基本特征：原本意识与存在意识。（*Hua* Ⅺ, 3ff.）存在意识在这里本身并不是对象意识，即并不是说，感知指向一个对象，而在它之中的存在意识指向存在。感知中的存在意识和原本意识更应当被理解为感知活动具有的不同于其他种类意识行为的特性：在感知中,一个对象不仅自身被给予,而且以存在设定的方式被给予,后者的含义实际上已经包含在"感知"这个德文词的词义中,即"认之为真"(wahrnehmen)。换言之,凡是被感知的事物,都是直接原本的,且都被看作存在的,否则这个事物就不会是被感知的,而只是被想象的或被期待的或被回忆的,如此等等。存在意识在这里是感知的意识行为所含有的一个本质因素。胡塞尔也将它称作存在信仰、执态、设定、命题、认之为是(Für-seiend-halten)等。

现在,在价值感知中,希尔德勃兰特所描述的"执态"的情况又是如何的呢?如果在感知中的执态是一种对感知对象的"认之为是"(Für-seiend-halten),这也就是"认之为真"(Für-wahr-halten),那么在价值认定中,与此相应的应当是"认之为有价值"(Für-wert-halten)以及包含在这个范畴中的"认之为真""认之为善"和"认之为美",如此等等。但如果在价值认定的情况中,相关的对象在胡塞尔和希尔德勃兰特看来都是作为客体的价值,那么这就意味着,这里的价值在价值认定的过程中被认为是有价值的。

这显然是有问题的。因为价值被认之为有价值的,这是一个同义反复。价值在价值认定过程中被给予、被感知,这都是成立的。但价值被认之为有价值的,这不仅仅是一个逻辑-语言的荒唐,实际上也意味着在意识活动分析中的不可能。这里可以继续以希尔德勃兰特的儿童被虐的思想实验[①]为例:如果我看见的"儿童被虐"是对事态或对象的感知,如果我对"卑鄙"和"粗暴"的愤怒是价值认定,那么作为"认之为有价值"的执态所涉及的是被感知的对象,还是被认定的价值?如果是前者,那么在"认之为有价值"与价值认定之间的关系是什么?是并列的关系,还是互含的关系?如果是后者,那么它们的关系又是什么?是等同的关系,还是从属的关系?

这里可以看出,一旦将价值本身视为客体,情况就会变得复杂起来,甚至结论也会变得矛盾起来。而且我们接下来还会面临这样的问题:这种

---

① 这里可以注意一点,舍勒在1912年的《同情的本质与形式》一书中也举过哭叫的儿童的例子,并以此主张区分三个层次的事实:①仅仅将孩子的头看作肉体的头;②将他的头看作一种疼痛或一种饥饿的表达现象;③对这个哭喊的孩子的怜悯。(参见 Max Scheler, *Gesammelte Werke*, Bd. 7: *Wesen und Formen der Sympathie-Die deutsche Philosophie der Gegenwart*, Bern/München: Francke-Verlag, 1973, S. 19)

客体是自在存在意义上的客体,还是交互主体意义上的客体的问题,如此等等。我们在涉及尼古拉·哈特曼的伦常质料价值伦理学时也遇到了这个问题。这似乎应验了海德格尔在谈及存在(Sein)与应当(Sollen)时对价值所做的一个批评:"价值是有效的。但有效性常常过多地让人回想起对于一个主体的有效。为了对已被提升为价值的应当予以再次支持,人们将存在判给价值本身。从根本上说,存在在此无非就是现存之物的在场。只是这个现存之物并不像桌子和椅子那样是既粗笨又便利地现存的。随着价值的存在,混乱和失根(Entwurzelung)便达到了极致。"①

不过,我们还有一种非本体论的,但仍然是现象学的价值论解释的可能性:对象只有一个,它在感知中自身被给予,同时还必然会被认之为真,但同时也可以被认之为有价值。这是两种执态模式,或者也可以说,两种认定模态:存在设定模态和价值设定模态。在感知中,前者具有必然性,后者只具有可能性。即是说,在感知一个事物时,我必定会将它认之为存在的,但可能也会将它认之为有价值的。这种认定应当就是伴随在感知过程中的存在意识和价值意识,即唯识学所说的自证分,它伴随见分－相分,但本身不是见分－相分。耿宁在对中国哲学的核心范畴的解释中曾指出,王阳明的三个良知概念中有一个概念类似于"道德自证分"。② 从价值哲学的角度来看,这个"道德自证分"就是我们在这里所说的伴随对象感知的自身价值意识,它并不像自身意识那样必然伴随每一个"我思",但常常会以"道德自身意识"或"审美自身意识"的价值意识模态出现在"自身意识一般"中。这也是我们在感知中常常会有道德感和审美感等的原因所在。

作为本章的结尾感想,这里只能提出对胡塞尔和希尔德勃兰特的价值本体论的怀疑以及对价值现象学的可能性的提示。而对后者的充分展开说明,笔者需要另择机会去实施。

---

① Martin Heidegger, *Einführung in die Metaphysik* (*Sommersemester* 1935), Frankfurt a. M.: Verlag Vittorio Klostermann, 1983, GA 40, S. 207.

② 参见[瑞士]耿宁《人生第一等事:王阳明及其后学论"致良知"》第一部分第二章,倪梁康译,商务印书馆2014年版,第217页及以后各页。

第十七章

卡尔·雅斯贝尔斯的灵异学思想
——从方法的现象学到神学的生存哲学①

"灵异"（Dämon，Dämonisches）概念②在当代生存哲学中扮演着重要的角色，尤其是在雅斯贝尔斯的哲学中。①日常用语中"灵异"的三个含义业已包含在雅斯贝尔斯的术语中。②在雅斯贝尔斯早期的灵异学研究中运用了现象学的方法，即便是针对不同的实事内涵，确切地说，在雅斯贝尔斯这里，现象学的方法是针对心理病理的（psycho-pathologisch）此在分析。③"灵异"既被解释为主观的，也被解释为客观的。④雅斯贝尔斯在后期展示了一种灵异学的思考，它不仅系统地把握历史的和当下的灵异现象，也提供了一种通过向唯一者的生存超越来克服现代灵异学的存在哲学构想，因而也提供了一种生存哲学的伦理学。⑤在后期雅斯贝尔斯那里，现象学方法与生存的此在阐明之间的联系已然丧失，因为，在早期雅斯贝尔斯那里，对意识内在的现象学描述在内容上已经很大程度为心理病理学的生存分析工作所取代，而在后期雅斯贝尔斯那里，它在方法上最终也为生存超越的阐明构想所取代。从总体上说，雅斯贝尔斯的灵异学思想，早期处在现象学与心理学之间，晚期处在哲学与宗教之间。

---

① 本章为2011年3月在柏林自由大学举办的"生存哲学与伦理学"研讨会上的大会报告，原文为德文，现译作中文发表。

② "灵异"是对源自希腊文的"δαίμων/daimôn"一词的勉强中译。笔者对此曾用过其他中译名，如"灵命""灵明""守护神"等。这几个中译名都各有内涵与"δαίμων/daimôn"相切合，或多或少而已。雅斯贝尔斯还进一步区分现代德语中的"Dämon"（这里译作"灵异"）和希腊语中的"Daimonia"（这里译作"灵明"）。

第一节 雅斯贝尔斯的"灵异"概念与灵异学思想

在西方思想史上,"灵异"或"灵异学"是一个经常出现的话题,而且是以截然不同的方式,例如在苏格拉底(Sokrates)那里以历史的方式①,在尼采(F. Nietzsche)那里以诗学的方式②,在梯利希(P. Tillich)那里以神学的方式③,在歌德(J. W. von Goethe)那里以诗学的方式④,最后还有在雅斯贝尔斯那里以或多或少的哲学的方式。

一旦我们谈到"灵异",我们的思考与言说就几乎无法以哲学的方式进行,哪怕是苏格拉底这样的哲学家,即便他被视为哲学家,他在这时也更多的是一个神秘主义哲学家:一个受到好的灵明(daimonia)的保护,因而变得幸运的(eu-daimonia)哲学家。事实上,"灵异"的概念、因而还有灵异学的学科都不是典型的哲学的事情。但在当代生存哲学中它还是扮演了一个极为重要的角色,这最初要归功于克尔凯郭尔,不一定是最后,但肯定是最多要归功于雅斯贝尔斯。

关于"灵异"的思考在雅斯贝尔斯那里可以划分为两个方向:其一是在他于1919年发表的著作《世界观的心理学》中对此问题的早期处理;⑤其二是在他于1947年在巴塞尔所做的一个讲座中的后期灵异学研究,这

---

① 对此首先可以参见柏拉图的《苏格拉底的申辩》《拉凯斯》《克力同》《斐多》《政治家篇》等。

② 对此首先可以参见 [德] 尼采《悲剧的诞生》,见《尼采全集(考证版)》第1卷,第9-156、157-510页;《快乐的科学》,见《尼采全集(考证版)》第3卷,第343-652页。

③ 参见 P. Tillich, "Der Begriff des Dämonischen und seine Bedeutung für die Systematische Theologie (1926)", GW Ⅷ, Stuttgart: Erangelisches Verlagswerk, 1970, S. 285-291;对此还可以参见 Werner Schüßler, "Der Begriff des Dämonischen. Anmerkungen zu einer zentralen Kategorie von Paul Tillichs religionsphilosophischem und theologischem Denken", in I. Nord, F. R. Volz, *An den Rändern. Theologische Lernprozesse mit Yorick Spiegel. Festschrift zum 70. Geburtstag*, Münster: LIT Verlag, 2005, S. 179-191。

④ 参见 J. W. von Goethe, *Dichtung und Wahrheit*, Berliner Ausgabe, Bd. 13, Berlin und Weimar: Aufbau-Verlag, 1984; J. P. Eckermann, *Gespräche mit Goethe in den letzten Jahren seines Lebens*, Frankfurt a. M.: Insel Verlag, 1981。

⑤ K. Jaspers, *Psychologie der Weltanschauungen*, Berlin: Julius Springer, 1922, S. 191-198。

些报告后来作为著作以"哲学信仰"为题出版。①

在对这两个方向做进一步考察之前,我们首先想对雅斯贝尔斯的"灵异"概念做一个术语上的解释。

"灵异"一词在如今的日常语言中,也在雅斯贝尔斯那里主要具有以下三个含义:

第一,这里需要提到的第一个含义涉及"灵异"与"精神"和"天才"之间的关联。这个含义源自"狂飙突进运动"时代(在其中的"天才时期")。它带有歌德的深刻烙印,而且与人的精神创造力密切相关。最著名的是他在与其朋友 J. P. 埃克曼谈及莫扎特时所用的表达:"他的天才的灵异精神。"② 这个意义上的"灵异的"所指的无非就是"天才的",并且展示着那个构成人的异常精神-智慧之本性的要素。当雅斯贝尔斯于20世纪50年代写下他的关于海德格尔的笔记时,他就是在这个意义上使用灵异的概念。有一次他曾确定:"不能用歌德意义上的'灵异的'来称呼他(海德格尔)。"③ 这个灵异的含义雅斯贝尔斯很早就了解,因为他曾说:"歌德的灵异就是所有那些与秩序、逻各斯、和谐相矛盾的,然而却并不单纯消极的,而是构成他本身的一个组成部分的东西。"④

第二,"灵异"在日常语言中的第二个含义自身已经含有一些负面的成分。在此意义上的"灵异"更多被用来表示某种凶恶的东西,通常作为保护神的反义词和原本恶魔的同义词。雅斯贝尔斯也时常在这个意义上使用灵异概念,例如当他谈及"被一个恶魔的灵异从一个不幸带向另一个不幸"时,或当他谈及"堕落的天使或灵异"时⑤,又或者,当他在关于海德格尔的笔记提出"海德格尔的效果问题。这是什么?",并且考察如下的可能性时:

---

① 参见 K. Jaspers, *Der philosophische Glaube*, München: Piper, 1981, die fünfte Vorlesung, S. 90 – 116。

② 参见 J. P. Eckermann, *Gespräche mit Goethe in den letzten Jahren seines Lebens*, Frankfurt a. M.: Insel Verlag, 1981。

③ K. Jaspers, *Notizen zu Martin Heidegger*, München: Piper, 1978, S. 77.

④ K. Jaspers, *Psychologie der Weltanschauungen*, Berlin: Julius Springer, 1922, S. 191 – 198.

⑤ 参见 K. Jaspers, *Der philosophische Glaube angesichts der Offenbarung*, München: Piper, 1962, S. 79, 362。

第四编 伦理现象研究

(a) 普遍的奇迹问题（希特勒等）；
(b) 这并非客观成就的独特之处，它可以被把握为：
(c) 个人性？——"灵异的"？
(d) 审美天赋与恶的交联，或是无品格（Charakterlosen）；
(e) 情绪中的虚无主义的回音？①

雅斯贝尔斯为"灵异的"加上了引号，还加上了一个问号。听起来这是一个问题：海德格尔的人格性中是否包含着某种魔鬼性的东西？

第三，"灵异"的第三个含义是在西方文化世界中最原初的，同样也是最重要的含义：灵异是某种规定着命运的东西。在赫拉克利特那里就可以发现那段最著名的箴言："人的习性就是他的灵异。"（thos anthrópo daimon）② 对此，海德格尔③和黑尔德都曾给出过自己的诠释。对黑尔德来说，"灵异（Daimon）是对那个出现在生活的幸运与不幸之中的、无法支配的巨大力量的传统称呼"④。而在柏拉图那里，这个规定着命运，甚至就是命运本身的东西代表了一个半神半人。在《会饮篇》中，柏拉图将"爱神"（Eros）称作"灵异"，并以迪欧悌玛的名义说："所有灵异都是处在神与人之间（处在会死者与不死者之间）的生物。"⑤ 同样是在这个方向上，黑格尔后来写道："因而灵异的东西就处在神谕的外在的东西与精神的纯粹内心的东西之间；它是某种内心的东西，但以如此的方式，以至于它被想象为一个本己的天才，即某种有别于人的意志的东西。——而不是被想象为他的聪明、他的任意。"⑥

----

① K. Jaspers, *Notizen zu Martin Heidegger*, München: Piper, 1978, S. 89.
② H. Diels, W. Kranz, *Die Fragmente der Vorsokratiker*, Zürich: Weidmannsche Verlagbuchhandlung, 1960, 22 B 119.
③ 参见 Heidegger, *Der Satz vom Grund*, Pfullingen: Verlag Günter Neske, 1986, S. 118, 以及 K. Held, "Husserl und die Griechen", in Ernst Wolfgang Orth, *Profile der Phänomenologie: zum 50. Todestag von Edmund Husserl* (Phänomenologische Forschungen, 22), Freiburg i. Br.: Alber Verlag, 1989, S. 137–176。
④ 参见 Held, "Husserl und die Griechen", in Ernst Wolfgang Orth, *Profile der Phänomenologie: zum 50. Todestag von Edmund Husserl* (Phänomenologische Forschungen, 22), Freiburg i. Br.: Alber Verlag, 1989, S. 148。
⑤ Platon, *Das Gastmahl*, 202e.
⑥ G. W. F. Hegel, *Vorlesungen über die Geschichte der Philosophie* I, Werke in 20 Bänden, 18, Stuttgart-Bad Cannstatt: Frommann-Holzboog, 1928, S. 99.

所有这些对"灵异"特征的刻画,共同构成了雅斯贝尔斯的灵异学的课题。它差不多就意味着这样一种"观点",即"带着直接的信念来观察在强大者之中,在有效的、构造完形的——建构的和摧毁的——力量之中,在灵异之中,在诸神之中的存在,思考这个事件,并且将它们作为一种学说来陈述"①。

我们后面还会一再回溯到"灵异"的这三个基本含义上来。

第二节 雅斯贝尔斯的现象学的生存分析

在雅斯贝尔斯于1947年在其《哲学信仰》中展开其灵异学研究之前,他就已经在其1919年出版的《世界观的心理学》中对灵异做了深入的探讨。他赋予该书以"心理学"的标题,意在与哲学的研究相区别。因而他在"前言"的开头便写道:"将世界观同时阐释为科学的认识和生活的学说,这曾是哲学的任务。而在这部书中取而代之的是这样一种企图:仅仅是了解心灵所采纳的最终立场是什么,哪些力量在推动它。"② 雅斯贝尔斯据此而想要说的是,他在这里想要通过对一门理解的心理学的实施来完成哲学的工作。这已经让我们联想到胡塞尔的现象学的方法和领域。雅斯贝尔斯对世界观的心理学的理解,在许多方面与胡塞尔对"现象学的心理学"的构想是一致的。

这并不仅仅是在雅斯贝尔斯的研究与胡塞尔的研究之间的一个简单而偶发的联想。从雅斯贝尔斯这方面来看,他自1909年起就已经开始阅读胡塞尔的现象学著作,自1911年起便与胡塞尔有书信往来,并且在1912年还发表了一篇关于"心理病理学中的现象学研究"的文章③,而且在

---

① K. Jaspers, *Der philosophische Glaube*, München: Piper, 1981, die fünfte Vorlesung, S. 92.
② K. Jaspers, *Psychologie der Weltanschauungen*, Berlin: Julins Springer, 1922, S. V; vgl. dazu auch seine Einleitung, §1; Was eine, Psychologie der Weltanschauung'sei, S. 1f.
③ K. Jaspers, "Die phänomenologischen Forschungen in der Psychopathologie", in *Zeitschrift für die gesamte Neurologie und Psychiatrie*, 1912, 2, S. 391–408.

第四编　伦理现象研究

1913年访问哥廷根时还亲自结交了胡塞尔。① 至于是否可以说，雅斯贝尔斯已经创立了一门"心理病理的现象学"，或许我们还需要考虑。但我们可以说，他将现象学的方法引入并运用在心理学中，或者说，引入并运用在心理病理的治疗过程中，这已经是毫无疑问的。

从胡塞尔这方面来看，他对雅斯贝尔斯的相关研究肯定具有基本的了解。可以确定的是，他在1912年前后阅读了雅斯贝尔斯的上述文章，而后——在文献上可以确定的是他在1930年——还阅读了《世界观的心理学》的著作。② 因此，当雅斯贝尔斯于1913年在哥廷根拜访他，并向他提出"我还不清楚现象学究竟是什么"的"有些犟头犟脑的"问题时，胡塞尔回答说："您在您的著述中出色地实施了现象学。如果您做得正确，您就不需要知道它是什么。"③

当然，在胡塞尔与雅斯贝尔斯关于现象学的看法之间还存在着根本的差异，较少是在方法方面，更多是在内容或论题方面。对于胡塞尔和普凡德尔，他"钦佩他们创造新方法的活力、思维的缜密、阐明前提的力量、区分细微差别的精确性以及对事实本身的还原。然而从他们获得的成果来看，雅斯贝尔斯又觉得，运用现象学方法倒不如去发展这种方法更为重要。虽然胡塞尔创造了进行精确分析的工具，这使得迄今为止未见到的事物已切近可见了，胡塞尔'完成了看的姿态'④，然而，他所看到的东西在哲学上是无关紧要的。这里缺少注视生存关系的目光"⑤。

在这个阐述中可以同时清楚地看到胡塞尔与雅斯贝尔斯在现象学方法的看法方面的共同性以及他们对哲学的看法的差异性：按照胡塞尔的观点，对于哲学来说至关重要的是超越论的意识及其本质结构；而在雅斯贝尔斯看来，这是生存论的关系。因此，在后者那里已经在现象学研究中完

---

① 参见 Hans Saner, "Karl Jaspers", in *Selbstzeugnissen und Bilddokumenten*, Reinbek：Rowohlt, 1970, S. 32; Karl Schuhmann, *Husserl-Chronik. Denk-und Lebensweg Edmund Husserls*, Den Haag: Martinus Nijhoff, 1977, S. 175; Karl Schuhmann, *Edmund Husserl. Briefwechsel*, Dordrecht: Kluwer Academic Publishers, 1994, Bd. Ⅵ, S. 200ff。

② 参见 Karl Schuhmann, *Husserl-Chronik. Denk-und Lebensweg Edmund Husserls*, Den Haag: Martinus Nijhoff, 1977, S. 368。

③ K. Jaspers, *Rechenschaft und Ausblick. Reden und Aufsätze*, München: Piper, 1951, S. 386f.

④ K. Jaspers, *Rechenschaft und Ausblick. Reden und Aufsätze*, München: Piper, 1951, S. 386.

⑤ H. Saner, "Karl Jaspers", in *Selbstzeugnissen und Bilddokumenten*, Reinbek: Rowohlt Verlag, 1970, S. 33.

成了一个目光的转向：在雅斯贝尔斯那里，具有胡塞尔现象学特征的超越论的问题域和与此相关的现象学意识分析或意向性分析的反思敏锐性已被忽略不计，取而代之的是他所获得的现象学生存分析的可能目光，类似于他的朋友和当时的同志者海德格尔在同一时期所展开的此在分析和生存分析。①

下面几节我们将会说明，雅斯贝尔斯的现象学的生存分析的特点究竟何在。

第三节 "灵异"作为观点和世界图像

雅斯贝尔斯在《世界观的心理学》中对"灵异"的特征刻画，并不像胡塞尔那样以纯粹意识一般为课题，而是以人类的心灵生活为对象，它既可以从主体出发来考察，也可以从客体出发来考察。他将这门所谓的"世界观心理学"标示为一种"对我们心灵生活之界限的巡视，只要这个心灵生活能够为我们的理解所及"②。"就心灵实存于主客体分裂之中而言，心理学考察从主体出发所看到的是观点（Einstellung），从客体出发所看到的是世界图像（Weltbild）。"③ 因此，在该书的第一章中确定和处理的是三种观点：对象的、自身反思的和心醉神迷的；而后在第二章中与此相应地探讨了三种世界图像：感性-空间的（自然-世界图像）、心灵-

---

① 然而，海德格尔那里的情况在根本上有所不同。他并不想用他的生存分析来取代胡塞尔的意识分析，而只是认为前者要比后者更为基础，或者说，将前者视作后者的前提。这一点可以从他在各个时期的表述中明显看出："从其根本上透彻地思考意向性，这就意味着，将意向性建立在此-在的绽出性（Ek-statik）基础之上。"（M. Heidegger, *Vier Seminare*, Frankfurt/Main 1977, S. 122）"意向性建立在超越性的基础上，并且只是在这个基础上才成为可能，——人们不能相反地从意向性出发来解释超越性。"［M. Heidegger, *Die Grundprobleme der Phänomenologie* (Sommersemester 1927), GA Bd. 24, Frankfurt/Main: Vittorio Klostermann, 1975, S. 230］"从作为此在的基本结构的烦的现象出发可以看到，人们在现象学中用意向性所把握到的那些东西，以及人们在现象学中用意向性来把握这些东西的方式，都是残缺不全的，都还只是一个从外部被看到的现象。"［M. Heidegger, *Prolegomena zur Geschichte des Zeitbegriffs* (Sommersemester 1925), GA Bd. 20, Frankfurt/Main: Vittorio Klostermann, 1994, S. 420］

② K. Jaspers, *Psychologie der Weltanschauungen*, Berlin: Julius Springer, 1922, S. 6.

③ K. Jaspers, *Psychologie der Weltanschauungen*, Berlin: Julius Springer, 1922, S. 141.

文化的（心灵－世界图像）和形而上学的世界图像。这两个方向，即观点和世界图像让我们想到胡塞尔术语中的意向活动和意向相关项，即意识的构造活动及其被构造者。世界图像在这里是由观点构造的，同样，作为世界图像的灵异是由心醉神迷的观点构造起来的。

雅斯贝尔斯与作为被构造之物的"客体"相关的心理学研究工作是对世界图像的描述，即"确立对象之物一般的种类、方向和位置"①。他将灵异算作形而上学的世界图像②，这个世界图像可以分为两个种类：内容的类型和哲学思维的类型。在内容的类型中，与哲学的世界图像相并列的是神话的－灵异的世界图像。实际上已经可以说，雅斯贝尔斯的整个形而上学的世界图像是由两个类型组成的：灵异的和哲学的。因为另一个种类，即所谓哲学思维的种类，仅仅是刻画哲学的世界图像的视角，因而在这个意义上也同属于哲学的世界图像的种类。③

神话－灵异的世界图像被雅斯贝尔斯理解为"原始的世界图像，为地球上所有民族中所直接拥有"④。这个世界图像要比其他的世界图像（自然－世界图像与心灵－世界图像）更早和更真实，而且具有这样的特征："没有看到和阐释一个思想，没有在思想和直观的联系中论证一个概念，而是叙说了一个故事（它被传统所接受，或被启示为自明的，无论如何不允许任何论证，甚至也不要求论证，起先根本不会提出论证的问题）。"⑤这样它便有别于哲学的世界图像，后者在雅斯贝尔斯看来带有如下的特征："它不主张权威，不主张单纯的接受和信仰，不主张听人叙说；它更多是诉诸本己的、在原本经验中获得的对人一般的直观。它不坚持启示，不坚持在特殊意识状态中的特殊经验，而是想在论证关系中要求一种处处都在人之中的自主的明见性。"⑥

与这种哲学的世界图像相反，雅斯贝尔斯将另一种世界图像既称作

---

① K. Jaspers, *Psychologie der Weltanschauungen*, Berlin：Julius Springer, 1922, S. 141.
② 这可能是克尔凯郭尔在此论题上对雅斯贝尔斯产生的一个影响，前者想对灵异做一个审美学的－形而上学的考察（参见 S. Kierkegaard, *Der Begriff Angst*, deutsche Übersetzung von E. Hirsch, Aachen, 1983, S. 122）。
③ 对此可以参见 K. Jaspers, *Psychologie der Weltanschauungen*, Berlin：Julius Springer, 1922, S. 203。
④ K. Jaspers, *Psychologie der Weltanschauungen*, Berlin：Julius Springer, 1922, S. 191.
⑤ K. Jaspers, *Psychologie der Weltanschauungen*, Berlin：Julius Springer, 1922, S. 191.
⑥ K. Jaspers, *Psychologie der Weltanschauungen*, Berlin：Julius Springer, 1922, S. 198.

"神话的",也称作"灵异的",或者也从现代世界出发将它看作"艺术－世界图像"①。它由各种不同的人类学类型和千差万别的历史形态所组成,这些类型和形态存在于所有民族中以及直至当下的所有世纪中。作为人类历史中的一种普遍现象,它可以成为心理学研究的对象,因为它依赖于心灵过程,就心灵病理学而言,它依赖于人对奇迹的癖好,对秘密和神秘之物的癖好。

尽管神话-灵异的世界图像与哲学的世界图像是针锋相对的,它们都被雅斯贝尔斯纳入形而上学的世界图像之中。这意味着,它们都包含形而上学的要素,这些要素展示了它们的共同性。事实上,"灵异"的世界图像仅仅是半-形而上学的。毋宁说它既在经验中,也在形而上学中宣示自身;既在躯体中,也在非躯体中宣示自身;既在感性事物中,也在非感性事物中宣示自身。雅斯贝尔斯在这里所依据的首先是歌德在其《诗与真》的著作中以及在其与埃克曼的谈话中对"灵异"的描写与刻画。② 他的这个对"灵异"的理解的关键之处在于,"灵异"不再像在克尔凯郭尔那里一样被理解为某种主观的东西、某种与人的行为相关的东西,理解为"对善的恐惧"③,而是被理解为某种客观的东西、某种"非凡的力量",以至于歌德就历史上的重要人物如腓特烈大帝、彼得大帝、拿破仑、卡尔·奥古斯特、米拉波等说:"一个人越是高大,他就越是处在灵异的影响下。"而后就他自己说:"它'灵异'不在我的本性中,但我臣服于它。"④ 雅斯

---

① 参见 K. Jaspers, *Psychologie der Weltanschauungen*, Berlin: Julius Springer, 1922, S. 191。

② 参见 K. Jaspers, *Psychologie der Weltanschauungen*, Berlin: Julius Springer, 1922, S. 194ff。

③ S. Kierkegaard, *Der Begriff Angst*, deutsche Übersetzung von E. Hirsch, Aachen: Meiner, 1983, S. 122. 对此参见雅斯贝尔斯就克尔凯郭尔的灵异概念所做的陈述:"克尔凯郭尔令人感动地指明了在我们之中的灵异,即人们绝望地将自己囚禁在默默无言的状态之中。"(K. Jaspers, *Einführung in die Philosophie*, Berlin/Darmstadt/Wien, 1962, S. 118) 雅斯贝尔斯自己对灵异的描述无论在早期还是在后期都留有克尔凯郭尔的烙印。例如,在《世界观的心理学》中:"在完全的抗拒意识中想成为自己的人就会是'灵异的'。"(K. Jaspers, *Psychologie der Weltanschauungen*, Berlin: Julius Springer, 1922, S. 428) 而后,在《哲学信仰》中:"灵异作为对本己偶然存在的抗拒意志是一个绝望地成为自己的意愿。"(K. Jaspers, *Der philosophische Glaube*, München: Piper, 1981, die fünfte Vorlesung, S. 96) 正是在此意义上,戴施(Ch. Dätsch)对雅斯贝尔斯的"灵异的"概念做了如下定义:"对其生存论状况的误认将人导向自身封闭和片面性,导向一种雅斯贝尔斯称作'灵异的'心灵状态。"(C. Dätsch, *Existenzproblematik und Erzählstrategie. Studien zum parabolischen Erzählen in der Kurzprosa von Ernst Weiβ*, Tübingen: Max Niemeyer Verlag, 2009, S. 22)

④ 参见 K. Jaspers, *Psychologie der Weltanschauungen*, Berlin: Julius Springer, 1922, S. 194ff。

第四编 伦理现象研究

贝尔斯之所以将灵异视作世界图像，视作被观点所构造的东西、在人的心灵生活中的客观的东西，而不视作观点，不视作主观的东西，不视作构造活动，原因或许就在于此。

在《世界观的心理学》中，歌德（第193—198页）和克尔凯郭尔（第428—432页）的两个评论展示了他们对灵异的不同理解，它们之间的对立在这里只是分别地和隐含地得到表达，而在雅斯贝尔斯后期的《哲学信仰》中，这个对立被完全有意识地和明确地展示出来："歌德将灵异描画为一种客观起作用的力量；他通过对其悖谬现象的命名来围绕它打转。克尔凯郭尔仅仅看到人之中的灵异。灵异就是那个想要绝对地主张他自己的人。克尔凯郭尔通过对自身存在的意义以及在它之中的可能颠倒的指明来揭示灵异。"① 雅斯贝尔斯的这个确定属于他在上述后期著作中的概念史研究。

第四节 "灵异"作为哲学的和非哲学的论题

撇开其他方面不论，《哲学信仰》（1948）是一部被雅斯贝尔斯试图用来再次彻底研究并从本质上把握灵异的著作。在此基础上，他还为自己提出这样的任务：对现代灵异学进行全面的批判并在这个方面完成哲学的使命，"不只是进行抵御，而且同时为在被抵御状态中的真理辩护"②。

"灵异"的论题是在第五讲"哲学与非哲学"中得到探讨的。雅斯贝尔斯在这里将灵异学（Dämonologie）作为三种相互关联的哲学非信仰（philosophischer Unglaube）或非哲学信仰（unphilosophischer Glaube）中的一种来处理。③ 他对灵异学的阐述主要在两个方向上进行：一方面，他提出历史上四种有意义地谈论"灵异"的方式；另一方面，他对作为非信仰的世界观的现代灵异学做出六个批判。

---

① K. Jaspers, *Der philosophische Glaube*, München: Piper, 1981, die fünfte Vorlesung, S. 95.
② K. Jaspers, *Der philosophische Glaube*, München: Piper, 1981, die fünfte Vorlesung, S. 107.
③ 另外两种是"人的神化"和"虚无主义"。参见 K. Jaspers, *Der philosophische Glaube*, München: Piper, 1981, die fünfte Vorlesung, S. 91。

在此后期的灵异学研究中，雅斯贝尔斯可以说是将心理学－现象学的存在分析与生存论的－哲学的诉求结合为一。换言之，这里不仅对心灵状态、人的生存关系做出分析，也提出了从生存哲学上克服这一状态的要求。

在历史上谈论灵异的四种有意义的方式的第一种方式中，雅斯贝尔斯便确定，与古代的人相比，今天的人已经远离了生存的现实。"灵异学观点的原初所在是与在生存上被经验的现实的历史形态的神话相似的。"①"生存的"在这里与"本质的""合乎认识的"等相对立。对于雅斯贝尔斯所倡导的生存哲学来说，人的此在并不建立在认识上，而是建立在对他自己的可能性的把握上。用雅斯贝尔斯自己的话来说，生存是"标志词"，"它强调，一度曾被忘却的哲学任务在于，看到起源处的现实，并且通过与我自己思考地交往的方式——在内心行动中——去把握它"②。雅斯贝尔斯在这里试图用他的生存哲学来重新唤醒"远古哲学的一种形态"。在与灵异学研究的关系中，这一方面意味着一种对现代灵异学的多重批判："缺失了超越性"，"丧失了人"，"没有获得与那个唯一（das Eine）的关联"，"灵异学坠落到自然之中"，"现代灵异学完全是一种审美的态度"，而且"灵异学构想了一种既非经验的实在，也非超越的现实的中间存在"。③而另一方面则意味着对一种对策的呼吁，对在宗教或哲学信仰方面的生存哲学之投入的呼吁。生存被解释为——在海德格尔那里也是如此④——一种超越，它同时可以意味着对现代灵异学的扬弃："向着唯一

---

① K. Jaspers, *Der philosophische Glaube*, München: Piper, 1981, die fünfte Vorlesung, S. 93.

② K. Jaspers, *Existenzphilosophie*, Berlin: Walter de Gruyter, 1956, S. 1. 对此参见希尔施贝格尔对生存哲学的刻画："对于人之中的历史性的和一次性的东西而言，对于与静态－范式本质性相对的生成与过程而言"的"一种新的存在理解"。也可以参见他的指明："海德格尔、也包括雅斯贝尔斯和萨特都一致地反抗传统西方的本质形而上学，并且既反对在柏拉图－亚里士多德哲学的古代传统中的客体化铸形，也反对自康德以来的现代观念论的主体主义变种。"(J. Hirschberger, *Geschichte der Philosophie*, Bd. 2, Freiburg i. Br.: Herder Verlag, S. 631－632)

③ K. Jaspers, *Der philosophische Glaube*, München: Piper, 1981, die fünfte Vorlesung, S. 100.

④ 在海德格尔那里，"生存"（Existenz）作为一种朝向存在的超越或人的绽出（ek-statisches Hinausstehen）已经在《存在与时间》中通过这样的陈述而得到强调："生存意味着能够存在，但也是本真的。"(M. Heidegger, *Sein und Zeit*, Tübingen: Niemeyer Verlag, 1979, S. 38) 后来（自1942年起），海德格尔的这个基本存在论的要旨便通过"Ek-sistenz"的特殊写法而得到更为清楚的表露。

者的超越性的跃起始终处在对灵异学的克服之中。"① 雅斯贝尔斯为此列举了两个历史上的案例："苏格拉底摆脱了灵异（Dämonen），以便跟随他的灵明（Daimonion）及其神性的要求。先知克服了对主神（Baal）的臣服，以便为上帝（Gott）服务。"② 因此，是灵异还是灵明，是主神还是上帝，是灵异学还是神学，现在这是生存论的基本抉择，它不同于理性的、认识的决断。雅斯贝尔斯在其更后期的著作《面对启示的哲学信仰》（1962）中一再地指出："这一个超越与各种引向它和拽离它的灵异力量并不是理性决断的问题，而是生存决断的问题，而且不是普遍有效地被陈述的决断问题，而是每次都是具体决断的问题。"③

我们看到，雅斯贝尔斯对灵异的研究，即使不算上他的后期著作《面对启示的哲学信仰》，也延续了二十多年：从《世界观的心理学》（1919）到《哲学信仰》（1948）。在这些研究的进程中可以或多或少清晰地观察到一个从现象学的或心理病理学的此在分析或生存阐释到生存哲学的把握和要求的过渡。

第五节 结尾的问题：走入内在，还是跃向超越

如果在雅斯贝尔斯的早期灵异学研究中还有一种在现象学－心理学的方法与生存论存在阐明之间的内在联系，那么这个联系在雅斯贝尔斯后期已丧失殆尽。尽管雅斯贝尔斯从一开始便对意识内在的现象学描述抱有疑虑，在反思中进行的对各种世界观的心理学分析在观点和图像两个方面都完全可以与胡塞尔的现象学思想相比照，无论是与胡塞尔早期的心理学－现象学的构想，还是与他后期关于生活世界的现象学研究。而雅斯贝尔斯与胡塞尔（当然还有海德格尔）彼此之间当时的相互影响范围有多广，强度有多大，这还是一个尚未得到回答的问题。无论如何，在方法层面，早

---

① K. Jaspers, *Der philosophische Glaube*, München: Piper, 1981, die fünfte Vorlesung, S. 99.
② K. Jaspers, *Der philosophische Glaube*, München: Piper, 1981, die fünfte Vorlesung, S. 99.
③ K. Jaspers, *Der philosophische Glaube angesichts der Offenbarung*, München: Piper, 1962, S. 159.

期雅斯贝尔斯那里还在某种程度上保留了对意识结构的现象学描述，但内容上已经被心理病理学的生存分析取代。而在雅斯贝尔斯的后期研究中则已鲜有现象学的痕迹，因为在方法上，雅斯贝尔斯此时已经与心理学和现象学的操作方式渐行渐远，并且通过对生存哲学的和神学的超越性的构想的阐明而得以自行独立。在现象学与生存哲学之间、在纯粹现象学的意识分析与生存哲学的此在分析（生存阐释）之间存在的更多是一个本质区别，或一个在纯粹内在还是向唯一者的超越之间的非此即彼，它对于雅斯贝尔斯来说是至关重要的："这是哲学信仰的第一抉择：一种世界自身的完善是否被思作可能的，或者，思维是否会导向超越。"①

雅斯贝尔斯在《生存哲学》中曾对胡塞尔的作为纯粹意识的内在哲学的现象学做过隐含的批评，他写道："对纯粹内在的要求建基于这样一个主张之上：所有超越的东西都是欺罔，都是无所事事者的臆想，都是在现实的严酷前面逃入的幻象。"但雅斯贝尔斯继续说："尽管具有所有那些瞬间的力量，尽管具有所有那些关于含糊平庸事物的知识的瞬间光亮，单纯的内在仍然不具有忠诚的绝对性，不具有在爱的搏斗中的成长之连续性，不具有本真现实的当下。"一言以蔽之："那些始终是无超越的东西，它们所起的作用就像是失败了的；它们只是在流动，并且要么没有意识到自己，要么将自己意识为一个虚无。"他最后说："在我让意识中的存在升起的瞬间，超越便从我面前消失，而我对我自己重又变得模糊不清。"②

在雅斯贝尔斯看来，人在当下处境中的真正出路不是走入内在，而是跃向超越。"因而我们的存在意识的跃起是在这一瞬间发生的，即我们借助于我们的本质而原初地经验到：超越对我们而言是在与所有此在的决裂中的现实。"③ 这同时意味着，人类的出路不是通向人类理性或通向科学真理的道路，而是通向哲学信仰、通向本真现实的道路。

---

① K. Jaspers, *Existenzphilosophie*, Berlin: Walter de Gruyter, 1956, S. 69.
② K. Jaspers, *Existenzphilosophie*, Berlin: Walter de Gruyter, 1956, S. 69f.
③ K. Jaspers, *Existenzphilosophie*, Berlin: Walter de Gruyter, 1956, S. 69f.

参考文献

一、中文文献

[1] 奥克肖特.巴比塔：论人类道德生活的形式［J］.张铭,译.世界哲学,2003（4）.

[2] 北京大学哲学系,外国哲学史教研室.古希腊罗马哲学［M］.北京：商务印书馆,1961.

[3] 别尔嘉耶夫.论人的使命：悖论伦理学体验［M］.张百春,译.上海：学林出版社,2000.

[4] 柏格森.道德与宗教的两个来源［M］.王作虹,成穷,译.贵阳：贵州人民出版社,2000.

[5] 布洛菲尔德.西藏佛教密宗［M］.耿昇,译.北京：中国藏学出版社,2005.

[6] 布罗涅.廉耻观的历史［M］.李玉民,译.北京：中信出版社,2005.

[7] 陈嘉映,等译.西方大观念［M］.北京：华夏出版社,2008.

[8] 陈荣灼.唯识宗与现象学中之"自我问题"［J］.鹅湖学志,1995（15）.

[9] 德里达.解构与全球化［J］.许钧,高方,译.南京大学学报（哲学·人文科学·社会科学版）,2002（1）.

[10] 狄金森.希腊的生活观［M］.彭基相,译.上海：华东师范大学出版社,2006.

[11] 丁文江,赵丰田.梁启超年谱长编［M］.上海：上海人民出版社,2009.

[11] 弗林斯.舍勒思想评述［M］.王芃,译.北京：华夏出版社,2003.

[12] 耿宁.从现象学的角度看唯识三世（现在、过去、未来）［M］//中国现象学与哲学评论:第1辑.上海：上海译文出版社,1995.

[13] 耿宁.人生第一等事：王阳明及其后学论"致良知"[M].倪梁康,译.北京：商务印书馆，2014.

[14] 耿宁.欧洲哲学中的良心观念[J].孙和平,译.浙江大学学报（人文社会科学版），1997（4）.

[15] 哈特曼.道德意识现象学：情感道德篇[M].倪梁康,译.北京：商务印书馆，2012.

[16] 何光沪."全球伦理"：宗教良知的国际表现[M]//王作安,卓新平.宗教：关切世界和平.北京：宗教文化出版社，2000.

[17] 何怀宏.良心论：传统良知的社会转化[M].上海：上海三联书店，1998.

[18] 黑尔德.胡塞尔与希腊人[J].倪梁康,译.世界哲学，2002（3）.

[19] 黑格尔.哲学史讲演录：第2卷[M].贺麟,王太庆,译.北京：商务印书馆，1981.

[20] 黑格尔.精神现象学：上卷[M].贺麟,王玖兴,译.北京：商务印书馆，1979.

[21] 黑格尔.精神现象学：下卷[M].贺麟,王玖兴,译.北京：商务印书馆，1979.

[22] 黑格尔.法哲学原理[M].范扬,张企泰,译.北京：商务印书馆，1982.

[23] 黄克剑.问道：第1辑[M].福州：福建教育出版社，2007.

[24] 胡兰成.山河岁月[M].南宁：广西人民出版社，2006.

[25] 胡塞尔.胡塞尔选集[M].倪梁康,选编.上海：上海三联书店，1997.

[26] 胡塞尔.逻辑研究：第1卷[M].倪梁康,译.北京：商务印书馆，2017.

[27] 胡塞尔.逻辑研究：第2卷第1部分[M].倪梁康,译.北京：商务印书馆，2017.

[28] 胡塞尔.逻辑研究：第2卷第2部分[M].倪梁康,译.北京：商务印书馆，2017.

[29] 胡塞尔.欧洲科学的危机与超越论的现象学[M].王炳文,译.北京：商务印书馆，2001.

[30] 胡塞尔.文章与讲演（1911—1921年）[M].倪梁康,译.北京：人民出版社，2009.

[31] 胡塞尔.现象学的观念[M].倪梁康,译.北京:商务印书馆,2016.

[32] 胡塞尔.哲学作为严格的科学[M].倪梁康,译.北京:商务印书馆,1999.

[33] 海德格.谢林论人类自由的本质[M].薛华,译.沈阳:辽宁教育出版社,1999.

[34] 海德格尔.面向思的事情[M].陈小文,孙周兴,译.北京:商务印书馆,1996.

[35] 海德格尔.存在与时间[M].陈嘉映,王庆节,译.北京:生活·读书·新知三联书店,1987.

[36] 海德格尔.林中路[M].孙周兴,译.上海:上海译文出版社,1997.

[37] 海德格尔.在通向语言的途中[M].孙周兴,译.商务印书馆,1997.

[38] 海德格尔.现象学之基本问题[M].丁耘,译.上海:上海译文出版社,2008.

[39] 伽达默尔.现象学运动[M]//哲学解释学.夏镇平,宋建平,译.上海:上海译文出版社,2004.

[40] 解深密经[M].台北:中华电子佛典协会,2008.

[41] 荆门市博物馆.郭店楚墓竹简[M].北京:文物出版社,1998.

[42] 康德.道德形而上学原理[M].苗力田,译.上海:上海人民出版社,2002.

[43] 康德.实践理性批判[M].韩水法,译.北京:商务印书馆,1999.

[44] 康德.未来形而上学导论[M].庞景仁,译.北京:商务印书馆,1982.

[45] 孔汉思,库舍尔.全球伦理:世界宗教议会宣言[M].何光沪,译.成都:四川人民出版社,1997.

[46] 库朗热.古代城邦:古希腊罗马祭祀、权利和政制研究[M].谭立铸,等译.上海:华东师范大学出版社,2005.

[47] 拉甫.德意志史:从古老帝国到第二共和国[M].波恩:Inter Nationes,1987.

[48] 莱布尼茨.人类理智新论[M].陈修斋,译.北京:商务印书馆,1982.

[49] 赖特.道德的动物:我们为什么如此[M].陈蓉霞,曾凡林,译.上海:上海科学技术出版社,2002.

[50] 李泽厚.中国古代思想史论[M].北京:人民出版社,1985.

[51] 梁波.爱因斯坦的日本之行：读金子务的《爱因斯坦冲击》[J].自然科学史研究，2005（3）.

[52] 刘小枫.诗化哲学：德国浪漫美学传统[M].济南：山东文艺出版社，1986.

[53] 罗尔斯.正义论[M].何怀宏，等译.北京：中国社会科学出版社，1997.

[54] 罗素.伦理学和政治学中的人类社会[M].肖巍，译.石家庄：河北教育出版社，2003.

[55] 洛马尔.镜像神经元与主体间性现象学[J].陈巍，译.世界哲学，2007（6）.

[56] 尼布尔.道德的人与不道德的社会[M].蒋庆，王守昌，阮炜，等译.贵阳：贵州人民出版社，1998.

[57] 倪梁康.代序：何谓现象学精神？[M]//中国现象学与哲学评论：第1辑.上海：上海译文出版社，1995.

[58] 倪梁康.现象学及其效应：胡塞尔与当代德国哲学[M].北京：生活·读书·新知三联书店，1998.

[59] 倪梁康.胡塞尔哲学中的"原意识"与"后反思"[J].哲学研究，1998（1）.

[60] 倪梁康.胡塞尔现象学概念通释[M].北京：生活·读书·新知三联书店，1999.

[61] 倪梁康.良知：在"自知"与"共知"之间：欧洲哲学中"良知"概念的结构内涵和历史发展[M]//刘东.中国学术：第1辑.北京：商务印书馆，2000.

[62] 倪梁康."全球伦理"的基础：儒家文化传统问题与"金规则"[J].江苏社会科学，2002（1）.

[63] 倪梁康.聆听"神灵"，还是聆听"上帝"：以苏格拉底与亚伯拉罕案例为文本的经典解释[J].浙江学刊，2003（3）.

[64] 倪梁康."伦常明察"：舍勒现象学伦理学的方法支持[J].哲学研究，2005（1）.

[65] 倪梁康.纵横意向：关于胡塞尔一生从自然、逻辑之维到精神、历史之维的思想道路的再反思[J].现代哲学，2013（4）.

[66] 倪梁康.现象学的历史与发生向度：胡塞尔与狄尔泰的思想因缘

[J]．中山大学学报（社会科学版），2013（5）．

[67] 倪梁康．胡塞尔的伦理学讲座与实践哲学和精神科学的观念［J］．江海学刊，2014（1）．

[68] 倪梁康．现象学与分析哲学的起源：关于胡塞尔与弗雷格的思想关系的回顾与再审［M］//刘东．中国学术：第34辑．北京：商务印书馆，2015．

[69] 倪梁康．胡塞尔的未竟中国行：以及他与奥伊肯父子及杜里舒的关系［J］．现代哲学，2015（1）．

[70] 倪梁康．胡塞尔与舍勒：精神人格的结构分析与发生分析及其奠基关系问题［J］．现代哲学，2017（1）．

[71] 倪梁康．罗曼·英加尔登的"现象学实在论"问题辨正［J］．中国高校社会科学，2017（2）．

[72] 诺齐克．苏格拉底的困惑［M］．郭建玲，程郁华，译．北京：新星出版社，2006．

[73] 蒙田．蒙田随笔全集［M］．潘丽珍，等译．南京：译林出版社，1996．

[74] 帕托契卡．回忆埃德蒙德·胡塞尔［M］//倪梁康．回忆埃德蒙德·胡塞尔．北京：商务印书馆，2018．

[75] 平克．语言本能：探索人类语言进化的奥秘［M］．洪兰，译．汕头：汕头大学出版社，2004．

[76] 色诺芬．回忆苏格拉底［M］．吴永泉，译．北京：商务印书馆，1984．

[77] 舍尔巴茨基．佛教逻辑［M］．宋立道，舒晓炜，译．北京：商务印书馆，1997．

[78] 舍勒．伦理学中的形式主义与质料的价值伦理学：为一门伦理学人格主义奠基的新尝试［M］．倪梁康，译．生活·读书·新知三联书店，2004．

[79] 舍勒．伦理学中的形式主义与质料的价值伦理学：为一种伦理学人格主义奠基的新尝试［M］．倪梁康，译．北京：商务印书馆，2019．

[80] 舍勒．舍勒选集［M］．刘小枫，选编．上海：上海三联书店，1999．

[81] 士来马赫．宗教与敬虔［M］．谢扶雅，译．上海：中国基督教三自爱国运动委员会，中国基督教协会，2006．

[82] 叔本华．伦理学的两个基本问题［M］．任立，孟庆时，译．北京：商务印书馆，1999．

[83] 施皮格伯格. 现象学运动 [M]. 王炳文，张金言，译. 北京：商务印书馆，1995.
[84] 施皮格伯格. 现象学运动 [M]. 王炳文，张金言，译. 北京：商务印书馆，2011.
[85] 斯东. 苏格拉底的审判 [M]. 董乐山，译. 北京：生活·读书·新知三联书店，1998.
[86] 斯密. 道德情操论 [M]. 蒋自强，等译. 北京：商务印书馆，1997.
[87] 索默尔. 陌生经验与时间意识：交互主体性的现象学 [M] // 吴友根，邓晓芒，郭齐勇. 场与有：中外哲学的比较与融通：四. 倪梁康，译. 武汉：武汉大学出版社，1997.
[88] 梯利. 伦理学导论 [M]. 何意，译. 桂林：广西师范大学出版社，2002.
[89] 王畿. 王畿集 [M]. 南京：凤凰出版社，2007.
[90] 王守仁. 王阳明全集 [M]. 上海：上海古籍出版社，1992.
[91] 王先谦. 荀子集解 [M]. 北京：中华书局，1988.
[92] 王作安，卓新平. 宗教：关切世界和平 [M]. 北京：宗教文化出版社，2000.
[93] 熊十力. 佛家名相通释 [M]. 北京：中国大百科全书出版社，1985.
[94] 休谟. 人性论 [M]. 关文运，译. 北京：商务印书馆，1980.
[95] 休谟. 道德原则研究 [M]. 曾晓平，译. 北京：商务印书馆，2001.
[96] 亚里士多德. 尼各马可伦理学 [M]. 廖申白，译注. 北京：商务印书馆，2003.
[97] 杨伯峻. 孟子译注 [M]. 北京：中华书局，1960.
[98] 杨伯峻. 论语译注 [M]. 北京：中华书局，2009.
[99] 姚小平. 笛卡尔，乔姆斯基，福柯：《普遍唯理语法》校后 [M] // 阿尔诺，朗斯洛. 普遍唯理语法. 张学斌，译. 长沙：湖南教育出版社，2001.
[100] 伊利亚德. 宗教思想史 [M]. 晏可佳，吴晓群，姚蓓琴，译. 上海：上海社会科学院出版社，2004.
[101] 于连. 道德奠基：孟子与启蒙哲人的对话 [M]. 宋刚，译. 北京：北京大学出版社，2002.
[102] 詹姆士. 宗教经验之种种 [M]. 唐钺，译. 北京：商务印书馆，2005.

二、外文文献

[1] ANTES P, u. a. Ethik in nichtchristlichen Kulturen [M]. Stuttgart: W. Kohlhammer Verlag, 1984.

[2] ARISTOTELES. Philosophische Schriften, Bd. 3: Nikomachische Ethik. [M]. Hamburg: Felix Meiner Verlag, 1995.

[3] ASEMISSEN H U. Strukturanalytische Probleme der Wahrnehmung in der Phänomenologie Husserls, Kantstudien, Ergänzungshefte Nr. 73 [M]. Köln: Kölner Universitäts-Verlag, 1957.

[4] BECKER O. Von der Hinfälligkeit des Schönen und der Abenteuerlichkeit des Künstlers [M] //HEIDEGGER M. Festschrift E. Husserl zum 70. Geburtstag gewidmet. Ergänzungsband zum Jahrbuch für Philosophie und phänomenologische Forschung. Halle a. S.: Max Niemeyer Verlag, 1929.

[5] BIEMEL W, SANER H. Martin Heidegger/Karl Jaspers: Briefwechsel (1920–1963) [M]. München: Piper Verlag, 1990.

[6] BINDER J. Philosophie der Rechts [M]. Berlin: G. Stilke, 1925.

[7] BLOSSER P. Max Scheler: a sketch of his moral philosophy [M] // DRUMMOND J J, EMBREE L. Phenomenological approaches to moral philosophy: a handbook. Dordrecht: Springer, 2002.

[8] BRECHT A. Politische Theorie. die Grundlagen politischen Denkens im 20. Jahrhundert [M]. Tübingen: Mohr Siebeck, 1961.

[9] BRENTANO F. Grundlegung und Aufbau der Ethik [M]. Hamburg: Felix Meiner Verlag, 1978.

[10] BRENTANO F. Vom Ursprung sittlicher erkenntnis [M]. Hamburg: Felix Meiner Verlag, 1955.

[11] BUCKLEY R P. Martin Heidegger: the "end" of ethics [M] // DRUMMOND J J, EMBREE L. Phenomenological approaches to moral philosophy: a handbook. Dordrecht: Springer, 2002.

[12] CHOMSKY N. Language and responsibility [M]. New York: Pantheon Books, 1979.

[13] CLAUß L F. Das Verstehen des sprachlichen Kunstwerks: Martin Heidegger, vom Wesen des Grundes [M] //HEIDEGGER M. Festschrift E.

Husserl zum 70. Geburtstag gewidmet. Ergänzungsband zum Jahrbuch für Philosophie und phänomenologische Forschung. Halle a. S. : Max Niemeyer Verlag, 1929.

[14] CROWELL S G. Kantianism and phenomenology [M] //DRUMMOND J J, EMBREE L. Phenomenological approaches to moral philosophy: a handbook. Dordrecht: Springer, 2002.

[15] DÄTSCH C. Existenzproblematik und Erzählstrategie. Studien zum parabolischen Erzählen in der Kurzprosa von Ernst Weiß [M]. Tübingen: Max Niemeyer Verlag, 2009.

[16] DESCARTES R. Oeuvres [M]. Paris: Charles Adam & Paul Tannery, 1897-1913.

[17] DIELS H, KRANZ W. Die Fragmente der Vorsokratiker [M]. Zürich: Weidmannsche Verlagsbuchhandlung, 1960.

[18] DIETRICH D J. Review of "Dietrich von Hildebrand. Memoiren und Aufsätze gegen den Nationalsozialismus. 1933-1938" [J]. The Catholic historical review, 1996, 82 (4).

[19] DILTHEY W. Der Aufbau der geschichtlichen Welt in den Geisteswissenschaften [M]. Stuttgart/Göttingen: Vandenhoeck & Ruprecht, 1992.

[20] DRUMMOND J J, EMBREE L. Phenomenological approaches to moral philosophy: a handbook [M]. Dordrecht: Springer, 2002.

[21] ECKERMANN J P. Gespräche mit Goethe in den letzten Jahren seines Lebens [M]. Frankfurt a. M. : Insel-Verlag, 1981.

[22] FREGE G. Kleine Schriften [M]. Darmstadt: Wissenschaftliche Buchgesellschaft, 1967.

[23] FREYERH. Antäus. Grundlegung einer Ethik des bewußten Lebens [M]. Jena: E. Diederichs, 1918.

[24] FREYERH. Soziologie als Wirklichkeitswissenschaft. Logische Grundlegung des Systems der Soziologie. [M]. Leipzig: B. G. Teubner, 1930.

[25] GERDA W. Zur Ontologie der sozialen Gemeinschaften [M]. Jahrbuch für Philosophie und phänomenologische Forschung 6. Halle a. S. : Verlag von Max Niemeyer, 1923.

[26] GOETHE J W V. Dichtung und Wahrheit, Berliner Ausgabe, Bd. 13

[M]. Berlin und Weimar: Aufbau-Verlag, 1984.

[27] HARMAN G. The nature of morality-an introduction to ethics [M]. New York: Oxford University Press, 1977.

[28] HARTMANN E V. Die Gefühlsmoral [M]. Hamburg: Felix Meiner Verlag, 2006.

[29] HARTMANN E V. Ethische Studien [M]. Leipzig: Hermann Haacke, 1898.

[30] HARTMANN E V. Phänomenologie des sittlichen Bewusstseins. Prolegomena zu jeder künftigen Ethik [M]. Berlin: Carl Duncker's Verlag, 1879.

[31] HARTMANN N. Das Problem des geistigen Seins: Untersuchungen zur Grundlegung der Geschichtsphilosophie und der Geisteswissenschaften [M]. Berlin: Walter de Gruyter, 1933.

[32] HARTMANN N. Die Erkenntnis im Lichte der Ontologie [M]. Hamburg: Felix Meiner Verlag, 1982.

[33] HARTMANN N. Ethik [M]. Berlin: Walter de Gruyter, 1962.

[34] HARTMANN N. Grundzüge einer Metaphysik der Erkenntnis [M]. Berlin: Vereinigung wissenschaftlicher Verleger, 1921.

[35] HARTMANN N. Ontologie, 4 Bände [M]. Berlin: Walter de Gruyter, 1935–1950.

[36] HARTMANN N. Platos Logik des Seins [M]. Gießen: Töpelmann, 1909.

[37] HEGEL G W F. Vorlesungen über die Geschichte der Philosophie I, Werke in 20 Bänden, Bd. 18 [M]. Frankfurt a. M.: Suhrkamp Verlag, 1986.

[38] HEIDEGGER M. Andenken an Max Scheler [M] //GOOD P. Max Scheler im Gegenwartsgeschehen der Philosophie. Bern/München: Francke-Verlag, 1975.

[39] HEIDEGGER M. Der Satz vom Grund [M]. Pfullingen: Verlag Günther Neske, 1986.

[40] HEIDEGGER M. Die Grundprobleme der Phänomenologie (Sommersemester 1927) [M]. Frankfurt a. M.: Verlag Vittorio Klostermann, 1975.

[41] HEIDEGGER M. Einführung in die Metaphysik (Sommersemester 1935)

[M]. Frankfurt a. M.: Verlag Vittorio Klostermann, 1983.

[42] HEIDEGGER M. JASPERS K. Briefwechsel (1920 – 1963) [M]. München: Piper Verlag, 1990.

[43] HEIDEGGER M. Nietzsche, Bd. II [M]. Pfullingen: Verlag Günther Neske, 1961.

[44] HEIDEGGER M. Sein und Zeit [M]. Tübingen: Niemeyer Verlag, 1979.

[45] HEIDEGGER M. Vier Seminare [M]. Frankfurt a. M.: Verlag Vittorio Klostermann, 1977.

[46] HEIDEGGER M. Was ist das—die Philosophie? [M]. Pfullingen: Verlag Günther Neske, 1988.

[47] HELD K. Husserl und die Griechen [M] //ORTH E W. Profile der Phänomenologie: zum 50. Todestag von Edmund Husserl (Phänomenologische Forschungen, 22). Freiburg i. Br.: Alber Verlag, 1989.

[48] HELD K. Husserls These von der Europäisierung der Menschheit [M] //JAMME C. PÖGGELER O. Phänomenologie im Widerstreit. Frankfurt a. M.: Suhrkamp Verlag, 1989.

[49] HELD K. Intercultural Understanding and the Role of Europe [J]. The Monist, 1995, 78 (1).

[50] HENCKMANN W. Max Scheler [M]. München: C. H. Beck Verlag, 1998.

[51] HENNING P. Einleitung des Herausgebers [M] //HUSSERL E. Gesammelte Werke, Bd. XXXVII: Einleitung in die Ethik. Vorlesungen Sommersemester 1920 und 1924. Dordrecht: Kluwer Academic Publishers, 2004.

[52] HENNING P. From logic to the person: an introduction to Edmund Husserl's Ethics [J] The review of metaphysics, 2008, 62 (2).

[53] HILDEBRAND A V. Dietrich von Hildebrand and Edith Stein: Husserl's students [M]. Fort Collins: Roman Catholic Books, 2013.

[54] HILDEBRAND D V. Die Träger des Sittlichen innerhalb der Handlung [D]. Göttingen: University of Göttingen, 1913.

[55] HILDEBRAND D V. Max Schelers Stellung zur katholischen Gedankenwelt (1928) [M] //HILDEBRAND D V. Die Menschheit am Scheideweg, Gesammelte Abhandlungen und Aufsätze. Regensburg: Josef Hab-

bel Verlag, 1954.

[56] HILDEBRAND D V. Gesammelte Werke, Bd. 9: Moralia [M]. Regensburg: Habbel, 1980.

[57] HILDEBRAND D V. Sittlichkeit und ethische Werterkenntnis. Eine Untersuchung über ethische Strukturprobleme [M] //Jahrbuch für Philosophie und phänomenologische Forschung, Bd. 5. Regensburg: Habbel, 1922.

[58] HILDEBRAND D V. Situationsethik und kleinere Schriften, Gesammelte Werke, Bd. 8 [M]. Regensburg: Habbel, 1974.

[59] HIRSCHBERGER J. Geschichte der Philosophie, Bd. 2 [M]. Freiburg i. Br.: Herder Verlag, 1976.

[60] HUSSERL E. Husserl-Chronik. Denk-und Lebensweg Edmund Husserls [M]. Den Haag: Martinus Nijhoff, 1977.

[61] HUSSERL E. Briefwechsel, 10 Bände [M]. Dordrecht: Kluwer Academic Publishers, 1994.

[62] HUSSERL E. Gesammelte Werke, Bd. Ⅰ: Cartesianische Meditationen [M]. Den Haag: Martinus Nijhoff, 1963.

[63] HUSSERL E. Gesammelte Werke, Bd. Ⅸ: Phänomenologische Psychologie [M]. Den Haag: Martinus Nijhoff, 1962.

[64] HUSSERL E. Gesammelte Werke, Bd. Ⅱ: Die Idee der Phänomenologie. Fünf Vorlesungen [M]. Den Haag: Martinus Nijhoff, 1973.

[65] HUSSERL E. Gesammelte Werke, Bd. Ⅲ/1: Ideen zu einer reinen Phänomenlogie und phänomenlogischen Philosophie. Erstes Buch [M]. Den Haag: Martinus Nijhoff, 1950.

[66] HUSSERL E. Gesammelte Werke, Bd. Ⅷ: Erste Philosophie (1923/4) [M]. Den Haag: Martinus Nijhoff, 1959.

[67] HUSSERL E. Gesammelte Werke, Bd. ⅩⅣ: Zur Phänomenologie der Intersubjektivität. Texte aus dem Nachlass. Zweiter Teil. 1921 – 1928 [M]. Den Haag: Martinus Nijhoff, 1973.

[68] HUSSERL E. Gesammelte Werke, Bd. ⅩⅤ: Zur Phänomenologie der Intersubjektivität. Texte aus dem Nachlass. Dritter Teil. 1929 – 1935 [M]. Den Haag: Martinus Nijhoff, 1973.

[69] HUSSERL E. Gesammelte Werke, Bd. ⅩⅩ: Logische Untersuchungen.

Ergänzungsband, Zweiter Teil. Texte für die Neufassung der Ⅵ. Untersuchung. Zur Phänomenologie des Ausdrucks und der Erkenntnis (1893/94 – 1921) [M]. Dordrecht: Kluwer Academic Publishers, 2005.

[70] HUSSERL E. Gesammelte Werke, Bd. XXⅢ: Phantasie, Bildbewusstsein, Erinnerung [M]. Den Haag: Martinus Nijhoff, 1980.

[71] HUSSERL E. Gesammelte Werke, Bd. XXV: Aufsätze und Vorträge (1911 – 1921) [M]. Den Haag: Martinus Nijhoff, 1987.

[72] HUSSERL E. Gesammelte Werke, Bd. XXⅦ: Aufsätze und Vorträge (1922 – 1937) [M]. Den Haag: Martinus Nijhoff, 1989.

[73] HUSSERL E. Gesammelte Werke, Bd. XXⅧ: Vorlesungen über Ethik und Wertlehre (1908 – 1914) [M]. Den Haag: Martinus Nijhoff, 1988.

[74] HUSSERL E. Gesammelte Werke, Bd. XXXⅦ: Einleitung in die Ethik. Vorlesungen Sommersemester 1920 und 1924 [M]. Dordrecht: Springer, 2004.

[75] HUSSERL E. Gesammelte Werke, Bd. XXXⅧ: Wahrnehmung und Aufmerksamkeit: Texte aus dem Nachlass (1893 – 1912) [M]. Dordrecht: Springer, 2004.

[76] HUSSERL E. Gesammelte Werke, Bd. XLⅡ: Grenzprobleme der Phänomenologie. Analysen des Unbewusstseins und der Instinkte. Metaphysik. Späte Ethik. Texte aus dem Nachlass (1908 – 1937) [M]. Dordrecht: Springer, 2013.

[77] HUSSERL G. Rechtskraft und Rechtsgeltung. Eine Rechtsdogmatische Untersuchung. Erster Band: Genesis und Grenzen der Rechtsgeltung [M]. Berlin: Springer, 1925.

[78] INGARDEN R. Bemerkungen zum Problem, Idealismus-Realismus [M] //HUSSERL E. Jahrbuch für Philosophie und phänomenologische Forschungen, Bd. X. Tübingen: Max Niemeyer Verlag, 1929

[79] INGARDEN R. Meine Erinnerungen an Edmund Husserl [M] //Briefe an Roman Ingarden. Den Haag: Kluwer Academic Publishers, 1968.

[80] JASPERS K. Der philosophische Glaube angesichts der Offenbarung [M]. München: Piper, 1962.

[81] JASPERS K. Der philosophische Glaube [M]. München: Piper, 1981.

[82] JASPERS K. Die phänomenologischen Forschungen in der Psychopathologie [J]. Zeitschrift für die gesamte Neurologie und Psychiatrie, 1912, 2.

[83] JASPERS K. Existenzphilosophie [M]. Berlin: Walter de Gruyter, 1956.

[84] JASPERS K. Notizen zu Martin Heidegger [M]. München: Piper, 1978.

[85] JASPERS K. Psychologie der Weltanschauungen [M]. Berlin: Julius Springer, 1922.

[86] JASPERS K. Rechenschaft und Ausblick. Reden und Aufsätze [M]. München: Piper, 1951.

[87] JELLINEK G, Allgemeine Staatslehre [M]. 4. Aufl. Berlin: Häring, 1914.

[88] JÜNGEL E. Friedrich Nietzsche: Atheistische Leidenschaft für die Freiheit [EB/OL] https://www.welt.de/debatte/kommentare/article6069759/Friedrich-Nietzsche-Atheistische-Leidenschaft-fuer-die-Freiheit.html.

[89] KANT I. Die Metaphysik der Sitten, Teil II, Metaphysische Anfangsgründe der Tugendlehre [M]. Hamburg: Felix Meiner Verlag, 1990.

[90] KANT I. Die Religion innerhalb der Grenzen der bloßen Vernunft [M]. Hamburg: Felix Meiner Verlag, 1978.

[91] KANT I. Grundlegung zur Metaphysik der Sitten [M]. Hamburg: Felix Meiner Verlag, 1957.

[92] KANTI. Kant im Kontext II, Komplettausgabe [M]. Berlin: Karsten Worm, InfoSoftWare, 2003.

[93] KANT I. Kritik der praktischen Vernunft [M]. Hamburg: Felix Meiner Verlag, 1985.

[94] KANT I. Kritik der reinen Vernunft [M]. Hamburg: Felix Meiner Verlag, 1998.

[95] KANT I. Vorlesungen über die Metaphysik [M]. Darmstadt: Wissenschaftliche Buchgesellschaft, 1975.

[96] KERN I. Das Wichtigste im Leben. Wang Yangming (1472 – 1529) und seine Nachfolger über die "Verwirklichung des ursprünglichen Wissens" [M]. Basel: Schwabe Verlag, 2010

[97] KIERKEGAARD S. Der Begriff Angst [M]. deutsche Übersetzung von E. Hirsch, Aachen: Meiner, 1983.

[98] KIERKEGAARD S. Über den Begriff der Ironie. mit ständiger Rücksicht auf Sokrates [M]. Düsseldorf: Eugen Diederichs Verlag, 1961.

[99] KIRCHNER F, MICHAELIS C. Wörterbuch der Philosophischen Grundbegriffe [M] //Digitale Bibliothek, Bd. 3: Geschichte der Philosophie. ausgewählt von Mathias Bertram, CD-ROM, Berlin: Directmedia, 1998.

[100] KLOECKER M, TWORUSCHKA U. Ethik der Weltreligionen [M]. Darmstadt: Wissenschaftliche Buchgesellschft, 2005.

[101] KRACAUER S. Soziologie als Wissenschaft. Eine erkenntnistheoretische Untersuchung [M]. Dresden: Sibyllen-Verlag, 1922.

[102] KRAUS O. Einleitung des Herausgebers [M] //BRENTANO F. Vom Ursprung sittlicher Erkenntnis. Hamburg: Felix Meiner Verlag, 1955.

[103] LEIBNIZ N. Neue Abhandlungen über den menschlichen Verstand, Dt. übersetzt von E. Cassierer [M]. Hamburg: Felix Meiner Verlag, 1996.

[104] LEVINAS E. Die Spur des Anderen. Untersuchungen zur Phänomenologie und Sozialphilosophie [M]. Freiburg/München: Alber Verlag, 1983.

[105] LIPPS H. Das Urteil [M] //HEIDEGGER M. Festschrift E. Husserl zum 70. Geburtstag gewidmet. ErgänzungsBd. zum Jahrbuch für Philosophie und phänomenologische Forschung. Halle a. S.: Max Niemeyer Verlag, 1929.

[106] LOHMAR D. Mirror neurons and the phenomenology of intersubjectivity [J]. Phenomenology and the cognitive sciences, 2006, 5 (1).

[107] MAUTHNER F. Wörterbuch der Philosophie [M]. Leipzig: Verlag Georg Müller, 1923.

[108] MELLE U. Einleitung des Herausgebers [M] //HUSSERL E. Gesammelte Werke, Bd. XXVIII: Vorlesungen über Ethik und Wertlehre (1908 – 1914). Den Haag: Kluwer Academic Publishers, 1988.

[109] MELLE U. From Reason to Love [M] //DRUMMOND J J, EMBREE L. Phenomenological approaches to moral philosophy: a handbook. Dordrecht: Springer, 2002.

[110] MELLE U. Husserl's personalist ethics [J]. Husserl studies, 2007, 23.

[111] MELLE U. Textkritische Anmerkungen [M] //HUSSERL E. Gesammelte Werke, Bd. XLII: Grenzprobleme der Phänomenologie. Analysen des Unbewusstseins und der Instinkte. Metaphysik. Späte Ethik. New York: Springer, 2014.

[112] NEISSER H. The phenomenological approach in social science [J]. Philosophy and phenomenological research, 1959, 20.

[113] NENON T, SEPP H R. Einleitung des Herausgebers [M] //HUSSERL E. Gesammelte Werke, Bd. XXVII: Aufsätze und Vorträge (1922 - 1937), Dortrecht: Kluwer Academic Publishers, 1989.

[114] NIETZSCHE F. Sämtliche Werke. Kritische Studienausgabe, Bd. 1: Die Geburt der Tragödie, Unzeitgemäße Betrachtungen I - IV, Nachgelassene Schriften 1870 - 1873 [M]. München/Berlin/New York: Walter De Gruyter, 1980.

[115] NIETZSCHE F. Sämtliche Werke. Kritische Studienausgabe, Bd. 2: Menschliches, Allzumenschliches [M]. München/Berlin/New York: Walter De Gruyter, 1980.

[116] NIETZSCHE F. Sämtliche Werke. Kritische Studienausgabe, Bd. 3: Morgenröte, Idyllen aus Messina, Die fröhliche Wissenschaft [M]. München/Berlin/New York: Walter De Gruyter, 1980.

[117] NIETZSCHE F. Sämtliche Werke. Kritische Studienausgabe, Bd. 5: Jenseits Gut und Böse/ Zur Genealogie der Moral [M]. München/Berlin/New York: Walter De Gruyter, 1980.

[118] NIETZSCHE F. Was den Deutschen abgeht [M] //NIETZSCHE F. Sämtliche Werke. Kritische Studienausgabe, Bd. 6: Der Fall Wagner, Götzen-Dämmerung, Der Antichrist/Ecce homo, Dionysos-Dithyramben/Nietzsche contra Wagner. München/Berlin/New York: Walter De Gruyter, 1980.

[119] OAKESHOTT M. Rationalism in politics and other essays [M]. Indianapolis: Liberty Press, 1991.

[120] ORTH E W. Interkulturalität und Inter-Intentionalität. Zu Husserls Ethos der Erneuerung in seinen japanischen Kaizo-Artikeln [J]. Zeitschrift für philosophische Forschung, 1993, 47 (3).

[121] PIEPER A. Einführung in die Ethik [M]. Tübingen und Basel: Wilhelm Fink Verlag, A. Franck Verlag, 2000.

[122] PLATON. Sämtliche Werke. 6 Bde. [M]. Hamburg: Felix Meiner Verlag, 1986.

[123] PRECHTL P, BURKARD F P. Metzler Philosophie Lexikon. Begriffe und Definitionen [M]. Stuttgart: Metzler Verlag, 1996.

[124] REINACH A. Die apriorischen Grundlagen des bürgerlichen Rechtes [M] //Jahrbuch für Philosophie und phänomenologische Forschungen, Bd. I. Tübingen: Neimeizer Verlag, 1913.

[125] RICOEUR P. Die lebendige Metapher [M]. München: Wilhelm Fink Verlag, 1986.

[126] RITTER J, GRüNDER K, Gabriel G. Historisches Wörterbuch der Philosophie, Bd. 1-13 [M]. Basel: Schwabe Verlag, 1971-2007.

[127] ROMBACH H. Das Tao der Phänomenologie [J]. Philosophisches Jahrbuch, 1998 (1).

[128] ROMIG W. The book of Catholic Authors, Sixth Series, 1960 [EB/OL] http://www.catholicauthors.com/vonhildebrand.html.

[129] ROTH A. Edmund Husserls ethische Untersuchungen: Dargestellt Anhand Seiner Vorlesungsmanuskripte [M]. Den Haag: Martinus Nijhoff, 1960.

[130] SANER H. Karl Jaspers [M] //Selbstzeugnissen und Bilddokumenten. Reinbek: Rowohlt Verlag, 1970.

[131] SCHELER M. Gesammelte Werke, Bd. 5: vom Ewigen im Menschen [M]. Bern/München: Francke-Verlag, 1968.

[132] SCHELER M. Gesammelte Werke, Bd. 7: Wesen und Formen der Sympathie-die deutsche Philosophie der Gegenwart [M]. Bern/München: Francke-Verlag, 1973.

[133] SCHELER M. Idealismus-Realismus [J]. Philosophischen Anzeiger, 1927, 2 (3).

[134] SCHELER M. Über Scham und Schamgefühl [M] //SCHELER M. Gesammelte Werke, Bd. 10. Bern/München: Francke-Verlag, 1986.

[135] SCHELER M. Vom Umsturz der Werte [M]. Bern/München:

Francke-Verlag, 1972.

[136] SCHISCHKOFF G. Philosophisches Wörterbuch [M]. Stuttgart: Kröner Verlag, 1978.

[137] SCHUHMANN K. Husserl über Pfänder [M]. Den Haag: Martinus Nijhoff, 1973.

[138] SCHUHMANN K. Husserl und Hildebrand [J]. Aletheia. an international journal of philosophy, 1992 (5).

[139] SCHÜßLER W. Der Begriff des Dämonischen. Anmerkungen zu einer zentralen Kategorie von Paul Tillichs religionsphilosophischem und theologischem Denken [M] //Nord I, VOLZ F R. An den Rändern. Theologische Lernprozesse mit Yorick Spiegel. Festschrift zum 70. Geburtstag. Münster: LIT Verlag, 2005.

[140] SCHWEITZER A. Kulturphilosophie Ⅰ: Verfall und Wiederaufbau der Kultur [M]. Bern: Paul Haupt, 1923.

[141] SMITH A. The theory of moral sentiments [M]. Oxford: Oxford University Press, 1976.

[142] SPAHN C. Phänomenologische Handlungstheorie: Edmund Husserls Untersuchungen zur Ethik [M]. Würzburg: Königshausen & Neumann, 1996.

[143] SPANN O. Gesellschaftlehre [M]. 3. Aufl. Leipzig: Quelle & Meyer, 1923.

[144] SPENGLER O. Der Untergang des Abendlandes. Umrisse einer Morphologie der Weltgeschichte [M]. München: C. H. Beck Verlag, 1918/1920.

[145] STALLMACH J. Nicolai Hartmann 1882 – 1982 [J]. Zeitschrift für philosophische Forschung, 1982, (36) 4.

[146] STEIN E. Eine Untersuchung über den Staat [M] //Jahrbuch für Philosophie und phänomenologische Forschung 7. Halle a. S.: Verlag von Max Niemeyer, 1925.

[147] STOCKHAMMER M. Philosophisches Wörterbuch [M]. Köln: Kölner Universitäts-Verlag, 1967.

[148] STRASSER S. Grundgednaken der Sozialontologie Edmund Husserls

[M] //Zeitschrift für philosophische Forschung, 1975.

[149] TILLICH P. Gesammelte Werke. Ⅷ: Der Begriff des Dämonischen und seine Bedeutung für die Systematische Theologie (1926) [M]. Stuttgart: Evangelisches Verlagswerk, 1958 – 1983.

[150] TUGENDHAT E. Selbstbewußtsein und Selbstbestimmung [M]. Frankfurt a. M. : Suhrkamp Verlag, 1979.

[151] TUGENDHAT E. Wahrheitsbegriff bei Husserl und Heidegger [M]. Berlin: Walter de Gruyter, 1970.

[152] TUGENDHAT E. Zum Begriff und zur Begründung der Moral [M] // TUGENDHAT E. Philosophische Aufsätze. Frankfurt a. M. : Suhrkamp Verlag, 1992.

[153] VIERKANDT A. Gesellschaftslehre: Hauptprobleme der philosophischen Soziologie [M]. Stuttgart: F. Enke, 1923.

[154] WALDENFELS B. Einführung in die Phänomenologie [M]. München: Wilhelm Fink, 1992.

[155] WALDENFELS B. Phänomenologie in Frankreich [M]. Frankfurt a. M. : Suhrkamp Verlag, 1987.

[156] WELTON D. Husserl and the Japanese [J]. The review of metaphysics, 1991, 44 (3).

[157] WIEDEMANN F. Der doppelte Orient. Zur völkischen Orientromantik des Ludwig Ferdinand Clauß [J]. Zeitschrift für Religions-und Geistesgeschichte, 2009 (1).

[158] WINDELBAND W. Lehrbuch der Geschichte der Philosophie [M]. Tübingen: Mohr Verlag, 1993.

[159] WOLF J C. Einleitung [M] //HARTMANN E V. Die Gefühlsmoral. Hamburg: Felix Meiner Verlag, 2006.

[160] WOLTERS G. Philosophie im Nationalsozialismus: der Fall Oskar Becke [M] //GETHMANN-SIEFERT A, MITTELSTRAß J. Die Philosophie und die Wissenschaften. Zum Werk Oskar Beckers. Bonn: Wilhelm Fink Verlag, 2002.

后　记

本书曾以《心的秩序——一种现象学心学研究的可能性》为名于2010年在江苏人民出版社出版。这次的新版是对它的修订和增补。书名的副标题有所改动。内容方面做了少许文字上的修订，也做了较大的增补。除了将原先的文章按内容的顺序分为三编"现象学与伦理学""道德冲突"和"良知四端"之外，还在第一编中增加了第二章"现象学伦理学的基本问题"，并且新增了第四编"伦理现象研究"的六章内容。从整体上看，第二版的内容较之于第一版要更为系统一些，包含了近几年在现象学的伦理学方面的思考。

这本书的内容都是在笔者于中山大学哲学系工作期间完成的，因而此次纳入中山大学哲学系"康乐哲学文存"系列出版也最为恰当。

全书完成后请刘思言同学做了通读和校订，这里特别致谢！

倪梁康

2020年2月18日于武林门